# 대상관계 집단치료

찰스 애쉬바흐 & 빅터 셔머 지음
이재훈 옮김

한국심리치료연구소

**국립중앙도서관 출판시도서목록(CIP)**

대상관계 집단치료/찰스 애쉬바흐, 빅터 셔머 지음; 이재훈 옮김 --서울:한국심리치료연구소, 2007
p. ; cm

권말부록으로 "집단분석 도표"수록
원서명: Object Relations, the Self, and the Group
원저자명: Ashbach, Charles
원저자명: Schermer, Victor L.
참고문헌과 색인수록
ISBN 89-87279-71-5 93180 : ₩20000

182.3-KDC4
155.92-DDC21 CIP2007002532

# 대상관계 집단치료

## Object Relations, the Self, and the Group

Charles Ashbach
Victor L. Schermer

# 역자 서문

대상관계 이론이라는 학문이 우리나라에 소개된 지도 이제 꽤 되었다는 느낌이다. 그동안 클라인학파, 페어베언학파, 위니캇학파, 컨버그학파, 코헛학파 등 대상관계 이론의 주요 학파들의 이론들을 다룬 저서들이 우리말로 소개되었고, 대상관계 이론에 토대한 개인치료, 부부치료, 가족치료, 단기치료, 아동치료 등의 저서들이 번역되었다. 그러나 이러한 진전에도 불구하고, 지금까지는 대상관계 집단치료 분야의 저서가 없었고, 따라서 대상관계 집단치료 강좌를 열 때마다 늘 아쉬움이 있었는데, 이제는 그 아쉬움이 다소나마 해소되게 되었다. 또한 이 책의 출간과 함께 그동안 개인치료 분야에만 적용되어오던 대상관계 이론이 집단치료에도 적용될 수 있는 가능성이 열리게 된 것도 기쁜 일이다.

이 책의 저자들은 위에서 제시한 다섯 개 학파의 대상관계 이론을 일반체계 이론과 결합하여 하나의 포괄적이고 심층적인 대상관계 집단치료 이론을 제시하고 있다. 이 책에서 제시되고 있는 이론은 매우 복잡하고 다중체계적인 것이다. 어쩌면 이 분야에 조예가 깊지 않은 초보자들이 읽고 소화하기에는 쉽지 않을 수도 있다. 그런 점에서 이 책을 읽고 유익을 얻기 위해서는 독자들이 먼저 대상관계 이론의 주요 개념들에 친숙할 것을 권하고 싶다. 그러나 기본 개념에 친숙하고 난 후에 차분한 마음으로 읽는다면, 독자들은 그 무엇에도 비할 수 없는 깊은 독서의 맛을 즐길 수 있을 것이다. 비온이 말했듯이, 우리는 진실을 먹지 않고는 살 수 없는 존재가 아니던가? 아무쪼록 이 책에 담긴 삶의 진실이 많은 사람들을 위한 생명의 양식이 될 수 있기를 빌어본다.

2007년 8월 15일

옮긴 이

# 목차

# 머 리 말

**제임스 S. 그롯슈타인, M.D.**

믿기 어려울 정도로 심오하고 창의적인 프로이트나 비온 또는 그 밖의 소수 분석가들의 몇 안 되는 논문들을 제외하고는, 정신분석적 집단에 관한 논문은 거의 부재하다. 정신분석학은 집단에 의해 영향을 받았을망정, 집단과는 거리가 먼 개인심리학으로 취급되어왔다. 그 동안 집단심리학은 그 자체로서는 대체로 정신분석가의 관심을 끌지 못했다. 이 점은 반년마다 열리는 미국 정신분석 협회의 모임에서 집단에 관한 패널토의는 최근 삼십 년 동안 단 한 번밖에 없었다는 사실에서도 반영되고 있다.

최근 자기심리학 안에서 코헛과 그 추종자들의 공헌은 운 좋게도 지금까지 생각지도 않은 역설적인 사실을 밝혀냈다. 그 역설적 사실이란, 고전적인 분석이 유아기적 성욕, 자체성애적 지대(地帶), 오이디푸스 콤플렉스, 등의 개념에 대한 강조 그리고 자폐 단계와 공생 단계를 거쳐 분리와 개별화로 나아가는 발달에 대한 강조와 함께, 처음부터 집단심리학이었다는 점이다. 이 심리학에서 유아는 자폐적 보호막으로부터 나와 양육 대상의 이미지들과 관련된 발달단계로 나아가는 존재로 묘사되고 있다. 코헛은 개인의 발달을 두 개의 독립된 구성 요소로 나눔으로써 자신도 모르는 사이에 이 역설을 드러냈다. 그것 중의 하나는 부모 대상과 함께, 오이디푸스 단계에 참여하는 과정에서 이루어지는 자기의 발달이다. 대상관계 이론은, 영국 이론가이든 미국 이론가이든 간에, 다음과 같은 사실을 깨닫게 되었다. 욕동 상태가 어떻든 간에, 유아는 진실로 엄마를 찾는다는 점이다. 유아가 엄마를 찾는 것은 본능적 긴장을 해소하기 위해서뿐만 아니라, 엄마나 아버지가 담당하는 보조 자아의 기능, 다시 말해서 궁극적으로 온전하게 발달하는 유아의 유산이 될, 달래거나 자극을 주는 기능을 통해서 보증, 따스함, 의미, 그리고 돌봄을 얻기 위해서이다.

코헛과 그의 동료들이 이러한 가정을 만들어내기 전까지는, 정신분석은 위에서 진술한 대로 프로이트와 비온의 집단심리학에 크게 의존해왔다. 프로이트의 입장에 따르면, 집단은 한 개인의 심리와 비슷한 방식으로 작용한다. 집단의 구성원들은 자신들의 자아를 자아 이상과 함께 집단의 지도자에게 투사하며, 그렇게 함으로써 지도자를 이상화하고 그에 대한 이상화된 기대를 만들어낸다. 비온은 담는 것과 담겨지는 것이라는 개념을 모든 개인, 집단, 그리고 문화의 기본 유형으로 공식화했다. 그것은 클라인학파의 심리학과 인지 심리학으로부터 빌려온 생각을 다듬은 것이었다. 그것은 인물과 배경 사이에 모체 관계(matrix relationship)의 존재를 가정한 것이다. 거기서 후자는 전자에게 틀을 주고 그 내용을 뚜렷이 해준다. 집단은 개인 생명력의 충격을 흡수하고, 지도하고, 계획하고, 견뎌주는 담는 것이다. 뿐만 아니라 집단은 그 구성원들의 미래를 위한 계획을 담고 있다. 그리고 결국에는 메시아나 '메시아 사상'을 예상하고 그것에 도전함으로써 그리고/

또는 그것을 반김으로써 그 문제를 다룬다. 또한 집단은 하나의 초점을 가지고 작업을 시작하지만, 하위집단의 저항에 부딪쳐 방해를 받거나 약화될 수 있다. 비온에 따르면, 그것은 개인심리학과 별 차이가 없다. 하지만 중요한 것은 프로이트와 비온 두 사람 모두 집단 속의 개인이 더 이상 개인일 수만은 없고, 이제는 하나의 '집단적 개인'으로서, 한 측면에서는 심리내적 존재이지만, 결국은 집단심리학 분위기라는 더욱 신비스런 영역 안에 뿌리를 둔 심리학적 영향력의 명령에 따라 움직이는 존재라고 본다는 점이다.

프로이트와 비온은 내적 대상을 발견함으로써, 집단심리학을 위한 개념들을 고안해냈다. 신경 심리학자들이 뇌의 연구를 통해서 정상적인 의식에 이중성이 있다는 것과, 그 결과, 단일한 자기 안에 또 다른 자아가 존재하고 있음을 입증하기 훨씬 이전에, 먼저는 프로이트가 그리고 이어서 클라인과 페어베언이 유아는 자신의 대상과 자기애적 관계를 맺음으로써 (a) 자기의 일부인 대상과 (b) 대상의 일부인 자기를 다루게 된다는 사실을 입증했다. 투사적 및 내사적 동일시의 작용은 자아와 초자아 안에 혼합된 대상('자기대상')들의 내재화를 결과로 가져온다. 그 과정에서 '대화'를 나누고 복잡한 관계를 맺을 수 있는 자기(自己)의 형성을 위한 기초가 확보된다. 또 이러한 내적 하위문화는 외부세계에 있는 실재와 조화를 이루는 것으로 보인다. 이것은 결국 '위가 있듯이 아래가 있다(as above, so below)라고 말한 고대 철학자, 헤르메스 트리스메기투스의 말을 확인하는 것이기도 하다.

코헛의 또 다른 강조, 곧 거리를 둔 관찰(detached observation)에 반대하는, 환자에 대한 공감적 또는 내성적인 관찰(간접 경험에 반대되는 직접 경험)의 강조는 집단 이론의 형성을 위한 두 번째 출발점이 되었다. 그런 관점을 통해서 사람들은 고전적인 분석이 오히려 집단심리학이라는 사실을 차츰 알게 되었다. 공감적인 관찰이 심리내적인 관점에서 환자의 체험을 긍정하고, 확인하고, 증명하기 위한 것이라면, 직면 또는 '성찰적인 해석'(반영하기에 반대되는 것으로서)은 환자 자신의 유아 시절에 대한 회상을 불러일으키기 위한 것이다. 이것은 환자 자신이 처음부터 집단의 일원이라는 사실을 말해준다. 거기서 첫 번째 집단은 유아와 그 엄마로 구성되고, 두 번째 집단은 유아와 엄마 아버지로 구성되며, 그 다음에 형제자매가 그 구성원에 포함되게 된다. 따라서 여러 다양한 견지에서 돌이켜 볼 때, 분명해지는 것이 있는데, 그것은 고전적인 분석이 귀여운 야만인인 유아가 문명화된 문화에 맞추고 적응하며, 그것의 법률과 관습과 습관과 언어를 습득하는 방법을 연구하는 것을 목표로 한다는 사실이다.

라캉이 그 사실을 잘 지적해주었는데, 그에 따르면 유아는 아버지라는 이름으로 상징체계로 들어갈 때 자신의 순진함을 잃게 된다. 개인심리학을 바탕으로 한 집단심리학에는 두 가지가 궤도가 있다. 그 하나에서, 유아는 모성적 대상과의 친밀한 융합 상태 안에 있으며, 이 상태 안에서 '다른 집단 상호작용으로부터' 보호받는다. 두 번째 집단에서, 유아는 융합으로부터 풀려 나와 집단에 참여한다. 따라서 우리는 일차 집단과의 유대 맺기와 좀 더 항구적인 집단에의 참여라는 이중적 궤도가 있다는 것을 알 수 있다. 나아가, 우리는 그 자체의 권리를 가지고 있는 개인 자신만의 경험과, 동시에 그가 동일시하거나 유대 맺고 있는 집단에 깊숙이 참여하는 구성원의 경험이라는 이중 궤도에 대해서 알 수 있다.

'체계 이론'은 폰 버털랜피(von Bertalanffy)가 가정한 것으로서, 온갖 생물학적 실체는 모든 체계의 항상성을 조정하고 유지하기 위한 피드백(feedback)과 투입(inputs) 체계들로 구성되어 있다고 본다. 병리적인 체계는 한 가정이나 집단에서 발달할 수 있는 신화, 허위, 종교적 믿음 따위일 수 있는데, 이때 집단의 온 구성원은 그것을 높이 평가하고 믿게 된다. 여기에서 집단의 온전성과 일치를 유지하기 위한 '체계'가 만들어진다. 예컨대, '의사들만이 정신분석 치료를 담당해야 한다는' 생각은 미국 정신분석협회가 정신분석의 일관성과 온전성을 유지하기 위해서 도입한 체계일 것이다.

데카르트 학파의 관점에서 보면, 체계는 똑 같은 기법으로 훈련받은 관찰자라면 누구나 일정하게 관찰할 수 있는 어떤 것이라고 간주될 수 있다. 데카르트 학파의 신체/마음 이원론과 변증법적으로 상반되는 것은 마투라나(Maturana)와 바렐라(Varela)가 공식화한 '오토포이에시스'(autopoiesis) 또는 '자체 생성'이라는 개념일 것이다. 그것은 단세포적인 것에서부터 거대 문화나 우주에 이르기까지의 모든 생물학적 삶의 요소들을 인간이 완전히 알 수 없는 자체의 법칙을 지닌 살아있는 신비체로 보아야 한다는 생각이다. 그 신비체는 관찰자에게 단지 관찰하고 추측하는 것만 허용할 뿐이며, 관찰자는 그것에다 자신의 인지를 전가하지만 결코 그것의 정확한 본질에 대해서는 알 수 없다. 따라서 우리는 데카르트 식으로 주객을 분할하는, 집단에 대한 이분법적인 (관찰하는 자기 대 관찰 당하는 대상) 이론과는 달리, 하나의 집단을 복잡성을 지닌 자율적 실체로서 보는 전체적이고 통전적인 견해를 필요로 한다.

집단들이 어떻게 그리고 왜 기능을 하느냐에 대한 답을 찾아내는 일은 사회심리학과 집단심리학의 과제이다. 인간들은 교제를 좋아하며, 개인의 나약함을 완화하고 상층 질서를 보호하고 획득하기 위해 집단의 관계망이 지닌 힘을 빌리고자 하며, 그런 이유로 집단을 찾는다. 그러나 여기에는, 그것이 '열등한' 집단이나 약탈자 집단을 없애기 위한 전쟁을 일으키고, 집단 안이나 바깥에서 인간의 분노나 비참함을 대신 짊어질 희생 제물을 만들어내는 등, 오랜 역사에서 주목을 받아온 집단의 '부작용'이 포함되어 있다. 우리는 (무의식적인 정신 활동을 갖고 있는 한 개인으로서) 오이디푸스 신화가 보여주는 근친상간적이고 부친 살해적인 욕동에 사로잡힌 상태에서 벗어나야 한다. 그리고 그 오이디푸스 콤플렉스가 집단들과 갖는 관련성도 입증해야 한다. 집단도 개인과 마찬가지로 오이디푸스 콤플렉스를 가지고 있는 것으로 보이기 때문이다. 집단이 메시아적 인간을 희생 제물을 선택하는 것은 오이디푸스 콤플렉스의 더욱 심층적인 기능일 수 있다. 그 사례를 우리는 오이디푸스 자신, 그리스도, 또는 혼합적인 것으로 유태인 대학살에서 찾을 수 있을 것이다. 시간은 흘러가고 있고, 지금도 집단들은 그런 선택을 하고 있다. 우리가 바라는 것은 집단이 그와 같은 잘못된 선택을 반복하기 전에 잠깐 멈추고 스스로를 성찰해보는 것이며, 이 책이 그 일에 보탬이 되었으면 하는 것이다.

캘리포니아의 비벌리 힐즈에서

# 종이표지 판에 부치는 말

1987년에 「대상관계 집단치료」의 첫판을 낸지 어언 칠 년이 흘렀다. 이번에 종이 표지판을 출간한 것은 글을 쓴 사람과 읽는 사람들 모두에게 이 책이 세월의 테스트를 얼마나 잘 견뎌냈는지를 보여준다. 정신분석과 심리치료 분야에서는 그동안 많은 발전이 이루어졌다. 그 발전은 건강 돌봄 체계의 급속한 변화와 최근 몇 년 사이에 부각된 풍부한 국제적 정보나 아이디어의 교환뿐만 아니라 지식의 진보 그 자체에 의해서도 영향을 받은 것이었다. 「대상관계 집단치료」는 여전히 오늘에도 통용되고 있는가? 만일 우리가 이 책을 오늘 다시 쓴다면, 어떤 것들을 바꿔야 할까?

1987년에 출판되었을 때, 이 책은 크게 칭송을 받았다. 그리고 그것은 집단의 역동성과 집단치료 분야에서 작은 동요를 불러일으켰다. 유럽에 있는 집단분석 연구소 교수진들은 이 책이 혁신적이고 학문적인 것임을 발견하고 교과서로 사용했다. 미국에 있는 도서 비평가들은 심리역동과 집단심리학에 대한 이 책의 포괄적이고 심층적인 이해에 찬사를 보냈다. 이 책은 그 점에서 '예술적 경지'로 여겨졌다. 짐 더킨과 래리 굴트 같은 체계 이론가들은 이 책이야말로 대상관계 이론과 체계에 관련된 접근들을 통합하는 참으로 중요한 진보를 이룬 업적이라고 여겼다. 이 책은 성공적으로 목표를 달성한 것처럼 보였으며, 나아가 대상관계 이론과 자기심리학을 토대로 개인과 집단심리학 사이의 상호관계의 폭을 심화하고 현대화한 것으로 보였다.

지난 7년 사이에, 정신분석과 집단치료 분야 안에서 중요한 진전이 있었다. 또 새로 짜인 틀에는 여전히 낡은 이론들도 있었다. 이 분야의 전문가들은 그 동안에 진정으로 변한 것이 무엇인지 그리고 무엇이 과거의 것을 반복하고 있는 것인지에 대해서 서로 다른 견해들을 갖고 있을 것이다. 이러한 맥락에서 우리는 이 점에 대한 우리의 견해를 간략하게나마 제시하고자 한다. 이렇게 함으로써 이 책을 읽는 독자들이 시대의 흐름에 뒤쳐지지 않도록 필요한 안내를 제공할 수 있을 것이다.

특별히 이 책의 내용과 관련된 중요한 사고의 변화가 있었는데, 그 중 하나는 유아 심리학과 엄마-유아 쌍에 관한 연구이다. 예컨대, 대니얼 스턴과 베리 브라젤톤의 연구결과가 그것이다. 그들의 연구 노력은 삶의 바로 초기부터 '상호작용'이 결정적인 인간의 본질을 입증한다. 그것은 위니캇이나 페어베언 같은 대상관계 이론가들이 여러 해 전부터 암시해온 것이었다. 게다가 유아 연구는 스테판 미첼이 주장한 정신분석학적 패러다임 전환에, 바꾸어 말하면, 발달에 대한 '본능'이나 욕동 이론보다는 사람 상호간의 관계를 중시하는 견해에 상당한 설득력을 제공한다. 「대상관계 집단치료」는 욕동 이론에 관하여 보수적인 입장을 취하면서, 어떤 점에서는 그것을 비판했지만 그것의 장점도 마찬가지로 인정했다. 특히 미첼은 몇몇 욕동들이 선천적 성향과 '연결되어 있음'을 가정하는 일없이, 초기 환상과 내재화된 대상관계가 갖는 심오한 의미를 통합시키고자 시도했는데, 그것은 결코 쉽지 않은 일일 수 있다. 우리는 지금도 '목욕물(유기체를 "폐쇄적 체계"로 보는 낡은 견해)을 버린다고 하면서 그것과 함께 아이(스스로를 규정하며 내적 경향성을 지닌)마저 버리는 어리석음'에 대해 주의를 촉구할 것이다.

두 번째 중요한 사고의 전환은 정신분석 회의에서 나온 '상호주관성'에 관한 아트우드와 스톨로로우의 중요한 연구와 관련되어 있다. 그것은 확장할 경우 집단 환경에까지도 적용될 수 있을 것이다. 상호주관성은 인간 존재가 양자간, 삼자간, 또는 집단 대 집단 상황에서의 '관계 경험'을 통해 형성하는, '객관적으로 관찰된' 상호작용들, 대화들, 모체들 그리고 체계들과 관련된 주관적이고, 현상학적인 요소들을 일컫는다. 우리가 오늘 이 책을 다시 쓴다면, 우리는 의심의 여지없이 집단 속에서 관계들과 정신과정을 이해하는 데 중요한 양태인 상호주관성의 문제를 포함시킬 것이다.

자기심리학은 대상관계 이론과 협력할 뿐 아니라 그 자체의 사고를 지닌 학파로서 꾸준히 발전하고 확장되어왔다. 리히텐버그와 다른 사람들은 자기심리학과 유아연구 결과를 통합하는 작업을 통해서 자기심리학의 영역을 상당히 넓혔다. 소위 '자기대상 전이'에 대한 이해는 본래의 거울 전이와 이상화 전이의 개념을 넘어 융합 기능 이상의 달래주기나 적대적 및 주장적인 상태에 이르는 다양한 자기-대상 기능들을 포함하는 데 이르렀다. 더욱이 자기심리학은 최근 경계선 상태와 정신증 상태를 이해하는 데에도 적용되고 있다.

마지막으로, 대상관계 이론에서 주목받기에 충분한 두 가지 눈부신 발전이 있었다. 하나는 영국 독립 학파로서, 볼라스(Bollas), 코혼(Kohon), 케이스먼트(Casement) 및 다른 사람들의 작업에서 발전된 것이다. 그들의 작업은 심리치료의 대인관계적 모체와 역전이를 강조하고 있으며, 또한 멜라니 클란인, 위니캇 그리고 대상관계 이론의 다른 선구자들의 작업에 현대적인 감각을 제공하기도 한다. 게다가 W.R. 비온의 공헌은 세계 여러 곳에서 점점 더 중요성을 인정받고 있다. 만약 우리가 이 책을 다시 쓴다면, 우리는 아주 확실하게 정신증, 사고장애, 파국적 변화에 대한 비온의 이해를 더욱 정교화할 것이다.

그럼에도 불구하고 이 책은 전반적으로 그것에 자기애적 에너지를 투자했던 저자의 눈에는 현저하게 현대적인 것으로 보인다. 물론 이 점에 대한 최종 판정은 독자의 몫이 될 것이다.

우리의 삶, 문화, 그리고 지구는 모두 지난 수년 동안 여러 방식으로 변해왔다. 그 동안 발생했던 몇 가지 세계적인 위기를 고려할 때, 우리는 머리말에서 짐 그롯슈타인이 했던 말을 반복하지 않을 수 없다. "우리 모두가 바라기는, 집단이 과거의 잘못된 선택을 반복하기 전에 잠깐 멈추고 스스로를 성찰해 보았으면 한다." 그러나 우리는 또한 집단이 건강한 선택을 하게 하는 일에도 관심을 기우려야 할 것이다.

펜실베니아의 필라델리피아에서
찰스 애쉬바흐와 빅터 L. 셔머

# 일러두기

이 책이 대상으로 삼고 있는 두 부류의 '독자층'은 정신분석적 심리치료자들과 집단심리학자들이다. 그들은 서로 겹치기도 한다. 희망하건대, 전체적인 분위기는 이 두 분야의 화해를 추구하고 있으며, 이 책의 본문은 이 두 학문분야의 필수적인 사항들을 다루도록 고안되어 있다.

이 책은 네 부분으로 되어 있다. 제1부는 유형에 관한 진술과 철학적인 내용으로 구성되어 있다. 제2부에서는 대상관계 이론과 자기심리학을 선별해서 재검토하되, 특히 집단 역동성에 주목할 것이다. 초보자는 이 부분을 서론으로 활용할 수 있을 것이고, 어느 정도 이론적인 토대가 있는 사람들은 이 부분을 복습용으로 사용하거나 기본적인 쟁점에 관한 저자의 입장을 확인하기 위한 목적으로 사용할 수 있을 것이다. 제3부에서는 집단을 관찰하고 추론하는 데 필요한 개념적 틀과 '집단 분석을 위한 좌표'를 제시할 것이다. 제4부는 선별된 주제들에 대한 독자적인 논문들을 모은 것이다. 집단 발전과 심리치료에 관한 제9장과 제11장은 빅터 셔머가 쓴 것이고, 대집단의 신화론과 '행동에 따른 행동' 연구에 관한 제10장과 제12장은 찰스 애쉬바흐가 쓴 것이다. 부록에서는 '집단 분석을 위한 좌표'의 이론적 기반을 요약하고 있다. 그것은 독자들이 본문을 읽으면서 참고해야 할 개념들을 도해 형태로 요약하고 있다.

바라기는, 이 구조가 교실이나 슈퍼비전 상황에서 본문을 원활하게 사용하는 데 도움이 되었으면 한다.

# 제 1 부

# 패러다임의 요소들

# 제 1 장

# 서론과 개관

이 연구서는 대상관계, 자기, 그리고 자아의 발달에 기초한 집단 현상의 이해를 위한 하나의 패러다임을 소개하기 위한 것이다. 이 패러다임의 관점에서 볼 때, 집단은 그 발달과정에서 공생/분리-개별화 과정을 구현하고 반복한다(Mahler, Pine and Bergman, 1975). 아동의 내적 삶과 환경 간의 상호작용은 집단에서 반복되며, 이것은 집단이 응집력 있는 실재를 형성하고 경계를 위한 조건과 역할을 규정하며, 나아가 권력, 과제, 친밀성의 문제를 다루기 위한 하나의 개념적인 모델을 제공한다. 이와 같은 견해는 집단 역동이 주로 아버지 인물이자 토템 대상으로서의 지도자에 대한 집단 구성원의 전이 기능이라고 보는 고전적 관점(Freud, 1913, 1921)을 보완한다.

새로운 패러다임(Kuhn, 1970)에서 집단의 삶은 방어적 또는 적응적 조치로서의 내재화와 외재화, 파편화, 대상 상실, 자아 경계의 축소와 관련된 불안의 관리, 그리고 자기애와 자존감을 유지하고 조정해야 할 필요성 등을 통해서 성취되는, 분리-개별화를 향한 양가적인 움직임으로 발달한다. 집단이란 심리적 통합의 조건들을 반영하는 사회 조직의 주요 3단계를 보여준다. 즉, 부분-대상 및 오이디푸스 콤플렉스-이전 단계, 오이디푸스 콤플렉스와 대상-항구성의 단계, 그리고 성숙한 자기성찰과 자기비판의 단계가 그것이다.

나아가 이 패러다임은 정신분석적 대상관계 이론과 자기심리학이 집단이라는 실체를 해명하는 방식과, 역으로 집단의 현실이 대상관계 이론과 자기심리학을 해명하는 방식을 보여준다. 개인의 정신작용과 집단 활동은 하나의 연속선을 구성하는 점들이다. 대상관계 이론은 정신작용(mentation)이 의미있는 대상들과의 상호작용에서 발생한다고 보며, 따라서 사고하고 경험한다는 것은 곧 교류적 상황에 참여하는 것을 의미한다고 주장한다. 정신분석적 발달심리학은 '닫힌 체계' 리비도 이론에서 상호작용적인 것과 심리내적인 것을 연결짓는 '열린 체계' 개념으로 진화했다. 그러한 '상호적 구성물들' (Shermer, 1980b)은 투사적 동일시(Melanie Klein, 1975), 중간 공간(Winnicott, 1955), 융합 상태의 자기대상(Kohut, 1971), 그리고 공생 등의 개념들을 포함한다. 이러한 용어들은 '미분화된 모체' (Hartmann, 1958) 상태에서 벗어나 이제 막 사회적 작용을 시작한 유아의 생물-사회적 장치가 심리내적 집단 구조와 과정과 내용을 갖추게 되는 현상들을 설명하고자 한다.

우리는 오늘의 논의에로 이어지는 집단 이론의 흐름을 간단히 살펴보고, 프로이트와 비온의 공헌을 강조할 것이다. 이 작업은 우리가 제시하는 집단 관계를 위한 패러다임의 기원에 대한 이해를 도울 수 있을 것이다.

# 패러다임의 기원

정신분석은 처음부터 가족과 집단의 상황에 관심을 가져왔다. 프로이트는 "집단심리학과 자아 분석"(1921)에서 개인역동과 집단 역동 간의 '자연적인 연속성'을 가정하였다. 또한 여기에서 그는 '개인심리학에서의 변화를 기초로 한 집단심리학'을 설명하기 위하여 하나의 이론을 발달시켰다. 프로이트가 내세운 집단현상의 심리내적 모델은 주로 동일시와 본능적 애착의 발달에 초점을 맞춘 것이며, 또한 뒤늦게 도입한 삼중구조의 개념, 곧 이드와 자아와 초자아(자아 이상을 포함한)에 초점을 맞춘 것이었다. 프로이트는 지도자와의 동일시를 집단의 삶의 원동력으로 간주했으며, 여기에는 두 가지 기제가 작용한다고 보았다: (1) 구성원들의 자아가 대상과 동일시하기. (2) 자아 이상을 대상으로 대체하기. 전자의 경우에는 지도자를 향한 양가감정이 지도자 자신, 그의 가치관, 그의 행동 등과의 동일시로 나타나고, 좀 더 원시적인 자기애적 관계가 형성되는 후자의 경우에는 자아 이상의 여러 측면들이 지도자에게 투사되고 전가되며 재투입된다.

바로 여기에서 집단 행동의 두 가지 토대가 드러난다. 하나는 오이디푸스 콤플렉스 상황의 반복으로서, 지도자를 전복시키고 그에게서 상징되는 이상을 흡수하고자 하는 것이고, 다른 하나는 자기애적이며 전오이디푸스적 관심으로서, 거기에서 모성 환경으로서의 집단은 자기의 일부분이 되는 동시에 사회적 유대가 존재하는 데 필요한 자기 너머에 존재하는 세계에 대한 최초의 인식이 촉진되는 것이다.

프로이트는 집단 내의 개인이 다른 집단 구성원들의 존재로 인해 자신이 지도자에게 특별히 중요한 사람이라는 느낌이 부정되는 상황에서 각 구성원이 그런 느낌을 유지시키고 싶어 한다고 보았고, 그런 맥락에서 자기애적인 리비도 집중의 보존(the preservation of narcissistic cathexes)에 관해 언급하였다. 프로이트는 이것을 군대와 교회라는 두 가지 사회적 제도를 예로 들어 설명하였다.

하지만 프로이트는 일찍이 '토템과 타부'(1913)에서 오이디푸스 갈등이 집단 발달의 중심적인 문제라고 주장하였다. 여기에서 그는 집단을 원시종족 내의 아버지와 자식들 사이의 투쟁과 비교하면서, 집단 구성원들 간의 근친상간적이고 경쟁적인 욕동들을 강조하였는데, 그는 이것을 지도자에 대한 집단의 태도 안에 있는 무의식적 살인-죄책감이라는 주제가 전치된 것으로 보았다. 베니스와 셰파드(Bennis and Shepard, 1956), 그리고 슬레이터(Slater, 1966)는 이 모델을 이용하여 훈련 집단이 지도자 중심적 성향으로부터 구성원 간의 관계 성향을 향해 나아가는 특징적인 발달과정을 설명하였다. 그러나 슬레이터는 이 모델이 여성 구성원들의 역할에 대해서 거의 주의를 기울이지 않는 한계점을 지니고 있다고 지적하였다. 그리고 베니스(1961)는 집단 안에 '우울적인 불안'이 출현하며 그것이 역할의 분화를 촉진시킨다고 주장하였다.

비온은 집단에 대한 프로이트의 연구를 더욱 확장시켰다. 그는 집단 문화의 기반을 묘사함에 있어서 멜라니 클라인의 대상관계 연구업적을 강조하면서, 편집-분열적 자리, 정신증적 불안 등과 같은 원시적 역동에 관한 개념들을 활용하였다. 그가 묘사하는 집단 문화의 기반에는 의존, 싸움/도피, 짝짓기 등의 기본적 가정이 포함되어 있다. 비온은 다음과 같이 말한다(188-9).

> 문제는 단지 프로이트가 가족 집단을 모든 집단의 원형으로 본 데서 기인하는 설명의 불완전성만이 아니라 그 설명이 집단의 주된 정서적 욕동의 근원을 고려하지 않고 있다는 데 있다. 사실, 나는 부분-대상관계의 원시적 불안이 … 모든 집단 행동의 궁극적 근원을 구성하고 있다고 본다.

비온은 프로이트의 개인주의적 성향으로부터 본질적으로 집단의 무의식적인 과정에 대한 탐구에로의 이동을 촉진시켰다. 그는 집단심리학자가 가지고 있던 이론적인 자산에 집단-차원의 해석, 집단 퇴행, 불안과 방어, 환상과 역할 형성 등에 대한 다양한 고찰들을 첨가시켰다. 비온은 프로이트의 오이디푸스적 가족 모델과는 대조적으로, 집단 존재의 원형을 엄마의 젖가슴에 대한 유아의 관계에서 찾았다. 그의 견해에 따르면, 집단에 들어가는 것은 곧 생애 최초의 몇 달 동안에 경험하게 되는 무력함과 파편화 경향, 압도적인 욕동들, 그리고 욕구의 상태를 재경험하는 것이다.

비온의 연구 덕분에 이제 집단은 진화 중인 '모성적 실체,' 즉 투사적 동일시를 담아주는 그릇으로 간주되고 있으며, 이 그릇 안에서 투사적 동일시는 분리-개별화의 과정과 개인 및 집단의 정체감 확립에 상응하는 좀 더 높은 수준의 조직들로 발달하는 것으로 보았다. 비온의 연구에 이어서 집단에 대한 또 하나의 새로운 접근이 발달했는데, 그 접근의 전제들은 다음의 몇 가지로 요약된다.

1. 집단은 부분-대상관계로부터 대상 항상성을 거쳐 '작업 집단'(Ashbach and Shermer, 1978)으로 발달하는 모성적 대상('in locus maternis', Slavson, 1956)의 특질을 갖는다.

2. 집단은 그것이 지닌 과제, 지도자의 위치와 개입, 분화와 구조화에 영향을 미치는 사회적 요인들의 균형 등과 관련해서 다양한 발달적 수준으로 퇴행한다.

3. 집단에서는 일반적으로 생애 최초 몇 해 동안에 경험했던 것과 같은 성질의 불안과 방어가 유발된다. 이것은 개인 성격의 표현이라기보다는 집단의 속성으로 보아야 한다(Bennis, 1961; F. Fornari, 1966; Gibbard, Hartmann and Mann, 1974).

4. 집단 구조의 변화는 정서, 자아 경계, 그리고 구성원들의 주된 대상관계 양태의 변화를 반영한다.

5. 집단 환상, 신화, 그리고 의례(ritual)는 구성원들이 원시적인 불안으로부터 스스로를 방어하기 위한 수단인 동시에 집단 문화의 발달을 위한 적응적 수단이다(Hartmann and Gibbard, 1974).

6. 집단의 지도자나 치료자는 개인의 전이뿐만 아니라 집단의 문제를 둘러싼 특별한 역전이 압력을 받는다. 특히 지도자에 대한 대대적인 투사적 동일시와 그로부터의 분리를 획득하기 위한 투쟁은 지도자의 중립성, 공감, 그리고 인내의 한계를 시험하는 특별한 문제들을 제기한다.

이러한 전제들은 프로이트와 비온의 획기적인 연구에서 비롯된 것이지만, 지금은 그들의 연구를 훨씬 능가하는 집단 분석을 위한 토대를 제공해준다. 분명한 사실은 그 두 사람의 연구 이후에 무의식적이고 원시적인 집단 역동을 다룰 수 있는 새로운 장과 체계의 틀이 발달되었다는 점이다. 확실히 이 틀 속에는 중요하고 장래성 있는 깊이 있는 통찰들이 포함되어 있으며, 매우 유망한 이론적 '단서'와 관점이 담겨 있다. 뿐만 아니라 우리 두 사람은 이 시대를 위한 새로운 과학적 패러다임이 등장했으며, 특별한 이론적 가정들 그리고 좀 더 깊은 차원에서 개인과 사회적 상황의 관계에 대한 인식론 또는 지식 이론이 등장했다고 보는 입장에 서있다. 과거에는 개인의 심층심리학과 역동적 집단심리학이라고 하는 다소 독립적인 두 가지 영역의 심리학이 존재했지만, 현재는 점점 더 정신역동과 집단 역동이 근저의 일치점을 갖고 있는 연결된 체계로 드러나고 있다. 이와 같은 통일된 관점은 문자 그대로 집단을 관찰하고 집단에 관한 이론을 정립하기 위한 새로운 방법이 출현했음을 의미한다. 우리는 이 책에서 이 패러다임이 지닌 근본적 가정들을 명료화하는 단계를 밟아갈 것이다. 그리고 그것은 그 패러다임이 무의식에 대한 정신분석적 연구와 집단 모체에 관한 이론적, 상황적, 사회문화적 연구가 일치하는 것임을 보여줄 것이다.

# 제 2 장

# 정신분석적 집단심리학을 위한 하나의 패러다임(인식론)을 향하여

이 장에서는 대상관계 이론과 자기심리학을 집단심리학과 연결시켜주는 하나의 심리학적 패러다임을 살펴볼 것이다. 물론 여기에서 말하는 집단심리학은 개인과 집단의 과정이 상호 연결된 체계라는 관점을 지닌 것이다. 우선 이어서 다룰 내용들을 위한 토대로서 몇 가지 인식론적 및 개념적인 전제들을 언급해보겠다.

쿤(Kuhn, 1970, 175쪽)은 철학과 과학의 역사에 대한 그의 창의적인 연구를 재검토하면서, 다음과 같이 말했다.

> 패러다임이라는 용어는 서로 다른 두 가지의 의미로 사용되고 있다. 이 용어는 한편으로 일정한 공동체의 구성원들이 공유하고 있는 신념, 가치관, 기법 등의 전체적 배열을 나타내고, 다른 한편으로는 그 배열 속에 있는 한 가지 요소를 나타낸다. 다시 말해서, 패러다임이라는 것은 명백한

원칙들을 통해서는 풀리지 않고 남아 있는 일반적인 과학 문제들을 해결하기 위한 토대로서 사용하는 구체적인 문제 해결책의 모델이나 본보기를 의미한다.

쿤에게 있어서, '규범적 과학'이라는 것은 특정 시간이나 특정 분야에서 인정을 받은 이론과 실제를 의미한다. 예를 들면, 외부에서 가해지는 어떤 힘에 의해 가동되는 형태가 뚜렷한 분자라는 개념은 뉴턴 역동에서는 규범적 과학의 일부이지만, 물질과 에너지, 분자와 파동의 속성을 모두 지닌 모호한 '양자'가 분자를 대신하는 양자 역동에서는 더 이상 규범적 과학이 아니다. 양자 역동은 물리학계에 위기를 초래하면서 새로운 관점의 수용을 성취하기 위한 '과학의 혁명'(쿤의 용어)을 가져왔다. 이와 비슷하게, 정신분석은 전에는 우연이거나 의도적인 것이라고 해석되던 행동들과 증상들이 무의식적 동기를 갖고 있다고 가정함으로써 심리학과 정신의학에 변화를 가져왔다. 집단심리학에서, 역동적 장 및 모체 개념은 집단을 사회적 '단위들'의 집합체로 보기보다는 고유한 양태로서의 집단 행동과 정신작용에 관한 연구를 시도할 수 있게 했다. 오늘의 집단 역동은 '규범적 과학'에 속한다. 이제 집단 역동은 개인 역동에 관한 연구와는 구별되는 그 자체의 전문용어와 이론적 공식, 연구결과들을 갖게 되었다.

쿤의 관점에서, 과학적 사실은 단지 자료에만 근거를 둔 것이 아니라, 준거 틀(frame of reference)에 근거를 둔 것이기도 하다. 이 준거 틀은 명백하게 진술할 수 없는 부분도 있지만, 과학자들의 인식과 활동의 배경에 대해 말해준다. 폴래니(Polanyi)는 함축적인 요인을 '암묵적 지식'(Gelwick, 1977, 57-82쪽)이라고 부른다. 그는 비록 아주 명확하게 표현할 수는 없지만, 그것은 사실이나 법칙 자체와 마찬가지로 과학적 연구에서 중요한 역할을 담당하고 있다고 주장한다. 그는 이렇게 말한다. '우리는 우리가 말로 표현할 수 있는 것 이상의 것들을 알고 있다.' 이론은 인간이 경험하고 관찰한 것들의 표면만을 묘사할 뿐이다. 정신분석 분야에서 '암묵적 지식'은 분석가의 역전이가 지닌 생산적 요소들과 그의 해석 기법 안에 자리 잡고 있다. 이와 마찬가지로, 집단의 작업에서 집단의 사건, 단계, 문화에 대한 치료자의 직관적인 인식은 종종 그것의 개념적인 정의보다 앞선다.

한 가지 문제가 되는 것은, 지식을 축적하는 바로 그 준거 틀이 변화에 대한 저항으로 작용할 수도 있다는 점이다. 쿤은 '규범적인' 패러다임이 그것의 명백하거나 함축적인 전제들로부터 유래된 문제 해결과 연구에 필수적이며 유용한 것은 사실이지만, 한편으로는 변칙적인 것, 즉 새롭게 드러나는 지식을 모호하게 만들거나 삭제할 수도 있다는 점을 지적한다. 바로 정신분석과 집단심리학의 관계 영역에서 이런 현상이 벌어지고 있는 것으로 보인다.

역사적으로, 정신분석은 개인의 내적 삶을 연구하는 것으로 간주되어왔다. 무의식적 심연이 인간의 상호작용과 불가분의 관계에 있다는 점을 시사해주는 자료들은 종종 정신적 삶이 '몸의 핵심' 내부에서 결정된다는 가정에 기초한 이해의 범위에서 제외되었다. 집단의 삶은 욕동 완화와 긴장 완화에 따른 부차적인 파생물로 여겨졌다. 환자의 전이에 끼치는 분석가의 영향과 신생아가 사회적 환경과 갖는 풍부한 상호작용은 최근까지도 조직적으로 배제되어왔으며, 인격의 내적 핵심에 비해 부차적인 것으로 간주되었고, 정신적 삶은 모두 내재화되고 폐쇄된 '피부 안'의 체계(de Mare, 1972, 101쪽)를 형성한다는 인상을 주어왔다.

이 점에서 아마커(Amacher 1965)는 역사적인 평가에서 프로이트의 초심리학적 가정들이 브뤼케(Brucke)와 뒤보아-레이몽(du

Bois-Reymond) 같은 생리학자들의 반-생명론적(anti-vitalistic), 환원론적 '신념'에서 기원한 것이라고 주장하였다. 의학연구 분야에서 프로이트의 스승이었던 브뤼케는 물리적, 화학적 법칙들에 입각하여 모든 신경학적 사건들을 설명했는데, 이것은 프로이트에게 와서 욕동이나 본능으로 바뀌었다. 브뤼케를 존경했던 프로이트는 자신의 이론화 작업 전체에서 이러한 입장을 고수하였다. 당시의 신경학 이론은 자극-반응 심리학을 암시하는 반사학의 형태로 구성되어 있었다. 사람들은 프로이트가 훨씬 더 후대에 속하는 멀로우-퐁티(Merleau-Ponty 1964)의 신경학적 게슈탈트 장(場) 이론이나 또는 프리브럼(Pribram 1969)의 좀 더 복잡한 입체영상 이론에 접했더라면, 그의 심리학이 어떤 모습이었을까 하고 궁금해 한다. 이러한 후대의 관점들은 신경 조직이 (따라서 정신적 삶이) 하나의 통합된 전체로서 기능한다는 사실과 또한 신경 조직은 환경과의 합일체라는 사실을 암시한다.

결국 아마커는 프로이트가 어떻게 메이너트(Meynert)를 모방할 수 있었는지를 상세히 기록했다. 신경 조직의 모든 활동이 저마다 특별한 에너지를 지니고 있다고 주장한 메이너트의 주장은 프로이트가 내부와 외부의 자극이라는 관점에서 꿈과 지각을 설명할 수 있도록 도왔다. 돌이켜보면, 메이너트가 에너지(또는 자극의 양)와 정보처리(information processing)를 혼동하였다는 점을 알 수 있다. 이런 가정에 의해서 프로이트의 이론은 신경체계에 대한 설명과 같은 것으로 진화되었다. 이러한 역사적 연구결과를 재검토하는 이유는 프로이트가 폐쇄체계로서의 신경학과 심리학을 차용했으며 그렇게 함으로써 사회적 환경이 일차적인 조직자로서 정신적 삶에 미치는 영향력과, 역으로 정신적 삶이 사회적 환경에 미치는 영향력을 체계적으로 축소시키고 배제했다는 사실을 보여주기 위해서이다.

집단 역동론자들은 불행히도 정신분석가들의 자기 인식에 대체로 동의하여 자신들은 단독자로서의 개인이나 양자 관계를 연구하는 사람들이며 결코 집단의 삶을 연구하는 사람들이 아니라고 생각했다. 따라서 집단심리학자들은 정신분석적 자료들을 개인주의적인 것이라고 간주하면서 인격의 내면적인 특성보다는 행동이나 현상학적 장으로서의 사회적 삶에 관심을 가졌다. 그 결과, 집단이 일차 사고과정과 퇴행에 의해 움직이고 조직된다는 집단치료자들의 의심할 수 없는 경험은 집단 이론 자체 안에 적절히 동화될 수 없었다.

집단의 형성과 전개과정에서 억압되고 분열된 심층적 요소들의 보편성은 의사소통의 지금-여기 측면들에 집중하는 성향을 지닌 지도자나 치료자에 의해 선택적 무관심의 대상이 되고 말았다. 그러나 사실 어떤 집단 역동도 메시지를 보내는 사람과 받는 사람 모두의 사고, 감정, 정체감(역사적으로 형성된)의 심층구조를 반향하지 않을 수는 없다. (역동적으로나 역전이적으로 내적 세계와 집단의 삶이 서로 다른 것이라고 주장하는 관찰자는 자신의 자아와 다른 사람들의 자아 사이에 존재하는 연속성을 부정하고 있는 것이다.)

오늘날에도 정신분석과 집단심리학은 상호 간에 다소 역설적이고 규범적이지 못한 가정과 관찰방법을 그대로 유지하고 있는 것으로 보인다. '심층적인 집단심리학' 역시 통합된 연구분야라기보다는 분석가의 침상이나 사회심리학자의 실험연구에서 빌려온 것들을 다루는 학문이 되는 경향이 있다. 바로 이런 이유 때문에 제 삼의 패러다임, 곧 정신분석과 집단 역동의 중심 요소들을 통합하면서도 그 자체를 새롭게 창조하는 데 유용한 것은 받아들이고 가정과 편견에는 얽매이지 않는 패러다임이 요청된다. 이 패러다임은 여러 가지의 원천과 지류를 갖고 있다. 다음에서는 그 중에 중요한다고 간주되는 일부를 살펴볼 것이다.

## 개념적 기원과 쟁점들

대상관계 이론은 멜라니 클라인의 연구와 함께 시작되었고, 초기에는 주로 영국에서 발달하였다. 대상관계 이론은 무의식적 심층과 환경적 상황에 똑같이 관심을 기울이는 정신분석을 향하여 첫걸음을 내딛었다. 이에 상응하는 집단분석의 발달도 역시 영국에서 이루어졌는데, 풀크스(Foulkes)의 집단-분석적 심리치료가 그것이었다(1948). 이것은 개인과 집단을 상호적인 '형태-바탕(figure-ground)' 관계 안에 두는 접근이었다. 에즈리엘(1950), 비온, 그리고 써덜랜드(Sutherland, 1952)는 각각 대상관계 이론과 집단 역동을 종합하는 데 커다란 기여를 하였다. 이들의 뒤를 이어 집단 역동의 수많은 영역들, 예를 들면, 지도력과 조직관계, 집단의 환경, 하위집단들 사이의 공격성 등의 영역들에 대한 심층적 분석들이 이루어졌다(참조. Gibbard, Hartmann and Mann, 1974; Coleman and Bexton, 1975).

미국 연구자들의 접근방법은 영국 연구자들의 그것보다 좀 더 폭넓고 다양했다. 울프와 슈와르쯔(Wolf and Schwartz, 1962), 슬라브슨(Slavson1979), 그리고 다른 학자들은 정신분석적 집단치료를 위한 실제적인 틀을 발달시키는 데 많은 노력을 기울였다. 샤이드링거(1952)와 헬렌 더킨(1964)은 프로이트의 기본적인 이론을 사용해서 새롭게 싹튼 집단 역동론자들의 통찰들을 정신분석 이론과 실제에 연결시키려고 시도했다. 휘태커와 리버만(1964)은 레빈의 장(場) 이론과 자아심리학을 활용하여 집단치료를 위한 '집단 초점적 갈등' (group focal conflict) 모델과 정신분석의 구조적 모델을 발달시켰다. 슈츠(1958), 베니스와 셰파드(1956), 그리고 다른 학자들은 집단 과정에서 발생하는 단계들과, 집단과 그 구성원들의 성숙을 촉진시키기 위한 집단의 영향력에 대한 연구를 시작함으로써 정신분석적인 집단의 발달이론을 진척시켰다.

이처럼 깊은 통찰을 지닌 관점들이 지닌 문제점은 상이한 이론들을 비교하고 통합할 수 있는 공통의 언어가 부족하다는 점이었다. 그 단적인 예로, 슈츠는 자신의 발달이론의 첫 단계를 '포함' (inclusion)이라고 일컬었던 반면, 베니스와 셰파드는 그들의 발달이론의 첫 단계를 '의존-굴복' (dependence-submission)이라고 불렀다. 따라서 이 용어들이 집단 초기의 동일한 단계를 가리키는지, 아니면 그것들이 아예 상이한 조건과 상이한 발달 패러다임을 나타내는 것인지 구별하기가 힘들었다. 명확한 관찰 준거를 지닌 통일된 용어의 결핍은 의사소통에 관심을 갖는 사람들에게는 패러다임의 부재를 반영하는 이상한 현상이다. 사실, 여러 개의 집단 발달이론이 그동안 발표되고 평가되어 왔다(참조. 본서 제9장). 그 이론들은 각기 나름대로의 용어들을 지니고 있으며, 각 이론들이 유래한 근저의 사상들과, 집단들과 그 구성원들의 다양성에서 비롯된 조건들을 가지고 있다. 쿤의 관점에서 볼 때, 이론들이 급격히 늘고 잇다는 것은 곧 하나의 학문이 아직 지배적인 패러다임을 갖고 있지 않다는 것과, 그 학문이 아직 합일된 체계에 이르지 못했다는 것을 말한다. 뉴턴 이전의 물리학이나 프로이트 이전의 무의식 이론도 바로 그런 경우에 속한다. 하나의 패러다임이 생기기 이전의 '이론들'은 사실 자료들과 철학과 상식이 '자유롭게 움직이는' 혼합물에 지나지 않는다. 패러다임은 하나의 연속적인 구조를 제공한다. 그러나 오직 시간만이 그 패러다임의 타당성을 입증할 수 있다.

그렇지만 패러다임이 생기기 이전의 단어 혼동과 둘 이상의 학문분야에 걸친 문제점들은 좀 더 심각한 인식론적 딜레마 상황을 반영하고 있다. 개인과 집단은 시간이 흐르면서 점점 더 고정된 실체, 독립적인 연구영역으로 나뉘고, 그럼으로써 인간의 상호작용 과정들의 근저에 있는 통일성을 가리게 된다. 이런 이유로, 개인심리학과 집단심리학이라는 두 학문분야를 하나의 합일된 관점으로 재개념화해야 할 필요성이 파인스(Pines 1980a)에 의해 제기되었다. 그는 이 필요성에 대하여 다음과 같이 간명하게 말한다(1983, 155쪽).

> 정신분석과 집단분석 모두를 하나로 결합시키고, 또 가능하다면 종합해서 새로운 수준의 이론을 정립하기 위한 노력에는 창조적인 긴장감마저 감돌고 있다.

'그와 같은 전반적인 재사고 과정에도 불구하고 개인'과 '집단'이라는 전통적 개념들이 변함없이 그대로 남아 있을 수 있다는 점은 쉽게 이해되지 않는다. 파인스는 여기에서 근본적인 '패러다임의 전환,' 즉 연구와 치료와 훈련의 기초가 되는 기본적인 전제들이 변화될 필요성에 대해 말하고 있다.

## 연결을 제공하는 패러다임

정신분석과 집단심리학의 통합을 지지하는 몇 가지 기본적 전제들이 이 두 분야의 문헌들에 포함되어 있다. 여기에서 이것을 다루는 목적은 하나의 개념적 범주를 형성하기 위해 이 사상들을 검토하고, 비평하고, 통합할 수 있는 준거 틀을 제공하려는 것이다.

### 전제 1: 개인의 발달과 집단의 발달을 연결시켜주는 상호과정에 초점을 두는 관점은 대상관계적 삼중체계 모델을 산출한다.

통합적 패러다임의 근본적인 전제는 인간의 상호작용을 통해서 내적 삶이 사회적 경험과 체계로 변형되며, 또한 역으로 집단의 경험은 개인의 내적 삶으로 변형된다는 것이다. 내적 삶과 집단의 삶이라는 두 가지 차원은 한 집단의 구성원들을 연결시켜주는 언어적 상호작용과 비언어적 상호작용으로 이루어진 (아마도 인식론적으로나 발달론적으로 개인과 집단보다 앞선) 접속 수단 또는 연결망으로 구성되어 있다.

정신분석과 집단 역동 사이에 다리를 놓는 일은 전략상 의사소통 연구에 토대를 둘 필요가 있다. '개인'과 '집단'은 실제로 의사소통 분석의 두 차원이다. 그것의 한 차원에서, 우리는 사고와 감정의 근저의 의미에 관해 추론하는 동시에, 주관적인 보고, 공감, '실험적 동일시'(trial identification)가 산출하는 상호작용에 참여한 사람들의 내적 경험과 감정적인 경험을 다룬다. 이 단계에서 우리는 정신분석적(또는 이와 관련된) 방법을 사용한다. 또 다른 차원에서, 우리는 상황과 관련된 차원에서 여러 사람으로 구성된 조직과 체계를 다룬다. 의사소통 행위를 내적 삶과 집단의 조직 및 구조와 연관시킴으로써, 우리는 개인의 심층적 및 발달적 과정을 집단 과정과 연결시키고자 하는 것이다.

일찍이 텔렌(Thelen)과 휘탈(Whithall, 1949)도 이와 비슷한 분석 '전략'에 관해 다음과 같이 말한 바 있다.

> 우리가 내적인 틀로부터 자료들을 끌어내기 위해서는 내면을 성찰하는 기법이나 그 밖의 다른 숙달된 기법들을 가지고 출발해야 한다. 몇 가지 상황적 측면들은 … 객관적인 틀로도 충분히 다룰 수 있는 것일 수도 있다. 그러나 우리는 일반적으로 이론적 연구의 대상이라고 평가받고 있는 두 가지 준거 틀을 연결시키고자 한다. 이 두 가지는 다음과 같다.
> 행동 = 인격과 환경의 기능(레빈)
> 상호작용 = 내적 조건들과 객관적 조건들 사이의 관계

정신분석 분야에서, 랑스(Langs, 1976a)는 상호작용의 장으로서의 총체적 조직이 정신분석적 상황에서 얼마나 중요한가를 강조하였다. 환자와 분석가 사이의 의사소통은 계약상의 '구조'와 '적응적 장'(the adaptive field) 안에서 생겨난다. 그리고 이 의사소통은 두 영역의 내적 상태를 상호작용으로 변화시킨다. 적응적 장은 상황적인 것이며, 분석을 위한 제도적 및 사회-경제적 배경뿐만 아니라 중요한 타인들까지도 여기에 포함될 수 있다. 그것은 비인간적 환경뿐만 아니라 치료 상황을 둘러싼 집단 역동을 구성한다(카우치의 배열, 사적이고 은밀한 배경 등). 여기에서 '상호작용'이라는 용어는 랑스에게서 빌려온 것인데, 그것은 '대인관계적 관계'라는 용어보다 선호된다. 왜냐하면 그것은 (a) 의사소통의 심오한 무의식 층을 분명히 포함하고 있기 때문이고, (b) 엄밀하게 말해서, 그것은 두 사람 이상 사이에서 생겨나는 체계이기 때문이다. 요컨대, 랑스는 이 개념들을 사용하여 정신분석

실제 안에 집단 역동을 도입했다.

그러므로 정신분석과 집단 역동을 연결시키는 패러다임은 세 개 이상의 체계나 과정들의 관계에 대한 관찰을 포함시킬 것을 요구한다. 집단 내부 사람들의 내적 또는 심리내적 체계, 두 사람 이상 사이의 의사소통과 '행위'의 체계, 그리고 집단으로서의-집단 체계가 그것이다. 이것들은 서로 분리된 구성단위가 결코 아니며, 하나가 다른 하나로 변형될 수 있는 과정들이다. 대체로 심리내적 표상은 내재화된 집단 체계이다. 예를 들면, 꿈은 종종 중요한 타인들에 관한 것일 수 있다. 집단은 내적 대상이 투사된 결과이다. 의사소통은 공감에 의해 전달되는 내적 상태와 부분 대상들의 투사적 동일시를 담아주는 하나의 그릇이다. 그리고 어쩌면 의사소통은 개별 정신조직의 경계를 넘어 '조정'과 '수송' 활동들을 의미하는 것일 수 있다(참조. Miller and Rice, 1967).

이 삼중체계의 관찰수단이 개인과 집단의 연결과 어떤 관련이 있는가를 살펴보기 위해서 우리는 대상관계 자체의 본질을 고려해야 한다. 내적 차원에서, 대상은 환경 안에 있는 사람이나 사물에 대한 리비도적이거나 공격적인 환상을 포함하고 있다. 정신분석가는 주로 내적 표상에 초점을 맞추지만, 개인이 그 대상과 갖는 상호작용을 알기 위해서는 외부 대상에게도 주의를 기울여야만 한다. 예를 들면, 경계선 환자는 '상반되는 내사물과 동일시물을 떼어놓기 위해' 대상을 '아주 좋은' 요소들과 '아주 나쁜' 요소들로 나눈다(Kernberg, 1977, 29-30쪽). 대부분의 경우, 이 같은 분열은 생애 초기에 실제 사람들의 침범하고 과잉 보호하고 유기하는 행동으로 인해 강화된다. 이것은 실제 상호작용과 내적 방어 및 환상이 서로 연결되어 있음을 시사한다. 부모의 실제 양육방식과 그들에 대한 아이의 지각 및 무의식적 반응은 내면세계와 사회체계를 넘나드는 '피드백 고리'를 형성한다.

대상관계 개념들이 그렇듯이, 집단심리학의 개념들도 다양한 체계들과 조직 수준들에 관한 여러 주장들을 갖고 있다. 커트 레빈의 고전적인 주장, 곧 '집단은 그 부분들의 총합과는 다른 것이며, 그것보다 더 크다'라는 견해가 바로 그 중 하나이다. 집단 상황 안에서 대상관계는 세 번째 조직 수준, 즉 여러 내적 표상들의 종합에 의해 생겨나는 가족, 집단이나 조직의 구성물을 갖는다. 개별화와 정서적 의사소통의 결핍에서 발생하는 '뒤범벅이고,' '빗나간,' 그리고 '거짓된 관계를 맺고 있는' 가족 형태(Wynne 외, 1958; Lidz 외, 1957, 1965)는 치료 집단과 훈련 집단에서 발견되는 '희생양'과 '지도자의 이중적' 역할이 그러하듯이, 그러한 집단의 장 패턴(field pattern)을 보여주는 예이다.

마찬가지로 풀크스의 고전적인 언급, 즉 '개인은 집단 모체의 매듭점이다'라는 말도 집단이 일차적인 것이며, 나아가 집단의 강렬한 활동 영역 안에 개인이 존재한다는 의미를 담고 있다. 풀크스와 레빈은 개인을 집단이 부분들로 분화하는 데 따른 하위단위 또는 결과물로 간주함으로써, 정신분석가의 관점을 뒤집어 놓았다. 그런가 하면 대상관계 정신분석적 관점은 사람들이 하나로 모아져 집단이 발생한다고 본다. 이 두 관점은 모든 살아있는 체계에서 함께 발생하는 분화와 통합을 나타낸다. 집단은 개인들이 통합된 것이고, 개인은 집단 모체에서 분화된 것이다.

집단치료에서 가져온 다음의 사례는 심리내적 체계, 상호작용적 체계, 집단 체계들 간의 밀접한 관계를 보여줄 것이다:

> 20세 청년인 짐은 임금노동자 계층의 이주자 가족에서 자랐다. 그는 불안, 마약과 알코올 중독, 동성애적 공황 등의 다중적인 증상들을 갖고 있었다. 이 증상들의 역사적 요인으로는 여섯 살 때 겪었던 청소년에 의한 성적 유혹, 과잉

보호적이고 우울했던 엄마, 성을 잘 내는 무관심한 아버지, 그리고 그가 10대 동안에 여드름으로 인해 수치심과 노출감을 느꼈고, 그 결과 사회적 능력의 발달이 억제되었던 일 등이 있었다. 진단과 관련해서, 그는 편집증적 성향을 지닌 경계선 인격조직을 보여주었고, 이는 그가 불쾌한 좌절감과 질투심을 다루는 데 분열과 투사적 동일시 기제를 사용하고 있음을 의미했다.

그가 참여한 치료 집단은 4년을 이어오면서 5-8명의 이제 막 성인기로 들어서는 과도기 청소년들로 구성되어 있었고, 그들은 모두 다중적인 증상들과 다양한 특성들을 지닌 경계선적 병리를 지니고 있었다. 따라서 그 집단의 주된 초점적 갈등은 개성의 획득과 정체성 혼돈의 해소뿐만 아니라 분리(서로에게서, 치료자들에게서, 과거 대상들에게서)를 성취하는 것이었다.

약 1년간에 걸친 집단의 발달과정에서, 구성원들은 어느 정도 치료자들로부터 독립할 수가 있었지만, 짐은 주요 관심 대상이 되었다. 그의 지나친 의존은 완강해 보였고, 그로 인해 집단의 진전을 방해하고 있었다. 그 시점에 그는 집단에서 한 가지 뚜렷한 역할을 획득했는데, 그것은 의존적인 사람, 유아, 어린 막내, 보호 대상인 동시에 공격 대상 등이었다. 그는 부분-대상 단계에서 집단을 젖가슴으로 지각하고 있었고, 그것에서 보호와 관심과 양육을 받을 것을 요구하고 있었다. 그리고 집단은 그를 돌보는 일에 지쳤고, 그 점에 대해 치료자들에게 불평했다.

치료과정에서 이 환자의 대인관계적 역동은 무기력과 엄마와의 공생적 고착 상태에서 분리되는 것에 대한 거부라는 사실이

드러났다. 개인적인 치료 회기들에서 드러난 사실은 그의 내적인 대상들이 편집증적인 성질의 것이며, 이것은 양육과 만족의 원천이 위협을 받을 때마다 박해 감정과 자기애적 격노의 감정을 발생시키고 있다는 것이었다. 따라서 내적 대상 체계와 집단 체계는 서로 나란히 작용하고 있는 것을 알 수 있었다.

집단의 진화라는 관점에서 볼 때, 특별한 집단 역동에 미치는 환자의 결합가(valence)는 집단으로서의-집단으로부터의 분리와 치료사들로부터의 개별화를 성취하는 시점에서 출현했다. 구성원들은 그들 자신들의 의존 욕구를 짐에게 투사적으로 동일시했고, 그들 자신들의 분리 불안에 대한 방어 수단으로서 짐을 돌보기 시작했다. 짐의 역할은 그 자신의 인격구조의 한 요소인 동시에 발달하고 있는 집단 역동을 보여주는 것이기도 했다. 다양한 관점에서 볼 때, 짐은 (a) 고유한 인격과 내적 대상관계 체계를 가진 사람이었고, (b) 집단의 의사소통 모체 안에 있는 매듭점이었으며, (c) 공생적 집단의 장에 융합되어 있는, 분화를 가져오는 요소였다.

## 전제 II: 개인과 집단은 서로를 구별 짓는 경계를 창조해내는 것을 통해서 일차적인 동일시 상태로부터 벗어난다.

다중적인 상호작용 체계, 그 중에서도 특히 인간 체계들에 관한 연구의 근저에는 인식론적인 문제, 즉 지식의 본질과 그 지식이 생겨나게 된 수단과 관련된 문제가 있다. 만일 어떤 사람이 단일한 체계를 다루고 연구하기 위해서 그것을 고립시킨다면, 그는 아마도 그것이 관찰자로부터 분리된 실체이며 그것의 특징들 모두는 서술되고 예측될 수 있을 것이라고 간주할 것이다. 다른 한편, 상호작용을 다루는 학문은 복잡한 체계들 사이의 관계에 초점을 맞춘다. 이 관계는 대체로 감각적으로 명백하지 않으며, 그것들이 형성하는 '장들'은 부분적으로 관찰자의 기능에 속한다. 예를 들면, 대상관계는 결코 완전히 '알' 수가 없으며, 연구를 위해 선택한 내적 특징들과 외적 특징들은 또 다른 관점에서 보는 것과는 상이한 것으로 보인다.

관찰과 추론의 근본적인 실수는 바로 구상화(reification, 具象化)이다. 알프레드 노스 화이트헤드는 이 구상화를 '빗나간 구체성의 오류'(Coles, 1983, 7쪽)라고 불렀다. 이것은 동인들, 세력, 또는 사물에 대한 관찰결과나 이론들을 이 세계에서 실제로 항구적 존재를 가진 것으로 추측하는 경향성을 가리킨다. 사람들은 관찰을 할 때 탐구를 위해 특정한 지각적 장들, 현상들, 그리고 체계들을 '괄호 안에 집어넣는다'(후썰이 말하는 '판단 중지'). 예외 없이 다른 특징들, 결정 인자들, 구성 요소들은 언제나 지각에서 배제된다. 이 과정은 그가 외부적인 '실체'나 '세력'을 발견했다는 의미로 해석되어서는 안 된다. 그보다는 그가 전체 현상의 특정 측면이나 차원을 바라보기 위한 조건들을 마련했다는 의미로 보아야 한다. '개인'이나 '정신적 기관'과 독립적으로 존재하는 '집단'이란 있을 수 없다. 정말로 환상적 실재들을 만들어내고 그것들을 실제로 존재하는 것으로 취급하는 방식으로 사건들을 생각하는 경향성은 구체적이고 환각적인 인식을 조장하는 퇴행 압력에 노출된 집단 치료자가 겪게 되는 특이한 역전이적 취약성이다. 이 압력은 내적 '세력'과 집단의 '세력'의 차이를 과장한다.

어떤 점에서, 집단은 공동의 활동에 참여하는 각 개인들로 구성된다. 이론적 구조는 바로 이러한 정의를 반영해준다. 정신분석

분야에서 심리적 결정론은 모든 정신적 연상들이 단위 유기체의 내적 활동으로부터 생겨난다고 주장한다. 관찰자와 관찰 대상 사이의 관계의 산물인 이 경계는 그가 집단을 관찰할 경우 현저하게 변화한다. 여기에서는 행동의 원인들이 그 개인 바깥에 있고 또 집단 자체는 그것의 활동들과 경계 상황들이 일차적인 중요성을 갖는 하나의 실체인 것으로 보인다. 하나의 틀 안에서 그 개인은 독립적인 반면, 다른 하나의 틀 안에서 그는 더 큰 집단 체계의 일부분이다. 역설적이게도, 이 두 틀은 모두 '실제로' 존재한다.

관찰자와 관찰 대상의 통일성과 상대성은 현대 과학의 기초가 되는 이론으로서, 독립된 관찰도구와 그것들에 작용하는 세력에 대한 구상화를 취소시키는 역할을 한다. 주카프(Zukav, 1979, 86쪽)는 다음과 같이 말한다. '고전 물리학에 따르면, 우리는 어떤 것을 관찰하는 것을 통해서 그것에 관하여 알게 된다. 양자 역동에 따르면, 우리가 관찰하기 전에는 그것은 결코 존재하지 않는다!' 관찰자와 관찰 대상이 서로 밀접한 관계에 있을 뿐만 아니라 그것들은 같은 순간에 서로를 통해 존재하게 된다.

집단은 하나의 사물이 아니라는 주장이 나폴리타니(D. Napolitani, 1980)에 의해 제기되었다. ' … "집단"은 우리의 감각기관의 지각 대상이 아니다. 왜냐하면 그것은 단지 각 개인들에 관해서만 말해줄 뿐 그들 사이에 존재하는 궁극적인 "유대"에 관해서는 아무것도 말해주지 않기 때문이다. 집단은 결코 확고부동한 성격을 갖고 있지 않으며, 객관적으로 규정할 수 있는 경계선을 갖고 있지도 않다.' 비온(1959, 119-120쪽)은 이와 유사한 견해를 말한다.

나는 집단의 형성에 본질적인 중요성을 부여하지 않는다

> … 특정 시간에 특정 장소에서 집단이 모이는 것은 명백히 매우 중요하다(관찰과 논증을 위해서) … 그러나 집단 현상을 만들어내는 데는 아무런 상관이 없다 … 내가 말하고자 하는 요지는 아무리 시간적으로나 공간적으로 고립되어 있는 개인이라도 그가 결코 집단 바깥에 있다거나 집단심리학으로부터 자유로울 수는 없다는 것이다.

나폴리타니(1980)는 프로이트의 주장에 동조하여 집단은 암묵적인 유대와 매력으로 이루어진 하나의 단위라고 주장하였다. 비온은 집단이란 하나의 장소이기보다는 하나의 원개념(conception)이라고 말하였다. 또한 그는 개인심리학과 집단심리학은 개인 기능의 부분적인 측면들이라는 프로이트의 주장에 동의했다.

아가자리안과 피터스(1980, 31-34쪽)는 집단 역동은 볼 수 없는 것이며, 다만 결과에 대한 가정과 예측이라는 연역적 추리를 통해서만 알 수 있는 것이라고 주장하였다. 볼 수 없다는 것과 사물이 아니라는 것은 인격에도 해당된다. 단위 유기체는 눈으로 볼 수 있는 것이며, 어느 정도 독립적이고 자율적이며, 경계에 의해 환경으로부터 구별된다. 그러나 '인격'의 경우에는 그렇지 않다. 자기와 대상, 정체성과 인격이라는 심리적 영역은 고정된 물리적 장소를 갖고 있지 않다. 그 영역은 유기체가 아니라 현재의 상호작용에 참여하고 있는 개인과 집단에 관한 것이다. 더욱이, 개인이라는 개념은 유기체라는 개념과도 다르다. 개인은 개별화를 성취했고, 타인과 집단으로부터 자기 자신을 구별하는 방법을 배웠으나, 유아기의 공생적 합일 상태를 벗어난 존재이다.

그러므로 개인과 집단은 사물이 아니라 관찰의 경계 상황에 의해 규정되는 개념이다. 개인과 집단의 단일성과 그것들의 상호작용의 경계가 갖는 성질은 현대 정신분석과 집단심리학을 통합하기 위해 노력하는 틀에 포함되어 있는 인식론적 원리들이다. 좀 더 오래된 견해에서 개인과 집단은 별개의 실체였다. 예를 들면, 대상관계들은 주로 개인이 환경에 리비도를 '집중시킨 결과물' 이었다. 그것들은 개인적인 영역에 속한 것이었다. 다른 한편, 집단과 문화는 심리학적 환경의 일부였다. 그러나 좀 더 새로운 관점에서, 대상관계들은 동일한 생명 체계의 내적 표상인 동시에 외적 표상이다. 차이점이 있다면, 개인이 자신을 둘러싼 경계를 폐쇄할 때에는 퇴행적이고 원시적인 내적 이미지를 경험하는 반면, 집단 상호작용을 향해 자신의 경계를 개방할 때에는 집단 상호작용, 환상, 신화 과정 등으로 나타나는 외적 현상을 경험한다는 것이다.

요약하자면, 집단심리학과 정신분석의 통합은 개인과 집단 사이를 구체적으로 구별하는 인식론이 양쪽 모두의 체계적 및 구조적 성질에 의해 보완되어야만 한다. 이러한 발달은 개인과 집단이 하나의 연속선상에 있는 점들이며 정신분석이나 집단 이론의 개념들이 서로 강조점만 다를 뿐이지 결국은 같은 것의 다른 측면을 다루고 있다는 인식, 그리고 개인이 관찰하는 것은 관찰의 경계 상황이 갖는 기능이라는 인식을 필요로 한다. 역설적으로 말해서, 그런 관점은 집단에 관한 연구를 좀 더 인간적이고, 개인적이고, 생동감 있는 것으로 만들어준다. 왜냐하면 비록 그 관점이 구상화를 거부하긴 하지만, 그것은 세상의 구체적인 충만성의 빛에서 '가능한 모든 추상론자들과 모든 생활인들 사이에 존재하는 차이를' 인정하기 때문이다(William James, Coles의 인용, 1983, 7쪽). 내적인 삶과 집단의 삶은 밀접하게 함께 짜여져 있다.

## 전제 III: 상보성의 원리는 집단 관계의 다차원성을 설명해준다.

관찰자와 관찰 대상이 그리고 개인과 집단이 하나라는 원리와 관련된 것은 상보성의 원리라는 양자 물리학에서 온 개념이다. 리히텐쉬타인(1961), 그롯슈타인(1982), 우름저(1983), 그리고 다른 학자들은 이 원리가 정신분석에 적용된다는 사실에 주목하였다. 그리고 J. 더킨(1980)은 폰 버털랜피(1968)의 일반체계 이론에 기초해서 집단 역동을 위한 몇몇 함의들을 발달시켰다. 상보성 모델은 내적이고 생물학적인 요인들을 강조하는 관점과, 환경과 사회적 장을 행동의 결정 요인으로 보는 관점과 같은 서로 상반되는 관점을 조화시키는 데 유용한 체계 모델이다. 그것은 자연과 인간에게 내재하는 역설, 모순, 그리고 비대칭성과 개념적으로 관련되어 있다. 따라서 그것은 초개인적, 실존적, 종교적 통찰을 닮았으며, 또한 신화, 비유, 일차과정 사고와도 그 성질이 비슷하다.

리히텐쉬타인(1061, 250쪽)은 상보성 원리를 간결하게 정의내린 물리학자 나일스 보어(Neils Bohr)의 말을 인용하여 다음과 같이 주장한다: '주체와 객체 사이를 다르게 규정함으로써 겉보기에 양립할 수 없는 개념들이 상호 배타적인 상황에 적절히 적용될 수 있다.' 다시 말해서, 누군가가 관찰과 실험의 조건들을 체계적으로 변화시킬 경우, 그 결과는 상반되는 현상을 드러낼 수 있다. 따라서 빛은 파동으로 작용하는 동시에 소립자로 작용한다. 심리학에서 그러한 상보성의 원리는 얼마든지 찾아볼 수 있다. 개인은 때로는 마치 '섬'처럼 행동하고, 때로는 마치 '전체의 부분'처럼 행동한다. 때로는 사색가처럼 행동하고, 때로는 본능에 이끌리거나 정동과 환상에 의해 움직인다. 그리고 때로는 갈등의 구성요소들을 지닌 것처럼 행동하고, 때로는 보다 높은 형태를 향해 발달해가는 유기체적인 전체로서 행동한다.

본 서의 주제와 가장 깊이 관련된 내용은, 행동을 가장 잘 설명해주는 것은 관찰의 틀과 상황에 따라 '집단'이 '심리내적' 체계가 될 수 있다는 점이며, 또한 좀 더 면밀히 조사해보면 그것들이 서로 다른 '원인'과 '결과'를 갖는 것이 아니라 양측의 특성을 모두 보여주는 보완적인 영역이라는 사실이 밝혀진다는 점이다.

데버루(Devereux, 1980)는 프로이트 자신이 상보성이라는 개념을 사용했다고 제안한다. 프로이트는 하나의 증상과 그것에 상응하는 무의식적인 갈등이 점점 의식적인 것이 되어가는 과정 사이의 관계를 서로 대체할 수 있는 동일한 것으로 보았다는 것이다. 리히텐쉬타인(1961, 249-50쪽)은 욕동과 정체성의 관계가 상호보완적이라고 보았다. 그리고 이것은 자기애와 대상관계의 발달적 흐름에 관한 코헛의 주장에서도 핵심적인 중요성을 지닌 명제이다:

> 내가 여기에서 제안하는 것은 서로 다른 두 가지 이론적 틀을 사용할 수 있다는 것이다. 다시 말해서, 현대 물리학의 상보성 원리과도 유사하게 우리는 사실상 갈등 심리학과 자기심리학 사이에 심리학적인 상보성의 원리가 존재한다고 말할 수 있다(1980, 77-8쪽).

그롯슈타인(Grotstein, 1982, 2쪽)은 이렇게 말한다. '나는 모든 정신현상들을 바라보는 이중 경로적 관점들이 상보성 원리에 적용을 받는다는 사실에 주목하고 싶다.' 그는 일차과정 사고와 이차과정 사고의 상호적이고 촉진적인 성질에 대해 강조했는데, 전자는 자기와 세계의 하나됨과 대칭성에 관련되고 후자는 선형적이고 부분적이며 경계를 가진 견해에 관련된다고 보았다. 우름저(Wurmser, 1983)는 정신분석이 인간에 대한 두 개의 상보적인 모델을 채용하고 있다고 주장한다. 하나는 갈등을 겪고 있는 인간 모델이고 다른 하나는 통일성을 지닌 발달하는 유기체로서의 인간 모델이 그것이다. 그리고 그는 전자를 인간 심리학의 본질적인 틀로, 그리고 후자를 생물학의 본질적인 틀로 간주한다.

> 전체를 포괄하는 좀 더 광범위한 원리, 즉 인간을 포함한 모든 생물을 지배하는 성장-적응-결손의 원리와, 좀 더 좁은 원리, 즉 다소 특수하게 인간적인 원리 사이에는 상보적인 구별이 존재한다 … 비단 프로이트만이 아니라 철학적 전통 전체에서 보더라도, 욕동은 생물학과 심리학에 공통적으로 적용되는 요소이다. 욕동은 언제나 대상과 연결되어 있으면서도 언제나 생리학적 원천에서 오는 내적 긴장을 어떤 식으로든 말하고 있다. 여기에도 상보성의 원칙이 있다!

그리네이커(Greenacre, 1958)는 '정체성'이라는 용어가 개인과 집단 간의 상보적인 관계의 본질을 드러내는 두 가지 의미를 갖고 있다고 제안한다.

> 정체성이라는 용어는 내적인 측면과 외적인 측면이라는 두 개의 중요한 측면을 갖고 있다. 한편으로, 정체성은 그것의 구성요소들이 전체 안으로 충분히 통합되어 진정한 하나됨 또는 단위를 구성하고 있는 개별적인 인간이나 대상을 의미한다. 다른 한편으로, 어떤 상황에서 정체성은 또한 비슷한 개인들이나 대상들과 구별되는 개별적인 인간

> 이나 대상의 고유한 특성을 가리킨다. 어떤 경우에는 유사성에 강조점이 놓이는가 하면, 다른 경우에는 특수성에 강조점이 놓인다.

'개인의 고유한 특성들'은 그의 인격과 정신역동을 구성한다. '전체 조직'은 개인과 집단 사이의 경계이자 연결고리이며, 그리네이커가 주장한 바와 같이, 동일시들과 밀접하게 관련되어 있다. 그리고 이때 그 동일시들은 '내적 과정, 심리적 결정론, 또는 생물이거나 무생물이거나 상관없이 외부의 대상을 향한 인간의 지각 행위 등으로 간주될 수 있다'.

지금까지 우리는 상보성을 정신분석의 초심리학, 즉 그것의 패러다임에 본질적인 것으로 인정한 견해들—프로이트에게까지 거슬러 올라가는—을 역사적으로 살펴보았다. 이것은 우리가 이론적 불일치를 '둘 다 옳다'는 식으로 해결할 수 있다는 말이 아니다. 오히려 이것은 역설적인 현상들의 연결 관계를 분명히 밝히고, 나아가 이 현상들이 일어나고 서로 '대체되는' 조건들을 결정지어야 한다는 도전으로 보아야 한다.

J. 더킨은 하나의 체계로서의 집단에 관해 다음과 같이 주장한다(1980, 15쪽).

> 첫 번째 근본적인 개념은 살아있는 구조가 하나의 서술 양태를 통해서가 아니라 두 개의 상보적인 서술 양태를 자체를 드러낸다는 생각이다. 상보적인 관계는 역설적이다. 상보적인 한 쌍에 관한 각각의 부분적 서술들은 하나의 근저의 통일체에 대한 상이한 측면들에 관한 부분적 서술이 아니라, 전체적인 현상에 관한 전체적인 서술이다 … 객관주의적 경향을 띠고 있는 우리의 인식으로서는 상

보성을 직접적으로 경험하기가 매우 어렵다. 우리가 경험하는 것은 문제 현상이 명백히 구별되는 상태들 사이에서 자율적으로 앞뒤로 움직이는 변증법적인 춤이다.

다시 말해서, 집단을 관찰하는 사람은 상반되는 역설적인 결과들을 경험한다. 예를 들면, 그는 기본적인 가정들이 전개되는 과정에서 긍정적인 감정과 부정적인 감정의 동요를 경험하거나, 집단을 여러 인격들로 구성된 혼합물로 보았다가 다시 그것을 억압된 것이 회귀하는 측면을 반영해주는 공명하는 단위로 보는 경험을 할 수 있다. 또는 현존하는 무의식적 활동과 사고를 분화된 의식 상태에서 경험하거나 모든 것을 포함하는 대양과 같은 의식 상태에서 경험할 수 있다. 이 두 가지 경험은 모두 동일한 집단 과정에 대한 정확한 서술이다.

더킨에게 있어서, 집단의 가장 근본적인 상보성은 '행동 구조와 언어 구조'(앞의 책, 15쪽)이다. '행동 구조는 신체적으로 구체화되어 물질/에너지를 만들어내는 반면, 언어 구조는 정보로 이루어져 있다.' 이 구별은 집단 이론에서 간과되고 있다. 예를 들면, 슈츠(1958)는 집단 내에서 연속적으로 발생하는 대인관계 양식들을 연결시켰는데, 그것들은 각각 구강, 항문, 남근에의 리비도 집중에 대한 포함(inclusion), 통제(control), 애정(affection) 등이다. 더 정확히 말해서 포함과 통제와 애정은 대인관계에 대한 언어적 표현이다. 다른 한편, 욕동은 방출과 행동으로 이끄는 동기적 세력이다. 이 구별에는 논의의 여지가 있을 수 없다. 예를 들면, 집단 내의 구상기적(욕동에 의해 유발된) 행동과 환상은 슈츠가 말하는 단계들 중 어느 단계에서도 발생할 수 있다. 포함되고 싶은 소망은 남근적인 것이나 '꿰뚫는' 것을 포함할 수 있으며, 그때 개인은 '적극적으로 애정을 추구할 수 있다.' 욕동은 집단 내에서 직접적인 내적 긴장과 불안을 조절하는 측면에서 드러나는 반면, 대인관계적 관계는 집단의 형성과 발달을 위한 집단 차원의 '언어 구조' 패턴에서 가장 자주 드러난다.

대상관계 이론도 욕동 이론에 대한 상보적 이론이다. 대상은 인간의 상호작용을 위한 정보적(언어적/개념적) 주형을 포함하고 있는 반면, 욕동은 행동의 강도와 '스타일'을 결정한다.

상보성의 원리를 집단 체계로 확장할 경우, 그것은 '다차원'이라는 보다 일반적인 개념으로 인도한다. 그러므로 만약 누군가가 어떤 특정한 집단 사건을 검토한다면, 그것은 마치 수정체처럼 단일한 구조를 유지하면서도 많은 면들을 가지고 있으며, 각기 다른 관점과 각도와 이론적 및 주관적인 빛에 따라 다른 형태와 모습으로 나타난다는 것을 알 수 있을 것이다. 사실상, 집단의 본질은 바로 각 개인이 저마다 집단을 다소 다르게 지각한다는 사실과 관련되어 있다. 집단은 '여러 개의 거울로 구성된 집'이다. 집단은 거울들이 집을 구성한다는 점에서 그 정의상 때로는 마치 하나의 눈으로 바라보는 것과 같은 효과를 만들어내는 다중 지각적인 감각 기관이다.

아가자리안(Agazarian, 1983)은 조직화된 체계로서의 인격, 역할, 그리고 집단으로서의-집단의 측면을 강조하면서, 집단의 행동 안에 있는 다차원적인 관점이 효용성을 갖는다는 사실을 지적했다. 그녀는 이전의 연구에서(아가자리안과 피터스, 1981, 29쪽) 다차원 체계적 접근을 코르집스키(Korszybski)의 의미론과 연결시켰다. 코르집스키는 자연에 포함된 역설과 상보성을 설명하기 위해 다가치적 논리를 도입했다. 정신분석의 자아와 대상 그리고 집단으로서의-집단은 그와 같은 다가치적 패러다임을 통해서 가장 잘 이해될 수 있다. 왜냐하면 정신의 내적 구조와 집단의 외적 구조 모두는 지각 장치에 의해 모든 경험을 유크리드 기하학과 시공적으로(spatio-temporally) 정리된 세계 안으로 환원시키는 친숙한 방식에서 볼 때 역설적인 것이기 때문이다.

## 전제 Ⅰ, Ⅱ, Ⅲ이 정신분석을 위해 갖는 함축적 의미

개인, 상호작용, 장 등의 하나됨과 상보성의 원리를 정신분석에 적용시키는 작업은 몇 가지 방향에서 이루어져왔다. 분석가와 환자 사이의 상호작용을 강조하는 랑스의 입장은 이미 언급된 바 있는데, 그는 이 상호작용을 개념화하기 위하여 대상관계적 틀을 사용했다(1976a). 그는 환자와 분석가가 무의식적 수준에서 투사적 동일시를 통해 불안을 일으키는 정신적 내용물을 서로에게 집어넣고, 분석 작업을 촉진시킬 수도 있고 방해할 수도 있는 반응을 서로에게서 불러일으키는 것을 통해서 강렬한 상호작용을 수행한다고 보았다. 그러한 상황은 비단 환자/분석가 관계에서 뿐만 아니라 모든 집단에도 해당되는 일반적인 경험으로 이해되어야 한다. 그린(Green, 1978)과 다른 학자들은 치료 회기 안에서 위니캇이 말한 중간 공간이 갖는 중요성에 주목했다. 그린은 환자들의 것이라고 믿어지는 생각들이 실제로는 의사소통 과정에서 창조된 것이라고 가정했다(177쪽). 그것은 중간 대상이 모성적 대상이 현존하는 곳에서 아이가 창조하는 대상인 것과 같다. 마찬가지로, 써얼즈(Searles, 1979, 45쪽)는 특정 환자들의 분석 과정에서 면담실 내의 '사물 대상들'이 특별한 의미를 갖는다는 사실을 관찰했다. 정신분석적 논의에서 점점 더 중요한 역할을 맡고 있는 그런 관점이 말하는 것은 이것이다. 환자에 대한 심리내적 견해는 의사소통과 환경적 장, 전이와 역전이, 주체와 객체, 관찰자와 관찰 대상 사이의 분리가 불가능하다고 보는 새로운 견해에 의해 보완되어야 한다.

최근의 정신분석적 동향은 대상관계와 자기 사이의 관련성을 강조하는 것이다. 비록 코헛이 이 점에서 두드러진 논의 대상으로 부각되고는 있지만, 정신분석학은 오래전부터 자기라는 개념을 동화해내는 일에 관심을 가져왔다. 본질적으로 주관적이면서도 열린 선택 능력을 가지고 있는 자기는 결정론적인 방식으로 작용하는 맹목적인 세력을 다루는 심리학과는 잘 맞지 않는다. 하지만 자기의 장애에 대한 최근의 연구결과는 정신분석가들로 하여금 자기를 명백한 구조로 인정하도록 이끌었고, 주관성과 자유 선택이라는 개념적인 난제에도 불구하고, 그것의 역동을 탐구하도록 고무했다. 자기는 대상관계로부터 분리될 수 없기 때문에, 그 둘은 상보적 쌍을 이룬다. 자기의 분투는 외부 대상에 대한 애착과는 상당히 독립적으로 발달하지만, 아동이 자신을 자기애적 방식으로 표현하고 경험하고자 하는 욕구와, 자기중심성의 불가피한 좌절에 직면해서 친밀함을 성취하고자 하는 욕구 사이에는 언제나 상호적 충돌이 존재한다. 자기와 대상은 서로 다르지만, 대상은 자기의 부분으로 구성된 측면을 가지고 있으며, 이는 그 둘 사이에 본질적인 일치가 존재함을 가리킨다.

이러한 견해들은 초심리학적 딜레마에 관한 우리의 인식이 점증하고 있음을 말해준다. 그 딜레마는 욕동 이론의 개인주의적 성질에서 온 것으로서, 정신분석의 상호작용적 측면과 '여러 사람-심리학적' 측면이 이론 안에 충분히 받아들여질 때에야 비로소 온전히 해소될 수 있을 것이다.

마지막으로 그리고 결정적으로, 정신분석 이론은 두 개의 상보적인 견해를 포함한다. 하나는 본능 또는 욕동 이론으로서, 신체적 및 생물학적 긴장의 중심에 뿌리를 둔 폐쇄된 정신적 표상체계로 간주되는 개인의 인격에 초점을 두는 견해이고, 다른 하나는 상호작용적이며 사회적인 모델로서, 환경 및 집단 모체와의 관계 안에 있는 개인의 '장'의 특성과 개인과 타자 사이의 상호 연결됨을 강조하는 견해이다. 심리내적 모델은 관찰자와 관찰 대상을 서로 독립적인 실체로 간주하고, 개인을 하나의 자족한 단위체로 보는 데카르트 인식론의 산물이다. 상호작용적 모델은 관찰자와 관찰 대상을 하나로 보는 현상학적이고 게슈탈트적인 원리와 조화를 이룬다. 이 모델 안에서는 내적 경험과 집단의 삶이 '이중적 단일체'(엄마와 유아가 한 쌍을 이룬다는 말러의 용어)를 이룬다. 그리고 이것은 개인 정신분석 회기뿐만 아니라 집단분석 회기에도 마찬가지로 적용된다. 상호작용 모델은 정신분석을 집단 역동 및 '다중 신체적' 심리학으로 인도한다.

## 집단의 장 이론을 위한 전제들이 지닌 함축적 의미.

전체로서의-집단에 관한 이론들은 매우 다양하고 복잡하다. 좀 더 낯익은 몇 가지 개념들의 목록을 열거한다면, 비온의 '정신구조' 또는 '문화,' 에즈리엘의 '공통의 집단 긴장,' 휘태커와 리버만(Whitaker & Lieverman)의 '초점적 갈등,' 풀크스의 '모체,' 레빈의 '장'과 '삶의 공간' 등이 있다. 일반체계 이론(von Bertalanffy, 1968)의 출현은 많은 부가적 발달을 가져왔는데, 그 중에서도 가장 괄목할 만한 것은 밀러와 라이스(Miller & Rice, 1967)가 체계 이론을 대집단과 체계 역동에 적용시킨 것과 J. 더킨(Durkin, 1980)이 집단을 살아있는 체계로 보는 관점에서 연구한 것이었다. 집단으로서의-집단을 개념화하는 방식들이 매우 다양하다는 사실은 인식론적으로도 매우 중요하다. 어느 하나의 관점도, 그것이 개인적인 행동들의 총합 이상이라는 것을 제외하고는, 집단을 완전히 서술할 수는 없는 것으로 보인다. 이러한 관점은 과거에 프로이트가 집단의 행동을 개인적 전이와의 동일시라는 측면에서 설명했던 것이, 비록 강력한 함의를 가진 것이었음에도 불구하고, 환원주의적인 것이었다는 사실을 명백히 보여준다. 따라서 환원주의와 상보성은 전혀 다른 철학적 견해라는 점은 아무리 강조해도 충분치 않을 것이다.

정신분석적 집단심리학의 진보를 가로막는 주된 걸림돌은 심층적인 무의식적 세력이 집단에 영향을 미치는 방식을 설명해줄 수 있는 체계적인 이론의 부재이다. 개별적인 집단 구성원이 자신의 무의식적인 역동('결합가')을 가지고 집단 상황에 반응하는 방식을 이해하는 것은 어렵지 않지만, 상황 자체가 무의식적 과정에 의해서 조건화되고 심지어 그 무의식적 과정을 구체화하는 방식을 이해하기란 쉽지 않다. '집단의 마음'(group mind)이라는 말은 용어상의 모순이며, 사회 체계에 대한 정신작용(mentation)을 의인화하거나 구상화한 것이다. 이런 이유로, 하나의 전체로서의-집단(group-as-a-whole)에 관한 이론은 정신적 구성물(mentalistic constructs)이 되어서는 안 된다. 동시에 집단의 특징들이 무의식에 의해 깊은 영향을 받는다는 사실에는 의심의 여지가 없다. 프로이트와 비온은 군대와 교회와 국가(비온은 여기에다 귀족사회를 보탰다)가 공격성과 의존과 통제(그리고 귀족사회의 경우에는 성욕)라는 심리내적 측면과 상호작용적 측면 모두를 통해서 작용하는 사회적 체계라는 점을 지적하였다.

집단 역동 이론에 의해 제기된 개념적 딜레마는 쿠르트 레빈의 작업에서 예시되었다. 레빈의 목표는 집단의 상호작용에 관한 일련의 법칙들과 가설들을 발달시키고 집단에 관한 과학을 확립하는 것이었다. 그래서 그는 집단을 무의식적 과정으로 보는 정신분석적 이해와 상치되는 방식으로 개인 역동과 집단 역동을 구별했다. 레빈은 집단의 장을, 그 장에 들어가는 사람들, 곧 집단 상황에 참여한 사람의 지각에 영향을 미침으로써 지금 여기에서 행동을 유발시키는 심리학적 환경으로 개념화하였다. 그는 비록 집단의 '퇴보'와 '역행'이 발달의 더 초기 상태로까지 일어난다고 보았지만, 그러나 이러한 그의 이론적 추론도, 만일 누군가가 지금 이 순간에 개인에게 작용하는 모든 외적 세력을 다 알 수 있다면 그는 그 개인의 행동을 미리 예측할 수 있을 거라는 그의 생각을 크게 바꾸지는 못했다. 그의 도식은 프로이트가 행동의 궁극적인 결정 요인으로 간주했던, 인간의 무의식에 숨어있는 내적 세력들로부터 집단 장의 역동(환경적 세력)을 분리시키는 공식을 되풀이함으로써, 무의식적 과정의 역할을 최소화시켰다.

하지만 레빈의 설명에 미묘한 전환이 발생했다. 그는 게슈탈트 심리학의 배경을 돌아보면서, 환경적 '삶의 공간'을 지각된 공간으로 정의했다. 이것의 함축적 의미는 삶의 공간이 그것을 지각하는 사람에 의해 조직된다는 것이며, 따라서 그의 이론에는 프로이트의 '정신적 장치'가—구체적으로 환경이 지각되는 방식에 영향을 미침으로써—상당한 영향을 미칠 수 있는 여지가 남아 있다는 것이다. 그런 점에시 레빈의 견해에 기초한 많은 이론들과 연구결과들은 현저하게 정신역동적이다. 예를 들면, 사회적 상황에서 과거 경험과 현재 경험 사이의 불일치를 축소시키는 경향에 초점을 둔 페스팅거(Festinger, 1957)의 인지적 불일치에 관한 연구는, 사람들은 스스로 믿고 있는 것과 환경이 자신에게 말해주는 것 사이의 불일치(또는 그가 원하는 것과 실제로 얻는 것 사이의 불일치)를 불편해하고 그 불일치를 축소시키려고 시도한다는 점을 보여주었다. 그러한 사회적 단위는 실제로 '쾌락원리'를 따르는 것으로 보이며, 내적인 긴장을 축소하기 위해서 합리화와 같은 '방어기제들'을 사용하는 것으로 보인다.

레빈은 집단이 개별적인 집단 구성원들의 총합보다 크며 그와는 다르다는 사실을 정확하게 지적했다. 그러나 그가 분명하게 진술하지 않은 것이 있는데, 그것은 집단의 장이 구성원들의 지각적, 인지적, 정서적 모체로부터 생겨난 것이고 그것을 확장시키고 변형시킨 것(그리고 역으로, 인격은 집단 역동이 내재화된 것)이라는 사실이다. 체인(Chein, 1946, 96쪽)은 레빈을 평가하면서 이점을 다음과 같이 예리하게 지적했다. '그러나 우리는 유기체를 장의 미세구조의 한 부분과 중요하게 관련된 것으로 보는 시각을 놓쳐서는 안 된다. 왜냐하면 단순한 지리적 환경이 행동적 환경으로 변형되는 것은 그것에 대한 지각과 동기를 통해서이기 때문이다.'

체인의 견해는 행동에 대한 환경적 요인들의 영향력을 강조하는 장 개념을 교정하는 데 필수적인 요소이며, 이는 정신분석과 집단 역동을 통합하는 심리학을 확립하는 데 필요하다. 내적 인격과 하나의 전체로서의-집단은 계속적인 교환과 변형과 상호영향력의 흐름이 진행되는 피드백 고리(어떤 점에서 투사적 동일시로 볼 수 있는) 안에서 유지된다. 개인 세력과 집단 세력에 관한 지식을 위한 정신분석학적 공헌은 지각과 의사소통에 관한 연구를 포함한 대상관계에 대한 연구와 자아 체계에 대한 연구에서 왔다. 사회심리학자들의 공헌은 대체로 외부 환경으로서의 그리고 인격적 내재화를 위해 사회 구조가 창조해내는 가능성으로서의 '삶의 공간'의 구조에 관한 것이다.

체인의 주장은 집단의 장 역동에 관한 매우 강력한 진술임을 주목해야 한다. 그는 장 자체가 인간이라고 말한다. 장은 그 구성원들 중 어느 누구의 투입(또는 외부적 상황적 원천에서 오는)에도 반응하는, 살아있는 전인적 체계(holistic system)이다. 상호주관성, 상징주의, 무의식적 환상은 그 체계의 조직과 구조에 중요한 요소들이다.

## 집단 형성에서 확인되는 상보성 패러다임

심리내적/무의식적 과정과 집단 역동 사이의 관계에 대한 초기 공식화로서 다음과 같은 진술이 가능하다. 새로운 집단이 형성되면, 구성원들의 자아 상태에는 변화가 발생한다. 즉, 경계의 수용성이 증가하고, 개인과 집단 사이의 상호 교환을 위한 잠재력이 발생한다. 이러한 경계 상황의 변화는 '집단의 퇴행'(참조. Bion, 1959, 127쪽)으로 불리며, 이는 구성원들에 의해 자아와 초자아의 부분적인 융합, 그리고 그에 따른 개별 정체성의 상실로 경험된다. 개인과 집단 수준 사이에 에너지와 정보 교환을 위한 조건들이 창조된다. 다시 말해서, 집단은(기본적인 가정과 '공통의 집단 긴장'에서처럼) 내적 삶의 특징들과 닮은 집단의 특징들을 발달시키는데, 이 수준들 사이에는 위계적 이동이 발생할 수 있다(예를 들면, 전적인 의존과 하나됨의 감각에 대한 무의식적 소망은 그 소망이 부분적으로 충족되는 '유토피아적인' 집단의 역할과 구조를 확립하기 위한 행동으로 나타날 수 있다).

심리내적 체계와 집단 체계 간의 변형은 의식적 과정과 무의식적 과정을 포함하는 다양한 상호작용 기제들을 통해서 발생한다. 이런 방식으로 대상 유대와 집단의 응집력이 발달하며, 구성원들의 자기 체계들이 서로에게 그리고 집단의 목표와 일치하게 되고, 또한 다른 자기 체계들에 의해 '반영 받게' 된다.

결론적으로, 내적 정신과정과 외적 집단의 관계는 집단을 그것에 참여하는 사람들의 내적 삶과 무관한 인과적 동인으로 간주하는 환경적 장 이론으로는 제대로 설명할 수 없다. 집단의 장은 정신작용과 무의식적 과정으로부터 오는 것일 뿐만 아니라 어떤 점에서는 그것들과 동일한 형태의 것으로 이해되어야 한다. 그러나 '집단의 마음'이라는 가정은 임시적인 것으로서, 아무런 설명력도 갖지 못한다. 대신에 그것은 자아 경계를 넘나드는 대인관계적 상호작용 및 교류 체계를 통해서 내적 현실이 집단의 현실, 구조, 그리고 체계로 변형된다는 것을 말해준다. 개인과 집단 사이에 존재하는 본질적으로 중간적인 요소는, 집단이 무의식적 과정과 집단 행동을 매개해주는 조절 구조로 발달하는 상징적/신화적 체계임을 말해준다.

이 패러다임의 기본적인 내용을 요약하면 다음과 같다.

1. 관찰자와 관찰 대상의 관계는 개인과 집단을 분리시키기도 하고 연결시키기도 하는 현상학적 경계를 규정한다.

2. 개인과 집단은 상보적 관계 안에 존재하며, 상호작용과 대인관계는 내적 삶과 집단 실재 사이를 매개해주는 하나의 체계를 형성하는 것을 통해서 상보성의 개별적 측면과 집단적 측면 모두와 관련되어 있다.

3. 정신분석과 집단의 장 이론은 하나의 통일된 틀 안에서 서로를 포함하는 것으로 수정되어야 한다. 일반체계 이론은 장 이

론의 틀을 체계들 간의 상호작용과 위계적 변동들을 포함하는 것으로 확장시키고, 그럼으로써 깊은 무의식적 경험과 집단 실재가 서로 영향을 미칠 수 있도록 허용한다.

4. 대상관계 이론, 자기심리학, 그리고 체계로서의 자아(자아-체계) 심리학 사이의 상호작용적 견해는 욕동이론이나 구조이론보다 대인관계와 집단 역동에 더 밀접하게 관련되어 있다—비록 욕동 이론과 구조 이론이 특정 집단 사건들에 대한 일반적인 설명의 일부로서 여전히 가치를 지니고 있으며, 생물학적 동기와 정신적 구조의 중요성을 결코 부정할 수 없기는 하지만.

다음에 이어지는 장들에서는 정신분석 내의 몇몇 핵심적인 상호작용적 개념들을 살펴보고, 집단심리학을 위한 그것들의 잠재적 가치들을 탐구할 것이다. 이러한 개관은 앞으로 다루게 될 주제인 더 상세한 집단 분석을 위해 필요한 것이다.

# 제 2 부

# 대상관계와 자기: 심리내적 개념에서 상호적 개념으로

우리의 내면세계 전부는 현실이다. 이것은 아마도 눈에 보이는 세계보다 훨씬 더 진정한 현실일 것이다. 비논리적으로 보이는 모든 것을 환상이나 동화라고 부르는 것은 우리가 자연을 이해하지 못하고 있음을 인정하는 것이다.

마끄 샤갈

# 제 3 장

# 대상관계 이론

이 책 제2부의 목적은 정신분석의 상호작용적인 차원을 보여주는 데 있다. 다시 말해서, 정신분석학은 우리에게 친숙한 마음에 대한 심리내적 모델과 상보 관계에 있는 여러-사람(multi-person) 심리학을 발전시켜왔다는 사실을 보여주고자 한다. 정신분석 안에는 이제 막 명료화된 패러다임과 조화를 이루는 일정 범위의 개념들이 이미 존재해왔다. 그것은 (1) 인간 상호작용의 중심성, (2) 최초의 단일체로부터 출현하는 개인과 집단, (3) 다중적 차원의 경험들을 일관성 있는 이론적 관점으로 동화시키는 수단으로 사용되는 상보성의 원리 등이다.

실천적인 견지에서 볼 때, 이런 상호작용적 개념들은 정신분석적 발달이론과 무의식의 정신적 삶과 조화를 이루는 전인적인 체계이론을 제공함으로써 가족치료, 의사소통과 연결망 형성과정(networking process), 그리고 집단 역동 등과 효과적으로 통합된 치료적 접근으로 인도한다. 그 외에도 이것은 분석가를 훈련시키는 방법에 대한 새로운 접근으로 인도한다.

상호작용이라는 관점은 정신분석학에서 항상 환영받는 개념은 아니었다. 그보다는 정신분석학이 다른 관련된 이론들과 가까워지면서 치료 대상이 되는 임상적 장애에 대한 '확장된 전망'을 갖게 되고, 보다 광범위한 범위의 발달적, 역사적, 사회적 과정에 대한 설명을 시도하게 되면서, 차츰 폐쇄체계 모델에서 개방체계 모델로, '본능-규정적' 관점에서 개인과 환경 사이의 상호작용적 관점으로, 또는 '한-사람-관계' 심리학에서 '여러-사람-관계' 심리학으로 발달했다고 보는 것이 옳을 것이다.

정신분석학은 초기 경험이 어른의 삶에서 불안과 갈등 상태하에 다시 활성화된다고 보는 하나의 발달심리학이다. 그 불안과 갈등의 원천 중의 하나는 개인의 요구와 집단의 요구 사이의 불일치이다. 그러나 처음부터 정신분석학의 초점은 몇 가지 핵심적인 콤플렉스들에 맞춰졌다. 오이디푸스 콤플렉스는 이 영역을 규정하는 개념이었고, 무의식적 과정의 탐구를 위한 패러다임이었다. 오늘날, 발달에 관한 정신분석 이론은 훨씬 더 넓은 범위의 관점을 갖게 되었고 하나의 일반적인 심리학을 구성하고 있다. 그것은 개인의 고유한 측면들과 병리적인 측면들을 다룰 뿐만 아니라 인간 삶의 적응적인 측면들도 탐구하게 되었다. 정신분석 이론은 특히 대상관계와 자기, 그리고 자아의 연구에 힘입어 완전히 새롭게 변화되었고 더욱 풍부한 내용을 갖게 되었다.

현대 정신분석 이론을 대상관계 이론과 자기심리학, 그리고 자아심리학으로 나누는 것은 의미 있는 분류인 동시에 역사적 상황의 산물이다. 대상관계 이론은 멜라니 클라인의 연구와 함께 영국에서 시작되었고, 자아심리학은 하인즈 하트만 등의 창조적인 사고를 하는 사람들에 의해 유럽 대륙과 미국에서 시작되었다. 자기심리학은 정신분석학의 여러 학파들 내에서 자기에 대한 관심을 갖는 사람들, 특히 하인즈 코헛과 그의 제자들의 연구를 가리킨다. 이 학파들은 서로 독립된 학파들로 간주되고 있지만, 상당 부분 서로 겹친다. 우리는 이 장에서는 대상관계 이론을 그리고 다음 장에서는 자아와 자기의 개념에 대해 다룰 것이다. 그러나 이 책에서 일관되게 강조하고자 하는 것은 대상관계 집단심리학이다. 따라서 이들 이론들에 대한 전반적인 고찰보다는 차별화 되고 선택적인 초점을 가지고 전개해 나가는 방식을 따를 것이다.

대상관계 이론은 일찍이 프로이트와 아브라함, 페렌찌 등의 연구로부터 시작되었다. 프로이트는 그의 논문 '자기애에 관하여'(1914)와 '애도와 우울'(1917)에서 자아와 대상 사이의 상호적 관계를 과정들로 제시했다. 그는 자아가 동일시와 내사를 통해 대상을 수정하고 나면 다시금 그 대상에 의해 자아의 역동과 구조가 수정되는 과정이 발생한다고 설명했다. 아브라함(1927)은 애착, 공격성, 원시적 방어기제들을 강조함으로써 구강기와 항문기의 원시적 기제들에 초점을 맞추었다. 페렌찌(1952)는 환자와 분석가 사이의 관계와 그것이 치료에 미치는 영향을 연구했다. 그는 분석가는 분석과정의 어떤 시점에서 실제 모성적 인물로 기능할 수 있다고 주장했고, 그런 개인들 중 일부는 어린 시절에 극심한 박탈을 경험한 사람들이라는 사실에 주목했다. 멜라니 클라인은 이들 정신분석학의 개척자들과 개인적으로 접촉했고, 자신의 이론이 그들의 연구결과를 확장한 것이라고 생각했다 (Grotstein, 1978a).

## 클라인학파의 이론

멜라니 클라인의 연구는 정신분석학 안에서 여러 중요한 발전들을 가져왔고, 특히 비온의 연구와 에즈리엘의 연구에서 시작된 집단심리학의 발달에 지대한 영향을 미쳤다. 우리는 먼저 클라인의 공헌에 대해 논의한 후에, 다른 사람들의 공헌에 대해서 언급할 것이다. 주로 클라인학파의 틀 안에서 작업한 사람들과 그녀의 사상을 다른 참조 틀 안에서 사용한 학자들을 구분하는 것은 중요하다. 이에 덧붙여, 클라인의 관점을 현대적으로 확장하고 발전시킨 여러 후기-클라인학파들이 존재한다는 사실도 주목할 필요가 있다.

멜라니 클라인은 정신분석학 내에서 늘 논란의 대상이었다. 그녀는 (유아는 백지상태에서 시작해서 점차 정신적 삶을 획득해 가는 욕동의 덩어리라는 생각과는 대조적으로) 유아에게 지나치게 복잡한 정신과정이 있다고 간주한다는 이유로(참조. Yorke, 1971; Kernberg, 1976; Chessick, 1977; Balint, 1979), 전이 안에서 나타나는 원시적인 무의식적 내용을 직접적으로 해석한다는 이유로, 그리고 프로이트의 '죽음본능' 개념을 받아들이고 있다는 이유로 비판을 받아왔다. 이런 비판들은 클라인의 중요하고 확고한 공헌을 제대로 보지 못하게 하는 결과를 가져왔다. 사실 그녀는 언어 이전 시기의 발달에 대한 풍부한 이해를 통해서 정신분석 이론을 크게 확장시켰고, 경계선 및 정신증 상태를 이해하기 위한 틀을 발달시킴으로써 프로이트의 심리학을 보완하는 심리학을 제공했다.

클라인의 이론은 외부의 대상을 지향하고 있는 생리학적 욕동과 신체 이미지와 관련되어 있는 내면의 무의식적 환상에 초점을 두고 있다. 그녀가 말하는 무의식적 '환상'(phantasy)과 일반적인 의미에서의 '환상'(fantasy)에 대한 의미론적 구별은 그녀의 이론 전체와 관련되어 있다. 그녀가 말하는 환상은 무의식적인 상징 표상인 반면, 일반적인 환상은 의식적인 상징 표상이다. 예컨대, 한 유토피아적인 집단이 공유하고 있는 집단적인 공상은 클라인의 관점에서 볼 때, 젖이 풍부한 좋은 젖가슴에 대한 억압된 원초적 환상을 나타내는 것이다. 이런 해석은 상상력, 상징화, 그리고 인지 및 정서 발달에서 대상관계가 갖는 중요성을 말해준다(참조. Segal, 1980, 60-62쪽).

클라인은 '아동은 수많은 환상들이 고밀도로 체화된 인격적 존재'라고 말한다(Guntrip, 1961, 49쪽). 아동의 세계는 후에 상징주의를 통해서 사람들 및 문화 활동이라는 외부 세계로 전치되고 승화되는, 신체 이미지들과 신체과정들로 구성되어 있다. 발달과정에서 사회적 집단은 점점 체화되며, 그 결과 세계와 그 현실은 어린 시절에 가졌던 신체적 환상들의 잔여물을 보유한다. 그러나 비록 클라인이 신체 이미지를 강조했음에도 불구하고, 그녀는 (그녀의 제자들은 더 많이) 원시적 정신과정을 인간의 환경과 의사소통하고 그것을 수정하기 위한 노력으로 간주했다. 이것이 바로 그녀의 본능적 편향성과는 상반되는 그녀 이론이 지닌 중요한 강점이며 그녀의 이론에 상호적인 요소와 궁극적으로 집단이론으로서의 질적 요소를 부여하는 요소이다. 예컨대, 클라인에 있어서 불편과 불쾌를 줄이는 내적 경험은 나쁜 대상을 엄마에게로 축출하는 환상과 관련되어 있다. 이 환상은 다시금 엄마에게서 반응을 불러일으키는 활동이 된다. '클라인학파 이론에서 정신작용의 기본 단위는 엄격하게 말해서 욕동의 방출이 아니라 환상 대상과 외부의 실제 대상의 상호작용에서 나타나는 피드백 고리이다'(Grotstein, 1980a; 375-381쪽). 정신에 대한 클라인의 견해는 역설적이다. 거기에는 죽음본능에 대한 그녀의 관점에서 피할 수 없이 드러나는 생물학주의와, 자기와 외부 대상 간의 의사소통을 강조하는 사회적 이론이 동시에 존재한다.

클라인에 따르면, 발달은 두 가지 기본적 심리적 자리가 전개되는 과정이다. 그 중 하나는 편집-분열적 자리이고 다른 하나는 우울적 자리이다. 전자는 이제 막 출현하는 자기를 위험으로부터 보호하려는 노력에 의해 특징지어지고, 후자는 점증하는 현실 지향과 인격의 통합이라는 맥락에서 발생하는, 유아 자신의 공격성으로부터 (지금은 독립된 것으로 경험되는) 사랑하는 대상을 보호하려는 노력에 의해 특징지어진다.

### 편집-분열적 자리

유아의 자기는 생애 초기 몇 주 또는 몇 달 동안 특히 취약한 상태에 있고, 지나치게 강한 자극이나 무시, 고통스러울 정도의 공격적인 욕동에 의해 실제적이거나 상상적인 해를 입기 쉽다. 특히 공격적인 욕동은, 만약 모성 활동에 의해 완화되고 담겨지지 않는다면, 아마도 유아 자신의 정신과 신체로 향할 것이다. 유아는 이런 위험들을 원시적 환상들과 내면과 외부의 박해자들로 경험한다. 즉, 유아는 이러한 위험들을 감각들, 이미지들, 세력들로 나타나는 상상적 대상들과, 젖가슴, 페니스, 자궁 등과 같은 부분 대상들에게 전가한다. 따라서 편집-분열적 자리의 주된 불안은 박해불안, 곧 나쁜 대상에 의해 해를 입는 것에 대한 두려움이다. 다른 한편, 즐겁고 편안한 경험은 좋은 대상들을 구성하는데, 이는 박해 대상들을 쫓아내기 위한 방어기제로도 사용될 수 있다. 그러므로 위험은 유아를 보호해주고 보상해주는 외부 현실에 대한 지각으로 인도해주는 좋은 젖가슴과의 접촉을 통해서 관리된다. 그러나 이런 좋은 현실은 때때로 사용이 가능하지 않을 수도 있고, 적대적이거나 부정적인 대상을 투사함으로써 왜곡될 수도 있으며, 따라서 그것 역시 때로는 두려운 것이 되고, 그 결과 공격을 받을 수도 있다.

편집-분열적 자리의 대상들은 부분 대상들로 불리는데, 그 이유는 그 대상들이 긍정적이거나 부정적인 정서 상태와 관련되어 있으며, 하나의 전체 인격으로서의 엄마라기보다 젖가슴과 같은 신체의 부분들과 관련되어 있기 때문이다. 부분 대상들은 전체 대상으로서의 엄마와의 관계 안으로 통합되어져야 할 요소들로 구성되는데, 여기서 전체 대상이란 외부에 있으며, 전체적이고, 또 아동의 즉각적인 욕구로부터 어느 정도 독립된 존재로 경험되는 엄마이다.

> 부분 대상 상태와 편집-분열적 자리는 집단에서 불안과 퇴행의 상태로 재생된다. 예를 들어, 어느 한 병원에서 훈련 중인 집단 구성원들은 비디오 촬영자가 자신들을 촬영하여 점수를 매기고 레지던트 임용에 참고하기 위한 자료로 사용할 것이라는 경미한 망상을 발달시켰다. 그 집단은 이 두려운 결과를 막기 위해 무엇을 할 것인지를 고려했다. 그러나 훈련 담당자가 그들에게 현실검증을 격려했을 때 집단 구성원들은 자신들이 받았던 비밀보장에 대한 약속을 기억해냈고, 그들의 왜곡된 믿음의 정서적 원천에 대해 깨달을 수 있었다.
>
> 구성원들 간의 자유연상에서, 박해 환상은 곧 그 집단이 해체될 것이라는 인식을 차단하기 위한 퇴행적인 시도였음이 드러났다. 방어의 수단으로서, 훈련 담당자는 극단적

> 으로 이상화(모든 것이 좋은 대상)되었고, 나쁨은 비디오 기술자와 제도적 환경에로 투사되었다. 다시 말해서, 구성원들은 상실과 분리의 느낌을 피하기 위해 자신들에 대해 음모와 계략을 꾸미고 있다고 생각되는 중요한 권위 대상에 의해 자신들이 공격받고 있다고 믿었다. 집단 해체와 관련된 분리 감정을 처리하는 것은 '선하고' '나쁜' 부분 대상들의 통합을 촉진시키는 역할을 했다. 여기에 애도과정이 뒤따랐으며, 이것은 그 상황 및 관련된 사람들에 대한 그들의 정확한 지각을 회복하게 했다. 이와 같은 짧은 기간의 편집적 망상은 비온의 싸움/도망 가정과 원시적 집단 문화의 한 측면을 이루는 유사 정신증적 불안의 한 예이다.

자끄(Jacques, 1995, 278쪽)는 개인을 제도화된 단체로 묶는 일차적인 응집 요인들 중에 하나는 바로 정신증적 불안에 대한 방어라고 말한다. 이때 그가 말하는 정신증적 불안은 편집-분열적 자리와 우울적 자리의 불안이다. 방금 위에서 들었던 예의 경우, 집단의 연대성은 제도적 환경에 투사된 적, 다시 말하면 공상 안에서 그들의 사생활을 노출시킨 적에 대항하는 일시적인 기능을 갖는다.

개인이나 집단은 부정적 감정과 욕동들을 바깥으로 투사하고 자양분과 위안을 주는 요소들은 내사할 뿐만 아니라 박해불안에 대해서는 특정한 방어들을 동원하여 대처한다. 투사와 내사는 동시에 발생하며, 클라인에게 있어서 이 둘은 분리될 수 없다. 시기감정이 이러한 투사와 내사의 전략들에 수반되는데, 그로 인해 대상은 좋은 것을 혼자만 소유하고 있거나 주체가 가진 것을 박탈하는 존재로 여겨진다. 부분 대상들은 전체 인격에서 떨어져

나가 자기로부터 거절당한다. 이러한 투사와 내사의 과정들은 부분 대상을 자신으로부터 떼어 놓기 위해 사용되는 반면, 내적 대상들에 대한 적절한 관리는 그것들을 점차로 자기 안에 동화시키고 차츰 내재화와 통합을 허용한다.

클라인에게 있어서, 방어들은 무의식적 환상과 관련되어 있다. 예를 들면, 부인이라는 방어기제는 불가시성(invisibility)의 환상을 내포하고 있다. 평가절하는 대상이 투사에 의해 손상되는 환상과, 힘과 흥분, 또는 지식을 빼앗는 환상을 포함하고 있다. 편집-분열적 자리의 원시적인 방어기제들(투사적/내사적 동일시, 분열, 이상화, 평가절하, 부인 등)은 대상관계, 환상, 의사소통 유형 등의 전체 양태를 결정한다.

클라인학파 이론은 분열과 투사적 동일시의 중요성을 강조하는데, 그 이유는 그것들이 심리발달에서 특별한 의미를 갖기 때문이다. 분열은 경험을 유쾌한 것과 불쾌한 것으로 나눈다. 이는 유아의 감정과 인간 상호관계에 대한 최초의 지도를 마련해주고 고통과 공격성에 대처하는 데 사용된다.

투사적 동일시는 외부 세계에 대한 초기 탐구양식을 가리킨다. 내적 대상과 그와 관련된 환상 내용은 분열을 거치면서 외부(모성) 대상에게 덧붙여지고 동일시된다. 실제 어머니는 상호적 피드백 고리 안에서 유아의 불안을 관리해주는 핵심적인 기능을 수행하는데, 그로 인해 유아는 대상을 감당할 수 있고, 상상 속에서 표현할 수 있으며, 재내사를 통해 내적 경험의 일부로 만들 수 있다. 이와 같은 상호작용에서 유아는 실제 세계에 대해서 무언가를 배운다. 그런 점에서 투사적 동일시는 삐아제의 '감각운동 조작' 개념(Boden, 1980, 23-42쪽)과 로이쉬와 베잇슨의 초의사소통(meta-communication, 1961, 209쪽) 개념, 즉 메시지 안에 비언어적이고 무의식적 부분이 존재한다는 개념과 관련된다.

현 맥락에서, 투사적 동일시는 무엇보다도 이러한 확장된 초심리학적 의미에서 자주 언급될 것이다. 이런 정의는 마이쓰너의 정의보다는 그롯슈타인(1981b, 123-38쪽)과 랑스(1976c, 575-7쪽)의 정의에 더 가깝다. 마이쓰너는 투사적 동일시를, 자기의 요소들을 대상 안으로 투사하고 그것들을 대상에게 속한 것으로 경험하는 것으로 정의한다(1980a, 65쪽). 그러나 그롯슈타인은 투사적 동일시를 방어적인 면과 적응적인 면 모두를 가지고 있고, 원시적 수준에서부터 문화적 승화 수준에 이르기까지 광범위하게 걸쳐있는 하나의 보편적 과정으로 간주한다. 그는 다음과 같이 말한다(Grotstein, 1981, 123쪽).

> 좀 더 긍정적인 의미에서, 투사적 동일시는 다른 사람의 내면을 성찰할 수 있게 하고, 가장 승화된 형태의 공감을 가능케 한다. 이것은 인격화나 의인화와 같은 과정 안에서 작용하는 것으로 볼 수 있다. 그것은 낭만적인 경험에서 작용하고, 경고와 충고, 설득의 영향력이 그것에서부터 온다. 그것은 또한 원시적 의사소통의 기제로서 언어 이전의 유아와 엄마 사이에서 그리고 성인이 되어서도 감정적인 대화의 형태에서 작용한다.

랑스(1976a)는 투사적 동일시를 심리내적 작용으로 간주했을 뿐만 아니라, 상호적 작용으로 간주했다. 정신분석 상황에서 환자와 분석가 사이에는 비-의식적 의사소통이 있다. 이 과정은 상호 투사적 동일시, 즉 서로가 정신내용을 상대방에게 집어넣는 것으로 구성되어 있다. 분석가의 역할은 투사하거나 행동화하지 않은 채 환자의 투사를 담아주고, 견뎌주고, 정확하게 해석해주는 것이다. 이 역할은 구성원들이 원치 않는 정신내용을 집단 모체와 지도자에게 투사할 때, 지도자가 따라야 할 모델이기도 하다.

그러므로 투사적 동일시는 방어적 반응일 뿐만 아니라 규범적이고 적응적인 상호작용 과정이라고 말할 수 있다. 이는 집단 역동에 대한 설명적 가치를 지니는데, 그 이유는 그것이 내적 사고작용, 대인관계적 의사소통 및 상호작용, 그리고 담는 그릇으로서의 집단 체계(그것에 투사된 내용에 의해서 변화되는) 사이에서 계속되는 발달적 관계를 가리키기 때문이다.

정리하면, 편집-분열적 자리는 위험으로부터 자기를 보존하는 것과 관련된, 즉 박해불안의 관리와 관련된 감정들, 방어들, 그리고 환상들로 구성된 하나의 복합체이다. 그것은 유아기에 가장 원초적인 언어 이전의 방식으로 표현되며, 동시에 신경증적 유형과 성숙한 유형 모두와 혼합된 방식으로 나타나는 정신적 삶에서 유지된다. 예를 들면, 오이디푸스 콤플렉스는 두려운 공격이 자기를 향하기보다는 성기로 향하는, 소위 거세 콤플렉스와 관련된 박해불안의 파생물이다. 그러므로 클라인의 이론은 성적 콤플렉스의 심층적이며 교류적인 차원에 대한 이론이다.

집단 안에서, 편집-분열적 자리는 문화, 대인관계, 또는 개인의 가치 안에 전반적으로 퍼져 있는 모습으로 나타날 수 있다. 자기의 분열된 부분이나 억압된 부분은 집단 모체 안으로 투사되고, 따라서 그것은 자기가 아니라 집단 안에 자리 잡고 있는 것으로 경험될 수 있다. 전체로서의-집단은 (반응해주는 어머니처럼) 투사된 요소를 처리하기 위해 스스로 변화한다. 그러므로 투사적 동일시는 집단의 퇴행과 역할 분화, 응집력과 지도력에서 중요한 역할을 한다. 이런 각각의 역동은 내면의 상태가 특정 방식으로 집단 체계를 촉진시키거나 억제하는 과정을, 또는 역으로 집단 체계가 개인의 내면 상태에 영향을 주는 과정을 보여준다. 따라서 클라인학파가 말하는 투사적 동일시 개념은 집단심리학에서 아주 근본적인 것이며, 어떤 점에서 그것은 독특하고 응집력 있는 경험으로서의 집단을 창조하는 요소이다.

## 우울적 자리

클라인의 발달단계 이론에서 두 번째 단계인 우울적 자리는 엄마에 대한 증가된 인식과 관심에 의해 특징지어진다. 이 자리에서 아이가 자기 몰두와 전능적 태도로부터 전체이며 독립된 인간으로서의 어머니에 대한 관심을 갖는 상태로 발달해간다. 이 자리는 분리, 상실, 애도, 전능감의 상실, 그리고 죄책감에 대한 인식 등을 포함하는데, 이것들은 대상의 좋은 측면과 나쁜 측면의 통합과, 자기와 대상의 분화에서 유래한다. 이 과정은 클라인이 생각했던 것(첫해 후반기에서 절정을 이룬다고 보았던)보다 더 긴 기간에 걸쳐서 그리고 점진적으로 이루어지는 것으로 보인다. 이런 이유로 브라운(1982)은 편집-분열적 자리와 우울적 자리 사이에 그 둘의 특징들이 혼재하는 중간적 자리를 제안한다. 그에 따르면, 완전한 우울적 자리는 세 살 후반에서야 나타난다. 이 점에서 스핏쯔(1965), 말러, 파인, 버그먼(1975) 등도 클라인의 이론을 적절하게 수정해주었다.

집단 내의 강렬한 과다활동과 거짓된 희망 또는 낙관주의는 관계의 종결, 분리, 그리고 죄책감 등과 함께 우울적 자리의 출현을 보여주는 신호이다. 베니스와 셰파드가 말하는 집단의 매혹단계는 지도자를 상징적으로 축출한 뒤에 따라오는 죄책감에 대한 집단의 부인을 나타낸다. 이 단계는 공동의 가치감의 전조인 집단 차원의 환멸과 우울을 거치면서 해소된다.

우울불안은 자기보다는 대상이 상처 입을 수 있는 가능성에 대한 공포인데, 이것은 관심에 대한 능력의 시작을 나타낸다

(Winnicott, 1950, 206쪽). 클라인은 우울적 자리의 획득이야말로 가장 중요한 발달적 이정표라고 생각했다.

> 전체 대상의 도입과 함께 … 인격의 통합 과정에서 두드러진 진전이 이루어진다. 이것은 대상관계에서의 중요한 변화를 뜻한다. 사랑을 받거나 미움을 받는 어머니의 측면들은 더 이상 심하게 분리되어 있는 것으로 느껴지지 않으며, 그 결과 애도 상태와 비슷한 상태인 상실에 대한 두려움이 증가되고, 죄책감이 느껴지게 된다. 그것은 공격적인 욕동들이 사랑하는 대상과 대적하고 있는 것으로 느껴지기 때문이다. 그러나 우울한 감정을 느끼는 바로 그 경험은 다시금 자아를 더욱 통합하는 효과를 갖는다. 왜냐하면 그것은 정신 실재에 대한 증가된 이해와, 외부 세계에 대한 보다 나은 지각, 그리고 내부와 외부 상황들 사이의 더 큰 종합을 가져다주기 때문이다(1946, 14쪽).

집단이 편집-분열적 성향에서 우울적 성향에로 가는 움직임은 발달상의 이정표를 나타내며 또한 집단 역동의 중요한 전환을 나타낸다. 베니스는, 지도자가 결석함으로써 분리와 상실의 문제에 직면한 훈련 집단이 드러내 보이는 우울불안에 대한 하나의 예를 들고 있다. 처음에 그 집단은 분열과 투사적 동일시 기제로 돌아가 자신들의 부분들을 부정하며, 전적으로 좋거나 전적으로 나쁜 지각들로 나누는 현상을 드러냈다. 과도하게 이상화되기도 하고 평가절하되기도 하는 부재한 시노자를 나타내는 영원한 반석(그리스도)같은 상징적 은유들이 나타났고, 점차로 상실감 자체가 말로 표현되었으며 애도과정이 발생했는데, 이것이 지도자와 그의 부재를 현실적으로 수용하도록 이끌었다. (우울적 자리는 이런 식으로 현실 원리의 출현과 관련되어 있다.)

베니스는 집단이 지도자의 상실의 문제를 처리함에 있어서 우울불안에 대항하는 방어들을 사용한다는 사실에 주목했다. 이것들은 투사적 동일시, 환상의 투사(위장된 상상력과 상징의 사용), 조적 부인, 이상화, 희생양 만들기, 상실한 대상의 복원 등이다. 이 방어과정들의 특징은 집단이 분리와 상실을 경험할 때 지도력에 대한 내적인 양가감정을 관리하는 데 그 목적이 있다는 것이다.

요약컨대, 편집-분열적 자리와 우울적 자리에 대한 클라인학파의 이론은 불안의 유형, 방어, 자아, 발달, 환상, 개별적 및 집단적으로 발생하는 의사소통에 대한 서술로 구성되어 있다. 내부적인 것과 외부적인 것의 상보적인 구현으로서의 클라인 이론의 요지는 건트립에 의해 훌륭하게 요약되었다(1961, 222쪽).

> 클라인의 연구는 동시에 두 세계 안에 살고 있는 이론으로 인도한다. 하나는 내적 정신세계이고 다른 하나는 외부의 물질세계이다. 인격의 구조를 형성하고 있는 전자는 기능적으로 모든 종류의 환상들로 이루어져 있다. 이 두 세계 안에는 그리고 그것들 사이의 상호작용 안에는 모두 자아-대상관계들이 있다.

인간이 느끼는 궁극적인 불안은 자기의 파편화, 그가 의존하고 있는 중요한 타자들이 손상을 입는 것, 그들과의 분리, 그리고 그들의 상실 등에 대한 불안이다. 뿐만 아니라, 외적 대상은 무의식과 의사소통하고 있다. 다시 말해서, 그것은 내적 자기와 대상세계의 거절된 부분들을 반응적으로 담아주는 그릇으로 기능한다. 집단 구성원의 자격, 지도력, 그리고 전체로서의-집단의 특징은 무의식적 정신활동을 담아주는 대상으로 기능하는 데서 온다.

## 집단 안에서 나타나는 원시적 불안: 평가와 비평

멜라니 클라인과 그녀의 동료들에 의해 설명된 심리 상태는 매우 원시적인 특징을 갖는다. 그러한 정신 상태는 집단 안에서 일반적으로 발견되는 것일까? 비온은 집단 형성의 뿌리에 '정신증적' 불안이 놓여있다는 이론을 전개했다. 다른 견해는 집단의 발달은 가족 패턴과 오이디푸스 형태의 전이 역동에 기초한다고 본다. 집단 안에 어느 정도로 깊은 퇴행이 나타나는지에 대한 의견들 또한 다양하다. 그럼에도 불구하고 일반적으로 퇴행적 세력은 (a) 집단의 초기 단계, (b) 집단의 경계, (c) 대집단, (d) 병리적 구성원들을 가진 집단, (e) 지도력으로부터 오는 신호가 적은 덜 구조화된 집단 등에서 더 강해진다고 말할 수 있다. 물론, 집단을 인도하는 상담자가 집단 구성원들에게서 그가 예측하는 경험과 반응들을 촉발시키는 측면도 있을 수 있다.

편집-분열적 자리와 우울적 자리는 초기 심리현상에 대한 클라인의 개념이다. 특히 편집-분열적 자리는 융합, 파편화, 현실 감각 상실의 상태를 서술한다. 비온(1968, 127쪽)은 '정신증적' 불안이 이 자리의 근본적인 상태라고 가정했고, 다른 학자들(예컨대, Fornari, 1966, 20쪽; Ganzarain, 1974, 63-6쪽; Ashbach and Shermer, 1978)은 집단 상호작용 안에 파편화와 망상적 사고가 있음을 주목했다. 대조적으로, 프로이트의 집단심리학은 정신증보다는 신경증이 집단 관계의 원형이라고 보았다. 집단 구성원들은 지도자를 양가적으로 사랑하며 집단 내에서 가족 및 형제관계와 비슷한 관계 유형을 형성한다. 이것은 우울적 자리를 훨씬 뛰어넘는 관계양태이며, 만약 그것이 집단 역동의 원형이라면 클라인의 이론은 거의 집단심리학에는 적용할 수가 없게 될 것이다(심한 장애를 지닌 환자들의 집단을 제외하고는).

그러나 클라인학파 이론은 '정신증적' 파생물이 인간 삶에 편재해 있다는 관점을 견지한다. 슬라브손(1976)은 클라인학파는 아니지만 이런 파생물을 인간의 '본질적 정신증'이라고 말했다. 정상적인 인격 안에 정신증적 부분이 있다는 가정은 비온(1950)과 그롯슈타인(1979a)에 의해 이중 또는 쌍둥이 인격이라고 개념화되었다. 의식적 자기로부터 해리된 이 이중자기는 억압되어 있으며 정상적인 자기와의 의사소통을 통해 그 영향력을 행사한다. 정상적인 집단 정신증은 억압된 정신증적 요소가 풀려나는 것이라고 설명될 수 있다. 따라서 파편화되는 느낌, 정체성이나 대양과의 일치감의 상실은 집단 퇴행에 의해 환기된 원시적 자기나 이중인격으로부터 유래한다고 볼 수 있다.

그러나 정신분석학에서 '정신증적 불안'이나 '유사 정신증'이라는 용어의 사용은 아마도 다행스럽지 못한 일일 것이다. 이런 용어는 낙인을 찍는다는 함의를 갖고 있고, 인간 정신의 근본을 형성하는 초기의 원시적이고 비체계적인 또는 혼돈스런 정서들과 사고들에 대해 인류가 갖고 있는 혐오감을 반영하고 있다. 사실, 매우 원시적인 것의 표현은 때때로 집단의 발달에 긍정적인 효과를 가져다준다.

집단 안에서, 원시적인 전-오이디푸스적 패턴들로 퇴행하는 것은 결코 드문 일이 아니다. 종종 매우 적응적이며 필수적인 것으로 판명되는 집단에 기여하는 퇴행을 제외하고는, 이런 현상을 사람들은 집단병리라고 부르기 쉽다. 예를 들어, 갠자레인(Ganzarain, 1974)은 T집단 실험에서 자주 이러한 퇴행이 발견된다고 지적했다. 이런 집단들은 차이들과 분리됨에 대한 정체성 갈등과 불안을 "지금 여기에서" 강렬하게 재생하며, 이 불안(우울적 불안)은 다시 편집-분열적 기제들에 의하여 방어되는데, 그 모습은 단기 정신증과 매우 유사하다. 이 불안을 해소하는 것은 개인과 집단 모두에게 유익한 것으로 보인다. 기바드(1974)와 투르켓(Turquet, 1975) 및 다른 학자들은 훈련과 조직체계의 맥락에서 나타나는 융합, 대대적인 분열과 투사적 동일시, 그리고 원시적 불안 상태들에 관해 서술한다. 이처럼 집단 간의 갈등은 상세히 연구되어 왔고(참조. Rice, 1965), 나쁜 자기의 표상들을 외부 집단으로 투사시키는 편집증 형태의 정신기제들은 상담자와 연구자들에 의해 지속적으로 서술되고 있다.

대부분의 집단 퇴행이 제한된 범위 안에서 일어나고 있음에도 불구하고, 실제 환각, 망상, 시공적(時空的) 방향감 상실 등이 집단 상황에서 실제로 발생할 수 있다. 따라서 비온이 '유사 정신증'이라고 정의한 정신상태 및 그와 관련된 상호작용과 집단 형성은 그 퇴행의 단계와 강도가 다양하다고 서술될 수 있다. 집단이 지닌 많은 특징들, 특히 초기 단계에서 나타나는 특징들은 경계선 병리에 해당되는 것으로 가장 잘 설명될 수 있을 것이다. 이때 집단은 신경증과 정신증 사이의 경계에 존재한다고 볼 수 있으며, 집단에서 나타나는 이런 상태는 클라인학파 이론에 의해 가장 잘 설명되고 있다.

## 초심리학적 견해로서의 클라인학파 이론

클라인의 연구가 프로이트의 연구에 그 기원을 가지고 있음에도 불구하고, 그것은 그 자체로서 독립성을 지닌 연구로 간주되어야 한다. 특히, 클라인의 영향을 강하게 받은 학자들(몇 명만 예로 들자면, Bion, Grotstein, Scott, Segal 등)의 연구를 통해서, 그녀의 연구는 에너지와 본능 세력들을 재료로 사용한 프로이트의 이론과는 다른 초심리학적 입장을 가진 이론으로 확립되었다. 그롯슈타인(1978a)은 프로이트와 클라인의 차이를 '연속성 안에서의 차별성' (divergences within a continuum)이라고 훌륭히 개념화했다.

클라인 이론이 프로이트 이론과 근본적으로 다른 점은 본능을 생물학적 필요와 신체 이미지를 둘러싸고 조직된 내적 대상들로 본다는 점이다. 거기에는 긴장 대신에 생물학적 조건 및 환경적 조건과 관련된 이미지들과 환상들이 있다. 리비도 본능과 죽음본능은 유아가 (모성적 환경을 돕는 자로 또는 가르쳐주는 자로 사용하여) 안전한 생체 상태를 성취하기 위해 조직화한 생물학적 대상이다. 그러한 내적 대상들은 정신신체적 대상으로서, 원시적 자기는 신체에 대한 느낌과 돌보는 환경과 관련된 이미지들로 구성되어 있다. 예를 들어, 일정 기간 동안 돌봄을 박탈당한 아동은 텅 비어 있는 내적 대상과 냉정하고, 인색하고, 강력한 힘을 가진 외적 대상을 경험하기 시작할 것이다. 그때 원시적 자기는 좌절하여 외적 대상을 공격하게 되고, 그 결과 내면에 더 큰 공허를 만들어내게 된다. 이런 종류의 경험은 대인관계를 즐기지 못하는 문제와 고갈 상태, 질시와 질투, 적의 등으로 특징지어지는 인격의 발달로 귀결된다.

클라인학파 이론은 조직의 세 가지 차원(곧 생물학적, 심리적, 사회적 차원)을 대상 개념을 사용해서 연결시킨다. 대상은 신체 조직과 정신 조직, 집단 조직을 모두 하나로 묶는다. 즉 대상은 인간 존재가 지닌 세 가지 그물망의 교차점에 있다. 이 세 가지는 신체와 신경 조직, 정신 장치 안에 있는 심리적 연상들 사이의 연결들(내적 대상들 간의 의사소통), 그리고 사회적 상호작용의 그물망인 집단 모체이다. 생물학 영역과 심리학 영역, 그리고 사회학 영역 사이의 이종동형(異種同形) 체계는 이 세 가지 모두의 현상학적 표현인 대상관계의 측면에서 이해될 수 있다.

## 대상관계와 인지 과정

클라인학파는 현상학적 경험(이미지와 인지)으로서의 대상을 강조함으로써 자연스럽게 인지심리학, 곧 사고 이론과의 관련성을 갖게 되었다. 클라인에게서 정신분석을 받은 한나 시걸은 클라인이 상징적 기능의 출현을 어머니로부터의 분리와 연결시켰다고 지적했다(1957). 아동이 어머니 이외의 세계를 향해 관심을 전환할 때, 그는 이 세상과 그 내용물을 어머니의 신체와 상징적으로 동일한 것으로 이해한다. 이처럼 리비도화된 상징주의(libidinized symbolism)는 가족과 또래 집단을 포함한 더 큰 환경에 대해 관심을 갖도록 촉진시키며, 또한 내적 환상과 외적 현실 사이의 구별을 발생시킨다. 따라서 사회 집단은 상징적으로 따스하고 지원해 주는 모성적 환경을 나타내는 동시에 그 자체로서 과제들을 지닌 외부 현실을 나타낼 수 있다(참조. Scheidlinger, 1974). 그 상징은 언어와 인지로 하여금 경험을 표현하고 그것을 정신적으로 조작할 수 있게 한다. 그러므로 상징적 기능은 작업 집단의 본질적 요소이며, 상담자가 해야 할 역할 중에는 해석을 통해서 아직 조직화되지 않은 초기 집단에게 상징적 형태를 주는 것이 포함된다.

시걸은 환자들이 어떻게 상징을 구상화된(reified) 형태로 잘못 사용하고 있는지를 보여주었다: 환자들은 상징을 실제 대상인 것처럼, 또 역으로 실제 대상을 상징인 것처럼 취급한다는 것이다. 시걸은 이것을 '상징적 동등시(symbolic equation)' 라고 이름 붙였는데, 이것은 상징과 상징이 표현하는 것 사이의 차별성을 상실했음을 뜻한다. 이런 경향은 집단에서 감정과 관념의 매개체인 언어의 역할이 굳어지는 것으로 나타난다. 예를 들면, 중독자 집단 내에서 '약물 중독자'와 '알코올 중독자' 사이에 증오가 발생했다. 환자들은 그 명칭들이 바로 자기 자신들인 것처럼 반응했으며, 빠르게 적대적인 소집단을 형성했다. 보다 더 극단적이고 기괴한 사례는 타비스톡 집단에서 지도자 역할을 차지하고 싶어하는 환자가 의자 위에 올라섰는데, 그것은 높이와 권력을 그리고 책상과 지도력을 동등시했기 때문이었다. 물론, 문화 안에는 수많은 상징적 동등시의 사례들이 있다. 한마디 말이 실제로 전쟁을 일으킬 수 있고, 평화를 가져올 수 있으며, 집단의 자격이 인식표나 몸짓에 의해 확인될 수 있다. 집단 자체는 상징적으로 환상의 여러 측면들, 즉 어머니, 신체, 자기와 동등시될 수 있다. 집단과 자기 사이의 구별이 완전히 상실되면, 집단의 해체가 개인적인 멸절로서 경험되거나 행동화될 수 있다. 머쌔더와 존스타운에서 발생했던 집단 자살은 이러한 상징적 동등시의 결과일 수 있다.

비온(1967, 1977a)은 후에 사고에 대한 이론을 클라인의 연구에 바탕을 두고 있으면서도 그것을 넘어서는 정교한 이론으로 발전시켰다. 그에 따르면, 유아의 투사적 동일시를 담아주는 모성적 기능은 사고능력을 발달시킨다. 어머니는 유아와 함께 사고하는 한 쌍(thinking couple)을 이루고, 기다리는 능력을 촉진시키고, 기억하게 하고 그리고 초기 정신과정 안에 있는 조직화되지 않은 경험과 개념 사이를 연결시킨다. 비온은 이 과정을 '전개념과 원개념의 짝짓기(the mating of a preconception with conception)'라고 명명했고(Grinberg, Sor, de Bianchedi, 1977, 54), 또한 감각적 자극으로부터 '공유된 의미'를 만들어내는 사고의 내적 기제라고도 불렀다. 결국 비온은 사고는 엄마와 유아 사이의 상호작용에서 생겨난다는 이론을 세웠다. 그는 모든 사고에 필수적인 전제 조건은 유아의 초기 경험(형태 없는 자극의 요소)을 대상이 담아주는 그릇이라는 관점에서, 투사적 동일시 개념을 '담는 것-담긴 것' 이라는 개념으로 확장했다. 담는 것-담긴 것은 경험을 유형별로 조직화하는 지각적 게슈탈트에 대한 대상관계 법칙이다. 비온에 따르면, 초기의 게슈탈트는 유아가 엄마의 자아를 사용하는 것을 통해서 엄마와 유아 사이의 대인관계라는 맥락 안에서 형성된다.

이 중요한 사고가 대인관계적이라는 사실은 집단심리학을 위한 함축들을 갖는다. 집단은 사고할 수는 없지만, 사고가 발생하게 할 수는 있다. 집단이 없다면 현실검증도 있을 수 없다. 그렇다면 사고는 곧 환상이 되고 말 것이다. 이 말이 갖는 근저의 의미는 집단에의 참여는 정신증에 대한 해독제라는 것이다. 개인에게 있어서 집단의 기능은 그 정도로 결정적이다. 집단적 공황 상태에서 사고와 집단의 응집력은 동시에 용해된다. 집단의 발달이 곧 사고능력의 발달이기 때문이다.

보이드(Boyd, 1980)는 집단의 발달이 곧 인지과정의 진보 또는 재통합이라는 가설을 세움으로써 집단 이론을 삐아제의 이론과 관련시켰다. 그에 따르면, 인지 기능은 집단 안에서 삐아제가 말한 '감각-운동 조작' 에서 '형식적 조작' 으로, 행동 도식에서 형식 논리로 발달해간다(예로, Boden, 1980을 참고하라). 집단의 정체성 갈등에 직면해서, 집단은 처음에 원시적 사고 양식을 사용하고 차츰 공감적인 타당성에 기초한 논리적이고 직관적인 해결책으로 발전한다는 것이다.

## 오이디푸스 콤플렉스에 대한 클라인학파의 견해

프로이트에게 있어서, 오이디푸스 콤플렉스(세 살에서 다섯 살에 이르는)는 실제 부모와의 관계에서 발생한다(아동은 실제로 삼각관계에 포함되지 않는 한, 근친상간과 죄의식에 대한 관심을 경험하지 않는다). 이와는 달리, 클라인에게 있어서 오이디푸스 콤플렉스는 성(특히, 원색장면), 지식(참조. 오이디푸스 신화에 나오는 스핑크스의 수수께끼), 공격성에 대한 일련의 이미지들과 함께 초기 유아기 환상(한 살 때)에서 시작된다. 이러한 이미지들은 점진적으로 엄마와 아버지에 대한 인식과 융합하게 되고(원색장면), 그 다음에는 근친상간과 살인 등을 금지하는 추상적 사고와 사회 규범으로 발달해간다. 따라서 클라인에게 오이디푸스 콤플렉스는 하나의 단계일 뿐만 아니라 발달과정이다.

이런 관점은 짝짓기 가설과 같은 집단의 발달이론을 설명해준다. 비온(1959, 136쪽)에 따르면, 짝짓기는 재생산과 원색장면과 같은 성적 주제를 포함하는 반면에, 그 짝은 어머니와 아버지 인물 그 자체로 간주되지 않는다. 오히려 그들은 집단을 위한 메시아 인물의 도래에 대한 희망을 나타낸다. 비온은 원시적 구강기의 합입적 오이디푸스 환상에 대해서 말하고 있다. 즉 짝의 기능은 집단 안에 가치와 능력을 투입시킬 수 있는 전능한 지도자 인물을 생산해내는 것이다. 짝짓기 집단에서 오이디푸스 콤플렉스에 대한 집단의 태도는 자기애적이고(집단 자체가 마술적 힘을 갖고 있기 때문에, 실제 부모, 곧 집단 상담자는 필요하지 않다.) 원시적이다(합입과 전능의 이미지). 짝짓기 집단과 오이디푸스 집단은 서로 다르지만 상호 관련된 이미지와 지각의 차원들을 나타낸다.

## 클라인학파 이론에서의 공간개념

투사적 동일시라는 개념은 신체, 자기, 마음의 안과 밖이라는 대상의 위치에 대한 원시적 인식이 있음을 암시한다. 공간적 위치에 대한 인식은 유아로 하여금 고통스러운 자극들(내적 대상들)을, 담아주고 수정해주는 엄마의 젖가슴에 둘 수 있게 한다. 공간은 현상학적인 인식이다. 어른이 고정된 좌표를 사용하여 3차원의 환경을 인식하는 것처럼, 유아도 자라나면서 공간을 인식하고 개념화한다. 유아의 공간은 주관적이고 상상적이다. 그 차원과 좌표는 욕구와 욕동, 긴장과 무의식 상태에 따라 다양한 기능을 갖는다(Grotstein, 1978b, 55쪽). 공간 인식의 변화는 어른에게서도 마찬가지로 나타난다. 밀실 공포증은 이 공간의 경계가 침범 당했다고 느끼는 것인 반면, 광장 공포증은 자기와 대상 사이의 거리가 멀다고 느끼는 것이다. 정신증에서, 인식된 공간은 파괴된 상태이거나 존재하지 않는다. 감각 박탈에 대한 실험과 생화학 물질의 작용 또한 유사한 공간 개념의 변화를 초래할 수 있다.

심리적 거리에 대한 은유는 독립된 경험의 차원이라기보다 물리적 공간, 정서 그리고 대상들이 융합되는 원시적 공간 표상의 파생물로 볼 수 있다. '오늘은 존이 매우 "가깝게" 느껴지네' 라든지, '우리는 모두 한 배를 타고 있어,' '힘이 솟는군,' '너는 집단에서 자주 소외되는 것 같아' 등의 언급들은 집단 내에서의 경계의 심리적 조건과 투사적 동일시에 대한 공간적 은유이다. 집단은 내적 환상이 그런 것처럼 공간적 형태로 경험된다.

클라인학파의 '공간' 개념은 정신에 대한 프로이트학파의 지형학적 및 구조적 모델과는 다르다. 후자의 모델은 '정신 장치' 안에 있는 관념들에 대한 가설적 위치와 관련되어 있다. 충동이

'이드 안'에 억압되어 있다는 서술은 의식에서 직접적으로 드러나지 않는 충동의 역동상태의 변화에 대해 말하고 있는 것이다. 그러나 나쁜 대상이 엄마에게 투사적으로 동일시되었다고 말하는 것은, 유아가 마치 대상을 사라지게도 하고 다른 어떤 곳에서 다시 나타나게도 하는 마법사와 같은 경험을 하고 있다는 것을 말한다. 거기에는 그것이 비록 아주 초기의 공간개념(예를 들어, 대상이 제멋대로 나타났다 사라지는 공간)일지라도 경험의 한 측면을 다른 위치로 이동시키는 것에 대한 현상학적인 인식이 존재한다.

정신적 공간(mental space)은 레빈이 말하는 삶의 공간, 즉 각각의 구성원들이 집단에서 경험하는 위치와 움직임의 자유에 대한 내적 상대역이다. 역으로, 집단 공간은 내적 공간을 대인관계적, 상호활동적 차원으로 투사함으로써 불러일으키는 공간이다. 그것은 불안의 상황에서, 실제 인간이라기보다는 내적 대상들로 구성된 원시적이며 환상적인 공간으로 퇴행적으로 용해될 수 있는 능력을 지닌, 합의적으로 타당성을 인정받은 문화적 표상이다. 풀크스(1964, 34쪽)는 이 과정을 '응결기 현상'(condenser phenemonon), 즉 집단 안에서 집단 무의식이 활성화되는 현상이라고 불렀다. 집단의 '사회적 좌표'(sociogram)는 구성원들의 상대적인 위치와 영향뿐만 아니라, 그들이 '좋음'과 '나쁨' 사이에 두는 거리, 그들의 감정을 담는 그릇인 집단 안으로 외재화 하는 정도, 그리고 내적인 무의식적 과정과 집단 과정 사이의 관계로 구성된다. 즉, 집단은 내적 대상들과 실제적이고 사회적인 사람들 사이에 어느 정도 거리를 유지할 것인지에 대한 암묵적인 결정을 갖고 있다.

따라서 집단은 의식적 수준과 무의식적 수준, 성숙한 수준과 원시적 수준, 경험의 외적 수준과 내적 수준에서 공간적 표상을 갖고 있다. 내적 대상은 이 공간적 표상 안에 위치하고 있으며, 담아주는 그릇으로서의 공간에 의해 수정된다. 집단 공간은 구성원들의 내부 상태를 반영하는 합의된 표상이며, 내적 경계들과 거리들을 집단 경계들과 사회적 거리 안으로 투사적으로 동일시함으로써 획득되는 공간이다. 심리적 공간은 유동적이며 그것이 담아주는 대상에 의해 영향을 받는다. 그 공간은 유크리드의 공간개념이 아니라 현대 물리학의 상대적 공간에 의해 유비된다. 삐아제(Boden, 1980, 57-8쪽)는 공간개념을 유아의 자기중심성과 관련시킴으로써, 즉 공간개념을 그의 위치 개념으로 전환시킴으로써 아동의 공간개념은 커다란 유동성을 가지고 있으며, 또한 이 상대성의 잔재는 청소년기와 성인기에도 지속된다는 사실을 보여주었다. 레빈의 '지형학적 공간'(1951, 238-333쪽)은 유사하게 심리적 요인들에 의해 수정된 공간이다. 또한 여기에서 편집-분리적 자리와 우울적 자리는 사회적 상황에서 공간적 장을 구조화하는 중요한 역할을 한다는 가설을 세울 수 있다.

## 요약과 비평

프로이트의 이론에서 출발한 클라인학파 이론은 정신분석학적 통찰의 기초를 전오이디푸스기 초기 단계로 옮겨놓았다. 그 이론의 핵심 개념은 (심리내적) 욕동이라기보다는 (상호작용하는) 대상이다. 내적 대상은 생리적-본능적 삶에 대한 정신적 표상이다. 그러나 그것은 외적 대상과의 관계에서 변화를 거친다. 그 변화의 순간은 내적 대상이 환상 속에서 외적 대상과 투사적으로 동일시되는 과정에서 발생한다. 클라인에게 있어서 대상, 방어기제, 정동, 외부 환경과의 상호작용 등은 원시적 대상관계의 현상학적 세계를 나타내는 하나의 전체 또는 체계를 형성한다. 이러한 경험의 심리내적인 요소들과 상호작용적인 요소들의 통일성은 클라인학파 이론을 집단심리학을 위한 매력적인 이론으로 만들고 있다. 클라인에 의해 강한 영향을 받은 비온의 연구는 집단 역동 분야의 이론가들이 그녀의 이론에 주목하게 했다.

클라인은 여러 가지 이유로 비판을 받았다. 프로이트의 관점과 자아심리학의 관점에서 클라인의 이론에 대한 비평을 제공한 사람들 중에는 욜크(Yorke, 1971)와 마이쓰너(Meissner, 1980a)가 있다. 이들은 클라인의 초기 불안(대부분의 분석가들은 박해와 파편화를 둘러싼 불안, 모성적 대상의 손상이나 상실에 대한 불안을 인정하고 있다)에 대해서는 거의 동의하면서도, 클라인이 기술했던 정교한 유아기 환상의 존재에 대해서는 의문시하고 있다. 이 논쟁에 대한 실질적인 해결은, 더 많은 연구를 통해서 더 깊이 있는 연구로 나아감으로써 획득될 수 있을 것이다. 현재로서는 성급한 추론은 피하고 치료 실제에서 확인된 바 있는 클라인학파 이론의 측면들만을 활용하는 것이 바람직할 것이다. 깊은 무의식에 대한 지식은 주관적인 과정이고, 잠재적 내용을 이해하는 방법에는 항상 차이가 있을 수 있다.

클라인의 이론에 대한 두 가지 부가적인 비판점이 있다. 하나는 클라인 자신이 부모 인물이 담당하는 역할을 실제로 했다는 것이다. 클라인은 모성적 대상의 필요와 대상의 사용을 강조하면서도, 이론의 초점을 환경이 아니라 유아의 환상 세계에 맞추었다(참조. Grotstein, 1983). 이러한 그녀의 연구는 영국학파, 특히 환경 조건과 실제의 모성적 대상의 질적인 역할을 강조한 위니캇의 이론에 의해 상당한 정도로 균형을 획득할 수 있었다.

다른 하나는, 클라인학파 이론이 개인의 점진적인 발달에 주목하지 않았다는 것이다. 발달은 두 개의 단계(곧 편집-분열적 자리와 우울적 자리—모두 생애 첫해에 이루어지는)로 지나치게 압축되었다. 그러나 실제로 발달은 매우 점진적으로 이루어지는 것이며, 전체 인생주기 안에는 결정적인 시기들과 단계들이 존재한다.

이런 결점은 부분적으로 클라인 연구가 면밀하게 검토된 이론적 토대 위에 세워져 있지 않기 때문으로 보인다. 이것은 아마도 그녀가 프로이트의 이론을 당연한 것으로 받아들였기 때문일 것이다. 그런 이유로 클라인은 결코 죽음본능이나 자아, 또는 다른 초심리학적 범주들에 대해 독자적인 정의를 내리지 않았다. 전반적으로 말해서 그녀의 연구는 일관성 있는 종합적인 이론이라기보다는 탁월한 임상적 통찰이라는 인상을 준다.

## '영국학파': 페어베언, 위니캇, 건트립, 그리고 발린트

멜라니 클라인의 연구는 보조적 용기로 그리고 상황으로 작용하는 외부 환경(예를 들어, 젖가슴, 어머니, 가족), 내적 대상 및 그것의 변천에 관한 심리학을 제공하고 있다. 영국 대상관계학파는 그녀의 심리학을 보완하는 일련의 이론들을 제공했다. 그것들은 자기의 생성에 미치는 대인관계적 및 문화적 맥락들의 영향을 강조함으로써 프로이트와 클라인의 연구를 확장시켰고, 그 결과 정신분석학은 발달의 결정요인으로서의 외적 대상에 대한 관심을 갖게 되었다. 우리는 이 이론가들을 하나의 학파로 간주하는 써덜랜드의 의견에 동의한다. 그는 다음과 같이 말한다(1980).

> 이 네 명의 학자를 하나로 묶는 이유는 그들이 어떤 합동 연구를 했기 때문이 아니다. 그들은 전혀 그런 집단을 형성하지 않았다 … 그들을 하나의 집단으로 묶는 이유는 그들의 공헌들이 결국 하나의 공통적인 발달이론으로 구체화되었기 때문이다(829쪽).

그들의 공통적인 요소는 유아와 모성적 환경을 자기가 개별화되어 나오는 하나의 핵심적 체계로 간주하는 것에 있다. 영국학파의 두 번째 특징은 본능적 욕동보다는 자기를 정신조직의 중심적 요소로서 강조하는 것과, 그 자기를 대상관계의 변천에 따른 발달적 결과로 간주하는 것이다. 페어베언은 이점에서 가장 직설적이었고, 그의 제자인 건트립(1971, 91-101쪽)은 개정된 초심리학을 주창하는 페어베언의 주장을 따르고 있다.

위니캇은 두 사람이 짝을 이루는 상호작용(유아/어머니, 환자/분석가)에 관심을 가졌고, 늘 촉진적 환경과 문화적 맥락이 지닌 중요성을 인식했다. 발린트(1959, 1968)는 일차적 자기애의 원리(신생아는 심리생리적으로 고립된 존재라고 보는)에 의문을 제기했으며 유아를 처음부터 환경과 함께 있는 존재라고 간주하였다(이것은 집단은 단지 부분들의 집합체라기보다 자기들(selves)이 통일성을 이루고 있는 일차적인 하나됨의 상태라는 견해를 위한 토대가 되었다). 건트립은 자기됨의 파국적 상실이 불안의 근본적인 원인이며, 심리치료의 목적은 자기의 회복이라고 강조했다. 이런 차이들은 집단에 대한 견해에도 적용된다. 욕동, 자기, 또는 내적 대상들을 집단의 동기와 생성을 위한 기초로 삼음으로써 그는 집단에 관한 이론과 실제에 결정적인 영향을 미쳤다. 이들의 이론들에 대한 선택적인 개관은 집단에 대한 상호적인 관점이 집단심리학을 위해 갖는 의미들을 보여줄 것이다.

# 욕동, 자기, 그리고 내적 대상에 관한 페어베언의 이론

페어베언은 본능/욕동 구조 이론과 결별했으며, 두 가지 전제를 근거로 하나의 심리학 이론을 형성했다. (1) 유아는 생래적으로 대상을 추구하며, 쾌락 원리는 대상에 대한 욕구에 종속된다.['쾌락은 대상으로 가는 이정표이다'(1952, 33쪽). 그는 본능만족을 위해 대상을 추구한다는 프로이트학파 이론의 주요 전제를 바꾸어 놓았다.] (2) 사람은 본래적으로 하나의 전체인 초기 자기(그가 원시적 자아라고 부른)를 가지고 태어나며, 그 자기는 발달과정에서 부분-자기들로 분열된다. 그는 신생아가 사회적으로 지향된, 즉 부모 인물과의 접촉을 추구하는 심리 조직인 자기를 가지고 태어난다고 보았다. 당시 많은 정신분석가들은 유아는 자기가 아니라, 사회적 상호작용의 결과로서 매우 점진적으로 자기로 발달하는 생물학적 '이드-자아 모체'를 가질 뿐이라고 생각했기 때문에, 페어베언의 견해는 많은 논쟁을 불러일으켰다. 그에게 있어서 자기는 생물학적 욕동의 좌절에서 발생하는 것이 아니다. 그것은 그 자체의 조직 수준을 결정한다. 이런 관점은 일반체계 이론과 조화를 이루는데, 폰 버털랜피(1968, 86쪽)는 일반체계 원리들에 대한 분석은 종종 의인법적이거나 형이상학적이거나 생기론적이라고 간주되는 많은 개념들을 정확한 이론으로 만들 수 있다고 주장했다. 자기는 체계이며, 이 사실은 페어베언에게서 있어서 가장 중요한 심리학적 의미를 갖는다.

페어베언은 다음과 같은 방식으로 심리 발달을 개념화했다. 생물학적으로 강요된 이드 이상으로, 유아는 단일화된 자기 체계를 갖는다. 불안과 좌절의 압력 하에 자기는 갈망하는 리비도적 자아(쾌락을 추구하는)와 반리비도적 자아, 그리고 중심적 자아(인격의 핵)로 분열된다. 이 세 가지 체계는 프로이트의 삼중구조(본능, 초자아, 자아)와 비슷하지만 그 기원은 다르다. 페어베언은 쾌락의 역동이 아니라 의미에 바탕을 둔 체계로 조직화되고자 하는 타고난 자기의 성향이 존재한다고 보았다. 그리고 이 체계는 대상과의 접촉을 추구한다. 즉 사회 체계의 부분이 되는 것을 지향한다. 이 체계는 사회를 향해서 발달하지만, 그것이 지닌 초기의 연약성으로 인해 내면의 안정성과 사회적 필요성 사이에 갈등이 발생하게 되고, 그 결과 이 과정이 붕괴될 수 있다.

페어베언이 체계이론에 친숙했었는지는 분명치 않다. 그러나 돌이켜 보면, 그는 인격을(레빈과 풀크스가 집단을 그렇게 보았던 것처럼) 시간이 지나면서 점차로 성장하는, 즉 더 구별되고 구조화되어가는 하나의 전체적인 장으로 간주하고 있음을 알 수 있다. 이 성장을 위해서는 초기의 단일성과 항상성의 상실이라는 대가를 치르게 된다. 이 체계는 그것이 의존하고 있는 더 큰 체계(어머니나 집단)와 접촉할 때 스트레스를 받는데, 그 스트레스는 변화를 위한 그의 노력을 위협할 수 있다. 이러한 자기의 생존과 성장의 문제를 페어베언은 분열과 철수(splitting and withdrawal) 기제에 주로 의존하는 분열성 인격을 지닌 환자들을 통해 예증하고 있다.

페어베언이 말하는 분열적 자리는 박탈의 순간에 환상 속에서 조종되어야 하는 대상으로서의 어머니와 젖가슴의 내재화를 포함하고 있다. 과도한 박탈감은 내적 세계에 대한 과대평가에로, 멀리 있고 허망한 느낌(분노와 파괴에 대한 방어로서)으로, 그리고 사회적인 상호작용의 세계로부터의 철수에로 인도한다. '그 자아는 거의 스스로를 표현할 수 없게 된다(그것의 사랑이 지닌 파괴성에 대한 두려움으로 인해). 이런 상황에서, 자아는 존재 자체가 위협받는다고 느낀다'(1952, 51쪽). 이 이론이 우울적 자리와 관련되어 있다는 점은 명백하다. 그러나 페어베언에게 있어서 대상 사랑은 일차적인 것이며 항상 자기의 생존과 관련되어 있다. 박탈 경험은 특정한 방어과정, 즉 환상 세계 안으로 철수함으로써 대상을 조종하기 위한 투쟁으로 이끈다. 그에 따르면, 아이가 어머니와 갖는 구강기적 관계는 그의 첫 번째 사회적 관계 경험을 나타낸다(24쪽).

여기에 집단 활동의 근본적 역동에 대한 견해가 함축되어 있다. 이런 방식으로 개념화된 집단 모체는 조화와 일치에 대한 초기의 집단 환상으로부터 발달해 나온다. 실제 집단의 조건들은 사회화의 도구를 구성하며, 구성원들 사이의 차이와 지위 경쟁은 공격성을 유발시킨다. 집단 구성원들은 좌절을 주는 집단 상황의 현실에 대한 반응으로 내적인 환상 대상들 안으로 철수하며, 또 동시에 지도자를 향한 기본적 가정들과 양가감정을 형성한다. 집단이 더 발달하면서 거기에는 내적 대상들을 통제함으로써 내적 조화와 집단의 조화를 재확립하고자 하는 일련의 시도들이 발생하는데, 그것은 부분적으로는 그 내적 대상들을 집단 모체 안으로 외재화 하는 것을 통해서 이루어진다. 집단 형성에 대한 이와 같은 견해는 집단을 양육자로서의 좋은 어머니로 보는 샤이드링거(1974)의 견해와 일치할 뿐만 아니라 집단을 박탈하고 좌절시키는 전오이디프스적인 어머니로 보는 더킨(H. Durkin, 1964)의 견해와도 일치한다. 최초의 조화로운 환상 안에서 집단은 좋고 양육적으로 경험된다. 그러나 집단이 좌절을 주고 박탈할 때, 통제의 시도가 발생하며, 나쁜 대상들의 활동이 시작된다.

페어베언의 발달에 관한 서술은 경계선 장애와 자기애적인 정신병리에 관한 보다 최근의 연구결과들을 예견한 것이었다는 사실은 언급할 만한 가치가 있다. 페어베언은 자아의 분열을 근본적인 발달로 보았는데, 이는 훗날 컨버그가 초기 정신조직을 분화되지 않은 모체가 자기-대상-정서의 단위들로 분화되는 것으로 이론화한 것과 다르지 않다(Kernberg, 1976, 25쪽, 29쪽). 매스터슨(Masterson, 1976, 62쪽)이 말하는 보상하고 철수하는 '대상관계 단위들'의 개념은 '만족을 주지 못하는 대상은 흥분을 자극한다는 페어베언의 관점과 조화를 이룬다. 페어베언에게 있어서 대상이 흥분을 일으키는 이유는 대상이 필요하기 때문이며 또 그것이 거절을 통해 좌절을 주기 때문이다. 이러한 경험이 좀 더 심화되면, 대상의 흥분시키고 좌절을 주는 측면들은 그것들과 관련된 자기의 부분들과 함께 분열된다(Sutherland, 1980, 844쪽). 코헛(1971)의 자기의 응집성에 대한 강조와, 자기가 과대적인(흥분한) 부분과 고갈된 부분으로 분열되는 방어에 대한 설명은 리비도적인 요소와 반리비도적인 요소로 분열되는 '원시적 자아'에 대한 페어베언의 설명과 비슷하다. 페어베언은 자기가 실제의 모성 돌봄 및 그 실패와 관련되어 있다는 맥락 안에서 자아 분열의 개념을 사용한 여러 중요한 이론가들 중에서 가장 두드러진 인물로 평가된다. 이런 입장에 선 이론가들은 초기의 자기가 부분-자기들로 분열되는 것을 근본적인 발달과정으로 간주한다.

여기에서 부분-자기들과 집단의 역할 사이의 관계를 언급하지 않을 수 없다. 집단의 각 구성원들에 의해 수행되는 특정 기능들로 분화되는 것은 개인 인격이 분열되는 것과 동등한 과정이며 때때로 그것은 불가사의하게도 집단의 역할이 투사된 것이거나 변형된 것처럼 보이기도 한다. 페어베언은 '집단 관계의 본질은 … 내적 대상의 외재화 또는 투사에 의해 결정된다'(1952)고 말함으로써 자신의 집단이론을 제시했다. 이는 전체로서의-집단(the group as a whole)은 자기와 대상관계의 측면들을 나타낼 수 있다는 현 작업의 주제와도 관련되어 있다.

## 페어베언 이론의 요약 및 비평 (클라인 이론과의 비교)

페어베언의 이론이 멜라니 클라인의 이론에 의해 영향을 받았다는 것은 그가 부분 대상에 대해 언급한 것, 초기 유아발달에 대해 강조한 것, 투사와 내사에 대해 중요하게 생각한 것 등에서 분명히 드러난다. 그러나 그의 이론의 본질은 클라인의 것과는 다르며, 그것의 특징은 이 둘을 비교함으로써 가장 잘 파악된다.

첫째, 그는 클라인과는 달리 욕동이론의 수정이라는 단계를 밟았다. 그에게 있어서 대상은 그 자체로서 추구되는 존재이다. 어떤 점에서, 이런 가정은 스핏쯔(1946)가 말하는 관찰적/상호작용적 연구와 조화를 이루는데, 후자는 유아에게 주목해주거나 접촉해주지 않는 것은 구강기 만족을 주지 않는 것보다도 정서발달에 훨씬 악영향을 미친다고 주장했다. 심리내적 역동의 수준에서, 페어베언은 유아는 어머니 없이는 경험의 조직자로서의 자기 체계를 지탱할 수 없고 모성적 대상을 절대적으로 필요로 한다고 주장함으로써 이 역설을 설명했다. 어머니가 없으면 유아는 철수할 것이고 파편화 될 것이다.

둘째, 클라인은 공격성이 선천적인 것이라고 믿었던 반면, 페어베언은 그것을 좌절의 결과라고 보았고, 유아가 궁극적으로 두려워하는 것은 자신의 사랑이 대상을 파괴하는 것이라고 주장했다.

셋째, 페어베언은 클라인 이론이나 프로이트 이론에서는 분명하지 않은 자기 체계라는 것을 가정했다. 그에게 자기는 내사된 대상들의 표상이 아니라, 인격의 본래적인 구조이다. 또한 자기는 선천적으로 대상을 추구한다. 그 자기는 생리적 욕동으로 환원되지 않는 심리적이고 사회적인 체계로 발달한다. 그러므로 페어베언의 견해는 대인관계적, 집단적, 사회적 체계들은 그것들을 구성하고 있는 하위체계들에 의해서 완전히 설명될 수 없는 자체의 법칙을 갖는다고 믿는, 풀크스와 레빈과 같은 집단심리학자들의 비환원적 입장과 일치한다. 본능이라는 말을 탄 기수로서의 자아가 욕동 긴장을 조절하는 목적으로 발달한 생체-적응적 체계라면, 대상을 추구하는 자로서의 자기는 사회의 일부분이다. 프로이트학파의 자아가 신체의 조정자라면, 페어베언의 자기는 대상관계와 사회생활의 조정자이다.

그러므로 페어베언의 대상추구적인 자기에 대한 개념은 결론적으로 개인과 집단의 상보성 원리를 떠받쳐주는 토대가 될 수 있었다. 환경과의 관련에서 볼 때, 자기는 사회적 존재이며, 항상 관계를 추구함으로써 자체를 온전하게 유지한다. 주관적이고 내적인 차원에서 볼 때, 자기는 홀로 깊숙이 숨어 있으면서 내적 대상들에 대한 불안정한 통제를 유지한다. 이와 같은 상보성은 인간 존재의 영원한 딜레마를 보여주는데, 이는 인간이 초기의 통일성과 지복의 상태를 상실함으로써 분열성 인격이 생겨나는 것과, 개인의 바깥에 있는 무엇인가(집단심리학)에 도달하거나 그의 내적 본질에 대한 통제(정신분석)를 획득함으로써 소량의 통일성을 회복하고자 노력하는 모습을 두고 말한다.

## 위니캇의 중간 공간과 중간 대상

멜라니 클라인이 내적 대상에 그리고 페어베언이 자기의 조직화에 초점을 맞추었다면, 위니캇은 자기와 대상 '사이의 공간'과 이 공간에서 발생하는 행동에 초점을 맞추었다. 그는 진정한 체계론자였다. 소아과 의사였던 그는 '세상에 유아란 존재하지 않는다 … 돌보는 자와 유아의 쌍만이 존재한다'고 말했다(1952, 99쪽). 즉 어머니와 유아는 하나의 단위체이고, 유아는 점차적으로만 어머니로부터 분리된 체계를 형성한다. 그는 또한 정신분석가로서 정신병리학, 환자와 치료자 사이의 상호작용, 그리고 문화적인 승화 등 다양한 문제들에 체계론적 관점을 적용했다.

멜라니 클라인에게서 배운 위니캇은 그녀에게서 크게 영향을 받았고, 클라인 이론과 프로이트 이론 모두를 타당한 이론으로 받아들였다. 그는 기존의 이론과 실제에 도전하기보다는 기존의 지식에 새로운 통찰을 첨가하는 방식으로 자신의 이론을 전개했다. 따라서 독창적이고 상상력이 풍부한 그의 사고는 임상분야에서 크게 두각을 나타낸 반면, 다른 이론가들과의 관계나 혹은 그들의 이론들과의 차이점을 설명하는 부분에서는 모호성을 드러냈다. 그의 개념은 대상관계 이론, 자아심리학, 자기심리학 등과 잘 조화를 이룬다. 그러나 그 개념들은 마치 놀이에서 (그가 정서발달에 대한 은유로 사용했던 현상) 아동들이 항상 그들 자신의 독특한 표현 형식을 만들어내는 것과 마찬가지로 독자적인 창조물로서 발달한 것이다.

위니캇은 다양한 주제들에 관해 글을 썼지만, (문자 그대로 아동들의 장난감에서부터 임상적 우울에 이르기까지), 그의 연구에는 전체를 꿰뚫고 있는 하나의 맥락이 있다. 그 맥락은 자라나는 한 인간이 (1) 심층의 내적 자기의 영역, (2) 현실과 환상의 종합을 통해서 얻어지는 자발적인 상상력과 생명력의 영역, (3) 대상에 대한 관심 능력의 영역 등에서 환경적 대상과 상황으로부터 자신을 분리해내는 것이다. 이를 통해서 그는 중요한 타자들과의 관계 안에서 공격성을 통제하는 능력을 확립하게 된다. 다른 말로, 분화되지 않은 전체로서의 어머니와 유아의 초기 합일 상태로부터 세 개의 영역들이 발달하는데, 이것들은 (1) 내적 자기(내적 환상생활), (2) 환경과의 창조적인 상호작용 영역('중간 공간'), (3) 실제 대인관계와 삶의 주기에 따른 현실들의 영역 등이다.

위니캇은 발달단계 이론을 주장하지는 않았으나, 그의 연구를 살펴보면 그가 다음과 같은 견해를 갖고 있음을 알 수 있다. 신생아의 경험은 총체적이며 분화되지 않은 것이다. 유아는 그의 필요에 응해 주는(촉진적인) 환경 안에 존재한다. 최초의 분화는 유아의 기대와는 달리 엄마의 출현이 지체되는 경험에서 발생한다. 만약 이 지체가 그리 심한 것이 아니라면, 유아는 자신의 외부와 내면 모두이며 유아 자신과 어머니 모두이기도 한 어떤 것을 경험하는, 하나의 잠재 공간을 창조해낼 수 있다. 이런 경험은 유아로 하여금 짧은 분리에 적절히 대처하도록 허용하고, 대상이 현존해 있는 동안 홀로 존재할 수 있도록 허용한다(1958, 36쪽). 천 조각, 장난감 등과 같은 아이의 첫 번째 소유물인, 중간 대상의 사용을 통하여 아이는 이별에 대한 더 큰 내성을 확립한다. 중간 대상은 아동이 창조한 것인 동시에 이미 존재하고 있는 것이고, 나인 동시에 나-아닌 것이며, 환상인 동시에 실재라는 특성을 갖고 있다. 중간 대상은 환상(illusion) 세계와 그러한 사물들과 활동들, 그리고 상상적인 산물들의 시작을 나타내며, 이것은 아동으로 하여금 어머니의 부재 시에도 안전하게 느끼도록 허용한다. 그 세계는 놀이, 예술창조, 그리고 문화적 승화의 전조이다. 발달의 흐름은 기대/지체로부터 잠재 공간으로, 즉 중간 대상, 환상, 상상적 활동, 그리고 문화적 성취로 이어진다. 발달상에서 결정적으로 중요한 것은 엄마를 어떤 물건으로 대체할 수 있고, 그것을 위안 받기 위해 사용하며, 현실과 환상을 통합하는 사고의 중간 영역을 창조할 수 있는 능력이다.

집단은 확실히 그런 중간 대상이다. 그 이유를 들자면, (1) 집단은 점차로 지도자를 위안과 보호의 원천으로 삼는다는 것, (2) 집단은 이미 존재하고 있는 현실인 동시에 구성원들이 창조한 것이라는 점, (3) 적절한 상황에서 구성원들로 하여금 그들의 문화적 잠재력을 발달시키도록 허용한다는 점 등이다. 중간 공간과 중간 대상은, 위니캇에 있어서, 문화적인 맥락의 차원에서 볼 때, 분리와 개별화의 근저에 있는 기제들이다.

따라서 집단 모체는, 중간 대상이 그렇듯이, 현실과 환상, 자기와 대상이 함께 섞임으로써 창조되며, 그것들이 공존하도록 허용하는 경험의 중간 영역에서 발생한다. 예를 들어, 인류학자인 레비-스트라우스(1963)는 혈족체계(특정 문화적 대인관계적 현실인)의 심층 구조는 모든 신화의 구조를 이루는 기본 단위인 특정한 신화적 주제들(mythemes, 310쪽)을 내포하고 있는데, 그 기능은 환상 안에서 혈족체계와 다른 문화적 실체들을 보완하는(그리고 강화하는) 것이다. 신화와 사회적 현실의 이런 이중성은 정확하게 위니캇의 중간 대상과 같은 구조를 가지고 있으며, 풀크스가 말하는 집단 모체의 형태-바탕(figure-ground) 관계를 나타낸다. 이것은 위니캇이, 성인이 경험하는 것과 같은 집단 또는 문화에 대한 인지적 전조인 지각적 게슈탈트가 유아에게 존재하는 것으로 보고 있음을 말해준다. 그 지각적 게슈탈트는 제3의 대상(집단 매개 또는 모체)이 현존하는 가운데 환상과 현실을 섞으면서 대상과 관계를 맺는(대인관계적 상호작용) 자기를 말한다.

중간 공간과 집단 모체와의 관계는 더 상세히 고찰해볼만한 가치가 있다. (저자들은 이 주제에 관한 콜린 제임스의 1980년 논문에서 많은 도움을 받았다.) 위니캇 이론을 확대한다면, 낯선 사람들로 구성된 집단은 처음에 공유된 중간 대상을 지니고 있지 않다. 그 집단은 이제 최초의 나-아닌 소유물 하나를 만들어내야 한다. 이에 대한 선결 조건은 집단 자체의 촉진적 환경으로서, 이것은 집단에 들어감으로써 야기되는 강렬한 내적 상태를 '안아줄 수 있는'(위니캇의 용어) 지도력을 포함하며, 대상이 나타나리라는 기대가 실제 대상의 나타남에 의해서 응답되도록 허용하는 구성원들 사이의 충분한 반응성, 즉 의사소통을 가능케 하는 어느 정도의 공감 능력과 들을 수 있는 능력을 포함한다. (충분히 안아주고 반향해주는 상황에서, 집단 구성원들은 집단 환경의 요소들을 중간 대상으로 활용할 수 있다. 그것들은 편안한 의자, 집단 구성원들의 '마스코트' 나 친숙한 슬로건, 또는 말 등을 포함할 수 있다.)

이런 요소들은 집단 구성원들로 하여금 집단 자체를 중간 대상으로 만들어내도록 허용하며, 그 결과 집단은 하나의 응집력 있는 실체가 된다. 그러한 중간 집단은 인간의 외부와 내면 모두를 포함하는 실체이며, 자기와 타자, 환상들과 투사들, 집단적 자유연상들 사이의 상보적 수단에 의해 의사소통이 발생하는 영역이다. 따라서 그것은 성장과 변형을 가능케 하는 체계, 즉 하나의 응집력 있는 패턴을 형성한다.

위니캇은 아동 심리치료에 대한 설명을 통해서 중간 공간의 개념을 예증하였다. 놀이에서 아동이 종이 위에 자신의 의사소통의 일부를 나타내는 무언가를 그리고 나면, 위니캇은 자신의 그림놀이로 아동의 의사소통에 응답했으며, 그들은 그들 사이에서 산출된 그림들(중간 공간에서 창조된 것) 및 상호작용의 결과로서 무언가(무의식적, 내적 대상들과 실제 대상, 즉 치료자를 포함하는 대상관계)가 출현할 때까지 그 놀이를 계속했다. 이 '스퀴글 게임' (squiggle game, Winnicott, 1953) 또는 그림놀이는 구성원들 사이에 존재하는 연상체계로서의 집단 모체의 전형으로서, 이는 상호작용(대상관계들)으로 그리고 집단 모체, 또는 집단으로서의-집단의 적극적인 창조에로 인도한다.

이 '그림놀이들' (또는 집단연상)이 전체 집단을 형성하기 위해 한 데 모이는 것은 '상징' 이라는 단어의 어원적 파생물과 두드러진 유사성을 갖는다. 즉 '그리스어에서 온 상징이라는 단어의 문자적인 의미는 다른 절반과 비교하는 것을 통해서 증명되는 정체성의 징표이며, 그것이 함축하는 것은 인식이 가능한 전체를 형성하기 위해 함께 던져진 존재라는 의미이다(웹스터 사전).'

집단 모체가 지닌 중간적 면모를 보여주는 하나의 집단 심리치료 사례가 있는데, 이것은 병원에서 경계선 장애의 환자집단을 치료했던 정신분석적 집단치료사들에 의해 보고된 것이다. 그 집단은 그들이 친숙한 공간을 사용할 수 없게 되어 다른 방으로 옮겨야 했는데, 마침 그 시기는 종결이 가까운 때였고 그래서 분리불안을 느끼는 때였다. 다음은 치료자가 한 말이다. 그리고 괄호 안의 것은 저자들이 분석한 내용이다.

> 집단 작업이 거의 끝나갈 무렵에 방을 옮기게 되었다. 집단에서 정확히 같은 의자들을 사용했던 구성원들은 그로 인해 돌처럼 굳어졌다. (여기에 안아주는 환경이 갖는 중요성이 있다) 만약 어떤 사람이 자리를 바꾸었다면 누군가가 화를 낼 수 있었을 것이다. '감히 어떻게 내 자리를 차지할 수 있지?' 그것은 권리주장이라는 말로는 다 표현할 수 없는 것이었다. (이것은 경계선 장애를 지닌 개인에게서 나타나는 중간 대상에 대한 애착의 강도를 표현한다.) 그 자리는 그들의 일부가 되어 있었다. 때때로 그들은 왜 그들의 자리를 선택했는지에 대해서 이야기를 나누었을 수 있다. 어떤 사람은 그의 손을 얹을 수 있기 때문에 팔걸이의자를 선택했을 것이고, 어떤 사람은 부드럽고 자신을 감싸주는 의자를 선택했을 것이며, 또는 치료자를 정면으로 바라볼 수 있기 때문에 그 의자를 선택했을 것이다. (중간 대상의 확신시켜주고 위안을 주는 질적 요소와 모

> 성적 대상으로서의 치료자에 대한 연결) 공동 치료자의 수동적인 행동은 불균형을 초래했다. (그는 모성적 대상이 될 수 없었다.) 그의 수동적인 행동은 치료자에 대한 집단의 반역을 반영하는 것으로 보였다. 집단은 마치 그가 존재하지 않는 양 그를 무시했고, 그러고 나서 마침내 그것에 대해 이야기를 나누었다. 그를 둘러싼 성적 문제들이 나타났으나 그것들은 초기 애착 단계에 속한 것이었다. 구성원들은 '엄마' 에게 애착을 가졌지만 '아빠' 에게는 두려움을 느꼈다. 이는 수동적인 아버지들과 지배적인 어머니들을 가졌던 그들의 배경과 일치하는 것이었다. (중간 공간을 재건하면서 집단은 공통의 초점을 지닌 갈등을 표현할 수 있었다. 그 갈등의 상징들은 치료사들이었다.)

이 사례는 집단이 적절하게 기능하기 위해서는 중간 공간을 확립해야 할 필요성을 보여준다. 경계선 환자들에게 있어서 중간 공간은 결코 안정된 심리내적 기제로서 확립되지 않았고, 따라서 집단의 자리 이동은 그들을 방향 상실의 상태로 이끌었다. 중간 대상들(의자들과 자리 배치)은 집단의 응집성과 집단 공간을 회복하는 데 필요한 확신을 제공했고, 그 결과 그들은 공통의 긴장들을 탐구할 수 있는 집단 공간을 복구해낼 수 있었다. '정상인들' 의 집단에서도 같은 일련의 결과들이 발생하지만, 불안의 정도는 더 미약하다. 게다가, 그들의 중간 대상은 집단의 삶과 통일성을 나타내는 상징들로 대체된다.

## 그 밖의 위니캇의 공헌들

위니캇은 집단 상담에서 무엇보다 중요한 두 가지 기법적 원리를 발달시켰는데, 그것은 '안아주기'와 '객관적 역전이'이다. '안아주기'는 강력한 정서상태와 퇴행을 겪는 기간동안에 환자를 지탱해줄 수 있는 치료사의 능력을 말한다. 치료자는 모성적 대상과 그 환경으로 기능하는데, 이것은 환자의 욕구를 충족시켜주는 외적 행동에 의해서가 아니라 (물론, 어떤 치료사들은 환자들을 재워주고, 먹이고, 여러 가지로 돌봐주기도 한다.) 경청 과정과 분석 과정에서 일관된 돌봄의 자세를 갖는 것에 의해서 구체화된다. 따라서 안아주기는 비온의 '담아주는 그릇' 개념과 유사하다. 치료사의 안아주기는 주의 깊은 경청, 치료 계약과 그 과정의 신뢰성, 민감하게 조율되고 정확한 시점에 제공되는 해석 등을 포함하며, 이 모든 것은 환자에게 그가 홀로 있거나, 유기되거나, 또는 깊숙한 정신 상태를 경험하거나 치료자를 신뢰하는 과정에서 침범당하지 않는 것을 말한다. 위니캇의 안아주기 개념은 직접적으로 자아를 지원해주거나 환자의 요구를 채워주기 위한 행동들과는 달리, 무의식의 심층을 탐구하고자 하는 정신분석학의 입장과 일치한다. 즉, 위니캇은 어떻게 정신분석학의 방법 자체가 일종의 안아주기 환경이 되는지를 보여주었다.

집단 상담자는 개인 정신분석에서와 동일한 방식으로 집단 체계를 안아줌으로써 집단의 응집성을 증진시킨다. 상담자의 안아주기가 유용하지 않을 때, 그 집단은 피편화되고, 흐트러지며, 필요들을 언어로 표현하기보다는 행동화하거나, 또는 조급하게 집단을 구조화하려는 경향을 보이게 된다. 안아주기는 집단으로 하여금 집단의 정신적 성향들과 관련된 감정들을 깊이 경험할 수 있도록 허용하며, 작업 집단을 성취할 수 있게 한다. 시간이 지나면서, 집단 구성원들은 상담자의 이런 질적 요소들을 내사하기 시작한다. 이 시점에서, 집단 자체는 통찰과정을 위한 안아주는 환경이 되며, 훈련, 치료, 또는 개인적 성장 경험을 위한 문화적 매개체가 된다.

위니캇은 또한 치료자의 역전이 반응에 내포된 현실적 요소를 처음으로 인식한 분석가들 중의 하나였다. 그는 제안하기를(1949), 분석가 자신의 해소되지 않은 갈등과 상관없이도, 치료자는 환자를 대할 때, 즉 그의 전이와 행동을 대할 때 심원한 사랑과 증오의 감정이 발생하는 것을 경험할 수 있다고 했다.

객관적 역전이에 대한 인식은 집단 상담자에게 있어서 필수적이다. 그것은 그가 때때로 전이에서 자신에게로 향하는 원시적 사랑과 증오의 집단적인 세력이 야기하는 엄청난 압력을 경험하지 않을 수 없기 때문이다. 그때 그는 집단과 함께 행동화할 수 있고, 자신의 공포와 불안에 몰두할 수 있으며, 또는 자신의 해석을 희석시키거나 집단이 통찰을 발달시키는 것을 가로 막을 수 있다. 그를 돕는 감독 상담자는 상담자의 작업에 실망하거나, 그 집단이 비효율적으로 행동하게 만든 원인이 상담자의 개인적 갈등에 있다고 주장할 수도 있다(Kernberg, 1978, 3-4쪽). 그러한 상황에서 적절한 지도자의 반응은 한 사람의 갈등이 집단의 발달과정에 어떤 영향을 끼쳤는지에 대해 성찰하거나 반영해주는 것이며, 그러고 나서 집단에 대한 지도자의 반응으로부터 집단 자체에 관해 무엇을 배울 수 있는지를 조사하는 것이다.

지도자에게 투사된 전체 집단의 감정은 바람직하지 않은 영향을 만들어낼 수도 있다. 이런 집단적인 감정은 집단 구성원들뿐만 아니라 상담자들에 의해서도 부정되고 왜곡되거나 오해된다. 그리고 이것은 만족스럽지 못한 집단 과정의 운영으로 이끌 뿐만 아니라 귀중한 정보의 상실로 귀결된다. 위니캇이 말하는 객관적인 역전이 개념은 상담자로 하여금 그들의 내적 반응들을 집단 자체를 관찰하기 위한 보완적이고 보조적인 도구로 사용할 수 있도록 허용한다. 상담자는 어떤 의미에서 보더라도 집단 역동의 일부분이다. 그의 내적 반응들은 자주 그의 존재의 산물이며, 이것은 풀크스의 표현에 따르면, '집단 모체의 매듭점'(a nodal point in the group matrix)이다. 다시 말해서, 상담자 자신이 느끼는 감정은 집단 과정의 척도이다.

위니캇의 이론에 관한 논의는 그의 '거짓자기' 개념을 언급하지 않고는 불완전한 것이 될 것이다. 그에 따르면, 갓 태어난 자기됨의 영역에 위협을 느끼는 아이는 한 종류의 분열을 발달시킬 수 있는데, 그때 의사소통을 추구하는 자기의 요소는 실제로 경험하고 느끼고 필요로 하는 것을 숨겨주는 덮개가 되고, 그의 진정한 자기의 요소는 타자들에 의해 제공되는 정서적인 양육으로부터 차단되고 매장되며, 떨어져 나가게 된다.

자기가 사회적 이미지와, 숨거나 소외된 내적 현실로 분열된다는 생각은 라캉(Lacan, 1949)에 의해서도 지적된 바 있고, 또한 정신분열증에 대한 렝(Laing, 1959)의 연구에서도 찾아볼 수 있으며, 윈느와 그 동료들(Wynne et al., 1958)이 지적한 가족 내의 유사상호성 개념에도 나타나고 있다. 진정한 감정의 완전한 표현을 허용하지 않는 사회적 관계망은 거짓자기의 상호작용을 증진시키며, 그때 내적 필요성은 대인관계에서의 왜곡된 표상으로 드러날 것이다. 예컨대, 잘레징크(Zalezink, 1977)는 이런 왜곡들이 과도한 억압과 순응을 요구하는 기업체 조직 안에서도 발생할 수 있다고 제안한다.

## 건트립과 발린트: 도전적인 기본적 믿음들

여기에서 건트립과 발린트의 연구를 다루는 이유는 그들이 1930년대부터 1960년대에 이르기까지 영국에서 발생했던 대상관계 이론에 대해 역사적으로나 이론적으로 전체적인 그림을 완성하는 데 도움을 주기 때문이다. 그 외에도 많은 다른 학자들이 언급되어야 마땅하겠지만, 그러한 작업은 별도의 상세한 연구를 필요로 할 것이다.

건트립(1971, 45-68쪽)은 인간에 대한 비기계적 견해를 옹호하는 데 앞장섰다. 그의 연구는 두 갈래의 정신분석 이론을 극적으로 화해시켰다. 하나는 '체계 자아' 로서의 마음의 개념을 유지하는 견해, 즉 마음을 유사-생물학적 실체인 신체적이며 적응적인 기제로 보는 견해이고(참조. 하트만, 1958). 다른 하나는 자라나는 인격 안에 존재하는 상위 질서에 속한 요소들인 비범한(supraordinate) 자기의 원리를 강조하는 견해이다(Gedo and Goldberg, 1973, 64-5쪽). 건트립은 대상관계 이론을 상위 질서의 요소들을 지닌 이론으로 보았는데, 그 이론에서 인간은 두드러지게 주관적, 대인관계적 그리고 사회적 존재로 간주된다.

이와 같은 서로 다른 견해들은 집단에 대한 뚜렷이 대조되는 개념들을 가리킨다. 건트립이 견지하는 인간주의적인 관점에서 볼 때, 집단은 인간의 의미를 확립하기 위한 맥락이다. 집단 모체 안에서 자기와 대상은 두 개의 구체적인 의미의 군집들이며, 그것들은 문화에서, 그리고 타고난 생물학적 요소들의 사회적 활용 및 적응에서 파생된 것이다. 생체-적응적(bio-adaptive) 입장은 자기와 대상을 종족의 생존에 필수적인 정신적 표상들과 기제들로 간주한다. 여기에서 집단은 무의식적으로 결정되는 것이고, 무시간적인 것이며, 인간의 선택을 넘어서는 불가피한 생물학적인 명령들이 수행되는 맥락에 지나지 않으며, 대상관계는 단지 본능만족 유형들의 변화가 표면적으로 드러나는 것에 지나지 않는다.

멜라니 클라인의 환상 대상들은 애착(리비도)과 자기 보호(공격성)를 통한 생존의 원초적 표현으로 간주되거나, 아니면 자신에 대해 알아가는(자기 성찰의 지식) 그리고 자유 의지(자신 안에 있는 좋음과 나쁨을 통제함으로써)를 사용하는 고유한 인간적인 성향을 나타내는 것으로 간주될 수 있다. 집단은 궁극적으로 본능들의 활동을 보여주는 무대인가? 아니면 자기-의식과 자기-실현을 위한 대화마당인가? 이런 질문들은 건트립이 정신분석의 초심리학을 향해 제기한 본질적인 도전이다.

건트립의 견해에 따르면, 집단은 상호 침투적인 구성원들의 주관성들을 위한 연결망으로, 그리고 그것들을 극복하는 과정으로 개념화될 수 있다. 각 구성원들은 자신의 선택에 따라 변화되며, 그들에게서 작용하는 생물학적 욕동들을 형태 짓는 것은 그들이 지각하고 경험하는 의미이다. 인격에 대한 건트립의 묘사는 이 점을 잘 보여준다(1961, 138쪽).

> 프로이트가 초자아를 발견한 것과 내적 대상관계 이론의 발달은 인간 정신이란 여러 극중 인물(dramatis personae)로 분화시키는 것에 의해 자체의 내적 발달을 수행하는 일종의 실체임을 보여주었다. 따라서 정신은 그것이 느끼고 경험하는 외적 삶을 개인적인 형태를 띤 정신적 산물로 표현하는 것을 통해서 자체의 내적 삶을 유지한다. 한 개인은 실제로 여러 사람들의 집단으로서 기능하며, 이것이 곧 이론이 말해야 하는 객관적인 심리학적 사실이다.

혹자는 이 입장을 내적 대상의 본질과 집단 구조에 관한 페어베언의 가설과 결합시킬 수 있을 것이다(1952, 153쪽). 그에 따르면, '인격의 본질은 외부 대상의 내재화에 의해 결정되는 것이며, 집단 관계의 본질은 다시금 내적 대상의 외재화 또는 투사에 의해 결정된다.' 페어베언과 건트립 모두는 개인 안의 집단과 집단 안의 개인 사이에서 내사적/투사적 기제가 활동한다고 보았다.

발린트는 여러 가지 임상적 공헌을 했지만, 현재 우리의 연구와 관련된 부분은 환경으로부터 분화되지 않은 유아의 상태와, 치료과정의 다양한 국면에서 분석가가 다루어야 하는 퇴행의 역할에 집중되어 있다. 발린트는 유아와 그의 환경으로서의 어머니는 생물학적 및 심리학적으로 하나의 단위이거나 또는 상호 침투된 하나의 조화로운 혼합체라고 주장했다. 이런 주장은 우리가 주장하는(제2장) 개인과 집단의 통일성 개념과 일맥상통한다. 그는 프로이트의 일차적 자기애, 또는 자기-중심적인 고립 가설에 반대하여 유아는 일차적 사랑 또는 대상과의 관계 안에 존재한다고 주장했다. 이 일차적인 관계 상태의 붕괴는 그가 기본적 실패(basic fault)라고 부른, 인격의 불연속적인 병리 상태를 만들어 낸다. 이 구조적 결함은 일차적인 것이며, 오이디푸스 단계와 관련된 갈등과 억압의 문제를 훨씬 능가한다. 발린트의 주장에 따르면, 기본적 실패의 영역을 다루는 심리치료는 중요한 하나의 기법적인 측면을 고려해야 한다. 그는 치료에서 퇴행의 순간에 수반되는 언어와 사고의 질적 변화를 강조했다. 존재 상태에 대한 염려들, 또는 계속성에 대한 관심들, 그리고 생존의 문제들이 이러한 기초적인 국면에서 드러나는 지표들이다. 건트립과 마찬가지로, 그는 욕구의 충족이 아니라 자기의 존재에 관한 불안이 발달의 중심에 놓여 있다고 강조했다. 집단 안에서, 이 초기의 기본적 실패 수준으로 퇴행하는 것은 모든 참여자들에게 공통된 경험이다. 구성원들의 사고의 변화, 특히 언어의 변화는 원시적 역동과 정신성이 활성화되고 있다는 것과, 집단 안으로 용해되는 것과 경계에 대한 인식 사이에서 갈등이 일어나고 있음을 가리킨다.

## 요약: 집단심리학을 위해 대상관계 이론이 갖는 의미

대상관계 이론은 마음의 발달에 대한 관심과 인간 상호작용에 대한 관심이 관계를 중심으로 합류하고 있는 정신분석적 사고를 나타낸다. 이 학파의 중심적인 개념은 대상인데, 그것은 내적 이미지인 동시에 실제 환경속의 사람 또는 상황이기도 하다. 내적 대상과 외적인 실제 대상 사이의 '교류 과정들'은 집단적인 내면 경험과 실제적인 시공(時空)의 장으로 이해되는 집단 관계의 전형인, '전체 체계'를 형성한다.

클라인학파는 인간의 의사소통과 내적인 상호 관련성 속에 본래부터 내재되어 있는 원시적인 방어기제들과 환상들을 강조했다. 정신분석의 핵심적인 구성 개념을 욕동으로부터 대상으로 전환시킨 것은 페어베언의 명백한 진술들이었다. 그의 진술들은 대상관계 이론을 상호적이며 대인관계적인 과정에 대한 연구결과와 조화를 이루는 일반적인 체계이론과 통합시킬 수 있는 길을 열어주었다. 인간의 무의식은 욕동 기제의 표현이 아니라 대상을 통해 완전성과 통일성에 도달하고자 하는 욕구의 표현이며, 모든 의사소통 안에 현존하는 의미의 차원이다. 뿐만 아니라 개인은 사회적 집단에 우연히 연결되어 있는 폐쇄체계가 아니라, 그 역동이 부분적으로 집단 과정으로 구성되어 있고 내적으로 표상되어 있는 개방체계이다.

위니캇의 특별한 공헌은 그가 어머니/유아 쌍을 하나의 체계로 보고, 자기의 발달과 문화에 끼치는 모성적 환경의 영향을 중요하게 생각한 점이었다. 중간 대상과 중간 공간은 사람과 문화, 내적이고 외적인 환경이 함께 만나는 (그러면서도 차별화가 유지되는) 하나의 모체이다. 아동에 대한 어머니의 반응성이라는 토대 위에 세워져 있는 이 모체는 안전감의 느낌을 촉진시키는데, 아동은 이 안전감을 그의 중간 대상으로 발달시키며, 그 중간 대상은 다시금 은유, 상징, 그리고 문화로 발달한다.

건트립은 인간의 기본적인 불안은 자기의 상실, 즉 파편화와 멸절의 공포라고 제안했는데, 이것은 집단을 통해서 자기감을 회복하고자 하는 노력인, 집단분석을 위한 흥미로운 기초가 된다. 그것은 또한 집단 상담가는 그와 같은 깊은 불안을 극복하도록 집단을 도와야 한다는 사실을 가리킨다. 건트립은 대상관계 분야의 이론들을 종합해냈으며, 정신분석 이론이 기제와 생물학주의로부터 벗어나 휴머니즘을 향한 방향으로 나아가야 한다는 근본적인 변화의 필요성을 주창했다. 그는 인격은 하나의 내재화된 집단이요, 대상관계와 집단 관계는 직접적으로 평행을 이룬다는 점을 명료하게 밝혔다. 이것은 사회조직의 체계들은 내재화된 대상관계의 투사라는 밀러와 라이스(Miller and Rice, 1967)의 명제와도 같다.

마지막으로, 발린트는 일차적 자기애가 아닌 일차적 사랑이 존재하며, 유아와 대상은 최초의 합일 상태 안에서 존재한다고 주장했다. 이런 노력들을 통해서 자기-중심적인 자아의 개념은 점진적으로 그 관심을 대상을 포함하기에 이르렀고, 마침내 근본적인 유대가 존재한다는 가정에 의해 대체될 수밖에 없었다. 발린트의 견해는 자기가 집단 모체로부터 점차로 분화되는 것이 아니라는 원리와 일치한다. 자기와 대상이 일차적으로 융합되어 있다는 발린트의 개념을 다음 장에서 논의될 코헛의 자기애적 자기-대상과 비교하는 것은 흥미로운 일일 것이다.

## 작업 원리

개인과 집단을 모두 포함하는 하나의 통합된 심리학을 위한 몇 가지 구성적 개념들을 요약하면 다음과 같다.

1. '편집-분열적 자리와 우울적 자리의 원시적인 불안에 대한 탐구는 집단의 동기와 응집성에 관한 중요한 가설을 이끌어냈다.' 즉, 집단의 발달을 지도자가 아버지 인물로 상징화되는 오이디푸스 콤플렉스의 재연으로 개념화한 프로이트의 이론을 뛰어넘어, 집단 모체를 위로자인 동시에 자기의 온전성을 위협하는 요소인 모성적 대상과, 분리, 상실, 공격성 등이 그 안에서 다루어지는 환경으로 구성된 것으로 보는 것이 가능해졌다. 새로 시작된 집단에 가입하는 것은 불안을 불러일으키며, 이 불안은 기본적인 가정을 통해서 퇴행적으로 방어된다. 시간이 지나면서, 지도자를 향한 양가감정(우울적)에 대한 인내가 증가되고, 애도과정으로 나아가게 된다. 이 점에서, '집단의 발달은 부분 대상이 전체 대상으로 점진적으로 통합되는 과정뿐만 아니라, 관심이 자기에게서 대상으로 전환되는 과정을 포함하고 있다.'

2. '투사적 동일시는 의사소통 과정과 내적 정신과정을 외부대상과 구조 안에 담아주는 역할을 한다는 측면에서 개념화되었고, 집단은 불편하고 흥분된 내적 상태 모두를 담아주는 어머니

의 기능을 충족시키는 역할을 수행한다는 측면에서 개념화되었다.' 전체로서의-집단은 그 구조와 기능에 있어서 구성원의 내적 대상과 환상을 담아주고 확인시켜주는 잠재력을 갖고 있다. 집단 내에서 투사는 전체 집단 환경에 대해 이루어지는 것으로 볼 수 있다. 그리고 집단의 정신적 표상(인지적 지도; 삶의 공간) 개념과 풀크스의 자리 이동(transposition) 개념은 투사적 동일시 개념을 집단의 다양한 측면들로 수평적으로 확대시킨 것으로 볼 수 있다. 그때 내적 대상들은 외재화를 통해서 상실되거나 거부된다는 점에서, 집단 안에서 이루어지는 일은 집단 모체를 창조하는 데 사용되었던 자기와 대상의 요소들을 되찾아 자신의 것으로 만드는 것이라고 볼 수 있다. 집단을 형성하고 그것을 이상화하고 보호함에 있어서 공통된 주제인 희생과 재생은 자기 자신의 요소를 집단에 내어주는 것과, 그 집단과의 동일시를 통한 자기의 탄생과 관련되어 있다.

3. 미분화된 모체로부터 집단이 생성되는 과정은 그것이 주관성과 객관성, 공상과 현실 모두를 포함하는 중간적 성질을 갖는다는 측면에서 이해될 수 있다. '자기와 집단의 구조들은 중간 현상들이 발생하는 중간 영역 안에서 정의된다. 집단은 그것의 의사소통들이 하나의 통일된 게슈탈트 안으로 형태 지어지는 중간 공간을 통해서 공동의 긴장, 초점적인 갈등 그리고/또는 분위기를 생성해낸다.' 여기에서 집단의 의사소통은 세 개의 영역으로 구성되는데, 그것들은 각 구성원의 내적 세계, 중간적 신화와 상징체계, 그리고 실제 상황과 문화적 조건들로 구성된 집단으로서의-집단이다.

4. 대상관계 이론은 '다른 체계들의 맥락들 사이에 '기능적인 유사성' (형식적-구조적 수준에서)이 존재한다고 가정한다. 따라서 동일한 추상적 모델이 자주 다른 영역이나 학문분야의 맥락에

적용될 수 있다'(Kissen, 1980, 31쪽). 인격은 대인관계의 발달과정에서 얻어진 내적 대상들의 안정된 형태이고, 하나의 내적 집단이다. '집단의 정체성과 구조가 개인들 사이의 의사소통의 결과인 것과 마찬가지로, 한 개인의 고유한 정체성은 다중적인 자기표상들과 대상표상들이 점차적으로 통합되어 얻어진 결과이다.'

5. 마지막으로, 페어베언의 대상-추구 가설과 발린트의 일차적 사랑 가설에 의해 수행된 욕동 이론에 대한 도전은 집단 이론을 위한 중요한 함축들을 갖고 있다. 집단의 패러다임은 생존 욕구의 충족을 추구하는 군중에서 대상과의 접촉과 의미를 찾는 집단적인 추구로 바뀌었다. 예컨대, 리키와 레빈(Leaky and Lewin, 1977, 203-205쪽)은 식인행위는 본능에 기원을 가진 것이 아니라, 문화적 연속성을 유지하고자 하는 시도라는 입장을 견지했다. 레비-스트라우스의 인류학은 이 견해와 조화를 이룬다. 왜냐하면 그는 '원시적인 상징들과 신화의 주제들이 단순히 본능이 억압된 결과라기보다는 오히려 사회구조로부터 파생된 것으로 간주하기 때문이다. 그것은 이것이냐/저것이냐의 문제, 곧 문화적인가 본능적인가, 대상인가 욕동인가, 자기애인가 대상관계인가의 문제가 아니다. 그보다 그것은 문제 현상을 이해함에 있어서 중심적인 것이 무엇인가의 문제이다. 욕동의 본질에 대한 이해는 대상관계의 온전한 이해를 위해서 필요하다. 그러나 '대상관계 이론 대 욕동이론에 대한 정확한 견해가 말하고 있는 것은, 이 두 가지 모두가 처음부터 결정적으로 중요한 것'이라는 사실이 점점 더 분명해진다. 이러한 이론적 전환에 대해 로우왈드(Loewald, 1971)는 다음과 같이 말한다.

> … 대상은 본능 안에 있는 본래적 요소인 것 못지않게 본능의 압력, 목적, 또는 원천이다(120쪽) … 이 점에서, 만약

> 어머니에 의한 외부 자극이 본능의 형성에 영향을 미친다면, 신체적 본능으로 표상되는 자극이 '내적인' 또는 유기체적인 자극으로 제한될 수 있다는 생각에 의문을 제기할 수 있을 것이다(122쪽). … 문제는, 어떻게 나중에 주체로부터 대상으로 구별되는 이것이 정신이 발달하는 과정에서 본능으로부터 구별되는가이다(126쪽).

로우왈드는 대상관계 이론가는 아니지만, 다음과 같이 주장했다. 본능과 대상 사이, 그리고 동기(motivation)를 구성하는 생물학적인 요소와 환경적인 요소 사이에 존재하는 차이는 생득적으로 주어진 것이 아니라, 발달과정에서 형성된 심리사회적 경계라는 것이다. 이 주장은 멜라니 클라인, 페어베언, 위니캇, 발린트, 그리고 건트립이 공유하고 있는 견해를 요약해준다. 정신분석학적 집단심리학의 기초가 되는 것은 내적 대상들과 집단 구조 사이의 관계이다. 이 관계는 최초의 미분화된 상태로부터 자기와 대상 사이, 그리고 내부와 외부 사이에 경계가 안정되고 확실해지는 상태로 나아가는 움직임으로 표현될 수 있다. 이 움직임은 결코 완전한 것일 수 없지만, 유아와 어머니, 개인과 환경의 공생적 하나됨의 상태에서 볼 수 있는 것과 같은, 상호침투적인 조화로운 혼합이라는 원래적 성질을 보유하고 있는 과정이다.

## 제 4 장

# 자아와 자기, 그리고 동일시

만약 우리가 발달이론을 산으로, 그리고 정신분석을 그 산을 관통하는 터널로 상상한다면, 그 터널을 파는 일은 대상과 '나' 또는 자아의 둘 중의 하나를 기점으로 삼아야 할 것이다. 이 둘은 마침내 함께 만나게 될 가능성이 높다. 그 둘은 동일시와 대상관계의 내재화라는 프로이트의 개념을 시작으로 정신분석 역사 안에서 실제로 여러 번이나 만난 적이 있다. 자아에 관한 최초 논문들 중의 하나가 프로이트의 '집단심리학과 자아의 분석'이었다는 것은 결코 우연이 아니다.

이 장에서 우리는 자아심리학, 자기심리학, 그리고 분리-개별화 단계를 포함하는 발달과정을 집단심리학의 맥락 안에서 검토할 것이다.

자아심리학은 프로이트의 마음에 관한 구조적 모델, 즉 이드, 자아, 초자아의 삼중구조 이론을 정교화한 것이다. 프로이트(1922)는 점진적으로 자아를 그의 이론의 중심에 두었으며, 그 자아가 신호불안, 방어, 갈등 해소, 그리고 현실검증 등의 다중적인 기능들을 수행한다고 보았다. 자아의 의미는 부분적으로 주관적이고 경험적인 '나'에서 의식과 무의식 요소를 모두 갖고 있는 조정체계와 구조로 전환되었다. 그린커(Grinker)가 주목하듯이(Gedo and Goldberg, 1972, 7쪽), 이 변화는 명료하게 인식되지 않았기 때문에 정신분석 안에서 자아와 자기라는 용어사용에 혼돈을 가져왔다. 페던(Federn, 1926-1952)과 안나 프로이트(1936, 1965)는 이 방향의 연구를 더욱 진전시켰다. 페던은 자기와 대상 사이를 구별하는 자아 경계에 대한 연구를 통해서, 그리고 안나 프로이트는 방어기제에 대한 연구와 발달심리학 이론을 통해서 이 분야의 연구에 공헌을 했다.

하트만(1964)이 자아심리학을 하나의 학문분야로 확립한 이래, 이 분야는 많은 학자들의 연구에 의해 세분화되고 확대되었다. 그는 자아 안에 자율적이고 갈등 없는 기능의 영역을 상정했는데(100-8쪽), 이것은 발달과정에 대한 새로운 연구를 가능케 했다. 자아 안에 갈등 없는 영역이 있다는 말의 의미는 이드와 초자아 사이의 갈등으로부터 독립된 행동과 생각의 영역이 있다는 것이다. 스핏쯔(1959, 1965)와 말러(1979)의 유아발달 연구는 하트만의 이론에 크게 의존하고 있으며, 에릭슨(1950, 1959)의 문화 및 정체성과 인생주기에 대한 연구도 하트만의 영향 하에서 이루어졌다. 제이콥슨의 우울증(1971) 및 자아발달(1964)에 관한 견해는 자아심리학을 대상관계 이론과 통합시킨 결과이며, 컨버그의 자기애적 병리와 경계선 병리에 대한 진술은 다른 대상관계 이론가들 외에도 제이콥슨에게 큰 빚을 지고 있다(1979).

좀 더 최근에, 자기애와 자기에 관한 코헛의 선구자적 연구와 관련해서 개념적인 혼동이 있었다. 코헛은 자기(self)가 심리내적 갈등과는 독립된 발달적 흐름을 따른다고 보았는데, 이는 그가 하트만에게 빚을 지고 있음을 말해준다. 그러나 코헛이 말하는 자기는 하트만이 말하는 자율적인 자아 기구와는 다른 것이다. 코헛은 의도적으로 자기에 대한 정의를 내리지 않았는데, 그로 인해 그의 견해를 다른 학자들의 견해와 비교하는 것은 쉽지 않은 일이 되었다.

## 자아와 자아 경계에 대한 새로운 견해

집단과 관련해서 자아의 중요성은 세 가지 측면에서 이해될 수 있다. (1) 자아는 지각기관을 포함하는 마음의 일부분이며, 외부 현실과 접촉되어 있다. (2) 그것은 대체로 내재화 과정을 통해서, 즉 중요한 타자들, 대상 표상들, 그리고 그것들의 역할들을 자기 이미지의 기능적 도식 안으로 동화시키는 것을 통해서 발달한다. (3) 자아는 감독하고 결정하는 실행 기능을 갖는다. 따라서 집단과의 상호작용에서 자아는 그것의 활동들을 외부세계와 연결시켜준다. 이때 외부 세계는 자아가 지각하는 세계인 동시에 초기 상호작용과 가족경험(물론 이드의 환상들에 의해 수정되는)의 내적표상들에 의해 영향을 받는 세계이다. 심리내적 요소들을 활성화시킬 것인지, 집단에의 접근을 허용할 것인지, 그리고 그 뒤에 따라오는 피드백에 관하여 무엇을 할 것인지 등에 대한 결정은 모두 문지기 기능과 방어 기능 그리고 결정을 내리는 기능을 수행하는 자아의 영역에 속한다.

여러 가닥의 역사적 발달들을 압축한다면, 정신분석의 역사 안에서 세 번에 걸친 자아 개념의 주요한 전환들이 있었던 것으로 보인다. 첫째, 초기에 정신의 의식적 부분과 같은 것으로 여겨졌던 자아는 기능들과 과정들(방어와 동일시, 인지 등)로 구성된 하나의 체계로 인식되었다. 둘째, 이 체계로서의 자아의 구조와 조직은 어떤 특정한 행동이나 외상적인 사건들에 의해 영향을 받을 뿐만 아니라 시-공간적 영역에 영향을 끼치는 생물학적 및 환경적인 힘에 의해 정해진 시간표를 따라 후성설적인 발달을 거치는 것으로 인식되었다. 특히 스핏쯔와 에릭슨은 본격적으로 발생학(embryology)을 작업모델로 삼아 자아발달 이론을 정립했다. 자아 영역에 속한 속성들과 집단의 영역 및 집단의 삶의 공간에 속한 속성들은 상당 정도로 겹친다는 점에서, 집단의 발달은 발생학의 관점에서 그리고 자아과정들과 집단으로서의-집단 과정들 사이의 상호작용의 관점에서 고려될 수 있었다. 이 관점은 특히 슬레이터(Slater, 1966)와 기바드(Gibbard, 1974)의 연구에서 잘 예증되고 있다. 셋째, '대상의 그림자가 자아 위에 드리우는 것'(프로이트, 1917)과 마찬가지로(그러한 생각은 대상관계 이론의 발달로 인도했는데), 자기와 정체성의 그림자가 출현하기 시작했다. 즉, 문화와 삶의 전체 주기와의 관련에서 전체 인격을 위한 통합 기능을 지닌 보다 높은 수준의 체계인 자기가 등장한 것이다. 풀크스(1964, 180쪽)에 따르면, 이 통합은 개인을 문화와의 작업연대로 인도하고, 초기에 경험한 인상들과 반영과정들을 보여주는, 초개인적(transpersonal)인 것이다.

집단 모체와 상호적으로 관련된 자아의 하위체계들은 자아 경계, 동일시, 구조화 등이다. 이제 우리는 이러한 개념들을 하나씩 정의하고 그것들이 집단 역동에 어떤 의미를 갖는지를 보여줄 것이다.

## 자아 경계와 집단 경계

페던에 따르면(1926-1952), 자아는 보통은 인식하고 있지 않은 그러나 잠에서 깨어나거나 또는 잠이 드는 중간 지점과 같은, 특정 상황에서는 의식이 가능한 하나의 경계에 의해서 수면과 비수면 상태, 현실과 공상, 자기와 외부세계를 구분한다. 우름저(Wurmser 1978, 248-53쪽)는 집단의 삶에서 자아 경계가 갖는 중요성을 강조하기 위해 헤라클리투스를 인용한다. '깨어 있는 사람들은 하나의 공통된 세계를 갖고 있다. 하지만 잠을 자고 있는 사람들은 사적인 세계만을 갖는다.'

따라서 깨어나는 것과 동시에 전체로서의-집단이 확립된다는 점에서, 집단의 경계는 프리드만(Friedmann, 1974, 30쪽)이 제안하듯이 자아 경계가 여러 자아들의 공통 경계로 확장된 것이라고 할 수 있다. 이 패러다임이 지닌 원리는 집단은 하나의 의식 상태이며, 그 의식 상태 안에서 자아 경계는 선택적인 투과를 허용함으로써 공통성이라는 보다 큰 인식을 갖게 한다는 것이다. 이것은 비온이 말하는 "원 정신"(protomental) 효과와 풀크스가 말하는 응결기(condenser) 또는 반향 현상(resonance phenomena) 개념들과 같은 것으로서, 집단을 사람의 표면을 둘러싸고 있는 피부 경계와 유사한 것으로 보고 있다. 그것은 집단 환경 안에 있는 것에게 열린 경계를 준다. 집단 구성원이 집단과 동일시한 상태에서 집단에 관해 말하기 시작할 때, 그는 경계에서 발생한 변화에 대한 현상학적 통각에 내해 말하고 있는 것이다. 이것은 또한 집단이 응집력을 갖게 되는 심리적 기초이기도 하다. 이 기초위에서 다수는 하나를 이룬다. 따라서 집단의 경계는 자아 경계가 투사 또는 확장된 것이다.

자아 경계는 자기의 안과 밖에 있는 것의 대비 효과인 동시에 개인과 환경 사이에서 일어나는 교류과정을 허용하기 위해 선택적으로 열기도 하고 닫기도 하는 하나의 기능적 하위체계이다 (Miller and Rice, 1967, 52-5쪽). 이 자아 경계는 집단 모체 안에서 개인이 중심점으로서의 위치를 갖게 한다. 정신증적 집단이나 혼돈된 가족들에서 볼 수 있듯이, 융합 상태에서 우리가 관찰할 수 있는 것은 이 중심점 또는 자기 규정적 특질의 결핍이다. 그러한 집단은 실제로 누가 누구에게 말하는가와 같은 개별화된 의사소통이 없는, 조직화되지 않은 전체적인 덩어리로 퇴화한다. 따라서 자아 경계는 일종의 삼투막(a semipermeable membrane)과 필터를 형성하여 상황에 따라 열기도 하고 닫기도 하는 기능을 갖는다. 페던이 지적하듯이, 대양적 일치감, 불안, 편집증적 감정 등은 경계의 삼투성에 따른 결과이며, 따라서 그것들은 자아 경계의 상태를 나타내는 지표들이 된다.

> 하나의 예를 든다면, 실제로 일시적인 정신증을 앓고 있는 한 여성 경계선 환자가 집단치료 모임에 도착하기 약 한 시간 전에 향정신성 약을 먹었다. 그녀의 철수되고 원시적인 의사소통을 들으면서 그녀의 상태에 대해 깨닫기 시작한 집단은 공황 불안과 그것의 전염효과를 경험했다. 일시적인 분별의 상실이 발생하면서, 구성원들은 서로에게 말하기를 중단하고 자기 자신들의 경계를 확인하기 시작했다(지금 어떻게 되고 있는 거야? 나는 접촉을 상실하고 있어, 어떻게 해야 되지? 그녀한테 떠나라고 해야 하는 것 아닌가?). 치료자는 그 상황을 집단의 관리를 위한 요청으로 받아들이는 것으로 이 공황상태에 반응했다. 현실검증이 위기 개입을 위한 방법으로 사용되었고, 무엇이 발생하고 있는지를 집단이 통제할 수 있게 됨으로써, 집단은 마약을

먹은 구성원을 위해 지지적이 되었고, 다시금 정상적인 의사소통 유형과 문제해결 방식으로 돌아갈 수 있었다. 그들은 그 환자가 면담시간이 끝날 때까지 집단에 머무르도록 허용하기로 결정했지만, 앞으로는 마약을 한 상태에서 집단에 올 수 없다는 규칙을 확립했다. 즉, 그들은 융합에 대한 그들의 불안을, 한계(집단 내부의 경계)와 적극적인 요구사항들(그들 자신들을 개인들로 재확립하는)을 설정함으로써 관리했다. 이 사건은 집단의 전염효과가 직접적으로 관찰될 수 있는 상황에서 일시적인 자아 경계의 장애가 어떤 모습으로 나타나는지를 보여준다.

비록 집단 내에서 자아 경계가 범람하는 상황이 위의 예에서처럼 병리적으로 발전하는 경우는 드문 일이지만, 분명히 개인의 자아 안에서 일어나는 그런 변화들은 집단의 발달과 관련되어 있다. 우리는 융합과 분화의 정도를 반영하는 정서들과 의사소통들을 토대로 집단의 자아 상태에 관해 추정할 수 있다.

자아 경계는 바깥으로는 집단을 향해 있고 안으로는 자기를 향해 있다. 그것은 자기 체계와 집단 체계라는 양면을 접하고 있는 교류적 구조이다. 집단 경계 그 자체가 자아 경계는 아니며, 집단의 필요(예를 들면, 한 조직체의 하부집단이나 부서들은 지리적인 그리고 위상적인 경계들을 갖는다)에 의해서 보다 높은 질서를 지닌 독립적인 구조를 갖게 되지만, 동일시와 투사의 과정들은 그 둘이 상징적으로 동등하다는 느낌을 만들어낸다. 집단 구조를 유지하는 데 사용되는 구성원들의 리비도 투자의 정도를 결정하는 것은 자아 경계의 기능이다. 집단 안에서 자아 경계가 안정적일 때, 구성원들은 집단 발달의 초기 단계에서 나타나는, 자아 경계가 다시 융합되는 상태일 때 그럴 수 있는 것보다 훨씬 더 커다란 다양성을 용납할 수 있다. 따라서 자아 경계는 환상 안에서와 실제 행동에서 한계의 해제, 변화, 그리고 집단의 삶에서 만나는 장애물 등과 동등시된다. 그러므로 집단 관계 컨퍼런스에 참여한 하부집단들 사이의 상호작용에서 그리고 그 모임의 주변이나 막후에서 퇴행적 행동들이 관찰되는 것은 예외적인 것이 아니다. 집단 경계가 침범 당할 때, 거기에는 다양한 불안감들과 내적 갈등들이 발생한다.

요약하자면, 자아 경계는 내부 또는 자기 경험과 외부 집단 또는 세계 사이를 구별하는 자아의 하위체계이다. 개인적 삶으로부터 집단의 삶으로 가는 움직임은 자아 경계가 닫힌 상태에서 열린 상태로 옮겨가는 변화의 표현이며 그 원인이다. 그것의 단순성에도 불구하고, 자아 경계는 대인관계적 기능들의 많은 영역들과 접촉되어 있으며, 그 결과 집단 모체를 구성하는 다중적 체계들과의 연결을 도울 수 있게 된다.

## 자아 동일시와 내재화

집단치료가들은 집단 구성원들 간에서 그리고 그들과 집단 사이에서 발생하는 동일시에 대해서 잘 알고 있다. 이것은 집단의 발달에서 중심적인 부분을 차지한다. 그러한 동일시들은 관찰되거나 상상된 유사성들, 공통의 목표들, 그리고 공감 등의 토대 위에서 이루어진다. 응집력 있는 집단의 형성은 대체로 상호 동일시의 결과물이다. 프로이트는 동일시가 개인들이 집단을 형성하는 토대임을 인식했으며, 이것에 포함된 몇몇 무의식적이고 전이적인 기제들을 정의하고자 시도했다.

대상관계 이론가들 특히 멜라니 클라인은 투사적/내사적 기제들을 최초의 동일시의 양태라고 보았다. 프로이트는 자아 안에 있는 대상의 운명에 대한 부가적인 고찰을 제공했다. 그는 미래의 정신분석 연구를 위한 방향으로서 대상관계와 자아발달 사이의 연결 문제를 제시한 셈이다. 이 변화들은 내재화와 구조화라는 서로 맞물린 두 개의 과정을 포함한다.

내재화는 대상이 자아의 일부가 되고, 중요한 타자들의 행동유형이 모방되고 역할 모델이 되는, 또는 개인의 행동을 위한 저장물의 일부가 되는 방식들로 구성되어 있다. 하트만(1958)은 내재화를 유기체가 그것의 환경으로부터 증가된 독립성과 자율성을 성취하는 수단이라고 정의했다. 그 결과, 본래 외부 세계와의 관련에서 발생한 반응들은 점점 더 유기체의 내면으로 옮겨진다(40쪽). 칸저(Kanzer 1979, 319쪽)는 이것을 처음에 외부적 통제에 의존했던 유기체가 내적 구조를 갖게 됨으로써 스스로 조정자가 되는 과정으로 보았다. 발달과정에서 예를 찾는다면, 아이가 음식을 먹고 자신의 몸을 가꾸는 능력을 들 수 있다. 집단 안에서 지도자의 기능은 내재화되어 새로운 환경과 상황에서 사용될 수 있다. 집단 안에서 내재화의 문제는, 대상관계는 심리내적 역할관계라고 보는 샌들러 부부(Sandler and Sandler)의 견해와 관련되어 있다. 즉, 대인관계에 가장 직접적인 관련성을 지닌 내재화 과정들은 사회적 맥락 안에서 외적 대상들에 반응하는 소질(predisposition) 또는 결합가(valence)를 세우는 것이다. 내재화는 대상관계 안에서 발생한 구조적 변화들에 의해서 사회적 맥락 안에서 개인에게 더 많은 자율성을 부여하는 일종의 학습과정이다. 이 과정에서 그 구조적 변화들은 자아체계의 기능적인 부분들이 된다(Meissner, 1980b).

셰이퍼(Schafer, 1972, 412쪽)는 내재화는 대상들을 몸 안으로 들이는 환상(합입 환상)에 의해 충분히 설명될 수 있다고 주장한다. 정신분석 이론에서 내재화라는 이 은유의 필요성이 분명하게 확립된 적이 없다는 사실을 감안할 때, 체계적인 이론화를 위해 이 용어가 만족스럽지 못하다는 사실은 더욱 분명해진다(434쪽). 셰이퍼에게 있어서, 타자들의 행동을 개인이 동화해내는 것은 서술적인 수준에서 이해될 수 있으며 내재화와 같은 유사 공간적 구성물을 필요로 하지 않는다. 그러나 그가 간과하고 있는 것은 내재화가 몸 바깥에서 몸 안으로 이동하는 것뿐만 아니라(그가 합입 환상으로 정확하게 보고 있듯이), 대상관계의 구조와 기능의 변화에 대해서 말하고 있다는 사실이다.

내재화 기제는 프로이트가 애도와 멜랑콜리아(1917)에서 서술했듯이, 자아가 애도라는 신진대사 과정을 통하여 문자적으로 내사된 대상을 새롭게 만들어내는 역동적인 과정이다. 우울증에서 내재화는 외상적 상실 또는 대상으로부터의 분리에 대한 하나의 특수한 반응으로서, 이 과정을 통해서 자아는 상실한 대상을 합입하고, 자기 안에서 그것을 징벌하며, 그 대상을 자아 이상의 일부(구조)로 변형시킨다. 대상이 구조로 변화하는 것이 곧 내재화이다. 이것이 자아심리학이 대상관계 이론에 대하여 그리고 내사와 동일시의 본질에 대하여 공헌한 중요한 부가물이다. 개인이나 집단은 역할 모델을 받아들이고 행동들(부모 또는 집단의 지도자의)을 모방할 수 있으며, 그 대상을 자아 또는 초자아 안으로 내재화하는 일 없이도 내사적 환상들을 가질 수 있다. 예컨대, 반사회적 환자 집단이나 경계선 환자 집단의 구성원들은 자신들의 행동을 치료자나 지도자에게 맞출 수는 있지만, 분리를 감당할 수 있게 해주는 필수적인 자아기능들을 동화해낼 수는 없다.

내재화는 외적 대상관계들, 집단, 지도력 등의 체계들에서 자아와 초자아로 바뀌는 항구성을 지닌 위계적 변화다. 집단 규범에 대한 일시적인 적응을 넘어서 항구적인 변화를 목표로 하는 상담가나 치료자는 이 내재화의 역동에 커다란 흥미를 가질 수밖에 없다. 그러나 모방, 역할-따라하기, 내사, 또는 동일시 등을 그 자체로서 내재화로 간주해서는 안 된다는 셰이퍼의 경고는 옳은 것으로 보인다.

마이쓰너는 실제 외적 대상은 내적 환상 대상들 및 그것들의 표상들과 조화를 이루어 지각된다고 덧붙인다(1980b).

> 외부 대상들과의 관계는 내적 대상들의 특징들을 확인하거나 인식하기 위해 사용되는 것을 통해 수정될 것이다. 자아는 어떤 점에서 내적 대상들의 역할을 충족시키거나 그 역할을 떠맡길 수 있는 잠재적 대상들을 외부 세계에서 찾고 있다고 말할 수 있다(238쪽).

내재화된 것은 궁극적으로 외부 대상과 무의식적 환상 또는 표상 사이의 상호작용의 결과물이다. 내재화는 내적 경험과 집단 경험 사이의 불협화음을 줄이기 위하여 역할들을 충족시키거나 떠맡기기 위한 조사 과정이라는 마이쓰너의 진술은 집단 상황에서의 전이와 저항의 특질을 잘 포착하고 있다.

## 발달과정으로서의 구조화

자아심리학은, 특히 스핏쯔(1959)와 에릭슨(1950)의 발달단계에 대한 연구는 정신구조는 생물학과 환경의 상호작용에 의한 시간표를 따라 후성설적으로 출현한다고 제안한다. 심리내적 갈등은 이드, 자아, 그리고 초자아가 충분히 조직화되고, 자아의 주된 과제가 이드 욕동들의 요구들을 관리하는 것일 때에만, 그리고 자아가 초자아 안에 내재화된 양심과 맞설 수 있을 때에만 발생할 수 있다. 어떤 정신분석가들은 모든 작업을 내적 갈등의 삼중적 모델에 기초해서 수행한다. 그러나 자아심리학의 입장은 이 구조들이 발달의 절정을 이루고 있는 것이지 발달의 시작이 아니라는 것이다. 그러므로 어떤 심리적 과정들은 심리내적 갈등으로 이해되어서는 안 되며, 원시적 그리고 자기애적 구조들의 측면에서, 즉 초기 정신 조직과 돌보는 대상과의 관계 측면에서 해석되어야 한다는 것이다.

삼중 모델에 기초한 집단 이론들은 집단 형성에 있어서 심리적 대리자들의 영향과 갈등의 영향을 강조한다. 이들은 초자아 구조가 지도자와 집단 모체로 외재화된다고 가정한다. 집단은 궁극적으로 법, 죄책감, 그리고 복구의 형태로 초자아 구조를 반영하는 규범들과 제도들을 발달시킬 것이라는 진술에는 약간의 진실이 담겨 있다. 그러나 초기 집단 형성에서 대대적인 퇴행은 탈구조화를 산출하고, 그 결과 튼튼한 초자아의 결핍과 유아적 욕동들의 재출현이 발생한다. 프로이트는 르봉(Le Bon)의 연구를 인용하여 집단 내에서 발생하는 심리구조의 퇴화를 다음과 같이 서술했다(1921, 72쪽).

> 그러나 여기에 집단 안의 개인에 대한 이해를 돕는 또 하나의 중요한 고려사항이 있다[르봉을 인용하면서]: 개인은 그가 집단의 일원이 된다는 사실 자체로 인해 문명의 사다리를 여러 계단이나 내려간다. 개인을 떼어놓고 본다면, 그는 문명화된 개인일 수 있다. 그러나 집단 안에서 그는 야만인, 즉 본능에 의해 행동하는 동물이다 … 집단은 충동적이고, 변덕스러우며, 촉발적이다. 그것은 거의 배타적으로 무의식에 의해서 움직여진다. 그것에 대해서는 아무 것

> 도 미리 계획할 수 없고 … 그것은 참을 줄을 모른다. 그것은 욕망 하는 것과 그 욕망의 성취 사이의 어떤 지체도 용납하지 못한다. 그것은 전능감을 가지고 있기 때문에 집단 안의 개인에게는 불가능이라는 개념이 없다. 집단은 다른 사람들의 말을 극히 잘 믿으며 그들의 영향에 열려있다. 그것은 비판적 능력이 없다 … 그것은 이미지들을 통해서 생각하며, 그 이미지들이 현실과 일치하는가의 문제는 합리적인 사고능력에 의해 판단되지 않는다.

퇴행한 집단인 군중 또는 대중으로서의 집단은 초자아를, 또는 심지어 자아를 갖고 있지 않다. 그것은 리비도의 퇴행만이 아니라 사고과정의 퇴행도 겪는다. 프로이트에 따르면, 집단은 욕구충족의 지체를 참지 못하며, 사고과정은 이미지들을 통해서(일차과정) 이루어진다. 이런 집단 안에서는 정신구조 자체가 해체되기 때문에 현실에 대한 지각, 갈등과 양심 같은 것들은 아동발달에서와 마찬가지로 점진적으로만 출현한다. 따라서 삼중 모델과 심리내적 갈등은 퇴행적인 집단의 형성을 설명하는 데는 적절한 개념들이 아니다.

그런 상황에서 정신구조는 심각한 분열과정을 거치며, 그 과정에서 원시적 환상의 요소들이 집단 체계의 의식-담는 그릇(consciousness-container)안으로 범람해 들어온다. 이것은 지도력을 전적인 좋음 또는 전적인 나쁨을 지닌 존재로 상징적으로 동등시하는 모습에서 흔히 드러난다. 보다 진전되고 정교화된 구조들과 그 기능들은 의식의 다른 영역 안에서 고립된다. 이것은 특정 구성원들이 상실한 집단의 자아와 합리성을 담아주는 그릇이 되는 현상에서 확인할 수 있다.

집단의 발달이론은 집단의 발달단계들에 내포된 갈등의 주제들뿐만 아니라 각 단계에서의 구조화의 정도와 종류에 대해서도 명료한 설명을 필요로 한다. 예컨대, '집단의 공통 긴장' (Ezriel, 1950)과 '집단의 초점적 갈등' (Whitaker and Lieberman, 1964) 등의 개념들은 정신분석이 완성된 구조화 이론을 제시하기 전에 진술된 것들이다. 그러므로 집단심리학의 과제 중의 하나는 그것의 이론적 틀 안에 구조화에 대한 고려를 포함시키는 일이다. 새러베이(Saravay, 1978)는 다음과 같이 말한다.

> 집단이 형성되는 동안에 출현하는 구강-의존 단계는 집단 안에서 발생하는 자아와 초자아 구조의 퇴행에 의해 설명될 수 있다. 지도자가 각 단계의 전이들을 해석하는 것을 통해서 구성원들의 자아와 초자아 구조의 재분화를 산출하는 동일시들이 발생한다. 개개의 구조적 진전은 이 구조들을 통해 조절되는 본능적 전이에서 상응하는 진전을 가져온다(505쪽).

정신분석 역사 안에서, 정신구조의 발달에 관한 이론과 관련된 몇몇 중요한 진전이 있었다. 코헛(1971)은 자기애적 구조로서의 자아 이상의 발달을 강조했고, 맥데빗(McDevitt, 1979)은 어머니/아이 양자단일체의 틀 안에서 대상관계의 구조화에 관한 서술을 제공했으며, 마이쓰너(1979)는 (a) 중요한 타자들과의 관계, (b) 내적 대상들과 그것들의 표상, (c) 자기의 발달, 그리고 (d) 동일시와 내재화 등(내재화에 대한 완전한 서술을 위해 필수적인 차원들인)이 어떻게 상호관계적이고 상호침투적인지에 대한 중요한 고찰을 제공했다

컨버그(1976, 19-54쪽)는 하트만, 에릭슨, 멜라니 클라인, 그리고 다른 학자들의 이론들을 활용하여 하나의 훌륭한 구조화 모델을

제공했다. 이 모델은 구조발달의 이해를 위한 하나의 예를 제공하기 때문에 여기에서 요약할 필요가 있다. 독자들이 구조 형성에 관한 이론은 비교적 새로운 영역이며 아직도 탐구되어야 할 많은 면들을 가지고 있다는 사실을 염두에 둔다면, 이것은 유용한 것으로 판명될 것이다.

컨버그는 인간은 태어날 때 아직 구조화되지 않고 분화되지 않은 욕동과 기능의 모체를 가지고 있다는 하트만의 견해에 동의한다. 이 모체의 첫 번째 구성요소는 쾌감과 불쾌감으로 이루어져 있으며, 그 요소들의 경험을 통해서 차츰 긍정적거나 부정적인 색조를 띤 자기-대상-감정 단위들의 섬들이 생겨난다. 부정적인 정동 상태의 원시적인 축출은 초기 자아 경계를 넘나드는 투사와 내사 기제들의 출현으로 이끈다.

이 상태에서는 아직 자아라는 것이 없으며, 다만 원시적 방어기제들을 사용하는 정신 상태들의 '관리'(management)만이 있을 뿐이다. 컨버그는 자아는 자기표상들과 대상표상들 사이의 분화가 확실하게 이루어지는 것과 함께, 분열 기제를 사용하여 조직화한 내사물로부터 발달한다고 주장한다. 즉, 자아 기능 자체는 모성적 대상의 부분-속성들이 내사되는 상황에서 최초로 활성화되며, 여기에서 자기와 타자의 구별이 확립된다. 이 내사물들은 뒤이어 자아 체계로 조직화된다.

자아가 조직화된 구조로서 출현함에 따라, 자기와 대상의 긍정적 및 부정적 표상들은 자기와 대상에 대한 지각들로 통합되며, 이는 자아의 안정성과 구조의 공고성을 촉진시킨다. 이 동일시들의 기초 위에서 자아는 욕동들에 대해 억압적 세력을 행사하는 것을 통해서 하나의 독립적인 정신기구로서의 이드를 확립한다. 이와 유사하게 초자아는 부모의 요구와 금지들에 대한 더 진전된 동일시들을 통해서 생겨난다. 마침내, 자아 정체성이 출현하는 데, 이는 내재화 과정의 최고의 수준을 나타낸다. 여기에서 컨버그의 이론은 에릭슨의 개념화를 가깝게 따르고 있다. 즉, 자아 정체성이란 자아의 종합적 기능에 의해 동일시물들과 내사물들이 전체적으로 조직화된 것을 가리킨다(31쪽 이하).

컨버그의 도식은 몇 가지 중요한 특징들을 갖고 있다. 첫째, 대상관계, 방어들, 그리고 자아 기능들은 구조를 만들어내는 데 참여하며, 그리고는 다시금 그 구조에 의존한다. 이것이 의미하는 바는, 집단의 대상관계와 방어들을 서술할 때 그 집단의 구조형성의 수준을 어느 정도 추론할 수 있다는 것이다. 둘째, 구조가 생성되는 순서는 다음과 같다. (1) 미분화된 모체, (2) 자기대상-정동 단위들, (3) 분열을 통한 자기-대상의 분화(자아 경계), (4) 조직화된 자아구조 안에 형성되는 통합된 전체 대상 및 동일시, (5) 억압과 삼중적 정신기구의 발달, 그리고 (6) 정체성 형성.

컨버그의 생각은 지금까지 모호하게만 언급되어오던 집단심리학의 용어들에 커다란 의미를 부여했다. 예를 들면, 비온이 말하는 원정신적(protomental) 의사소통은 자기-대상-정동 단위들에 대한 언급이었던 것으로 간주된다. 즉, 이러한 원시적인 표현양식 안에 구조와 같은 것은 없다. 프로이트가 말하는 집단 구성원들 간의 동일시는 자아의 분화와 집단 내에서 구성원들의 역할에 대한 지각, 특히 지도자의 역할에 대한 지각을 필요로 하는 보다 진전된 발달 상태에 대한 서술이다. 집단 안에서 리비도화된 성적 주제들의 출현은 삼중적 정신기구의 조직화가 이루어지고 있으며, 억압이 지배적인 방어기제로서 사용되고 있음을 가리키는 지표일 수 있다. 이런 식으로 집단 안에서 발생하는 발달은, 새러베이가 제안하듯, 하나의 실체로서의 집단이 형성되는 과정에서 발생하는 퇴행과 함께, 상실된 정신구조의 점진적인 회복과 재공고화를 통해 이루어진다.

구조적 발달은 이전 단계의 대상관계 특징들에 대한 상실을 정서적으로 수용하는 것을 의미한다. 대상은 정신구조로 발달하기도 하고, 역방향으로 그리고 퇴행적으로 정신구조는 원시적 대상관계들로 퇴화하기도 한다. 발달 중인 집단 모체 안에서 이전 단계의 대상관계들은 내재화된다. 그러므로 전이의 해석은 지금 여기에서 이루어져야 하는데, 그것은 대상관계들이 새로운 구조적 매개체 안에서 발생하기 때문이다.

## 자기심리학

자기에 대한 정신분석학적 연구는 개념적 명료성을 갖지 못하고 있으며, 이는 특별한 문제들을 제기한다. 비록 자기에 대한 어떤 정의도 그것의 전체성과 본질을 모두 담아낼 수는 없겠지만, 자기가 인간 경험을 위한 준거점을 말한다는 점은 직관적으로나 현상학적으로나 명백한 사실이다. 그것은 주체적 나(Jacobson, 1964; Kernberg, 1975), 정체성을 거쳐 인격으로 조직된 (Lichtenstein, 1977) 비범한 구조(Gedo and Goldberg, 1973, 53-69쪽), 또는 대인관계적 체계(Sullivan, 1953) 등으로 다양하게 서술되었다. 자기를 자아의 한 측면으로 보든지 아니면 그것을 능가하는 정신기구로 보든지 상관없이, 그것은 경험의 저장소이며 인격의 근본적 차원들을 포함하는 조절체계라는 점에서 자아와 다르다. 이 근본적 차원에는 통합과 응집성이 포함되어 있다.

자기에 대한 코헛의 연구는 이론적 및 기법적인 논쟁들을 불러일으켰다. 그럼에도 불구하고 거울반응과 이상화에 대한 그의 강조는 집단 연구에 유용하다. 이것들은 정신분석학적 집단심리학에서 항상 핵심적인 개념들이었다. 풀크스의 거울반응 개념과 프로이트의 대상에 의한 자아 이상의 대체 개념은 인격의 발달적 체계로서의 자기와 관련된 집단 역동의 기본적인 원리들이다.

## 거울반응, 자기, 그리고 집단

풀크스와 앤토니(1957, 150-151쪽)는 거울반응을 집단 심리치료가 지닌 강력한 힘으로 간주한다.

> 집단 상황은 개인이 자신의 사회적, 심리적, 또는 신체 이미지 등의 다양한 측면들과 대면하는 거울로 된 방(hall of mirrors)과도 같다. 이 측면들에 대한 주의 깊은 내적 평가를 통해 개인은 점차 외적 및 객관적인 평가로부터 크게 벗어나지 않는 개인적인 자기 이미지를 성취할 수 있다. 그는 자신의 진정한 정체성을 발견할 수 있고, 그것을 과거의 정체성들과 연결시킬 수 있다.
>
> 아기의 발달과정에서, 소위 거울반응은 자기를 자기-아닌 것으로부터 구별하는 과정을 돕는다. 바깥 세계로부터 자기가 반영 받는 경험은 보다 큰 자기-의식으로 인도하고, 그럼으로써 유아의 자기애는 궁극적으로 다른 이미지들로부터 자신의 이미지를 구별하는 법을 배운다. 그러므로 거울반응은 이 일차적 자기애를 해소시키는 데 필수적인 요소이다.
>
> 만약 어떤 치료 집단의 한 구성원이 정서적으로 손상된 양육을 받았다면, 그의 유아기에 속하는 자기애의 상당 부

> 분은 그의 성인기 삶에서도 계속해서 작용할 것이라고 가정할 수 있다. 집단 안에서의 거울반응들은 이 병적 자기-준거를 상쇄하는 데 도움을 줄 수 있다. 공감과 이해, 동일시, 모방, 내부에 있는 것의 외재화와 외부에 있는 것의 내재화 등을 통해서, 개인은 처음부터 자신을 사회적 존재로서 규정하도록 이끄는 자신 안에 있는 깊은 사회적 반응들을 활성화시킨다.

개념의 모호성에도 불구하고(여기에서 자기는 자기 이미지, 정체성, 자기 의식, 동일시, 그리고 대상관계의 내재화/외재화 등과 동등시 되고 있다), 세 가지 중요한 진술이 가능하다. 첫째, 모든 집단의 한 측면은 자기 체계 안에 있는 이미지들과 표상들의 일부를 반영한다(Pines, 1982, 1984b). 둘째, 집단의 거울반응은 일차적 자기애를 보다 성숙한 형태로 조절하며(발린트는 이 자기애가 일차적인 것인지에 대해서 의문을 제기한다), 자아 경계와 자기 대상의 분화를 강화한다. 따라서 거울반응은 정신구조의 발달을 촉진시키는 요소이다. 셋째, 사회적 존재로서의 자기에 대한 정의는 프로이트가 자아의 대상과의 동일시라고 부른 것을 통해서 발생한다. 사회적 상호작용과 자기-정의는 동시에 발생하며, 따라서 본능만으로는 자기를 확고하게 세울 수 없다. 왜냐하면 자기는 다른 사람과의 의사소통을 통해서 형성되는 조직화된 실체일 뿐만 아니라, 거울반응 유형의 대상관계로부터 발달하는 것이기 때문이다.

자기에 대한 정신분석학적 관점은 여러 학파들로부터 왔다(자아심리학파, 융학파, 라캉학파, 코헛학파 등). 여기에서는 어느 한 학파의 견해에 의존하기보다는 집단 과정의 몇몇 두드러진 측면들을 부각시키기 위해 복합적인 견해를 제시하겠다.

유아는 어머니와 조화를 이루는 활동(참조. Brazelton et. al., 1979)과 상호 신호주기를 통해서 어머니의 행동에서 반영되는 자신을 본다. 이러한 상호적 행동 안에는 대상 리비도뿐만 아니라 자기애적 리비도 역시 포함된다. 다시 말해서, 그런 행동에는 어머니에 대한 애착뿐만 아니라 자기 인정, 응집성, 그리고 돌보는 이의 사랑도 투자된다. 어머니가 아이를 즐거워하는 한, 그녀는 코헛의 용어로, 자기대상이 된다. 그 자기대상의 기능은 시기적절한 발달단계에서 유아의 출현하는 과대적/전능적 자기를 반영해주고 지원해주는 것이다. 자기대상과 자기 관계의 변천과정은 과대주의가 점차로 수정되고 일련의 변형을 가져오는 내재화(transmuting internalization)를 통하여 각 발달단계에서 시기적절하고 건강한 자기애와 자존감을 확립하는 발달적인 흐름을 형성한다.

코헛은 자기의 발달에서 가장 본질적인 것은 자기의 응집성이라고 보았다. 자기의 응집성(전체성과 통합)은 공감적인 거울반응에 의해서, 즉 행동뿐 아니라 내적 상태도 마찬가지로 정확하게 반영할 수 있는 능력에 의해 촉진된다. 빗나간 거울반응은 분노, 파편화, 그리고 고갈을 수반하는 자기애적 상처로 경험된다. 초기 거울반응의 실패는 또한 자기애적 인격장애의 특징인 자기의 병리적인 분열에로 이끌 수 있다.

코헛의 관점은 집단의 일차적 기능은 자기를 반영해주는 것이라는 풀크스의 견해와 일치한다. 즉, 집단에의 참여는 공감을 통해서 (그리고 자기에 대한 보상적 과대적 평가인 전이 환상을 구성원들이 공유함으로써) 자기 응집성의 회복을 돕는다. 이 거울반응은 초기의 과대주의적/전능적 환상들에 의해 채색된 공생적 합일 상태와 상호적으로 관련되어 있다. 집단은 구성원들을 위한 자기대상이 되어 반향하고 흥분시키는 경험을 제공함으로써 구성원들의 자기들에게 에너지를 제공하고, 그 응집성을 유지시켜주는 역할을 한다.

이 거울반응은 유아적인 측면과 성숙한 측면 모두를 가지고 있다. 사람들이 집단에 참여하는 하나의 강력한 이유는 거기에서 과거에 상실한 공생적 궤도와 발달과정의 초기 연습기에 경험했던 과대주의를 다시 경험할 수 있기 때문이다. 그와 같은 유아적인 만족들은 모든 집단 구성원들에게 중심적인 요소일 수 있다. 보다 성숙한 측면에서 거울반응은 공감적 의사소통을 통하여 그리고 다른 구성원들의 삶에 분화된 참여를 통하여 자기를 회복하고 확대하는 결과를 가져다준다.

거울 전이의 세분화는 집단의 발달 수준을 확인하는 데 사용될 수 있다. 코헛은 거울반응이 세 단계를 통해서 성취된다고 보았다. (1) 과대적 자기의 확장으로서의 융합전이(가장 미미한 분화가 이루어진 원시적 수준), (2) 분화가 약간 이루어진 그러나 집단의 구성원은 아직도 자신과 집단이 기본적으로 하나라고 가정하는 제2-자아 전이(쌍둥이), (3) 집단이 기본적으로 구성원의 자기애적 에너지를 반영해주기 위해 존재하는 것으로 인식되는 좁은 의미의 거울 전이.

개인 병리와 사회 병리 모두의 측면에서, 과대주의에 대한 거울반응은 현실적인 자기의 평가에 의해서 점진적으로 수정되어야 하며, 그렇지 않으면 불가피하게 발생하는 집단과 지도자의 실패로 인해 자기애적 상처와 분노를 겪게 된다. 사회학적으로, 나치 독일의 초인 개념은 공격적이고 병리적인 과대주의와 전능감의 집단적 표상이었다. 남자 지배주의(전능감과 남자됨의 융합), 양성애, 독재, 다중 성도착, 그리고 마약 및 알코올 중독 등은 과대주의의 다른 문화적 증상들로서, 이는 문화가 거울반응의 기능에 실패함으로써 유행병적인 행동화, 발달적 고착, 그리고 지도자로서의 책임성의 몰수를 결과로 가져왔음을 말해준다(Lasch, 1978). 만(Mann)의 베니스에서의 죽음과 같은 문학작품은 문화 안에서 거울반응의 실패를 다루는 것일 수 있다. 그의 작품은 실패한 문화 상황 안에서 자기의 공허와 고갈에 관한 탐구를, 그리고 이상화된 젊은 애정대상과의 자기애적이고 동성애적인 동일시를 추구하는 모습을 보여주고 있다.

코헛의 이론에 따르면, 집단 모체는 자기 체계의 불완전하고, 파편화된, 그리고/또는 고갈된 부분에 대한 반영과 확장 모두를 위해 기여한다. 그 자기 체계는 집단 상황 자체에 의해 위협받거나 또는 예컨대, 어머니/유아 양자단일체가 충분한 지원을 받지 못하는 것과 같은 결함 있는 문화적 상황에 의해 위협받는다(참조. Fraiberg, 1977). 이 견해에 의하면, 집단은 외재화된 대상관계(페어베언의 입장)라기보다는 거울 전이가 전개되도록 허용함으로써 구성원에게 어느 정도 공감과 양육을 제공하는 잠재적 환경 또는 장으로 간주된다. 코헛에 따르면, 거울 전이의 발생은 자기의 성장을 증진시키기 위한 필수적인 요소이다. 흥미롭게도, 로저스학파의 상담기법, 금주운동 집단(Alcoholic Anonymous group), 버지니아 사티어의 가족치료 방법 등은 공감적 반영의 필요와, 방어들과 갈등들에 집착하기보다는 성장과 자존감에 초점을 두는 환경의 필요에 대해서 오래 전부터 알고 있었다.

자기대상은 투사적/내사적 동일시와 같은 대상관계 개념들과는 다른 것이면서도 그것들과 연결되어 있는 상호적 구성물이다. 그것은 상보성 원리에 대한 하나의 구체적인 예이다. 자기대상은 실제의 사람인 동시에 자기의 확장이다(Ornstein, 1981, 357쪽). 자기대상은 자기 바깥에 있으면서도 자기의 일부분으로 경험되며, 그것의 부재와 실패는 자기 내부의 변화로 경험된다. 이 상호작용적 경계는 자기와 자기대상 모두를 둘러싸고 있으며, 그 안에서 자기와 자기대상은 부분적으로 융합되어 있다. 이와는 대조적으로, 투사적/내사적 동일시 과정에서 자기와 대상은 서로 구별된 원시적 실체로 취급된다. 이 두 부류의 대상들과 관련되어 있고, 따라서 자기심리학과 대상관계 이론과 관련된 하나의 가정이 존재하는데, 그것은 자기대상과 투사적/내사적 과정에서의 부분-대상은 발달과정에서 함께 작용할 수 있는 상보적 짝을 이룬다는 생각이다(참조. Grotstein, 1982). 그런 종합적인 견해는 자기 과정들과 대상관계 역동들이 나란히 작용한다는 집단의 '이중 경로'(dual track) 견해를 제시하는데, 이것은 자기애적 거울반응과 대상 애착/동일시가 집단의 발달에서 이중 나선형의 형태로 하나의 커다란 흐름을 형성하고 있음을 말한다.

자기에 대한 코헛의 견해는 중요하지만 불완전한 관점으로 보인다. 그것은 예를 들면, 자기애의 문제에서 이미지들의 중요성을 고려하지 않고 있다. 나르시서스 신화에서 주인공은 연못 속에 있는 자기 이미지에 사로잡힌다. 이 신화에서 시각적 및 청각적인 성질의 이미지들이 발생하며, 원래 즐거운 것이었던 자기애는 타자들로부터의 추방이라는 징벌이 되고 만다. 자기애적 고갈 상태에서 이 이미지들은 얼어붙고 활력을 잃어버린다. 조각품에 난 잘 보이지 않는 균열처럼, 흠과 불완전함은 적응적인 자아의 탄력성과는 달리 그 이미지를 위험에 빠뜨린다. 거울을 들여다보는 허영은 투사된 제2의 나(projected double)를 만들어내는데(참조. 라캉, 1949), 그것의 얼어붙은 완전주의적인 성질은 변화와 추함에 대한 숨은 공포를 암시한다. 이와 비슷하게, 수치의 정동은 구성원들이 서로를 바라본다는 점 때문에 집단의 역동에서 중요한 요소로 작용한다.

집단이라는 상황은 자기 자신을 다른 사람들과 비교하게 만든다. 집단에서 자기는 자신으로부터 소외되어 이미지들, 인상들, 그리고 인격들로 외재화된다. 그것은 양자단일체의 친밀성을 결핍하고 있으며, 그 안에서는 탈개인화(depersonalization) 과정이 발생한다. 고프만(Goffman, 1979)은 이러한 현상을 복종 의례(rituals of subordination)와 허가된 철수(licensed withdrawal)를 포함한 광고 사진에서의 소외를 예로 들어 설명했다. 전자와 관련해서, 고전적인 방어 행동은 신체를 땅에 엎드리는 형태로 자신을 낮추는 것이다(40쪽). 후자는 대체로 구성원들을 사회적 상황으로부터 심리적으로 제거하여, 그들을 방향 없는 상태에 남겨두는 것을 통해 그곳에 있다고 추정되는(또는 현존할 수 있는) 타자들의 보호와 선의에 맡겨두는 것이다(56쪽). 여기에서는 신체 언어가 자기와 자기대상의 관계를 표현하는 데 사용된다.

풀크스와 앤토니가 말하는 건강한 거울반응은 오직 자기 표상들을 투사된 상태로부터 되찾는 것을 통해서 발생한다(라캉, 1968). 그러한 회복과정은 피드백과 공감을 통해서 발생한다. 거울반응은 어떤 점에서 제2의 나를, 즉 진정한 자기보다는 완전함을 지닌 자기애적 이미지를 만들어낸다. 치료적 공감은 주체를 회복시켜주는 담화, 즉 감정 수준에서 은유적, 언어적 및 청각적으로 제공되는, 그리고 집단 상호작용에 의미를 주는 담화에서 유래한다(Major, 1980). 바우어에 의하면(Bower, 1977, 38쪽), 아기의 첫 번째 완전한 미소는 인간의 음성에 의해 촉발되는 것으로 보인다. 메이저는 덧붙여 말한다. 귀는 본능적 수준에서 기능한다. 마치 에코의 소리처럼 유혹하는 소리는 안과 밖 모두에서 그리고 어디에서나 들린다.

집단은 구성원들이 자신들의 잃어버린 자기들을 되찾기 위해서 해석, 신화, 시, 은유, 그리고 카타르시스 등과 같은 담화의 유형들을 경험한다(Schermer, 1985; 이 책 10장). 프로이트에게 있어서, 신화는 … 개인이 집단 심리로부터 벗어나 나올 때 사용하는 징검다리이다. 자기는 특별한 유형의 이야기를 통해 확립되는데, 그 이야기는 듣는 사람의 주체를 다시 반영해주는 과정을 통해서 주체의 진정성과 개성이 집단정신에서 벗어나 모습을 드러낼 수 있게 해준다. 이런 방식으로 거울로 된 방은 차츰 응집적인 자기로 변형된다.

## 자기와 자아 이상

자기 안에는 집단의 이중적 삶과 일치하는 양극성이 존재한다. 이러한 일치는 여러 가닥의 다른 생각들을 자기애와 집단의 삶의 관계에 대한 하나의 관점으로 연결시키는 데 필요한 중요한 개념적 토대를 제공한다. 이 양극들은 거울 자기와 자아 이상이다. 코헛(1971, 242-3쪽)에 따르면, 이것들은 각각 포부 그리고 이상과 관련되어 있다. 이 포부와 이상은 개인의 삶의 여정에서 중요한 것이며, 집단 전체의 목적을 이루는 데, 특히 역할 그리고 그 중에서도 지도자 역할의 발달에 중요한 기능을 갖는 것으로 보인다.

한쪽 측면에는, 프로이트가 설명한 집단 역동인 구성원들 간의 자아 동일시가 있다(1921, 105-11쪽). '거울반응'은 그런 동일시로 이루어져 있다. 거울 전이는 더 구체적으로 말해서, 자기와 대상이 동등시되는, 초기 유형의 자기애적 동일시가 재생된 것이다. 그것은 코헛의 용어로 사기대상과의 동일시라고 불린다. 그러나 대상관계 모델의 용어를 사용해서 말하자면, 자기애적 동일시는 내사물들이다.

이 양극성의 다른 쪽 측면에는 자아 이상이 있다. 그 자아 이상은 특히 지도자에게 투사된다. 프로이트는 자아와 자아 이상의 차이가 자아의 분화의 정도에 따라 달라진다고 보았다(129-134쪽). 그는 자아와 자아 이상의 퇴행적인 재융합이 집단 안에서 충동들이 통제를 벗어나는 원인이라고 본다. 축제 의례들이나 다른 사회적 제약들의 일시적인 해제는 이상들과 이드 충동들의 빗나간 동등시에서 유래한다. 그리고 그때 이드 충동들은 지도자 또는 본능적 행동을 고무하는 자로 인식되는 한사람에게 투사된다. 기바드(Gibbard, 1974)는 이러한 집단의 역할을 '유혹하는 자'(seducer)로 언급한 바 있다.

프로이트는 지도자에 대한 이상화와 구성원들 상호간의 동일시 사이의 관계를 지적했다. 이상화와 동일시는 집단 차원의 전이에서 보완적인 짝을 형성한다.

코헛에 따르면, 자기와 자기대상의 관계는 하나의 보완적 짝으로서 존재한다. 즉, 거울반응과 이상화는 자기의 발달을 결정하는 중요한 기능으로 간주된다. 따라서 코헛에 의해 개념화된 자기체계와 프로이트에 의해 이해된 집단 체계는 자기애적 동일시의 영역에서 함께 만난다. 집단과 지도자는 각각 거울반응과 이상화를 위한 자기대상들이다. 이런 관점에서 돌이켜 본다면, 자아의 측면에서 집단을 분석했던 프로이트의 기초가 보다 분명히 드러난다. 프로이트는 집단의 역동이 자아 또는 자기의 구조적 변화에 기초해 있다고 제안하고 있었던 것이다. 이 구조적 수정은 하나의 딜레마에 의해 야기된 것인데, 그것은 지도자에 대한 배타적 애착 환상(그는 이것을 최면에 비교한다)이 지도자와의 비슷한 관계에 있는 타자들에 대한 인식과 갈등을 일으킨다는 것이다. 이 딜레마를 해소할 수 있는 가장 정서적인 저항이 적은 통로는 자기애적인 통로이다. 구성원, 지도자 그리고 집단은 대상, 자아, 그리고 자아 이상이 그 안에서 함께 용해되는 원시적 유형의 자기애적 동일시를 따르게 된다. "이러한 해석은 '집단의 전이,' 즉 몇몇의 또는 많은 개인들이 함께 현존하는 것에 의해서 유발된 거울 전이와 이상화 전이에 진정한 의미를 제공한다."

따라서 집단의 형성에 대한 프로이트 관점의 요점과 본질은 그것이 자기애적 동일시로 구성되어 있다는 것이다. 프로이트는 집단에 참여하는 동기가 대상에 대한 사랑이라기보다는 오히려 자기에 대한 사랑이라는 역설을 확립했다. 무엇보다도 집단의 삶은 원시적 자기의 상태를 재생시킨다. 그리고 집단은 그런 상황에서 구성원들의 내적 상태와 전능한 자기를 반영해주는 거울의 역할을 한다.

## 공생과 분리-개별화 과정

마가렛 말러와 그녀의 동료들은 40년에 걸쳐 아동발달 연구에 헌신했다. 그 연구는 엄마와 아기 쌍에 대한 연구를 성인의 정신분석에서 얻은 통찰들과 통합하는 광범위하고 깊이 있는 연구로서, 심리내적인 참조 틀과 상호관계적인 참조 틀 모두를 사용하고 있다. 그들의 연구의 틀은 정서발달에 관한 다양한 관찰들을 상세히 기술하고 서로 연결시킬 뿐 아니라 상담현장에서 온 가설들을 검증하는 것으로 되어 있다. 연구를 수행했던 그 당시의 초점은 대상관계와 자기에 대한 강조와 함께 자아의 발날에 맞춰져 있었다. 여기에서 말러의 견해에 대한 개요를 제시하는 이유는 그것이 집단 역동의 이해를 위해 갖는 유용성을 제시하고, 아울러 발달의 여러 측면들이 상호 관련되고 침투되는 방식을 보여주기 위해서이다. 말러에게 있어서, 심리내적 발달의 다중적인 차원들은 상호작용의 과정을 통해서 통합되는데, 그러한 통합이 성취됨에 따라 유아는 자신이 양자단일체적 관계를 맺고 있는 엄마로부터 심리적으로 분리되기 시작한다. (양자단일체적 관계는 차츰 확장되어 중요한 타자들을 포함하게 된다.)

말러의 연구는 엄마/아기 쌍에 대한 직접적 관찰에 기초를 두고 있으며, 자신이 발견한 것을 조급하게 일반화하지 않는 조심성을 보여주고 있다. 우리는 말러의 견해를 집단심리학에 적용하는 이러한 시도가 일차적으로 아동발달에 관한 연구 패러다임에서 크게 벗어나는 지나친 '귀납적 비약'(inductive leap)이 되지 않기를 바라고 있다.

카우프(Kauff, 1977)에 따르면, 공생/분리-개별화 과정의 차원들은 집단 안에서 개인적인 과정과 집단적인 과정 모두로서 반복된다. 예를 들어, 카우프(9-17쪽)가 지적한 바와 같이, 집단이나 구성원의 종결은 모성 대상과의 분리에 대한 초기 갈등을 재생시킨다. 말러의 개념들은 집단을 떠나는 구성원들이 지도자나 집단치료사에게 보이는 모습에 대한 설명이 될 수 있다. 그 외에도, 집단 구성원들은 집단 차원의 공생으로부터 벗어나 독립성과 개별성을 획득해가며, 또한 집단들도 같은 방식으로 서로에게서 독립해간다는 사실을 보여준다. 즉, 분리-개별화 과정은 가족 안에서, 사회집단 안에서, 집단 간의 관계에서, 그리고 문화 안에서 반복되는 과정이라는 것이다.

말러의 방법론에 대한 간략한 서술은 그녀가 엄마/아기의 양자단일체를 어떻게 장(場)의 현상으로 간주하고 있는지를 보여준다. 아동 정신병리학에 대한 임상적 연구는 그녀의 연구에서 기본적인 것이었으며, 그 연구는 아동 정신증의 치료에 대한 관심에서 시작된 것이었다(1968). 그러나 말러의 보다 최근의 초점은 평범한 엄마와 아기 쌍이 서로 관계하는 방식에 관한 것으로 바뀌었다. 아기가 엄마의 몸에 자신을 맞추는 방식, 서로 신호를 주고받기, 아기가 엄마에게서 신체적 거리를 유지하기, 아동이 엄마와 떨어져 보낼 수 있는 시간의 길이 등은 아동의 자아발달에서 중요한 요인들로 간주되며, 상호적인 대상관계의 특징에 대한 지표로 간주된다. 이 관찰들은 상호적인 스트레스와 긴장의 요소뿐만이 아니라 공간, 의사소통, 경계들의 상호관계를 포함하고 있다. 먼저 상호작용들이 관찰되고, 그 다음에 전체 체계의 특징들과 내적 역동에 대한 참가자 각자의 추론들이 행해졌다. 말러가 말한 공생 단계에서의 상호작용은 예컨대 응시하기, 미소 짓기, 그리고 고도로 민감한 각성과 신체반응을 통한 상호놀이 등을 포함한다. 그러한 양자단일체(그리고 그것의 확장된 형태인 집단)의 전체 체계는 하나의 '궤도'(orbit, Mahler, Pine, Bergman) 또는 '포대기'(envelope, Brazelton et. al., 1979, 167쪽)의 특징을 갖는다. 심리적으로 유아는 엄마의 집중적인 돌봄과 관심 덕택에 전능감과 안전감을 경험한다. 심리내적, 상호적, 그리고 전체적 장 또는 궤도라는 이 세 가지 과정은 유아의 발달 시간표에서 함께 작용한다.

말러의 발달단계들에 관한 개관은 다음과 같다. 발달단계는 정상적 자폐 단계와 공생 단계라는 '분리 이전 단계'를 포함한다. 그리고 분리-개별화의 하위단계들은, 분화 단계, 연습 단계, 재접근 단계, 그리고 개성의 공고화 및 정서적 대상 항구성이 시작되는 단계로 이루어져 있다. 정상적인 오이디푸스 콤플렉스는 개별화와 대상 항구성의 형성에 뒤이어 발생하며 발달과정의 절정을 이룬다. 우리는 말러, 파인, 버그만의 연구결과(1975)를 집단 과정에 대한 부가적인 언급과 함께 요약해보겠다.

**정상적 자폐(생후 1개월까지)**

말러와 파인, 버그만(1975)이 말하는 연령 단계들은 각 단계들에 대한 대략적 개념을 제공하기 위한 것일 뿐이다. 그것들은 개별 아동과 문화에 따라 다양할 수 있다.

신생아는 자극 장벽의 보호막으로 덮여 있으며 자궁 바깥의 환경에서 생존하는 것을 주된 발달 과제로 가지고 있다. 그는 대부분의 시간 동안 일차적 자기애의 양태로 기능하며, 경험은 자기 안에서 이루어지고, 환각적 소원 성취와 전능적 사고양태가 지배한다. 이 시기가 끝날 때쯤 욕구-충족을 가져다주는 외적 대상에 대한 인식이 발달하기 시작한다. 그러나 아직은 외부 세계에 대한 인식으로서의 지각보다는 신체 내부 상태에 대한 인식으로서의 지각이 더 지배적이다. (그러나 최근의 연구들은 발린트의 '일차적 사랑'(primary love) 가설을 지지하며, 확실히 유아는 일차적 자기애 그리고 자폐라는 용어가 암시하는 것보다 외부 세계에 대한 더 많은 지각을 갖고 있고, 그런 점에서 유아는 대상을 추구하는 존재로 보는 경향이 있다).

이 탄생 직후 단계와 집단 사이에 어떤 평행관계가 있다고 제안하는 근거는, 이 둘 모두에서 짧은 기간의 철수와 내적 상태에의 몰두가 발견되기 때문이다. 이 내적 상태는 꿈과 같은 성질을 가지고 있으며, 그러한 상태에 빠져 있는 동안에 집단 구성원들은 거의 관계를 맺지 않는다. 그리고 자기 안에 간직된 전능적인 환상들은 지도자에게 투사된다. 이 단계는 '근원적' 집단 수준(참조. 7장 및 도표)과 평행을 이루며, 그것은 집단의 초점적인 갈등이 마치 잠든 상태와 깨어 있는 상태 사이에 놓여 있는 것과 같다.

**공생(2개월에서 4 또는 5개월)**

공생은 엄마와 유아의 심리적인 하나됨을 말한다. 엄마가 아기에게 공감하고 그를 돌보기 위해 퇴행하는 동안에 발생하는 이러한 융합은 유아의 관점에서는 전체적인 것이다. 엄마와 유아는 그들의 공생적 궤도 외에는 아무것도 없는 강렬한 상호작용 안에 존재한다.

엄마는 유아를 안아줌으로써 강렬한 자극으로부터 그를 보호한다. 아이의 관점에서 그녀는 욕구를 충족시켜주는 대상이다. 유아는 엄마를 하나의 전능 체계인 양자단일체의 일부로 포함시킨다. 그는 엄마에 대한 고조된 관심을 보이며, 그의 미소 반응은 다시금 자기와 자아발달을 촉진시키는 엄마의 다양한 안아주기 행동을 활성화시킨다.

콜만(Colman, 1975)이 제안하듯이, 공생적 궤도는 전체로서의-집단(group-as-a-whole)을 위한 초기 기초일 것이다. 그 궤도의 안과 밖에서 유아는 가족 구성원과 다른 사람들을 경험하기 시작한다. 이와 유사하게, 집단의 경계는 외부 세계의 침범을 막아주는 역할을 한다. 집단의 의식(group consciousness)은 공유된 전능성과 자기애를 포함하고 있다. 집단 안에서 발견되는 자기와 타자들을 구별하지 못하는 어려움과, 안아주는 환경 또는 정서적 지지 체계로서의 집단은 공생 단계의 파생물로 간주될 수 있다. 이 단계에서 자아 경계는 항상 어느 정도 유동적이며, 때때로 집난 구성원들은 엄마-집단의 공생적인 전능성에 참여하기 위해 경계의 용해를 허용한다.

## 분리-개별화 과정의 첫 하위단계: 분화와 신체 이미지의 발달 (5개월에서 10 또는 12개월)

점진적으로, 엄마 이외의 세계에 대한 관심과 함께 자기-대상 분화의 징표들이 출현한다. 낯선 이에 대한 호기심과 두려움이 명백하게 그 모습을 드러내며, 유아는 세관 검사라고 불리는 새로운 사람을 자세히 살피는 일종의 의례 행동을 시작한다. 엄마는 유아 자신과는 독립된 존재로, 그리고 더 이상 쉽게 대치될 수 없는 특별한 개인으로 인정되며, 그들의 특별한 관계를 침범하는 다른 사람들과 분명히 구분된다. 이 하위단계는 멜라니 클라인이 말하는 우울적 자리와 연결되어 있음이 분명하다.

분화는 공생적 부화과정이 끝나는 것을 말한다. 유아는 점차로 분리에 의해 산출되는 불편함을 알게 되고, 지각능력이 증가하면서 보다 넓은 환경을 탐구하도록 이끌린다. 유아는 피부 경계와 내용물을 지닌 자신의 신체를 지각하기 시작하고, 그 결과 자기 이미지를 발달시키기 시작한다.

집단에서 나타나는 분화 단계의 특징은 새로운 집단에서 새로운 구성원들에 대해 발생하는 낯선 이 반응을 포함한다. 지도자와 집단은 모성적 대상으로 취급되는 반면에 침입자들은 불안을 야기한다. 모든 집단들은 미분화된 공생적-자기애적 유대로부터 시작하며(Fornari, 1966, 145-7쪽; Roheim, 1934), 그 뒤에 오는 타자들로부터의 자기의 분화는 대인관계 자체가 시작되었음을 알려준다. 신체 이미지는 안과 밖을 가진 실체로서의 집단 표상을 위한 기초가 된다.

말러는 분리와 개별화는 각각 뚜렷한 영역을 가졌으면서도 서로 의존되어 있는 발달적 경로라고 제안한다. 분리는 엄마와 유아 사이의 경계와 공간과 관련되어 있다. 그것은 상호 거리두기의 과정이며 공생적 의존으로부터 벗어나는 과정이다. 개별화는 자율성, 지각, 인지, 오랜 기간의 기억, 그리고 현실검증 등의 자아 기능의 발달을 수반한다. 이 경로는 집단의 삶에서 집단에 융합될 것인지(집단 정체성) 아니면 자율성(개별적 정체성)을 확립할 것인지에 대한 갈등으로 나타난다.

**두 번째 하위단계: 연습 단계**(10 **또는** 12**개월부터** 16 **또는** 18**개월**)

직립운동의 발달과 함께 유아는 이제 걸음마 아이가 되며 엄마가 아닌 세상을 탐구하기 시작한다. 이 기간에 자율적인 자아 기능들이 크게 발달하고 일반적으로 건강한 자기애와 자유로운 신체적 움직임에서 오는 즐거움이 지배하는 반면에, 엄마와 떨어져 있는 기간동안 안정되고 통합된 엄마의 이미지를 유지할 수 있는 능력인 대상 항상성은 아직 성취되지 않은 상태이다. 따라서 아이가 환경을 탐구하는 동안 엄마가 함께 있어주는 것이 결정적으로 중요한 요소가 된다. 아이가 엄마 너머에 있는 세상을 탐구하기 위해 여전히 엄마를 필요로 한다는 사실은 그가 엄마를 에너지의 재충전을 위해 사용한다는 사실에서 알 수 있다. 즉, 자율적 기능의 시간이 지난 후에 아이는 엄마에게 가서 그녀와의 상호작용에 참여해야 할 필요를 갖는다. 이 접촉이 또 하나의 독립적인 활동주기를 위해 필요한 에너지와 열정을 회복시켜준다.

집단 안에서 감정문제로부터 집단의 과제로 주의가 전환되는 것은 연습 단계에서 나타나는 요소들을 포함하고 있다. 재충전은 집단에서 공공연히 관찰되는 현상으로 보이며, 집단에서 나타나는 어떤 침묵들은 분리에 대처하기 위한 저조한 기분의 성질을 갖는다. 집단을 유지하고자 하는 욕구는 아이가 자아 기능을 회복하기 위해서 엄마를 활용하는 것과도 같다.

### 세 번째 하위단계: 재접근단계(18개월부터 24개월 또는 그 이후)

언어, 놀이, 그리고 표상적 사고의 습득과 함께 외부의 공생 대상들은 자아 안으로 내재화된다. 정동들과 이미지들은 아동의 점증하는 인지 능력을 나타내는 표상들로 조직화된다. 고통은 분리와 연결되고 즐거움은 행복한 공생적 궤도와 연결되는데, 그 궤도로부터 아동은 점점 더 멀어진다. 아동은 자신을 새로운 독립적 개인들의 세계로 밀어붙이는 힘에 대해서 짜증과 극단적인 기분들을 사용하여 항거하며, 이 항거는 양가경향, 즉 엄마를 향해 갔다가 다시 멀어지는 왕복행동에 의해 특징지어지는 재접근 위기에서 절정을 이룬다. 이 위기의 해소는 양가감정의 수용을 통해 대상이 좋은 면과 나쁜 면을 모두 가졌으며 아이 자신과는 별도로 자체의 필요들과 관심들을 가진 전체로서의 엄마 표상을 형성하는 것으로 이루어진다. 그리고 이 과정에서 중간 대상이 주요한 촉진적 역할을 담당한다.

재접근 하위단계가 임상작업에 갖는 의미에 대한 탐구는 상당한 정도로 이루어진 반면에(Lax, Bach and Burland, 1980), 그것이 집단을 위해 갖는 함축에 대한 연구는 이제 겨우 시작되었을 뿐이다. 우리는 이 단계가 오이디푸스 콤플렉스와 맞먹는 중요한 의미를 갖고 있는, 집단을 위한 개념적 모델을 제공한다고 제안한 바 있다(1978). 집단 내의 반역 현상은 프로이트(1913), 베니스와 셰파드(Bennis and Shepard, 1956), 슬레이터(Slater, 1966), 그리고 다른 사람들에 의해서 오이디푸스 현상으로 설명되었으나, 더 깊은 차원에서 그것은 집단 내의 분리 문제에 의해서 발생한 것으로도 설명될 수 있다. 구성원들이 갖는 개별성과 독립성에 대한 인식은 집단이 주는 공생적 합일의 환상과 의존 욕구를 마술적으로 채워줄 것이라는 환상에 대한 도전을 발생시킨다. 그러한 강렬한 좌절은 지도자를 향한 공격성으로, 즉 반역의 상황으로 나타나기도 하고, 그 공격성을 구성원 자신들에게로 돌림으로써 희생양을 만들어내거나, 퇴행하거나, 공생을 되찾기 위한 다른 시도들로 나타나기도 한다.

### 네 번째 하위단계: 개성의 공고화와 정서적 대상항상성의 시작(24개월부터)

재접근 하위단계의 해소는 내재화된 대상관계의 구조화를 가져온다. 그것은 아동으로 하여금 독립적으로 기능하고, 아버지, 동기간들, 그리고 확대가족과의 의미 있는 관계를 발달시키고 애착과 동일시를 형성하는 현상으로 나타난다. 그것은 또한 사회적 적응, 개별화, 그리고 정체성 형성으로 인도한다. 성차에 대한 지각과 성적 동일시는 오이디푸스 콤플렉스를 위한 기초를 형성한다. 그리고 아동은 다른 개인들의 자율적인 기능을 수용하고 관용하는 것을 배운다.

자아의 구조화는 좌절에 대한 내성을 증가시키고 분열 기제의 해소를 촉진시킴으로써 대상 항구성, 즉, 엄마의 부재 시에도 불러낼 수 있는 일관되고 통합된 그리고 분화된 엄마 표상을 획득한다.

개별화와 대상 항상성은 마무리 지점이 없이 일생 전체를 통해서 발달한다. 공생과 분리-개별화는 다양한 개념들을 통합하며, 가족, 학교, 치료집단, 그리고 훈련 상황 등을 포함하는 상황에서 발생하는 광범위한 집단 현상을 조사하기 위한 토대를 형성한다.

# 최근에 발달된 관점들

지금까지 논의된 사상들과 관점들은 대상관계 이론, 자아심리학, 그리고 자기심리학의 기본적인 흐름을 구성하고 있는 대표적인 현대적 관점들이었다. 그러나 이 논의는 이 분야를 이끌어가는 몇몇 창의적인 사고들을 고려하지 않는다면 불완전한 것이 될 것이다.

## 초기 인지능력과 대상관계

전-언어적 사고의 본질에 대한 탐구는 집단 관계의 원형으로서의 엄마/유아 양자단일체를 이해하는 데 핵심적인 요소이다. 파인은 "소집단에서의 주된 문제는 어떻게 느끼는가인 반면, 대집단에서의 주된 문제는 어떻게 사고하는가이다"라고 제안했다(1980b). 집단 안에서의 사고능력은 또래 압력, 퇴행, 정신병리, 그리고 독립적 사고의 역할을 지도자에게 전가하는 투사적 동일시 등의 다양한 변수들에 의해 방해받는다. 사고한다는 것은 무엇을 의미하는가? 라는 물음은 집단심리학에 있어서 중요한 문제이며, 이 문제에 접근하는 하나의 방식은 사고의 원 출처를 살펴보는 것이다.

생후 첫 몇 개월 동안의 인지발달에 관한 연구들은(Bower, 1977, 7장) 신생아의 인지활동이 매우 복잡한 것임을 보여준다. 연구방법이 보다 세련되면서, 전에는 존재하지 않는 것으로 생각되던 인지 능력들이 발견되었다. 하나의 중요한 예로, 환경적 자극들로부터 인간의 얼굴을 구별하는 유아의 능력에 대한 발견이 그것이다(Fantz, 1961). 유아는 깨어있는 비활동적(alert inactivity) 단계를 가지며(Brazelton and Als, 1979), 그 동안에 유아는 환경을 자세히 살피는데, 만약 엄마가 자신의 시선 접촉에 반응해주지 않으면 심한 불안을 나타낸다. 이것은 인간이 선천적으로 대상추구의 경향성을 갖는다는 페어베언의 가설을 지지해주며, 또한 유아는 인간 환경을 인식할 수 있게 해주는 인지적 지도(cognitive map)를 가지고 태어난다고 제안한다. 또한 그것은 이러한 개념적 틀이 점차로 복잡하게 발달하는 과정이 있으며, 심지어 가장 초기의 감각-운동적 요소들까지도 자체 안에 생의 초기부터 붕괴되기도 하고 촉진되기도 하는 싹트는 지능을 가지고 있음을 보여준다. 이러한 발견들은 신생아에 대한 '자폐적 껍질'(autistic shell) 모델이 정신생활의 시작에 대한 정확한 평가가 아님을 보여주는 또 다른 지시물들이다. 리히텐버그는 유아 발달에 관한 문헌을 평가하면서 이 주제에 관한 정신분석 이론은 개정될 필요가 있다는 주장에 동의한다(Lichtenberg, 1981). 이러한 사실들이 제시하는 바는, 정신분석적인 유아의 인지발달에 관한 이론은 집단-상호교류적 심리학의 방향으로 개정되어야 한다는 것이다.

## 비온의 사고이론

사고하는 것이 무엇을 의미하는지에 대한 탐구 노력에 있어서 비온은 플라토와 칸트의 인식론을 사용하여 대상관계, 언어, 그리고 경청 과정의 분석을 강조함으로써 사고에 대한 정신분석 이론을 새롭게 진술하였다(1962, 1977). 그의 이론은 클라인학파 심리학의 확장인 동시에 독창적인 진술이기도 하다. 비온은 초기 대상관계의 주된 기능 중의 하나는 사고능력이라고 보았다. 감각들, 지각들, 그리고 내적 상태들은 신진대사를 거치지 않은 '그 자체로 있는 것들'(things in themselves)이며, 그것들은 사고로 변형시켜줄 담아주는 그릇을 찾고 있다. 전형적인 담아주는 그릇은 젖가슴인데, 그것은 유아의 타고난 전개념들(비온은 타고난 사고의 존재를 믿었다)과 함께 사고의 짝을 구성하며, 사고를 위한 장치로서 내재화된다. 그리고 이 내재화는 다시금 꿈꾸기, 신화 만들기, 그리고 현실검증 등을 포함한 이후의 사고과정들을 위한 원형(prototype)이 된다. 비온은 소위 신진대사를 거치지 않은 경험이 일차적 및 이차적 과정의 사고로 바뀌는 일련의 변형과정이 존재한다고 보았다. 신진대사를 거치지 않은 '그 자체로 있는 것'에 대한 비온은 생각은 집단 안의 '원정신적'(protomental) 현상, 즉 반사반응과 같은 성질을 갖고 있으면서 집단의 문화에 유사-생리학적 특성을 제공해주는, 집단 구성원들 사이의 의사소통의 특성을 생각나게 한다. 무의식적 지각들을 환상, 신화, 상징, 그리고 독립적으로 사고할 수 있는 능력으로 발달시키는 데 필요한 담아주는 기능을 집단이 어떻게 형성하는지를 고찰하는 것은 커다란 중요성을 갖는다.

## 애도과정

집단의 종결과 집단 구성원 및 지도자의 분리나 부재는 분리와 상실에 대한 집단 전체의 불안을 유발한다. 집단 구성원들이 그들 사이의 차이, 분리됨, 노화, 죽음 및 죽음의 과정을 인식하는 사건은 항상 이런 불안을 자극한다. 집단을 하위집단으로 나누기, 지위에 따라 구성원들을 나누는 것을 암시하는 위계질서의 출현, 그리고 심지어 오늘은 시간이 다 되었다라는 지도자의 언급조차도 구성원들에게는 사람, 사고, 희망, 환상 등 그들이 애착을 형성했던 어떤 것을 포기하는 감정을 불러일으킨다.

퍼쉬투트(Ferschtut, 1980)는 집단의 구성원이 되는 과정에서 개인은 과거의 대상관계를 포기해야 할 뿐만 아니라 자신의 일부를 집단 안에 집어넣고, 집단의 정체성과 맞지 않는 자신의 부분들을 억제해야 한다는 사실을 지적한다. 따라서 집단의 삶에 참여하는 것은 특정 내사들에 대한 탈 리비도 집중이 발생하는 애도과정을 포함한다.

중요한 타자의 상실을 받아들이는 데 필요한 과정은 대상이 자아 안으로 내재화되는 것이다. 분리에 대한 분노와 자신을 비난하는 경향으로 인해 자아 안에 내재화된 대상은 무의식적으로 처벌된다. 일반적으로, 잃어버린 대상에 대한 선택적인 동일시와 이상화가 따라오며, 이것은 다시금 그 대상을 자아 이상 안에 둠으로써 실제 대상의 상실을 수용하도록 촉진한다(Freud, 1917).

정서적 대상 항상성이 더 클수록 더 긴 시간 동안의 대상의 부재를 견딜 수 있다. 애도는 우울적 자리에 도달한 사람만이 가능하며, 대상이 회상되고 내재화되기 위해서는 충분한 대상 항상성이 획득되어 있어야 한다. 가장 원시적인 분리 반응들은 파국으로 경험될 수밖에 없는 자기의 상실에 대한 두려움을 포함한다. 일단 자기-대상 분화가 확립되면, 불안은 대상의 상실에 대한 염려가 된다. 재접근 현상은 사랑과 자존감의 상실에 대한 두려움으로 인도하며, 그럼으로써 상실에 따른 분리는 거절 받는 것으로 경험된다.

상실은 죽음과 거세 사이의 동등시를 포함한다. 분리와 상실이 무의식적인 작은 죽음들로 경험되는 한, 그것들은 신체의 성적 부분과 관련된 불안으로 남게 될 것이다. 이러한 내용이 집단 모체에 투사되기 때문에, 집단은 신체를 상징하며 어떤 상실도 무의식에서는 상징적 거세로 기록될 수 있다.

집단 안에서, 이 주제들은 고도로 응축된다. 예컨대, 집단의 반역 단계에서 지도자에 대한 예상된 제거는 보복에 대한 불안, 그의 인정의 상실에 대한 불안, 그리고 아버지 살해 소망에 대한 죄책감 등과 관련되어 있다. 또 하나의 수준에서, 반역은 안정되지 못한 자기감을 유지할 필요에서 나온다. 자기는 집단과 지도자에 대한 자기애적 동일시에 의해 유지되기 때문에, 분리와 구성원들의 상실은 탈인격화와 정체성 혼동을 가져올 수 있다. 에즈리엘(Ezriel, 1952)은 집단의 삶 안에서 파국적 불안이 갖는 역할을 지적했으며, 타비스톡 집단 경험을 근거로 대집단의 참가자들이 일시적인 파편화를 경험한다는 사실을 보여주었다. 마찬가지로, 성숙한 작업집단을 향한 움직임은 원시적인 기본 가정 상태(the primitive basic assumption states)에서 작용하는, 원시적인 내사물로부터의 애도와 분리를 포함해야만 한다.

## 현실원리

현실원리에 대한 새로운 정의가 프로이트학파와 클라인학파에서 출현했다. 프로이트에게 있어서 현실은 모든 것들에 대한 측정 기준이 되는 객관적인 사실이다. 그것은 아이가 소망이 좌절되는 경험을 통하여 발견하는 것이며 무의식적 환상과는 독립적으로 존재하는 것이다. 다른 한편, 클라인은 내적 현실과 외적 현실 사이에 깊은 연결이 있음을 인식했고, 그 사실을 내적 경험으로부터 외적 현실로 도피하는 개인들에 대한 서술을 통해 예증했다(1935). 외부 현실이 적응을 위해 중요하듯이, 내부 현실은 정서적 안녕을 위해서 중요하다. 무의식에서 발생하는 모든 것이

허구이거나 소망 성취는 아니다. 그 안에는 자기에 대한 직관적 지식이 포함되어 있을 수 있다. 화가인 마르끄 샤갈이 말했듯이, 우리의 내면세계는 모두 현실이다.

클라인은 외부 현실(물리적, 신체적, 그리고 사회적 우주)은 내적 경험에 의해 영향을 받으며, 그 이유는 그 지식이 투사적 동일시에서 유래하는 것이기 때문이라고 믿었다(1930, 1958, 1959). 지식은 가장 초기의 환상들과 정신과정들을 포함하는 주관적 필터를 통해서 획득된다. 지식의 주관성이 의미하는 것은 집단 안에 있는 모든 사람들이 각자의 특별한 지각의 관점에서 집단을 이해하고자 노력하는 연구자라는 사실이다. 집단 모체는 어느 정도 투사적 동일시의 창조물이며, 따라서 집단 현실은 집단적인 환상들과 그것들의 상징적 표상들의 산물이다. 그것은 반영된 자신을 보는 것과 같은 것이며, 마치 객관적인 실체로서 느껴지는 '하나의 타자' (an-other) 또는 하나의 '닮은 꼴' (alikeness)이다.

## 요약과 맺는 말

지금까지 우리는 대상관계 이론, 자아심리학, 자기, 그리고 공생/분리-개별화 과정과 관련해서 발달적 및 정신역동적 공식화에 대한 개요와 집단심리학적 논평들을 제시했다. 자아심리학은 집단심리학을 위한 고도의 추상적 수준의 생체적응적(bioadaptive) 발판을 제공한다. 이론들 사이의 차이점들에도 불구하고, 그 견해들은 놀라울 정도의 일치성을 갖고 있다. 적응과 심리적 갈등의 상호의존, 내적 정신생활과 환경적 맥락의 계속적인 상호작용, 융합과 독립성 차원이 지니는 중요성, 공생적 궤도로부터 개별화된 존재로 분화되어 나오는 과정, 그리고 구조화 세력으로서의 자아와 자기 등이 바로 그런 다양한 관점들이 공유하고 있는 요소들이다. 외상보다는 발달에 강조점을 둔다는 점에서, 성인 집단 안에서 어린시절의 경험을 반복하는 정상적인 행동은 이 이론들 및 개념들과 조화를 이룬다. 그것은 인간이 과거를 반복하도록 운명지어졌다고 말하는 것이 아니라, 그의 초기 경험이 적응과 성장의 기초를 형성한다고 주장하는 것이다. 상호작용이 강조된다는 점에서, 이러한 새로운 견해에서 개인과 집단 현상이 밀접하게 연결되어 있다는 사실은 인간을 고립된 유사 생물학적 실체로 보고 집단을 고립된 개인 경험의 총합으로 보는 견해에서 보다 더 명료하게 드러난다. 프로이트가 언급했듯이, 집단은 자아와 자아 이상의 확장이며 투사이다. 자아를 (그리고 자기와 초자아의 보완적 구조를) 더 많이 이해할수록, 우리는 집단 관계의 본질에 대해 더 많이 이해하게 된다.

# 제 3 부

# 체계이론, 발달심리학 그리고 집단

나는 내적 공간과 외적 공간이 서로를 반영해준다고 생각한다. 그것들은 상반되는 것이 아니다. 우리가 원자 물리학과 우주의 행성 체계에 대한 연구, 즉 미시적인 것과 거시적인 것을 동시에 탐구하는 것과 마찬가지로, 내부와 외부는 서로 연결되어 있다.

도리스 레씽

# 제 5 장

# 대상관계 체계 및 표상으로서의 집단

대상관계 이론, 자기심리학, 자기와 정체성에 대한 연구들로부터 정신분석의 상호작용적 차원이 발달해 나온 결과, 욕동이론이 지닌 일방통행적인 방향성은 내적 과정들을 외적 대상들과 집단 및 문화적 환경과 연결시키는 피드백 고리에 의해 대체되었다. 그러나 이 모델들과 이론들의 초점은 여전히 단위 유기체(unit organism)의 상태에 머물러 있다. 상호작용적 구조는 개인이 집단 경험의 산물이라는 것과 따라서 개인적인 삶은 항상 타자들과의 삶과 섞인다는 사실을 암시하고는 있지만, 그 관점은 집단의 환경 자체에 관해 직접적으로 말하고 있지는 않다.

집단 역동에 대한 연구는 관점의 전환을 요구한다. 새롭게 요구되는 관점은 그러한 상호적 차원을, 보다 높은 수준의 체계를 구성하는 많은 사람들로 이루어진 구성체(multi-person configuration)로 바라보는 관점이다. 이러한 관점의 변화는 참조틀로서의 집단 자체를 검토함으로써만 명료하게 설명될 수 있다.

이 책 3부의 목적은 전체로서의-집단(group-as-a-whole)의 하위체계로서의 개인과 그의 상호작용을 포함하는, 집단 체계들과 그것들의 상호관계를 명료하게 설명하는 것이다.

정신분석적 집단심리학은 집단의 기능과 구조의 분화를 포함하여 전체로서의-집단에 대한 특별한 이론을 필요로 한다. 상호작용적 구성물들(3장과 4장 참조)을 일반 체계이론과 연결시키는 것은 무의식적 과정들과 집단 양태들 사이의 관계를 밝히는 데 도움이 된다. 우리는 여기에서 사회적-발달적 과정으로서의 대상관계 체계들에 기초한 개인적, 대인관계적, 그리고 초개인적인 활동에 주목할 것을 제안한다. 즉 대상, 자기, 체계 자아, 그리고 정체성의 측면들을 포함하는 이론을 확립할 필요가 있다는 것이다. 이 대상관계 체계들은 집단 모체의 발달적 측면들과 마찬가지로 측정 가능한 사실들을 포함한다. 우리가 이런 용어를 사용하는 이유는 개인 병리나 정체성, 의사소통, 그리고 집단의 역동에서 드러나는 대상관계들 사이의 질적 차이들을 인식하기 위해서이다.

## 집단을 위한 체계/발달적 틀: 개요

이번 장과 다음 장의 목적은 체계이론과 발달심리학을 사용하여 정신분석과 집단심리학을 연결하는 패러다임을 좀 더 확실하게 개념화하는 것이다. 그리고 이를 통해서 이론과 실제를 위한 기반, 즉 심층심리학과 발달이론을 사용하여 집단 현상을 연구하는 데 필요한 틀을 제공하는 것이다.

지금까지 정신분석학을 대인관계와 집단 역동에 연결시키는 패러다임은 자기와 대상, 자기와 자기대상, 또는 엄마와 아기 사이의 상호작용이라는 측면에서 설명되어왔다. 본질적으로 이러한 양자단일체적 또는 두 사람 관점은 집단 대 집단 그리고 그 집단의 다양한 역동체계들에 대한 관점으로 확장될 필요가 있다. 이 작업에 필요한 몇 가지 가정들은 다음과 같다.

(1) 모든 개인적, 대인관계적, 그리고 집단적 과정은 담는 것/담기는 것의 원리에 따라 작용한다. 예를 들면, 부인된 불안은 집단의 기본적 가정이나 집단문화의 형태로서 집단 안에 담길 것이다. 우울적 자리나 애타주의라는 특별한 능력을 가진 개인은 상실에 대한 집단의 애도를 촉진시킬 수 있고, 집단 구성원들의 짝은 집단의 희망을 담아주는 것이 될 수 있다. 이처럼 담는 것/담기는 것은 집단 모체의 체계들 사이의 변형을 설명해준다.

(2) 체계들은 잠재적 공간의 형성에 의해서, 그 다음에는 경계를 통한 공간의 한계 설정에 의해서, 그리고 최종적으로는 대상관계에 의해서 생겨난다. 공간, 경계, 대상은 모든 인간의 삶과 그 현상 안에 공존하는 이런 요소들로 인해 자명한 보편적인 요소들이 된다. 이런 식으로, 인간 체계들 사이의 유사성과 차이점은 모두 경험에 가까운 방식으로 표현될 수 있다.

(3) "집단분석 좌표는 정신분석적 발달심리학의 측면에서 집단의 체계들을 분류하고 배치하는 방법으로 제안되고 발달되었다."

전체적으로 말해서, 희망은 진정한 정신분석적 집단체계 패러다임으로 옮겨가는 것이다. 이 작업이 더 많은 연구를 요하는 매우 어려운 것임은 명백하지만, 과학에서는 때때로 비록 그것이 완전한 해결과는 거리가 멀다 해도 문제에 대한 연구를 시작하는 것이 중요하다. 이것이 우리가 제안하고 있는 것이다.

## 체계이론의 적용

개인심리학과 의사소통 이론을 전체 집단 사건과 연결시키기 위해서 우리는 일반체계 이론(von Bertalanffy, 1968), 특히 마투라나(Maturana, 1975, 1978)와 바렐라(Varela, 1976a, b), 베잇슨(Bateson, 1972)의 연구에서 밝혀진 '살아있는 체계원리,' 그리고 J. 더킨(Durkin, 1980)과 키쎈(Kissen, 1980)의 집단 역동 이론을 자유롭게 사용할 것이다. 일반체계 이론이 사회과학에 사용되기 시작한지 25년이 지난 오늘날에도 그것의 이론적 구조물들 중에 어느 것이 가장 유용하다고 단정하기는 어렵지만, 우리는 기계적 유형의 연구 틀로부터 보다 광범위한 살아있는 체계들로, 즉 '행동구조'와 '언어구조'의 틀로 그 강조점이 이동하고 있다고 확신하고 있다.

현재의 논의는 인간이 무의식의 원자료로부터 집단을 창조하는 데 사용하는, 정신과정과 행동에 대한 하나의 '초이론'(metatheory)과 그것의 현상학으로부터 시작한다. 이미 말했듯이, 인간의 '집단 형성'을 촉진하는 최소한의 인지/정서 과정들은 경계와 공간 그리고 대상이다. 여기에서 경계, 공간, 대상은 비온이 말하는 '담는 것/담기는 것' 원리를 따라 내적 경험을 집단 현실과 연결시키는 데 사용되는 용어이다. 경계와 공간, 대상은 사고와 행위가 발생하게 하는 모든 경험의 공통요소들로 간주된다. 더욱이, 이 요소들은 전체로서의-집단과 그것의 역동에서 표현될 수 있으며, 따라서 그것들 사이에 자연적인 연결을 제공해준다. 집단 모체는, 그것의 가장 초보적인 형태나 발달된 형태에서, 현상학적으로 공간, 그것의 경계, 그리고 그 안에서 발생하는 대상관계들로 이루어진다고 가정할 수 있다.

## 집단분석 좌표

이 책의 6장과 7장에서, 집단의 삶은 두 개의 동시적이며 상보적인 관점에서 고려되고 있다. 그 두 관점은 (a) 계속적으로 교류하고 변화하는 개인, 상호작용, 그리고 전체로서의-집단이라는 세 가지 체계라는 관점과 (b) 각각의 체계는 서로 다르지만 상호 의존되어 있는 여러 발달과정들로 구성된 하나의 발달심리학이라는 관점이다. "발달적 접근과 체계이론을 통합한 관점은 정신분석적 집단심리학을 위한 가장 포괄적인 틀을 제공해준다." 정신분석학과 집단 역동으로부터 수집된 광범위한 자료와 개념을 체계화하고 조직화하는 데 필요한 '집단분석 좌표'라는 '도구'가 제안되고 있다. 이 좌표(비온에게서 가져온 개념, 1977b)는 이 책의 부록에 실려 있는데, 이는 최종적인 작품이 아닌 하나의 작업모델로서 제시되고 있다.

집단분석 좌표는 체계와 하위체계의 연속물들로 구성된 집단경험의 영역을 나타낸다. 각각의 체계 및 하위체계는 타인과의 상호작용에서 가장 원초적이고 원시적인 현상에서부터 성숙하고 자기-실현적인 집단 및 공동체에 이르는 전체 수준 어디에로도 퇴행하거나 발달할 수 있는 여섯 개의 발달수준으로 되어 있다. 이 좌표는 경험이 수용되고 변형되고 의미를 갖게 되는 잠재적인 공간을 나타낸다. 그것은 또한 개인 및 집단의 대상관계 요소들에 대한 '시간표'이기도 하다. 때가 이르면, 집단에 대한 연구는 여러 발달과정들 중에 어느 것이 가장 중요하며 또 어떤 것들이 가장 많이 중복되는지를 밝힐 수 있을 것이며, 그렇게 함으로써 발달적 노선들을 가장 근본적인 요소들로 압축할 수 있을 것이다. 게다가, 좌표에서 나타나는 빈 공간은 (저자들이 알고 있는 한) 그 특성들이 아직 세세하게 밝혀지지 않은 부가적 과정들이 있음을 제안하고 있다. 이것은 마치 화학적 요소의 시간표에 나타나는 간격들이 또 다른 요소들의 발견에로 인도했던 것과도 같다. 집단분석의 한 양태로서의 좌표는 제6장에서 논의될 것이다.

## 살아있는 체계로서의 집단

더킨(1980)에 따르면, 집단은 물질, 정보, 그리고 에너지의 상호교류가 일어나는 하나의 살아있는 체계이다. 여러 체계들 사이에서 상호관계와 대상관계들의 변형이 발생할 수 있는 것은 이 체계들 사이에 공통의 속성들과 요소들(동형이질적인)이 존재하기 때문이다.

체계들 사이의 교류원리를 적용할 경우, 모든 대인관계들과 그것들의 정신적 표상들 안에 있는 것은 경험의 조직자들인 공간, 경계, 그리고 대상이라고 가정할 수 있다. 내적 대상들은 집단의 용어로 번역될 수 있고, 환상들은 외재화될 수 있으며, 그리고 집단 현실은 서로에 대한 지각되거나 암시된 시-공간적 조직 덕분에 내재화될 수 있다.

더킨(1980, 초록)은 살아있는 체계로서의 집단의 본질적 특성들을 다음과 같이 열거한다.

> 그것은 네 개의 근본적 개념들을 포함하고 있다. (1) 행동구조와 언어구조의 상보성, (2) 위 아래로 자유롭게 변동하는 자기-위계화(self-hierarchicalization), (3) 자기를 통제하는

구성물(self-referential control configuration)로서의 선형적인 (linear) 피드백과 비선형적이고(nonlinear) 역동적인 상호작용, (4) 자율성의 기본적 작용으로서 상보적 개방과 폐쇄를 통한 자기-경계짓기(self-boundarying).

일반적으로, 살아있는 체계로서의 집단은 에너지 체계와 정보 체계가 여러 위계적 수준들에서 역동적으로 조직화된, 자기-지원 능력과 자기-조절 능력을 가지고 있다. 경계를 설정하는 과정들은 수준들 사이와 하위체계들 사이를 그리고 전체 집단 체계를 조절한다. 이와 같은 개념화에서 가장 근본적인 것은 예컨대, 내적 대상관계, 대인관계, 그리고 집단 구성물과 같은 위계 체계의 수준들이 상호적으로 얽혀 있다는 사실이다. 위계 변화라는 개념은 살아있는 체계이론의 특징적인 것으로서, 이는 기계적 모델이나 장-이론 모델에서는 찾아볼 수 없는 것이다. 그것은 하나의 하위체계는 더 큰 체계 안에서 나타날 수 있으며, 또한 그 반대도 사실이라는 것을 의미한다. 내적 역동(예컨대, 피학적 성향)은 집단 내의 역할(즉, 피해자 또는 희생양)로도 나타날 수 있다.

살아있는 체계는 부정적 엔트로피(정보)를 증가시키며 내부로부터 자율적으로 자체를 조직화한다(Matura, 1975). 그리고 그 결과 그것들의 내적 경계의 상황들은 더 복잡해지고 더 많은 기능들을 갖게 된다. 사이버네틱(이것의 희랍어 어원의 의미는 조타수이다) 모델이나 피드백 모델을 사용해서 말하자면, 집단은 그것의 '행동 구조'(action structure)를 구성하고 있는 물질과 에너지의 교류와 변형으로 이루어진 것이다.

이 교류과정들은 집단의 과제 수행과 집단 활동의 유지를 포함하며, 생물학적 욕동과 집단의 항상성 추구와 같은 평형을 유지하고자 하는 기제들의 안내를 받는다. 그러한 행동 체계들은 스트레스, 욕구, 그리고 자극에 대한 단기간의 적응들을 조절하며, 집단 경험을 위한 내재적이거나 획득된 틀을 구성하는 정보의 안내를 받는다. 인간 영역 안에서, 정보 체계들이나 언어 구조들은 상징적인 현상학적 환상들, 운동감각들, 역할들, 신화들 등으로 이루어져 있다. 정보체계들 사이에서 발생하는 평형화는 비온 학파의 담는 것/담기는 것의 원리와, 정보는 보다 높은 수준의 조직화를 추구한다는, 삐아제 학파의 '동화와 적응'(assimilation and accommodation)의 개념을 따르고 있다. 반면에, 행동 구조들은 일반적으로 자동-기계적으로, 즉 정해진 양과 질의 물질과 에너지에 의해 평형을 이룬다.

개인과 집단 체계들의 상호 침투는 여기에서 초기 대상관계 이론과 자아심리학의 맥락에서 도입된 개념인, 내재화와 외재화의 과정들을 통해서 발생한다고 가정된다.

## 내재화와 외재화: 살아있는 체계 모델

높거나 낮은 수준들로 자유롭게 변동하는 자기-위계화의 원리를 공식화함에 있어서, 집단을 내적 대상의 투사 또는 외재화로 보고 집단의 수준이 개인의 수준에서 출현하는 것으로 보는 더킨의 견해는 페어베언의 견해를 적용한 것으로 보인다. 이 견해는 집단으로부터 개인이 분화되어 나온다는 생각에 의해 보완되는데, 이것은 인격이 사회적 체계가 내사된 것이라는 생각을 담고 있다(Guntrip, 1961; Coleman, 1975; Kaes, 1982b). 그러나 그러한 가정들이 지닌 문제는 그것들이 위계 변동이 발생한다는 사실을 희생하면서까지 심리내적 역동들과 집단 과정의 유사성을 강조한다는 데 있다. 집단 모체 안으로의 외재화는 기존의 규칙들, 법칙들, 그리고 강제들의 체계를 수정한다. 따라서 사회적 요소들과 개인적/심리내적 요소들 사이의 상호작용이 발생한다. 그런 방식으로 아이는 자신의 꿈들과 소망들이 부모, 형제, 그리고 또래들의 환경적 반응들에 의해 쉽게 수정된다는 사실을 배운다. 그러나 이 대인관계들은 꿈과 소망들과는 다른 질서에 속하는 사건들로서, 단순히 그것들에 대한 외적 표상들이 아니다.

상세한 조사가 필요한 부분은 내부로부터 바깥으로 그리고 그 반대 방향으로 바뀌게 하는 변화기제들이다. 여기에서 투사는 안에 있는 어떤 것을 바깥에 있는 것으로 경험하는 것 이상이다. 게다가, 거기에는 집단 체계가 그것을 받아들이는 특정한 수용방식이 있는 것과 마찬가지로, 대상관계 게슈탈트가 지각되는 과정에서 발생하는 수정과정이 있다. 투사와 투사적 동일시 사이의 본질적 차이는 후자의 경우 환경에서 오는 반응과 환경의 변동이 있다는 점에서 찾을 수 있다.

내재화된 대상관계들이 집단 안으로 투사적으로 동일시될 때, 그것들은 일관된 내적 의미를 유지하면서도 거리와 윤곽, 강조와 정교화에서 변화를 겪는다. 만약 투사적 동일시가 수용되지 않는다면, 그 과정은 실패를 겪게 될 것이고, 그 과정을 시작한 사람은 오해되고, 거절되고, 버림받았다고 느낄 수 있으며, 그의 비밀들, 표명들, 또는 친밀감들이 집단 안에서 겪게 될 운명에 대해 두려워할 수도 있다.

집단에서의 현상학적 경험과 심리역동들의 변화 외에도, 집단은 경험과 행동의 위치에서 수정을 겪는다. 예컨대, 한 특정 구성원이 타자들에 대한 욕구들, 문제들, 그리고 무의식적 과정들을 명료화하고 예시하는, '집단의 소리' (voice of the group) 현상에서

(Agazarian & Peters, 1981 83쪽), 이 소리는 공감, 투사적 동일시, 그리고 의사소통의 조절과 조정에 힘입어 집단의 정서를 위한 수로가 된다(Rioch, 1975, 170쪽). 집단은 자체의 정동과 생각을 투사할 뿐만 아니라 일시적인 역할구조를 세우는 것을 통해서 하나의 담아주는 집단이 된다.

이제 대상관계들 내의 위계 변화들로 이해되는, 내재화와 외재화 과정들은 양적 법칙과 함께 질적 법칙을 따른다. 즉, 정보는 언제 그런 변화가 일어날 것이고, 어떻게 그 정보가 저장되고 수정될 것인지를 지시하는 프로그램에 따라 하나의 체계에서 다른 하나의 체계로 구분된다. 개인들과 집단들 사이에서 변형과정을 관장하는 질적 규칙들은 사적 관심들(꿈, 공포)이 집단의 구조들과 조직자들(규범, 신화 등)이 되는 방식을 보여준다.

그러한 변형 규칙들을 경험에 가깝게 그리고 일상적인 실제에 타당한 방식으로 설명하기 위하여, 우리들은 살아있는 체계 개념에 표상적 공간 개념을 첨가하는 것이 도움이 된다는 사실을 발견했다. 공간적 표상은 특정 체계 안에서 무엇이 가능하고 무엇이 불가능한 지를 규정한다. 그것은 심리적 및 사회적 사건들을 담아주는 그릇으로 이해할 수 있다.

## 심리내적, 상호작용적, 그리고 집단 공간: 체계 표상

집단은 각각의 공간적 표상을 지닌 세 개의 역동적 체계들로 구성된다고 말할 수 있다. 심리내적 공간은 정신적 삶, 대상관계들의 '내적 공간' (Grotstein, 1978b), 환상 등으로 이루어져 있다.

교류와 의사소통의 상호작용적 공간은 개인적 공간의 지점들을 집단 공간의 지점들과 연결시켜주는 그물망을 형성한다. 집단으로서의-집단 공간은 집단 구조, 과정, 그리고 집단 발달의 특정 시점에 그 집단이 가진 내용으로 이루어져 있다. 이 공간적 표상들은 역동적이며 상호 연관된 경험을 담아주는 그릇들이다.

## 집단 체계의 공간적 표상

집단이 구성원들에 의해 공유된 심리적 표상인 한, 그것의 가장 기본적인 이미지와 기능은 구성원들이 그렇게 되기를 상상하고 바라는 것을 담아주는 그릇일 것이다(Kaes, 1976, 344-7쪽). 구성원의 집단적 기억과 행동의 경향성 안에는 아마도 원형 또는 원상의 잔여물이 있어서 외부 실체를 고유한 특성과 성질을 지닌 집단 체계로 형성한다고 말할 수 있다. 따라서 한 개인이 새로운 집단 공간에 들어가 그 집단의 형태, 차원, 그리고 행동에 대한 기대 등을 지각할 수 있으며, 집단을 자체의 건축양식을 가진 구조물로, 그리고 그 자신과 마찬가지로 사고와 행동에서 통일된 목적과 공통의 경향성을 지닌 주체들로 간주하고 그것에 반응할 수 있다. 케이즈(Kaes, 1982a)는 이 과정의 결과로써 얻어지는 구조를 '집단의 정신적 장치'(group psychic apparatus)라고 불렀다. 사적 상상력에서 시작된 것이 공유된 사고가 되고, 더 나아가 특수한 본질, 차원, 그리고 진화과정을 갖는 하나의 새로운 심리-물리적 체계가 된다.

이런 점에서 집단은 집단적인 투사적 동일시를 위한 그릇을 형성하는 잠재적 공간이다. 여기에서 공간이라는 용어는 대상과 그것의 활동에 반응하는 변화와 변용이 가능한 실체라는, 현대의 상대주의적이고 미학적인 의미를 담고 있다. 구체적으로, 이 공간은 물리적 환경이다. 그러나 공간성은 또한 집단 체계의 어떤 요소에 차원을 부여하는(dimensionalizing) 방식이다. 이 개념은 레빈의 유사-물리적 공간 개념과 비슷한 것이지만, 그것과는 달리 순수 지형학적인 개념(관계와 병렬 관계를 서술하지만, 질적 요소 또는 차원을 서술하지는 않는)이 아니라, 이미지들과 꿈들과 다른 일차과정 사고의 표현들에서 발생하는 역설과, 시-공간적인 변화들의 유동성과 더 밀접하게 관련된 개념이다. 따라서 집단 공간 및 그릇은 구체적이고 감각-운동적인(sensori-motor) 것으로부터 추상적이고 상징적인 의미의 인지적 공간에 이르기까지의 다양한 형태를 포괄하는 정신적 표상이다. 동시에 그것은 구성원들에 의해 객관적으로 서술되고, 조사되고, 타협될 수 있는 외적 실체이기도 하다.

아동발달에서 이 이중성은 실제 엄마와, 아이의 환상 및 엄마에 대한 아이의 방어적 왜곡들 사이의 교류로서 드러난다. 예컨대, 아동이 엄마에 의해 질식된다고 느낄 수 있듯이(밀실 공포증), 구성원들은 집단 경험의 정동적 차원에 대해 비슷한 공간적 이미지를 가질 수 있다. 예컨대, 대인관계적 거리는 집단 안에서의 친밀성과 화합의 수준을 보여주는 흔한 방식이다.

마투라나(Maturana, 1975, 315쪽)는 현 공식화와 그가 말하는 살아있는 체계의 자율성 및 창조성 개념과 일치하는 공간에 대한 체계론적 정의를 제공한다. 그에 따르면, '공간은 핵심 요소들의 모든 가능한 관계들과 상호작용들의 영역이며, 그 요소들의 속성들이 정의되는 영역이다.' 집단의 무의식적 표상과 대인관계적 과정들의 영역에서, 그 핵심 요소들은 대상관계 경험으로 이루어진다는 것은 자명하다. 대상들 사이의 관계와 상호작용의 공간은 자아 정체성과 집단과정, 즉 자기와 사회적 모체의 구조와 조직에 의해서 자동적으로 조직화된다. 공간은 자율성과 창조성을 허용하는 곳으로 경험된다. 이것은 놀랍게도 위니캇이 놀이와 승화의 영역으로서의 잠재 공간 개념에서 예견한 바 있다.

요약하자면, 공간적 표상은 내적 정신과정과 집단 체계들 그리고 자아 분화, 사회적 거리, 내적 환상세계, 그리고 집단 분위기와 같은 집단과 관련된 심리적 실체들을 포괄한다.

집단 공간은 그 안에 투사되는 대상들을 담아주는 그릇으로서 반응하며, 그것의 출현하는 특성들은 삐아제가 서술한 인지발달 단계들을 반영한다. 예를 들면, 그 공간은 행동으로 구체화될 수 있기 때문에, 구성원들이 서로 친밀하면 하나의 작은 가족 단위처럼 행동하고, 의도적이고 사무적이면 커다란 조직처럼 행동한다. 인지된 공간은 일시적으로 탈-차원화(de-dimensionalize) 될 수 있고, 그때 구성원들은 제한되어 있고, 폐쇄공포적이며, 움직일 수 없다고 느끼게 된다. 공간에 대한 인식이 무의식적 과정들을 포함할 수 있으려면, 그것은 루이스 캐롤의 이상한 나라에 나오는 세계처럼 이해되어야 한다. 그 세계는 그 크기와 내용에 있어서 유동적이며, 지각과 객관화가 가능할 뿐 아니라 꿈과 환상이 가능한 공간이다. 정신분석적 용어로, 그것은 대상들과 이미지들이 해석될 수 있듯이 의미가 해석될 수 있는 공간이며, 집단의 용어로, 대인관계적으로 타협될 수 있고, 계속되는 상호작용을 위한 배경과 그릇으로 기능하는 공간이다.

한 예로, 집단 안에서 좌석의 선택은 무의식적 환상 및 내적 공간과 관련되어 있다.

> 청소년 치료집단에서, 십대들은 줄을 지어 앉거나 둥글게 앉는 대신에 형식에 얽매이지 않는 자세로 서로 떨어져 앉았다. 한 사람은 열려 있는 창가에 있었고, 다른 한 사람

은 무언가를 그리고 있었으며, 또 다른 한 사람은 치료자들 맞은편에 다른 사람들과 떨어져서 앉아 있었다. 집단 분위기는 한마디로 부정적이었고 의존적이었다. 감정들을 탐구하고자 하는 치료자들과 집단의 과제는 비판받고 있었다. 구성원들은 아주 단순한 결정도 내릴 수 없었다. 청소년들의 연상들은 무질서, 박탈, 목적의 결핍 등과 관련된 다양한 삶의 상황들과 관련된 것이었다. 구성원 중의 하나가 길거리에서 방황하며 시간을 보내다가 노숙자들과 만난 경험에 대해 말했다. 다른 구성원들도 비슷한 길거리 생활 이야기들로 장단을 맞추었다. 다른 한 소년이 직업소개소에서 고립되고 이해 받지 못했으며 방향과 구조에 대한 감각이 없이 풀이 죽어있던 느낌에 대해서 말했다. 다른 한 사람은 매일 밤 취해서 들어오는 아버지에 대해 말했는데, 그는 그런 아버지를 두려움과 분노와 함께 거리를 두고 바라본다고 했다.

무질서한 자리 배열은 집단 구성원들의 내적인 혼란을 반영하는 것이었다. 공간적 용어로, 그들의 내적 대상 표상들은 신뢰할 수 없는 외적 대상들(노숙자들, 정신장애를 가진 부모, 유기하는 고용인들)과 투사적으로 동일시되어 있었고, 이것은 내적 공간을 더욱 혼란시켜 내적 및 외적 혼동을 만들어냈다. 즉, 사회적 환경이라는 상징적인 담아주는 그릇/젖가슴이 붕괴됨으로 인해 내적 상태는 혼돈스런 것이 되었다. 이 내사된 공간은 집단 안에서 앉는 자리를 배열하는 방식으로 표현되었다.

흥미롭게도, 치료자들 맞은편에 앉아 있던 청소년은 부정적인 감정을 표현함으로써 그리고 치료자의 좋음과 반대되는 나쁨을 떠맡음으로써, 집단을 이끌려고 했다. 그리고

> 집단에게 조직화할 것을 요구했다. 그의 공격적인 조직화 기능은 일시적으로 그와 집단 과정에 관심의 초점을 제공하는 것을 통해서 집단에게 약간의 응집성을 주었다. 그와 치료자들 사이의 대화에서 좋음과 나쁨의 양극화는 점차로 집단으로 하여금 하나의 중심점을 갖게 했고, 그들을 대화의 어느 한 입장에 서게 했다.
> 수개월 뒤에 열린 후속 상담 모임에서, 집단의 자리 배열은 달라졌다. 그들은 코트를 입은 채 무감정하게 줄을 맞추어 앉아 있었고, 치료자들이 들어온 후에도 얼마 동안 말없이 그대로 있었다. 그들은 차가움, 즉 움직일 수 없음의 감각으로 인도하는 얼어붙은 내적 공간을 극적으로 표현하면서, 항거와 애도를 동시에 나타내고 있었다.

레빈이 집단 역동의 맥락에서 그리고 페던이 또 다른 방식으로 자아심리학의 맥락에서 논의했던, 경계 개념은 집단 공간이 특정한 특성들 사이에 교류를 갖는 소영역들로 어떻게 분화되는지를 묘사하는 데 필수적이다.

## 담아주는 과정으로서의 집단 경계들

여기에서 다루고자 하는 주제는 전체로서의-집단과 그것의 발달을 정신분석과 그리고 그것의 상호작용적 구성물들과 조화되는 방식으로 서술하는 데 필요한 공간적 모델에 관한 것이다.

우선, 집단은 구성원들의 포함과 제외를 결정짓는 그리고 자체를 다른 집단들이나 집단 외의 환경과 구분하는 경계를 갖고 있다. 그러한 경계는 구성원들 사이에 연결들이 만들어지기 이전의 아직 형태가 없는 사람들의 집합을 둘러싸고 형성되어 있다. 이 연결들이 하나의 모체를 형성한다. 집단의 경계 내부에 의사소통의 통로들이 형성되고, 그로 인해 더욱 진전된 분화가 발생한다. 집단의 경계는 집단에 대한 가장 근본적인 정의를 제공하며, 그것의 모델은 발달적으로 엄마의 안아주는 팔의 경험에서 유래한다. 경계와 공간은 각 개인이 동일시하는 다양한 집단들 안에 암묵적으로 존재한다.

처음에 그 모체는 비어 있고 물들지 않은 하나의 공백 상태에 있다. 그러나 집단에 관한 놀라운 관찰들 중의 하나는 그 새로운 집단 공간이 의미로 채워지는 속도가 무척 빠르다는 것이다. 즉, 아주 빠르게 기본적 가정들이 형성된다. 집단 모체는 정신 내용을 담아주는 그릇이 되고, 거기에 담겨진 정신 내용은 다른 내용에 의해 변화된다. 그리고 집단 모체는 하나의 특징적인 형태와 의사소통 및 투사적 동일시들에 대한 반응을 발달시킨다. 그러한 담아주는 그릇은 초개인적인 특성을 갖는다. 즉, 그것은 사고과정을 집단적 수준에서 조직화하며 보편적인 문화적 의미를 지닌 이미지들과 사고에 반응한다. 그것은 주로 알려진, 관찰된, 그리고 집단적으로 내사된 것으로부터 구조를 발달시키며, 그 결과 본래 내적이었던 것이 입체영상 표상이나 집단 조각품과 같은 것으로 바뀐다.

집단 모체의 담아주는 기능은 엄마의 젖가슴과 안아주기가 아이를 위해 담아주는 그릇을 형성하는 것과 같은 방식으로 내적 대상들을 위한 담아주는 그릇이 된다. 점차로, 집단 자체는 외화 과정을 통해 집어넣어진 것들로 구성된 하나의 대상으로 지각된다. 이 지점에서, 구성원들은 마치 그것이 꿈의 이미지나 친숙한 사람인 것처럼 반응한다. 그들은 그들의 집단과 특정한 대상관계를 갖는다. 그들이 바로 그 집단이라는 점에서, 이 대상관계는 자기애적인 동시에 상호적이다.

따라서 집단은 (1) 뚜렷한 경계(의사소통과 연대행동의 가능성), (2) 공간적인 담아주는 그릇, 그리고 (3) 대상 등의 세 가지를 형성하는 것을 통해서 발달한다.

경계, 담는 그릇, 그리고 대상이 지닌 특징들은 집단의 발달과정에서 특정 시기에 그 집단이 갖는 성질을 규정한다. 이 세 가지 요소들은 내적인 정신내용과 상징주의를 계속적으로 상호작용들과 전이들로 나타내며, 그 결과 그것들의 형태는 보다 구조화되고 분화된다.

## 집단 역동에서의 경계 상황과 경계짓기

경계들은 집단 내부에서와 집단을 둘러싼 곳에서 발생한다. 웹스터 사전은 경계를 한계나 범위를 정해주는, 즉 어떤 것을 묶거나 나누는 선이라고 정의한다. 더킨에 따르면(1980, 27쪽), 경계에서 발생하는 활동은 정보의 획득이다. 집단의 경계는, 집단의 안과 밖 어디에 있건 관계없이, 각 사람에 관한 한 조각의 정확한 정보를 획득하는데, 이 조각이 전쟁, 사랑, 새로운 집단의 설립 등을 위한 자극제가 된다. 경계의 의미와 동기는 핵심적인 중요성을 갖는데, 그 이유는 그것들이 행동을 위한 조건들과 사고를 위한 전개념들을 만들어내기 때문이다. 집단 경계는 무의식에서 자아 경계 및 전능성과 동등시된다. 사회적 경계들은 환경에 대한 통제와, 자기를 위한 '보증들'을 의미하며, 개인이 그 안에서 안전감과 승리감을 느낄 수 있는 잠재 공간을 창조한다. 집단 경계의 용해는 상실, 유약함, 죽음으로 경험된다. 경계들은 원시적이고 자기애적인 정서적 의미를 갖는다.

살아있는 체계의 관점에서 본 경계들에 대한 견해는 폰 버털랜피에 의해서 서술되었다(1968, 215쪽). 그에 따르면, '조사 대상이 될 수 있는 모든 체계와 실체는, 그것이 공간적인 것이건 역동적인 것이건 관계없이, 경계들을 가지고 있음이 분명하다. 엄격히 말해서, 공간적 경계는 순진한 관찰안에서만 존재하며, 모든 경계들은 궁극적으로 역동적이다.' 계속해서 버털랜피는 역설적으로 공간을 인간의 개방성과 관련시킨다. '동물들이 제한된 환경을 가진 것과는 대조적으로, 인간은 세계에 대해 열려 있고, 하나의 우주를 가지고 있다. 즉, 그의 세계는 생물학적 한계를 크게 능가하며, 심지어 그의 감각의 한계마저도 초월한다.'

이 견해는 경계 상황들이 지닌 잠재적인 확장 가능성, 특히 집단세계에 대한 개방성, 그리고 수용성과 준-삼투성을 강조하기 위해서 제시되었다. 경계짓기는 차별을 확립하며, 그럼으로써 하나의 체계에 정보를 더해 준다(부정적 엔트로피). 그 결과 그 체계를 조직화함으로써 체계 안의 사용가능한 에너지의 양을 증가시킨다. 역으로, 경계가 용해되거나 삼투성이 과도해지면, 에너지가 소비되고, 정보가 교환되며, 활동이 증가한다. 경계 없음과 엔트로피를 향한 경향성을 나타내는 정신적 표상들은 (a) 융합, 연합, 융합에 대한 소망(생명본능)과, (b) 파괴적 공격성(프로이트가 죽음본능이라는 명명한)을 포함한다. 집단의 생명과 죽음 사이의 균형은 물질, 정보 그리고 에너지의 교류를 조절하는 구조들에 의해 변하기 쉬운 상태에 있다. 구조화의 기본적인 동인은 의사소통이며, 각각의 의사소통은 경계 상황들, 즉 지각, 소유물, 개인이 속해 있는 하위집단들, 그리고 개인을 집단으로부터 구별하는 것과 그가 집단과 동일시하는 것 등에 대한 초 메시지를 포함한다(Ruesch & Bateson, 1951, 23쪽).

역동적으로, 경계는 하위 구조들로 발달하며, 그것들 안에서 감시와 문지기 등의 활동들이 수행된다(Miller & Rice, 1967, 48-9쪽). 예컨대, 상담자는 구체적인 과제를 주는 것을 통해서, 어떤 문제들을 명료화하고 어떤 것들을 모호한 상태로 둘 것인가를 선택하는 것을 통해서, 그리고 퇴행을 고무하거나 아니면 반대로 좌절시키는 것을 통해서 집단 내의 활동의 정도와 유형을 조절한다. 예를 들면, 인지적 활동은 경계를 더 예리하게 하고 폐쇄적으로 만드는 반면, 강한 정서적 결속은 변형과 변화에 유리한 개방적인 경계들과 더 활발한 상호작용을 가져온다. 사고와 정동 사이의 움직임은 집단에서의 학습과 개인적 성장을 촉진시키는 경계 조절의 한 형태이다(Kissen, 1980, 33쪽).

따라서 집단 경계들은 집단 안의 선택적인 막들, 곧 움직임과 변화의 자원들에 대한 표시점들과 선들로부터 발달해 나온다. 슬레이터(1966, 235쪽)는 집단의 삶의 기본 법칙과 역동요인으로서 '경계에 대한 인식의 연속체'(continuum of boundary awareness)에 대해 말한다. 이 연속체에서 가장 강력한 것은 소유(영토권), 역할, 위계질서(pecking order), 금기, 세대 간의 경계를 포함하는 대인관계적인 것들이다. 이것들은 의존과 힘, 연합, 그리고 다른 대인관계적 욕구와 소망을 나타내는 의식들과 의례들로 나타난다.

대인관계적 경계와 자아 경계는 밀접하게 연관되어 있다. 자아 경계가 분화될수록 대인관계는 더 친숙하고 성숙한 수준에서 발생할 수 있다. 자아, 대인관계, 그리고 집단 경계를 포함하는 위계체계는 하나의 역동을 형성한다. 그것은 집단 경계가 자아를 수정하면, 그 자아는 다시금 대인관계적 교류의 과정을 조절하고, 그렇게 함으로써 피드백 고리를 발생시키는 역동을 말한다. 경계의 하위체계들이 이렇게 맞물리는 이유는 아마도 그것들이 유사한 것으로 지각되고, 따라서 무의식에서 동일한 것으로 간주되기 때문일 것이다. 이것에 대한 좋은 본보기는 한 국가의 국민들이 '외국인'이 그들의 국경을 넘어올 때 자신들의 가정이나 가족이 침범 당한 것으로 경험하는 것에서 찾아볼 수 있다. 집단 관계 컨퍼런스에서, 한 집단의 구성원이 다른 집단의 공간에 들어갈 때 그 집단의 구성원들은 유사한 격렬한 반응을 보이는 것으로 드러났다. 집단은 때때로 지도자 주위에 울타리를 세우고 그를 집단의 상호작용에서 배제하기도 했다. 이때 집단의 감정적 분위기가 주는 인상은, 지도자가 마치 전체 자기 안에서 배제되고 포위된(부정된) 양심처럼 취급되고 있다는 것이었다. 이런 현상은 치료자를 '내부의 목소리'와 상징적으로 동등시하는 것에서도 볼 수 있는데, 이것은 집단 공간이 원시적 대상들의 세계를 재창조하는 데 사용되는 방식을 보여준다.

하트만과 기바드(1974)는 '자기 상태의 고통'(ego state distress)이라는 개념을 통해서 자아심리학과 집단 내에서의 대인관계들 사이를 연결시켜주는 구조물을 공식화했다. 그들은 이 구조물을 '사회적 경험의 보편적인 부수물인 동시에 개인과 집단의 적응적 반응 및 방어적 반응 모두를 자극하는 고통스런 감정이라고 정의했다(154쪽). 개인이 집단의 삶에 참여하는 것은 부분적으로 자아 경계들의 변화와 연관된 불안을 몰아내기 위한 것이다. 그는 심리내적 평형을 성취하고 집단 상황에 적응하기 위해 노력하며, 타협을 성취하고자 한다. 다시 말해, '경계의 문제들은 내적 요구와 외적 요구에 대해 순환적이고 유동적으로 관련되어 있다. 집단 경계의 평정이 깨어지는 변화는 자아 상태의 고통을 발생시키며, 그것은 다시금 구조적 변화라는 수단에 의해 다루어져야 한다(159쪽).

그러므로 집단 경계는 자아가 자체의 반경 안에서 변동을 경험할 때 자아 안에 불안을 촉발하는 환경적 조건들 또는 구조들을 나타낸다. 역으로, 불안을 줄이기 위해 자아는 집단 경계 상황들을 조종하는 방식으로 외부 조정(환경에 대한)에 착수할 수도 있다.

> 우름저(1978, 248-53쪽)는, 예컨대, 마약 중독자들은 경계와 관련해서 커다란 장애를 갖고 있다고 지적했다. 우리들 중의 한 사람인 셔머와 개인치료와 가족치료를 받고 있는 18세 청소년은 집으로 마약을 가져오거나 마약을 한 상태로 집에 와서는 안 된다는 명령을 어기고, 그의 방에 마약을 남겨둔 일로 그의 부모를 화나게 했다. 그의 부주의는 도움을 청하는 외침으로 이해될 수도 있었지만, 그 사건은 엄마에게 감당할 수 없는 극심한 불안을 초래했고, 아버지에게는 수치심으로 인해 사회적으로 철수하게 함으로써 가족을 심각하게 붕괴시켰다. 그는 행동화를 통해서 가정과 가족의 경계를 넘어서는 것을 통해 부모의 사회적이고 대인관계적인 행동에 영향을 미쳤고, 따라서 그의 부모의 자아 상태 안에 고통을 산출했다. 그때 부모는 모두 투사적 동일시로 반응했다. 그들은 치료과정을 감시하고 통제할 것을 주장하면서 치료계약과 틀을 침범했다. 치료자는 환자의 동의를 얻어 부모의 이러한 요청들을 가족치료 면담을 갖는 쪽으로 유도했다. 가족치료 과정은 그들 자신들의 포기된 측면들을 되찾고, 자신들의 행동에 책임을 지며, 서로의 신뢰를 얻도록 고무함으로써 그들 각자의 경계들을 회복시키는 데 초점이 맞추어졌다. 이 치료적 개입은 어느 정도 가족의 조화로움을 회복했고, 환자의 자아 경계를 강화한 것으로 보였는데, 이는 그가 일시적으로 더 기능적이고 독립적이 되었으며, 마약 사용을 중지한 덕분이

기도 했다. (이 갑작스런 변화는 짧은 기간 동안 지속되었다. 여기서 주목해야 할 것은 개인과 집단 경계의 일시적 변화는 더 깊은 수준에서 일어나는 재구조화와는 다른 것이라는 점이다).

요약하자면, 경계들은 개인과 집단 공간 안에서 분화를 유지하고 변화시킴으로써 입력-출력(input-output) 기능을 조절하는 정보-규정(information-defining) 체계들이다. 경계들은 개인적 영역에서부터 문화적 상황에 이르기까지의 모든 체계에서 발생한다. 정신분석학이 집단심리학에 기여한 것 중에 가장 중요한 것은, 개인이 사회적 경계들에 반응하는 방식과, 역으로 사회적 경계들이 개인에 반응하는 방식을 밝힌 것이다. 한계들과 허용들, 공생적 궤도로부터의 분리, 사랑 대상에 의한 침범과 유기, 그리고 자기-정의(self-definition)의 욕구에 대한 아이의 초기 반응 등은 사회적 경계들과 관련해서 중요한 통찰들을 제공한다. 안나 프로이트가 말한 대로, '본능적 위험이야말로 인간을 지적 존재로 만들어주는 요소'이다. 본능들은 경계들에 의해 조절되는 것이고, 사회적 지능은 개인과 집단의 정체성에 대한 전-의식적 이해이다. 이러한 이해는 개인과 타자들을 위한 최적의 공간을 허용하고, 그렇게 함으로써 자아의 적응을 증진시킨다.

## 대상으로서의 집단

집단은 근원적 경계와 담아주는 그릇을 확립하는 것을 통해 잠재적 공간을 창조한다. 이 공간 내부에서, 각 개인의 영토와 영역을 구분 짓는 더 자세한 경계 지도가 생겨나고, 개인과 집단의 과제와, 집단의 유지욕구 및 정서욕구를 충족시키는 데 필요한 여러 하부기능 체계들이 확립된다. 전체로서의-집단과 마찬가지로 각각의 하위체계는 의미를 담는 그릇, 자기의 부분들, 투사적-내사적 과정, 그리고 대상관계 등을 가리킨다.

집단이 환상적 대상이라는 것과, 대상관계가 집단 안에서 대인관계적 행동에 영향을 주는 전이의 표현이라는 사실은 비온에 의해 처음으로 진술되었다. 그는 집단을 젖가슴과 동일시했는데, 그 가슴은 집단의 모호성과 크기, 타자성, 그리고 불안을 유발하는 퇴행 가능성을 강조하기 위한 유비였다(1959, 127-8쪽). 더킨(1964, 80쪽)은 전이가 두 개의 별도의 발달단계들을 거친다고 보았다.

> (1) 집단이라는 생각, 즉 알려지지 않은 힘에 대한 거대한 전체성은 가혹한 전오이디푸스적 어머니 이미지를 환기시키며, 어머니에 대한 개인의 자기애적 두려움을 재활성화한다. (2) 따라서 개인은 집단을 왜곡되게 지각하고, 어머니에게 반응했던 것과 비슷한 양태로 행동하게 된다. 유일한 차이는 그 행동이 과거의 것이 아니라 오늘의 옷을 입고 있다는 것이다. 특징적으로, 여기에는 복종과 반항이라는 상반되는 경향성이 모두 포함되는데, 때에 따라 그 중의 하나가 우위를 차지하는 것으로 드러난다.

더킨은 계속해서 분열의 역할에 초점을 맞추면서(같은 책, 80-92쪽), 초기에 발생하는 투사는 고통스러운 성질을 지니며, 따라서 그 집단은 나쁜 모성적 대상이 된다는 점을 강조한다. 집단전이 안에는 항상 집단과 지도자라는 두 대상이 있다. 전이의 이런 이중성은 분열된 결과이지만, 그것이 승화될 때에는 집단 경험에 차원을 부여하는 이중 안목(binocularity)을 가질 수 있게 해준다. 이것은 위니캇이 말하는 대상 엄마와 환경 엄마에 비유된다. 이중 안목을 통한 집단/지도자의 이중성은 오이디푸스 삼각관계가 형제와 동료관계를 위한 맥락을 형성하는 것과 같은 방식으로 집단 상호작용을 위한 형태-바탕(figure-ground)의 입체영상적인 그림을 보여준다.

샤이드링거(Scheidlinger, 1974)는 집단이 부정적 전이의 대상이라는 견해에 찬성하지 않는다. 그에게 있어서, 집단은 오히려 조화로움과 양육의 모성적 환경으로 경험된다. 그러나 경험적으로 볼 때, 집단은 구성원들에게 긍정적인 영향뿐 아니라 부정적인 영향도 끼친다. 새롭게 형성된 집단에서 나타나는 공통적인 현상은 전이가 일시적으로 분열되는 것이다. 강력한 부정적 요소가 없다면, 집단 상황은 흔히 관찰되는 실존적 불안을 불러일으키지 않을 것이다. 그러므로 부정적 전이는 집단 형성에 내포된 기본적인 사실로 간주되어야 한다.

모니-컬(1950)은 집단이 상상속의 가족에 비교되는 다중적 대상들을 갖는다고 주장했다. 즉, 집단의 규범 및 이상과 비교되는 모성적 자질을 지닌 좋은 부모, 집단의 가치를 파괴하는 박해자와 비교되는 나쁜 부모, 집단의 지도력과 비교되는 좋은 엄마를 보호해주는 아버지 등이 그것이다. 모니-컬의 견해는 긍정적 정동 상태와 부정적 정동 상태 모두를 고려하고 있으며, 더 중요하게는, 내적 대상들이 집단의 하위체계들 안으로 투사된다는 사실을 인식하고 있다. 그 하위체계들은 규범, 박해자의 역할, 그리고 지도력(부모 커플로서의)으로 구성되어 있다. 그러나 모니-컬은 실제로 집단 형성을 위한 기초가 아니라 좀 더 후기 단계에서 집단이 무엇이 될 수 있는지에 대해서 서술했다. 최초의 집단 대상은 가족보다는 더 분화되어 있다. 그것은 바탕 또는 담아주는 그릇에 더 가깝다. 그는 짝짓기 집단과 오이디푸스 자리는 같은 수준에 속한 것으로서, 집단 발달의 좀 더 진보된 수준을 나타낸다고 말한다.

컨버그는 비온의 기본적 가정 상태에 포함된 방어, 역할, 태도 등을 묘사하면서, 집단을 대상관계 체계로 보는 것과 비슷한 견해로 옮겨간다. 그는 이것들이 내적 대상으로부터 유래하지만, 그것과는 다른 것이며, 그런 점에서 집단 인물과는 다른 것이라고 본다. 이 견해가 의미하는 것은 공통 표상으로서의 집단 대상은 투사에서 출현하는, 상상적인 동시에 현실적인 시-공간적 조직체라는 것이다. (그것은 사실상 현실과 환상 사이에 있는 하나의 중간 대상이다.) 앙지외(Anzieu, 1980)의 '집단-대상' 개념은 어떻게 집단이 대상관계를 구체화한 하나의 체계가 되고, 그래서 상상적 투사물 이상의 것이 되는지를 설명해준다.

집단의 환상 대상과, 일련의 사건들로서의 집단 삶의 현실 및 역동 사이의 연결은 집단의 인식론에 있어서 본질적인 것이다. 집단 현실의 성질은 항상 문제가 된다. 왜냐하면 그것은 언제나 어느 정도 정신적 구성물, 즉 순수한 물리적 또는 생물학적 체계라기보다는 심리물리적 체계이기 때문이다. 집단 대상은 이런 점에서 하나의 중간 대상이요, 정신적 구성물인 동시에 물리적 체계이다. 누군가가 엄마로서의-집단에 대해 말한다면, 그는 집단적인 환상적 삶과, 공유된 환상 및 믿음들에 대해서 말하고 있는 동시에, 어머니를 친족관계의 원형적 상징으로 보면서 그 상징을 건축양식, 예술, 신화, 그리고 행동 규범과 기대로 승화시키는 사회 체계에 대해서도 암묵적으로 말하고 있는 것이다. 그것은 환상과 사회적 구조 사이에는 밀접한 연결이 존재하기 때문이다.

## 집단의 공간, 경계, 대상의 발달과 기능

집단의 투사적 동일시와 담아주는 그릇-담기는 것의 법칙은 내적 정신작용과 집단 현실 사이, 환상으로서의 집단 대상과 역동적 사실로서의 집단 대상 사이의 관계를 설명해준다. 투사적 동일시의 대상은 투사된 대상과 동일한 것은 아니지만, 개인이 집단과 동일시하듯이 서로 동일시한다. 담아주는 그릇은 담기는 것과는 다른 조직 수준을 나타내며, 담기는 것에게 형태, 구조, 의미, 응집성을 줄 뿐만 아니라, 자궁 바깥의 존재 가능성, 즉 운동성과 확장성을 준다. 예컨대, 치료자가 환자의 투사적 동일시를 적절하게 담아줄 때, 그는 자신 안에 유발된 정서를 견뎌줌으로써 환자가 내재화 과정을 통해 성장할 수 있도록 기능적 내사물을 제공하고 있을 뿐만 아니라, 해석을 통해서 초기 환상들과 충동들에게 구조와 의미를 주고 있는 것이다. 이것은 그가 하나의 대인관계적 모체, 즉 전에는 견딜 수 없었던 공격적인 정신적 내용이 견딜 수 있는 상호작용으로 변형될 수 있는 하나의 안전한 공간—사적 자기와 사회적 정체성이 공존할 수 있는—을 창조하는 것을 의미한다. 예컨대, 집단 안에서 집단 전체의 갈등이나 의견의 불일치가 있은 후에 긴 침묵이 발생하는 순간들이 있는데, 그때 치료자는 무자비한 압력에 의해서 또는 질식시키는 분위기에 의해서 침범 받는다고 느낄 수 있다. 이 순간들이 집단이 씨름하고 있는 문제를 치료자에게 투사적으로 동일시하려고 시도하는 순간들인 것처럼 보인다. 방금 전까지 좌절과 분노와 무력감을 느끼던 집단이 지금은 대체로 공감적인 얼굴로 조용히 앉아 생각에 잠긴 채 지도자의 문제 해결을 기다린다. 압도적인 정서의 위치가 환자들로부터 치료자에게로 옮겨진 것이다.

요약하자면, 대상으로서의-집단에 관한 이론들은 모성적 실체가 지도자의 역할과 동일시된다는 생각에 동의한다. 이것은 돌보는 자(기본적 가정에서의 의존), 부모 커플(모니-컬의 가족 묘사), 또는 아버지 인물(프로이트의 원시부족에 대한 견해; 또한 Slavson, 1979, 163쪽을 참조할 것) 등의 개념에서 드러나고 있다. 내적 대상을 집단 상황에 대한 지각으로 옮겨놓는 적응적 또는 방어적 기제들의 외재화가 원시적인 성질의 것이라는 사실 또한 일반적으로 받아들여지고 있다. 샤이드링거에 의하면, 그것은 공생적 융합이나 용해를 통해서 이루어진다. 비온에게 있어서, 집단 수준의 방어기제들은 정신증적인 것이다. 프로이트에게 있어서, 집단의 동일시는 내사와 투사에 의해서, 즉 자아가 대상과 동일시하고, 자아 이상을 대상으로 대체함으로써 이루어진다.

이미 주목했듯이, 여러 이론가들은 나쁜 대상이 근원적 집단 모체 어딘가에 숨어있다는 견해에 부분적으로 동의한다. 모니-컬에게 있어서 그것은 박해적 대상으로서의 부모이고, 더킨에게 있어서 그것은 집단의 조화로움을 위협하는 압도하는 엄마이며, 비온에게 있어서 그것은 싸움과 도피의 대상이고, 프로이트에게 있어서 그것은 강력한 근친상간적이고 토템적인 아버지이다. 이 위험한 대상의 성질이 무엇이든 간에, 그것은 희생양 만들기, 의존-복종, 반역, 또는 현실에 대한 부인 등을 통해서 집단으로부터 제거해야만 하는 요소들이 된다. 대상관계의 긍정적 측면과 부정적 차원 사이의 상호작용은 집단의 삶에서 지배적인 주제이다. 아마도 이 대상은 소망된-공생을 거부하는 '분리된 엄마' 일 것이다.

슬레이터(1966, 248쪽)는 비록 대상관계적 관점이라기보다 융학파의 관점에서이긴 하나, 집단 내에서 환상 모체가 발달해 나오는 원리를 설명했다. 그는 그것을 노이만(Neumann, 1949)의 용어를 따라 의식발달의 일련의 단계들로서 서술하면서, 집단에 대한 구성원의 관계는 변화하는 것이며, 인간은 분리와 개별화 과정을 통해 자기와 집단의 근원적 융합 상태로부터 개인적 정체성과 도덕적 수준으로 발달할 수 있는 잠재력을 갖고 있다고 주장했다. 그리고 이것은 프로이트가 말하는 오이디푸스 콤플렉스의 해소와, 집단의 가치와 규범을 관장하는 양심으로서의 초자아 형성에 대한 설명과도 비슷한 것이라고 보았다. 슬레이터는 더 나아가 자아의 발달은 그가 '심리학적,' '사회 심리학적,' '집단,' 그리고 '사회학적'이라고 부른 분석의 수준과 관련된 집단 신화에 의해 예증된다고 제안했다. 따라서 그의 견해는 집단의 자아-대상의 발달이 개인적, 대인관계적, 집단 및 상황적 체계 등의 다중적인 체계들에서 자체를 드러낸다는 생각을 포함하고 있다. 그는 집단 안에서 발생하는 것의 대부분을 분리-이전의 요소들, 즉 말러의 재접근 하위단계 이전의 것으로 간주한다. 그가 제안하는 일곱 단계들 중에 나중 두 단계만이 집단 현실에 대한 개별화되고 대상 항구성을 지닌 지각을 포함하고 있다. 다시금, 집단 상황의 원시성과 그 안에서 개인의 정체성을 획득하는 것이 얼마나 어려운지가 강조되고 있다.

## 집단 대상의 발달

여기에서 우리는 대상으로서의-집단이 고정되어 있는 것이 아니라 발달단계를 거친다는 사실을 제안하고자 한다. 가장 근원적 수준에서 집단은 자극과 너무 이른 각성을 막아주는 니르바나와 같은 자궁 및 자극장벽으로 경험된다. 이러한 상황은 새로운 구성원의 도착과 이별 또는 지도자에 대한 의존적 관계의 붕괴 등과 같은 침범에 의해 발생한다.

> 어느 한 타비스톡 집단에서 이런 환상을 생생하게 보여주는 사건이 있었다. 한 하위집단 구성원들이 신체적 접촉을 금한다는 집단의 규범에 의문을 품었다는 이유로 공격을 받았다. 이때 그들은 커다란 원의 한복판에 앉아있었는데, 더 이상의 언어적 공격으로부터 보호받을 수 있는 자궁과 같은 담는 그릇(a womb-like container)의 형태를 띠고 있었다. 동시에 그들은 피학적인 복종과 존경의 행위를 연기하는 것처럼 보였다. 환자들도 일상생활에서 원시적 대상관계가 자극되는 것을 경험할 때 유사하게 그들의 치료집단이나 웍샵 집단 또는 병원 프로그램을 보호-복종적 환경으로 활용한다. 이런 언급들은 아마도 집단은 곧 자궁이라는 무의식적 동등시의 파생물일 것이다.

공생적인 그리고 편집-분열적인 환상들은 치료와 훈련 집단에서 상당히 자주 발견된다. 가장 중요한 것은 집단 관계가 시작되는 단계에서 또는 구성원의 자격을 성취하는 순간에 발생하는 탄생 환상이다. 한 환자는 환상 속에서 산모 방의 아기로 등장하는 치료자의 이미지를 보았는데, 그때 치료자 부모는 한쪽에서만 볼 수 있는 창을 통해서 치료자를 바라보고 있었다. 이 환상이 간접적으로 말하고 있는 것은 공동치료자를 관음증을 즐기는 사람으로 느끼고 있다는 것과, 환자가 자신을 집단에 의해 태어나기를 소망하고 있는, 무기력한 유아로 느끼고 있다는 것이다. 자기를 노출하고, 구성원들 사이의 응집력 및 동일시를 확립하는 것은 무의식 수준에서 탄생과정으로 경험되는 역동이다. 탄생 환상 안에서, 집단과 개인의 경계들은 말러가 말하는 심리적 탄생과정에서 아이가 세상과의 사랑에 빠지는 현상과 비슷하게 바깥 세상을 지향하는 것처럼 보인다. 누에고치 속의 애벌레가 나비로 변형되는 것은 이에 대한 아주 적절한 이미지이며, 이러한 성장 과정과 관련해서 종종 사용되는 유비이다.

공생적 모성 대상과 그녀에게서의 분리의 시작은 집단 모체 안에서도 그 표현을 찾아볼 수 있다. 자기애적 동일시와 거울반응들은 집단을 자기대상으로 취급한다. 집단은 신성시되고, 치유의 힘을 부여받으며, '마나' (mana: 신성한 힘)와 자존감의 원천이 된다.

코헛의 자기대상 개념을 보완해주는 것은 멜라니 클라인이 말하는 편집-분열적 자리에서의 부분 대상 개념이다. 그때 집단은 '허구적 신체' (fictive body)로 경험된다(Fornari, 1966, 134쪽). 집단을 신체로 보는 환상은, 자기대상의 경계 없는 특질과는 대조적으로, 경계짓기 과정과 연결되어 있다. 집단 관계들은 구체화되어 있기 때문에 구성원들은 서로에게 그리고 집단 역동의 측면들에 대해서 마치 그것들이 실제적인 아픔, 즐거움, 감각들인 것처럼 구체적으로 반응한다. (구성원이라는 말은 어원적으로 육체와 허벅지, 그리고 팔다리 또는 페니스를 의미하는 단어에서 유래한 신체적 은유이다.) 동시에, 집단 경계들은 상징적인 신체 부위들, 즉 집단의 '우두머리,' 법의 '팔,' 조직의 '내적 작업,' 누군가를 지정하는 '손가락' 등을 구별짓는다. 이 유비들의 역동적인 의미는 발달해 나오는 기능들과 역할들에 있다. 사실, 집단은 바깥둘레를 지닌 유사 생물학적 유기체요, 투입과 산출을 감독하는 집단적인 감각장치이며, 투입된 것을 사용 가능한 것으로 신진대사하는 소화체계이다. 그러나 이 유비의 의인화된 요소는 집단 내의 편집-분열석 역동들에 대한 인식의 결과이다. 그러므로 집단이 역할들과 하위집단들로 분화될 때, 희생양 만들기, 감정의 부정, 공격적인 대상관계의 발생을 목격하는 것은 드문 일이 아니다. 다양한 부위들을 지닌 신체 이미지로서의 집단은 쉽게 성화되거나 공격 대상이 됨으로써 개인들과 하위집단들 사이의 경계들을 유지(또는 역으로 공격)하는 데 기여한다.

도표 5.1 가상적 신체로서의 집단 공생과 집단(뉴요커, 1980, 5월에 최초로 발표됨)

도표 5.1은 가상적 신체로서의 집단 공생과 집단에 대한 흥미로운 풍자도를 보여준다.

자기대상과 전체로서의-집단의 가상적 신체 이미지들은 모성적 실체와 공생적 합일 상태에 있는 집단의 측면들이다. 집단의 성취는 항상 공생적 융합으로부터 대상의 분리됨을 받아들이는 상태로 발달하는 과정을 거친다. 집단은 차츰 죄책감의 관리와

레이크싸이드 커뮤니티

개별화를 돕는 '충분히 좋은' 엄마가 된다. 대부분의 사람들은 그들의 '가족 집단'(일차적 동일시 집단인)에 대해 변함없고, 신뢰할 만하며, 우호적이고, 힘과 영감의 원천 등의 이미지들을 보유하고 있다.

분리와 개별화를 향해 발달해 나가면서, 집단은 지배적으로 모

성적 궤도 안에 있는 친족관계를 드러내기 시작하는데, 이는 부족이나 확대가족의 형성과정과도 유사하다. 집단의 그 다음 발달에서 오이디푸스 삼각관계로 특징지어지는 보다 뚜렷한 가족 윤곽이 출현할 것이다. 무의식 수준에서 대상은 집단의 구성원들이 강력하게 통제하는 아버지 지도자에 맞서 보호하고 방어해야 할 근친상간적인 어머니이다. 이 시점에서 집단의 남자들과 여자들은 각각 삼각관계적이고 성애화된 갈등에 따라 반응할 것으로 기대된다. 집단과 지도자가 동등시되던 이전의 환상들과는 달리, 오이디푸스적 패턴 안에서 집단과 지도자들은 서로 대치하고 있는 존재로 경험되며, 동시에 지도자들은 서로에 대해 비밀스런 근친상간적 관계를 갖는데, 이는 구성원들이 부러워하고 소망하는 것이다. 여기에 지도자에 대한 토템적 전복을 위한 씨가 뿌려지고 있는 셈이다.

이러한 다양한 갈등들이 해소되면서, 성숙한 비-전이 대상으로서의 집단에 대해 말할 수 있게 된다. 집단심리학자들은 일반적으로 원초적인 의미, 의사소통, 제도들이 아니라, 현실적이고 왜곡되지 않은 지각들과 흐름에 토대한 비-전이적 집단 관계들이 존재한다는 생각에 동의한다. 예컨대, 비온은 '작업 집단'에 대해 말하고 있고, 나폴리타니(D. Napolitani, 1980)는 '프로젝트 관계'에 대해 말하고 있다.

성숙한 작업 정신을 가진 집단의 경우, 집단은 구성원의 가치와 이상을 구현하고 있는 것으로 경험된다. 구성원들은 상호의존적으로 관계를 맺고(Bennis and Shephard, 1956, 427-33쪽), 집단의 구조는 의식적인 목표들을 성취하기 위한 도구들이 된다. 집단은 구성원들이 그 안에서 일하고 놀이하는 문화적 매개물이 되며, 이는 '집단은 그것의 총합보다 크다(그리고 다르다)' 라는 레빈의 말을 확인시켜준다. 이전에는 구성원들이 집단의 창조물이었지만, 이제는 집단이 구성원들의 창조물이 된 것이다. 다시 말해서, 집단은 구성원들의 투사적 동일시의 산물이다.

# 제 6 장

## 집단분석 좌표와 세 가지 체계: 개인, 상호작용 그리고 집단으로서의-집단

집단을 대상관계 체계로 보는 시각은 여러 개의 위치들이나 하위체계들 안에서 경험되고 표현될 수 있는 표상적인 요소들을 내포하고 있다. 이 요소들에 대한 기본적인 '어휘'로서, 공간, 경계, 대상이라는 개념들이 개인들, 상호작용들, 그리고 전체로서의-집단에 적용되는 인지 및 정서에 대한 보편개념으로 가정되었다. 이것들은 담아주기/담기기의 원리와, 집단은 다층적인 집단 체계로 변형시키는 위계적 변형 규칙들에 의해 설명되는 경험의 형태들이다.

> 예를 들어, 집단의 구성원들은 이 요소들을 집단의 의존적 분위기와 유아기의 공생적 합일 상태와 똑 같은 구조를 만들어내는 데 사용함으로써, 양육에 대한 그들 자신들의 좌절된 소망을 표현할 수 있으며, 모성적 돌봄을 포함하는

> 역할들을 허용한다. 그들은 서로 의자를 가까이 끌어당기면서 자신들이 따뜻하고 부족함이 없는 오아시스에 있다는 환상을 갖게 되고, 집단 지도자를 자신들을 먹이고 양육하는 젖가슴으로 경험한다. 그와 같은 의존/친밀성의 분위기는, 참여자들이 자신들의 내면에도 이와 유사한 소망이 있음을 인식하고 그들 자신들의 행동에서 다른 구성원들의 대상관계들을 구현하기로 선택하는 한, 확실하게 유지될 것이다.

집단들이 다양한 문화와 가족 배경을 가질 수 있지만, 그것들은 모두 공간 안에서 '대상'을 창조하는 방법을 알고 있다. 그것들은 내적 대상관계들이 활성화되는 순간에 대상을 창조하기 위해 엄청난 노력을 기울일 것이다. (이러한 선험적인 요소들에 대한 가정은 현대 인류학, 인지심리학, 그리고 언어학에 내포되어 있는 구조주의 철학과도 일맥상통한다.)

집단의 진화에 내포된 표상적인 요소들의 운명은 그것들이 집단과 구성원들을 구성하고 있는 체계와 하위체계에 얼마나 잘 부합하느냐에 달려있다. 즉, 대상관계들은 이리저리 떠도는 관념의 복합체로서, 경계들을 넘어서 그것들을 받아주고 담아줄 준비가 되어있는 체계들 속으로 들어간다. 그리고 그때 각각의 체계는 그 자체의 발달과정을 드러낸다.

여기서는 다음 세 가지의 체계(즉, 심리내적 체계와 상호작용적 체계 그리고 집단으로서의-집단 체계)가 집단의 모체를 형성한다는 사실을 이미 개발된 패러다임의 원리에 따라 제안하고자 한다. 이러한 체계들 각각의 발달 패턴과 이것들의 상호관계에 대한 연구는 정신분석적이고 체계론적인 집단심리학의 핵심 내용을 구성할 것이다(7장 참조).

# 집단심리학을 위한 체계 발달 좌표

패러다임의 주제를 그것의 기본적인 역동 요소들의 측면에서 살펴본다면, 각각의 요소들은 특정한 체계 안에서 이루어지는 특정한 발달과정으로 이루어져 있으며, 또한 그것은 그 과정의 원시적이거나 성숙한 표현을 나타낸다는 것을 알 수 있다. 예를 들어, 집단의 방어기제들에 대한 연구는 그것들의 정신역동적 측면뿐만 아니라 그 기제들이 집단의 상호작용과 집단 전체 안으로 조직화되는 과정에 어떤 영향을 미치는지에 대한 조사를 포함한다. 이러한 '체계 분석'에 덧붙여서, 방어들을 발달적으로 특징화하는 것이 중요하다. 예컨대, 퇴행적이고 원시적인(예를 들어, 융합된) 것인지, 그와는 반대로 작업 집단과 구성원의 자기실현(예를 들어 유머나 관용)에 기여하는 것인지, 아니면 그 둘 사이의 어딘가(성충동의 억압과 같은)에 위치한 것인지를 구분할 필요가 있다. 그러므로 발달적 노선들, 수준들, 그리고 체계들로 이루어진 도식은 정신분석과 집단심리학을 연결해주는 분석 양태를 형성한다. 이제 그 도식의 가장 일반적인 윤곽을 그려볼 것이다. 독자들은 이 책 부록1의 좌표를 수시로 참조하기 바란다.

## 집단분석 좌표의 선례들

집단분석 좌표(Group Analytic Grid)는 정신분석 역사 안에서 두 개의 선례를 가지고 있다. 하나는 안나 프로이트(1965)의 발달적 노선이고, 다른 하나는 비온(1977b)의 좌표이다. 집단분석 좌표는 어떤 측면에서 이들의 영향을 받았지만, 이들의 것들과는 다른 것이다. 안나 프로이트가 말하는 발달적 노선들은 서로 분리되어 있으면서도 상호의존적인 인간의 발달영역을 가리키는데, 이는 정신분석이론에 따라 공식화된 것이지만, 자연적인 상황들과 심리면접들에서 평가될 수 있을 만큼 충분히 경험에 근접해 있다. 이러한 발달적 노선들은 종종 처음에 환자에 대한 최초의 그림을 얻는 데 사용되며 좀 더 후에는 얼마나 진전이 이루어졌는지를 가늠하는 데 사용된다. 안나 프로이트와 그녀의 동료들이 햄스테드(Hampstead) 클리닉에서 개발한 특수한 측면들은 현재의 맥락에서는 사용되지 않고 있다. 하지만 서로 구별되면서도 상호의존적인 발달 노선들의 개념은 관찰과 추론에 의해서 평가가 가능한 것으로서, 이는 안나 프로이트의 이론에서 채용된 원리들이다.

비온의 좌표(도표 6-1)는 하나의 분석 회기에 대한 추론들을 기록하고 정리해내기 위한 한 방법이다. 이 좌표의 종렬들은 인지와 감정의 수준들(신진대사를 거치지 않은 '베타' 또는 환각적인 원본능의 요소들로부터 꿈이나 신화를 거쳐 추상적 개념에 이르는)을 나타내며 횡렬들은 환자가 산출한 자료에 대해 분석가가 취하는 행동들을 나타낸다.

따라서 만약에 환자가 꿈을 보고하고 분석가가 그것을 해석한다면, 이 둘 사이에서 이루어지는 상호작용은 종렬C와 횡렬1에 해당된다. 여기에서 제시되는 분류는 비온의 좌표와는 매우 다른 것이지만, 일부 원리들은 유사성을 갖는다. 비온은 분석회기의 조건들이 무의식의 심층에 가까운 과정들을 기록할 수 있게 한다고 지적하는데, 이것은 현재 우리가 다루고 있는 좌표에도 해당된다. 왜냐하면 이 좌표는 관찰의 조건들이 무의식적인 과정을, 예컨대 꿈, 신화, 의례, 역할들에서 표면으로 떠오르게 한다는 가정을 갖고 있기 때문이다. 심리극에서 이런 일이 발생한다. 하지

도표

| | 정의적 가정 1 | 프씨 2 | 지각 3 | 주의 집중 4 | 탐구 5 | 행동 6 | ....n. |
|---|---|---|---|---|---|---|---|
| A 요소 | A1 | A2 | | | | A6 | |
| B 요소 | B1 | B2 | B3 | B4 | B5 | B6 | ...Bn |
| C 꿈사고,꿈,신화 | C1 | C2 | C3 | C4 | C5 | C6 | ...Cn |
| D 전-개념 | D1 | D2 | D3 | D4 | D5 | D6 | ...Dn |
| E 착상 | E1 | E2 | E3 | E4 | E5 | E6 | ...En |
| F 개념 | F1 | F2 | F3 | F4 | F5 | F6 | ...Fn |
| G과학적연역체계 | | G2 | | | | | |
| 기하학적미분법 | | | | | | | |
| | | | | | | | |

도표 6-1 정신분석의 회기를 분류하고 기록하기 위한 비온의 '좌표.' 종렬은 정신작용의 유형을 나타내고 횡렬은 이러한 정신과정에 대해서 분석가가 취한 행동을 나타낸다.

만 고도로 조직화된 기업조직에서는 이러한 관찰들이 훨씬 더 어렵다. 아마도 그곳에서는 사원들에 대한 심층 면접이 필요할 것이다. 이 도식은 상당한 정도로 자유로운 연상과 상호작용들을 허용하는 '비조직화된' 집단에서 사용하는 것이 가장 이상적이다.

비온의 좌표는 또 하나의 측면에서 유용한 선례이다. 비온은 좌표에서 프로이트가 일차과정 사고와 이차과정의 사고를 구별했던 것을 더욱 확대시켜 다양한 추상화의 수준들(종렬들)을 가진 정신작용(mentation)의 연속체를 만들었다. 사상가로서의 비온의 위대성은 프로이트와 클라인의 개념들을 정교화함으로써 그것들 안에 잠재되어 있던 것들을 드러나게 했다는 데 있다. 예컨대, 그의 좌표는 프로이트가 일차과정 사고와 이차과정 사고를 구별했던 것을 확장하여 가장 구체적인 것(베타 요소들)에서 가장 추상적이고 부호화된(대수 계산법) 것에 이르기까지의 다양한 사고 형태가 있음을 보여주었다. 여기에 제시된 발달의 도식과 집단분석 좌표(GAG)의 기초에는 개인과 집단의 과정들이 발달적인 연속성을 갖는다고 가정하고 있다. 우리들은 기본적인 가정 집단과 작업 집단에 대한 비온의 이분법적인 분류를 정교화하는 것을 통해서 원시적인 것에서 성숙한 것에 이르는, 집단형성의 다양한 수준들의 연속체를 나타내는 일련의 발달수준들을 고안해냈다. 비온의 좌표는 정신분석과 집단심리학 모두의 구성물을 팽창시키고 확대하는 방법을 보여준다.

## 좌표와 패러다임

집단분석 좌표(부록1 참조)는 2장에서 논의한 패러다임을 나타낸다. 집단발달의 세 체계는 그리스 문자로 표시되는데, 그 내용은 다음과 같다. 첫 번째는 심리내적 체계들(Psi=$\Psi$)로서, 개인의 인격의 핵심에 가장 근접해 있는 사적인 과정들이다. 두 번째는 상호작용적 체계들(Delta=$\Delta$)로서, 내적인 삶과 집단의 조직 및 발달을 중재해주는 구성원들 간의 의사소통들이다. 세 번째는 집단으로서의-집단(Gamma=$\gamma$)으로서, 집단을 그것의 구성요소들의 총합 이상으로 만드는, 집단의 구성물과 긴장과 갈등과 구조를 포함하는 것이다.

각 체계는 발달 노선 안에서 조직화되며, '퇴행,' '개별화,' '성숙' 이라는 세 가지의 두드러진 발달수준을 갖는다. 이것들은 좀 더 세분하는 것이 유용하다는 사실이 밝혀졌기 때문에, 보다 정교한 분석을 위해 총 여섯 개의 하위수준으로 구분된다. 이 수준들에 대한 정의와 기술은 나중에 이루어질 것이므로, 이 시점에서 독자들은 이것들을 다양한 발달과정들을 연결시켜주는, 여섯 개의 눈금을 가진 자로 생각하는 것이 좋을 것이다.

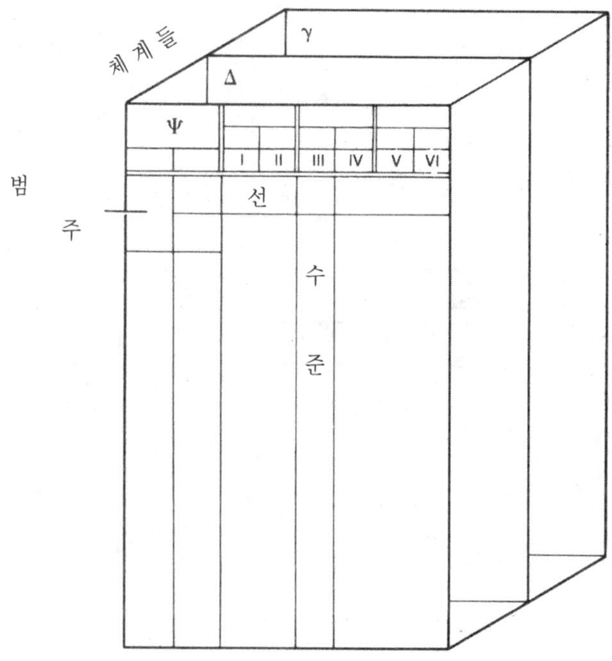


도표 6-2 집단분석 좌표(GAG)의 개요: 발달의 체계들, 선들, 수준들

이러한 수준들은 개인과 집단의 가장 기초적인 인식에서부터 집단의 복잡한 과제들의 성취와 각 구성원들의 내밀하고 개인적인 목표의 실현에 이르기까지 광범위하게 걸쳐있다. 그림 6-2는

집단분석 좌표에 대한 개요를 보여준다. 좌측에 세로금은 범주를 나타내는데, 이것에 대해서는 곧 논의할 것이다.

## 좌표의 체계들

심리내적인 체계, 상호작용의 체계, 집단으로서의-집단 체계, 이 세 가지 체계들은 각각 자체의 과정, 내용, 구조들을 지닌, 서로 뚜렷하게 구별되면서도 관련되어 있는 담론의 세계들이다. 또한

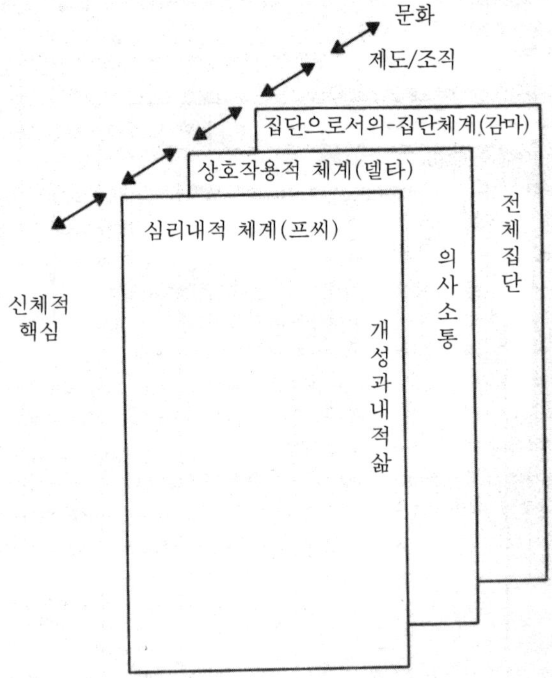


도표 6-3 집단분석 좌표의 체계들: 체계들 사이에서 일어나는 상호작용(화살표)과 신체, 상황, 문화와의 상호작용

이것들은 생물학적인 세력들(신체의 핵)과 제도들 그리고 문화와 상호적으로 맞물려 있다(그림 6-3). 만약 이것들이 기계적인 실체라면, 마치 자동차를 검사할 때 피스톤, 전달장치, 그리고 기체역학을 따로 다루듯이, 인간, 의사소통의 과정, 그리고 집단으로서의-집단도 따로 떼어서 연구할 수 있을 것이다. 그러나 이러한 지나치게 구체적인 사고는 닫힌 체계들로 이루어진 패러다임을 나타낸다. 새로운 패러다임에 의하면, 체계들은 서로에게 열려 있고 영향을 주고받으며 변형될 수 있고, 그로 인해 삶의 모든 체계들 사이에서 유사성과 긴밀성이 발생한다(von Bertalanffy, 1968, 53쪽). 집단에서 체계들이 이처럼 서로 맞물리는 것은 그것이 역사적으로 엄마-유아 쌍에 뿌리를 두고 있으며, 또한 집단 모체의 다양한 측면들 간의 피드백 순환고리 안에 뿌리를 두고 있기 때문이다. 마치 태아처럼, 집단도 근저의 통일성으로부터 진화해 나오며, 구별되지만 서로 연결되어 있는 층들과 기능적인 실체들을 가진 존재로서 분리되어 나온다. 즉, 집단에도 발생학적인 발달 노선이 있다.

동일한 수준의 체계들이라고 해도 관찰의 정점에 따라 달리 정의될 수 있다. 정신분석가는 싸움/도피를 편집증의 사례로 보겠지만, 의사소통 이론가는 그것을 일련의 공격과 복종의 제스처로 볼 것이고, 문화인류학자는 희생제물의 의례행위로 볼 것이다. 어느 정도 이것들은 '실제' 체계들이라기보다는 해석적인 체계들이다. 물론 조직의 체계들 사이를 구분하기 위한 객관적인 기준들도 있다. 예를 들어, 내적인 생물학적 체계와 사회 및 집단의 역동은 과학이 아닌 자연에 의해서 창조된 것이다.

따라서 체계들은, 우리가 그것들을 위계질서에 따라 배열되어 있는 뚜렷한 조직체계로 간주할 경우, 의사소통을 통해서 그것들 사이에서 발생할 수 있는 차이들, 출현하는 속성들, 그리고 변형들과 마찬가지로, 개인과 집단 역동 사이의 본질적인 통일성을 드러낸다. 더킨(1980)의 경계 개방과 경계 폐쇄(체계화와 총계화) 개념이 말하고자 하는 것은 이것이다. 예를 들어, 집단은 어떤 때는 개인들의 군집처럼 행동하고 또 어떤 때는 총체적인 하나 즉, 군중으로서 행동하면서, 융합과 개별화 사이를 오간다. 따라서 체계들 사이에서 차이점은 희미해지기도 하고 부각되기도 한다. 예를 들어, 정동과 기본 가정의 상태는 총체적인 하나로서의 개별화라는 연속선상에 있는 반면, 인지적인 구조화는 경계들이 구획되고 심리내적인 체계들 사이가 더 예리하게 구별되는 틀 안에 있다.

## 좌표의 노선들

구별된 각 체계는 관련된 발달적 노선들로 다시 나뉠 수 있다(도표 6-4). 노선의 선택은 이론적 성향과 실제적 필요에 달려 있다. 예컨대, 자기심리학자는 정서발달을 클라인학파의 이론가와는 다른 시각에서 개념화할 것이다. 집단심리학에서 중요한 문제 중의 하나는 일반적인 집단들과 특정한 집단들에서 어떤 발달적 과정들이 두드러지게 나타나는지를 결정하는 문제이다. 예컨대, 대집단의 시장바닥과 같은 광장공포증적인 분위기는 리비도의 자기-집중을 강화하는 일시적인 '자기애적 결핍'(narcissistic deficiency)을 발생시키고, 소집단은 외부 대상들에 대한 몰두를 촉발시키는가? 하나의 경험론적 전략은 특정 집단에 가장 잘 맞는 발달적 모델을 사용하는 것인데, 이것은 게도와 골드버그(Gedo and Goldberg, 1973)에 의해 주창된 접근과도 비슷하다.

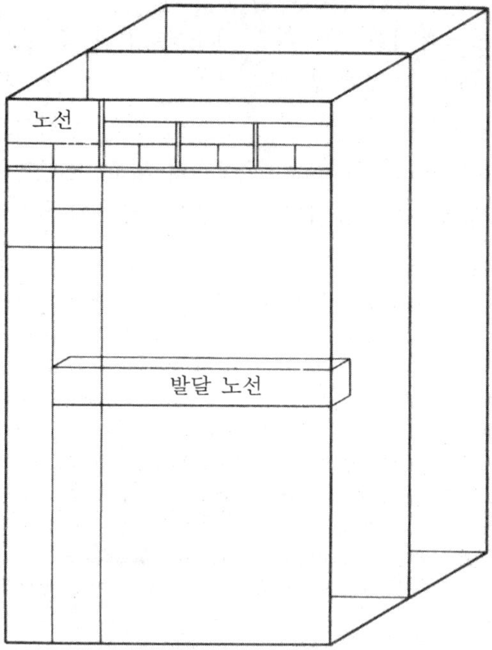


도표 6-4 좌표의 수평 축 상의 발달적 노선의 위치

## 발달적 노선들과 범주들

발달적 노선들은 여섯 개의 범주로 분류될 수 있는데, 이는 모든 개인들과 집단들의 측면이다.

1. 편집-분열적 자리에서 우울적 자리로의 변천과 분리-개별화 과정에서의 변천을 겪는 역동적 실체들, 내적 및 외적 체계들을 포함하는 대상관계들과 자기에 대한 포괄적인 견해.

2. 정동/방어. 정동과 정서는 집단 사건들의 근저의 의미를 가리키고, 방어는 특정한 무의식적 내용과 집단 현실을 경험하고 탐구하는 데 대한 저항을 말한다.

3. 환상. 일차과정, 의식적 및 무의식적 환상, 신화, 의례화 등이 출현하는 것을 가리킨다. 잠재적 내용의 발달 노선은 특정 회기 내에 구성원들에 의해 표현된 환상들(꿈, 이야기, 상상적 구성물)을 포함한다.

4. 동일시 및 외재화 과정. 심리내적, 의사소통적, 그리고 집단

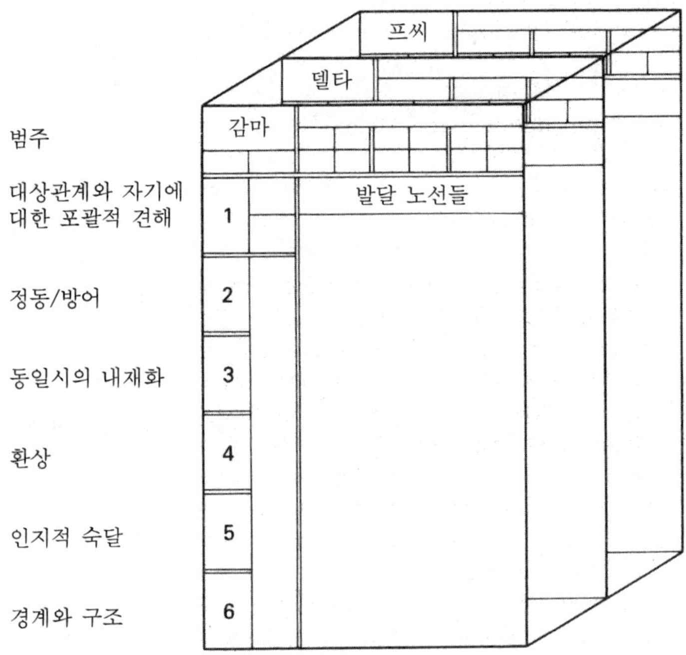


도표 6-5 좌표의 범주들(세 체계들 모두 안에 보편적인)

형성적 측면들 안에서 발생하는 전치와 투사/내사 활동에 기초한 전이를 말한다.

5. 인지적 숙달. 정신분석적 집단 역동에서 종종 간과되는 측면으로서, 구성원들이 현실검증, 문제해결, 경험의 진실성과 타당성의 확립 등에 사용하는 수단을 말한다.

6. 경계와 구조. 개인과 집단의 기능 수행을 촉진하는 내적 및 외적 '건축양식' 또는 '해부도'의 발달을 가리킨다.

이 범주들은 모든 인간 집단들에 보편적인 것이며, 발달 노선의 한 묶음으로서의 모든 세 체계들 안에서 드러난다고 가정된다(도표 6-5를 보라).

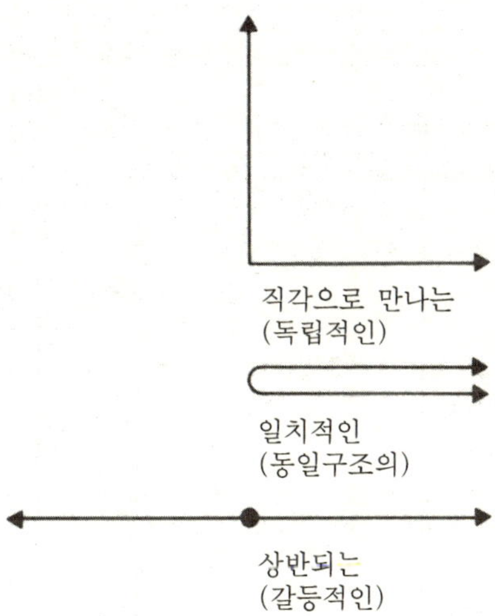


도표 6-6 개인 정체성 및 집단 정체성과 같은, 집단 체계들의 어느 두 측면사이에 존재하는 세 개의 가능한 관계들

좌표의 인식론적 및 범례적 측면은 발달 노선들과 그것들이 나타나는 체계들 사이의 관계를 말한다. 노선들과 체계들의 상호 작용 안에 집단심리학의 가장 근본적인 문제들이 놓여있다. 예컨대, 만약 개인과 집단이 직각을 이루는(독립적인) 방향이라면, 그것들의 발달 노선은 서로 별개의 것이 될 것이다. 만약 개인과 집단 과정들 사이에 아무런 차이가 없다면(예컨대, 집단이 순수한 사회적 존재로 구성된 집합이거나 개인이라면), 그 노선은 일

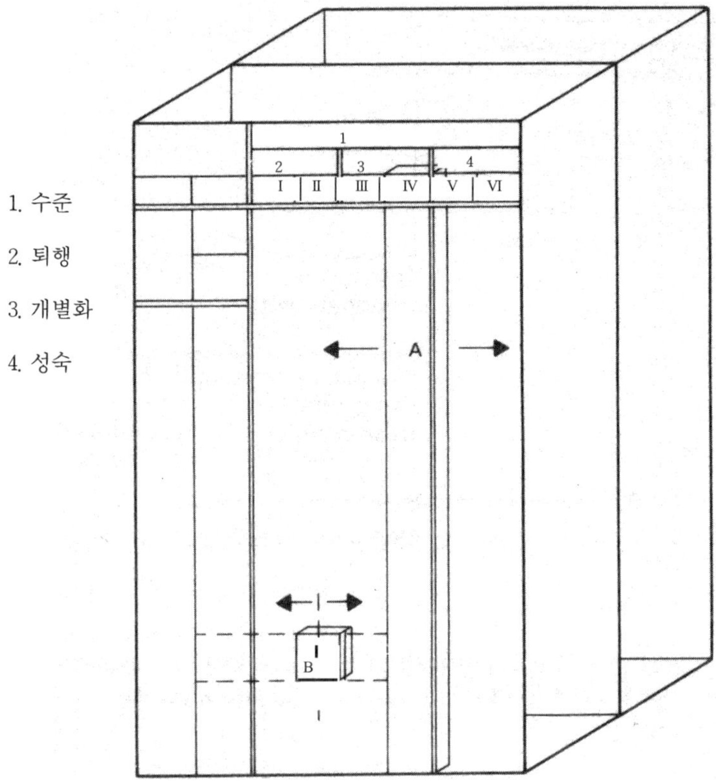


도표 6-7 집단분석 좌표의 수준 표시. 수준은 전체적으로 같은 (모든 발달 노선에서 동일한) A일 수도 있고, 서로 다른 B일 수도 있다.

치적인 것일 것이다. 실제 상황은 이 두 극단 사이의 어딘가에 있다. 그리고 그것을 생각하는 편리한 방식은 개인 체계의 발달노선들이 집단 체계의 발달노선들과 변동적인 방식으로 관련되어 있는 벡터의 측면에서 생각하는 것이다(도표 6-6을 보라). 개인 정체성과 집단 정체성의 관계는 이 상호의존에 대한 좋은 예가 된다. 때로 개인의 정체성은 집단의 정체성과 거의 하나일 수 있고, 또 다른 때에는 서로 직각을 이루거나(독립적이거나), 상반될(갈등적일) 수도 있다. 그 관계는 이처럼 변증법적이다.

## 좌표 수준

좌표의 세 번째 차원은 발달수준이다(도표 6-7). 이것은 정신분석학의 발생학적 관점과 집단분석의 '수직적' 역사적 차원을 나타낸다(좌표에서는 수평적으로 표시된다). 정신과정, 의사소통과정, 또는 집단과정 등은 발달적으로 위계화 할 수 있는 것일까? 발달은 연령 수준, 복잡성의 수준, 효율성과 정교화의 수준, 그리고 통합된 기능의 수준을 의미하는가? 레빈(1951, 93-96쪽)은 몇몇 경우에 집단 사건과 개인 발달의 혼동을 피하기 위해서 집단 사건에 대해서는 '퇴보'(retrogression)를 그리고 개인 발달에 대해서는 '퇴행'(regression)이라는 단어를 사용했다.

윌버(Wilbur, 1983, 267-91쪽)는 어떤 발달단계들은 성인의 삶에서 사고구조로 항상 남아있는 반면, 다른 것들은 일시적이고 후기 발날에 의해 대체되기 때문에 성인의 경험 안에서 거의 또는 전혀 역할을 하지 못하고 다만 그 경험으로 가는 간이역에 지나지 않는다고 제안했다. 그러나 만약 자기가 그 간이역에서 벗어날 수 없다면, 성인의 삶은 더 초기 단계의 관점에 의해 왜곡되게 지각될 것이다. 다른 사람의 정서적 상태를 반영해주고 동일시할 수 있는 능력은 삶의 초기에 획득되는 것인데, 그것은 집단의 삶에서 결정적으로 중요한 요소이다. 다른 한편, 박해불안은 대부분의 성인들에게 어느 정도 남아있는 것이지만, 그것을 해소하지 않고는 집단의 발달에서 앞으로 나아갈 수 없다. 수준은 단지 특정 인격이나 집단 사건에서 가장 중심적인 것이 무엇인지를 제안해주는 것일 뿐이고, 고정된 지점이라기보다는 개연적이고 목표지향적인 경향성이다.

따라서 좌표는 발달과정의 중요성과 변동성을 인식하는 집단의 인식론을 입체적으로 표현한다. 원칙적으로, 집단 사건의 발달적 '윤곽'을 발견하는 것과 그것의 진화와 현 상태에 대한 다양한 문제들을 탐구하는 것은 가능하다. 좌표는 집단 안에서 발견되는 발달과정들의 영역을 나타내며, 하나의 특정한 집단 사건은 좌표상의 위치에 의해 그리고 그것의 윤곽과 경험의 집중발생에 의해 정의된다.

## 좌표의 체계들

체계들은 심리내적(**$\Psi$**), 상호작용적(**$\Delta$**), 집단으로서의-집단적(**$\gamma$**) 체계로 규정되어왔다. 희랍문자들은 체계들에 대한 가정들을 최소화하고 작용적 정의들의 사용을 고무하기 위해 체계들을 추상적인 지각으로 부호화한 것이다. 개인, 의사소통, 그리고 집단 체계 사이의 구별은 정교화를 요하는 요소이다.

아가자리안과 피터스(Agazarian and Peters, 1981, 56-94쪽)는 집단에 대한 사중-체계 관점을 제안했다. 그것은 개인, 구성원, 집단 역할, 그리고 전체로서의-집단으로 되어 있다. 그들이 말하는 개인 체계와 집단으로서의-집단 체계는 우리가 제시하는 것과 유사한 것인 반면, 그들의 구성원 체계는 인격의 상호작용적 요소를 나타내고 있고, 그들의 집단역할 체계는 전체로서의-집단의 구별과 분포를 나타내고 있다. 우리의 공식화는 그들의 구성원 체계를 심리내적 체계와 상호작용적 체계에 포함시키고 있고, 집단역할을 전체로서의-집단의 일부로 포함시키고 있다. 집단 체계의 분석에 있어서의 그러한 차이는 불가피한 것으로 보인다.

그들의 견해와 우리의 견해 사이의 근본적인 차이점은 그들이 개인을 이해하고 정신분석 이론과 집단 과정을 이해하는 데 장이론을 권장하는 것과는 달리, 우리는 이론들이 서로 다른 체계들을 가로질러 만날 수 있다는 입장을 취하는 데 있다. 즉, 이론들은 일반적인 체계적 관점으로 통합될 필요가 있다는 것이다.

아가자리안과 셈라드(Agazarian and Semrad, 1967)는 다음과 같이 집단 체계에 대한 이러한 분류를 예견했다.

> 개인과 집단 현상의 심층적인 주제에 대한 첫 번째 접근으로서, 주목해야 할 네 가지 명백한 주된 목표물들이 있다. 그것들은 개인 구성원들, 지도자 또는 중심인물, 상호작용, 그리고 전체로서의-집단이다. 우리의 관찰은 개인, 집단 내의 개인, 그리고 합법적인 구성물과 담화의 수준으로서의 집단이 근본적인 것임을 확인해주었다(83-98쪽).

우리가 제안하는 체계들은 다음과 같다. (1) 개인과 그의 내적 삶(프씨). (2) 개인들 사이의 의사소통과 접촉(델타), (3) 전체로서의-집단의 요소(감마). 이 장의 나머지 부분에서는 현 패러다임 안에서 이 체계들을 정의하고 그것들의 본질을 설명하고자 시도할 것이다. 우리는 상호작용적 체계에 특별한 관심을 기울일 것인데, 그 이유는 무의식과 집단 의사소통 과정이 함께 만나는 이 영역 안에서 많은 새로운 연구가 이루어졌기 때문이다.

## 심리내적 체계($\Psi$)

개인이 집단모체 내의 매듭점(nodal point)이라는 풀크스의 입장은 심리적 개인을 눈에 보이는 생물학적 단위와 동등시하지 말 것을 요구한다. 그보다는 정신을 생물학 그리고 주변의 사회적 환경과 관련해서 역동적으로 서술해야만 한다. 개인을 역동적 실체로서 규정하는 근본적인 원리는 유기체적 통전성과 계속성이며, 코헛은 이것을 자기의 응집성으로 그리고 에릭슨은 정체성으로 불렀다. 개인의 인격 체계는 안정된 구조를 가질 수 있고 어떤 삶의 경험 안으로도 가지고 들어갈 수 있는 항구적인 요소를 갖출 수 있도록 충분히 개별화되어 있어야 한다. 우리가 말하는 심리내적 체계는 다양한 환경 안에서 개인의 일관성과 정체성을 유지시켜주는 내구성을 지닌 그리고 계속해서 발달하는 구조로 구성되어 있다. 이 특징들 중의 얼마는 숨어있고, 사적이고, 무의식적인 반면, 다른 것들은 눈에 띄고, 공개적이며, 의식적인 접근이 가능하다.

앤가이얼(Angyal, 1965)은 인격 연구를 위한 하나의 체계론적 접근방식을 공식화했는데, 그것은 인격구조 안에 조직화된 자료의 성질, 과거의 과정들이 배열된 차원적 영역의 성질, 그리고 이 전체 조직을 규정하는 체계원리들에 관한 것이다(48-9쪽). 여기에서 인격은 더 이상 구체화되거나 구상화되거나 또는 경직된 구조적 실체에 과도하게 얽매인 것이 아니라 다른 체계 안으로 흘러들어갈 수 있는 융통성 있는 것으로 간주되고 있다.

최초의 모성적 환경과의 융합 상태로부터 개인을 창조해내고 다양한 '자아 핵들,' 내적 대상들, 그리고 자기 표상들을 통합해내는 것은 마음의 점진적인 구조화 작업(그리고 그에 수반되는 내재화 과정)을 통해서라는 사실을 대상관계 이론과 자아심리학은 인식했다. 그러므로 현재의 발달이론은 풀크스의 '매듭점' 견해와 일치하며, 두 관점 모두는 개인이 여러 개의 역동적인 정신적 구조들에 의해서 사회적 환경과 관련되어 있으며, 그 구조들이 환경과 개방적으로 교류하는 정도가 매우 다양하다는 견해에 동의한다(Sutherland, 1952).

따라서 심리내적 체계는 내적 역동과, 시간을 두고 안정된 그리고 내적 및 외적 환경과 관련해서 유기체의 심리적 온전성을 유지하는 데 사용되는, 구조들과 대상들로서 정의된다.

> 분열과 투사적 동일시를 심리내적 방어체계로 사용하는 것과 그것들을 의사소통을 위한 수단으로 사용하는 것 사이의 차이는 심리내적 체계가 집단 체계 안에서 어떻게 기능하는지를 보여줄 것이다. 경계선 인격들은 자기와 대상의 부정적인 요소들을 분열시키고 부정한다는 계속되는 감각을 지닌 채 기능한다. 이 과정은 그의 환상생활에서, 그리고 원시적 전이대상으로서의 중요한 타자들에 대한 습관적인 반응들에서 작용한다. 정상적 개인들에게 있어서, 이 방어 작용들은 보통 줄어들고, 승화되며, 억압과 같은 보다 성숙한 방어들에 의해 대체된다. 그러나 정상적인 개인들도 특정한 집단 상황에 의한 퇴행적 압력 아래에서는 스트레스에 대처하기 위하여 분열과 투사적 동일시를

> 다시 활성화시킬 것이다. 이 재활성화는 종종 특정 집단의 모든 구성원들에게 동시에 발생할 것이며, 집단 역동의 핵심적인 부분이 될 것이다. 이 지점에서 투사적 동일시를 강화하고 조직하는 것은 내적 역동이 아니라 집단 과정이다. 평형을 잡는 체계들은 개인이 아니라 집단에 있다. 이것은 설령 새로운 구성원이 동일한 퇴행적 생각을 빠르게 표명한다고 해도, 내재화 과정이 뒤따르지 않는 한, 그 집단 상황을 떠나는 순간 정상적인 행동이 차츰 되돌아온다는 사실에서 알 수 있다.

따라서 '매듭점 개인' 또는 심리내적 체계는 여기에서 유기체적 온전성, 개인의 역사와 정체성, 그리고 내적인 중간 '공간'의 측면에서 정의되는데, 그 공간 안에는 정신적 삶, 내적 대상들, 그 내적 대상들을 조직하고 경험하는 특징적인 방식들, 그리고 그의 정신신체적 모체 등이 담겨져 있다. 정동 상태와 심리내적 방어들은 자극, 현실, 그리고 집단에 대한 개인의 반응에 대한 척도이다. 인격의 내적 기초는 신체적 핵심(somatic core), 신체 자기, 그리고 자기의 사적 또는 억압된 부분 등을 포함한다. 인격의 외적 또는 집단적 기초는 지각, 의사소통, 투사적 동일시 등의 자아 경계를 가로지르는 모든 집단 과정들을 포함한다.

개인을 구체적으로(concretely)가 아니라 체계적으로 정의하는 이유는 때로 내적인 것이라고 간주되는 것이 실제로는 개인 '내부'에 있는 것이 아니라 개인과 집단 모체들 내의 다양한 지점에 위치(그리고 재위치)한 것일 수 있는 정보와 상징적 표상임을 보여주기 위함이다. 따라서 '생각'이라는 개념은 '장소'(그리고 생각하는 사람)라는 개념과 분리된 것이다. 그러한 전제가 체계의 변형과 교환이 발생하도록 허용한다. 예컨대, 꿈에 담겨진 일단의 대상관계들은 성취되는 예언과 같은 수단에 의해 집단의 삶으로 외재화될 수 있다. (요셉의 내적 경험과 이미지를 나타내는 채색옷 꿈은 그의 지도자로서의 집단 역할을 미리 말해주는 것이었다.) 체계와 체계에 담긴 정보의 구별은 정신분석 이론의 본질을 근본적으로 변화시키는 것이며, 우리는 이것을 이제 막 이해하기 시작했을 뿐이다.

따라서 심리내적 체계는 그의 경계 조건 덕에 개인 내부에 안정되게 남아있는 것인 반면, 경계들을 넘어가는 교류들은 내적 경험이 대인관계와 집단 관계로 변형되는 것으로 간주할 수 있다.

## 상호작용적 체계($\Delta$)

정보는 항상 받는 사람에 의해 해석되어야 하기 때문에, 속성부여 과정(the process of attribution)이 특정한 의사소통 행동에 어떤 의미가 부여될 것인지를 결정한다(Carrilio, 1978). 집단은 보고 들은 것의 의미를 생각해내고, 그것들을 뒤에 오는 언어적 및 비언어적, 의식적 및 무의식적 의사소통으로 되돌려주는 개인들로 구성된다. 풀크스의 집단 모체 개념은 집단을 하나의 연결망으로 봄으로써 전체로서의-집단의 의사소통 이론으로 확장된다. 그리고 '구조적 가족치료' (Haley and Hoffman, 1967)는 그러한 연결망이 지속적인 상호작용 패턴을 형성하는 제휴와 동맹을 설정한다는 전제에 기초해 있다. 따라서 의사소통은 그 자체로서 새로운 것을 창조해내는 구조 안에 뿌리를 두고 있다.

현 맥락에서, 상호작용과 의사소통은 그것이 (1) 집단 구성원들의 내면세계들을 서로 연결하는 고리들을 형성하고, (2) 내적 과정과 집단 과정 모두를 조절한다는 점에서, 하나의 일반체계로 간주하는 것이 유용하다. 후자의 측면과 관련해서, 이 체계들이 투입되는 것을 수용하고 의사소통할 준비가 되어 있을 때, 상호작용들은 일단의 내적 역동들로부터 집단 장의 역동(a group field dynamic)을 창조해내며, 그 역으로도 마찬가지이다. 의사소통들과 교류들은 그것들의 의미에 대한 정확한 해석을 위해 점차적으로 구조화되고, 원시적이거나 성숙한, 전이적이거나 비전이적인 수준에서 '부호화' 된다. 비온의 '원정신적인' (protomental) 의사소통은 원시적인 상호작용 체계인 반면, 베일즈(Bales and Strodtheck, 1951)의 '상호작용 분석' 은, 비록 원시적 정서와 환상에 대한 연구에도 활용될 수 있는 것이기는 하지만, '작업 집단' 의 언어적이고 적응적인 의사소통에 초점을 두고 있다.

## 집단 의사소통과 상호작용의 몇몇 특징들

대상관계 이론에서 상호작용적 체계가 갖는 핵심적인 중요성을 고려할 때, 여기에서 구성원들 사이의 관계의 몇몇 발달적 측면들과, 그 관계가 집단생활의 특징으로 확립되는 '연결망' 에 대해 탐구할 필요가 있다. 이 연결망은 집단 안에서 그것의 중간대상 및 상징체계와 마찬가지로 인지/정동적 과정의 핵심적 부분이 된다.

만약 코헛의 '자기대상' 을 하나의 체계로 간주한다면, 심리내적 체계는 자기 응집성과 '변형적 내재화' 를 포함할 것이고, 상호작용적 체계는 반영 과정과 이상화 과정을 포함할 것이다. 마찬가지로, 투사적 동일시에서 심리내적 체계는 무의식적 환상으로 구성될 것이고, 상호작용적 체계는 환상과 방어의 군집들을 담아주는 그릇을 창조하기 위한 행동들과 조작들을 포함할 것이다.

상호작용적 체계에 관해서는 다음과 같은 점들이 지적된다.

1. 정동적 의사소통(집단 정서)은 근본적으로 내적 상태를 집단 모체로서 공표하는 것이다.

2. 집단 의사소통의 가장 초보적인 형태는 협응적이고 동시적인 '신체 언어'의 흐름이다.

3. 담아주는 그릇-담기는 것의 원리는 집단 의사소통의 법칙이며 아동의 생각하는 능력의 발달에서 그 전례를 갖고 있다.

4. 의사소통은 사고, 진실, 현실검증 등을 촉진시키지만, 그것은 또한 구성원이 강하게 몰입되는 집단 환상을 만들어냄으로써 개인적 사고를 위험에 빠뜨릴 수도 있다.

5. 의사소통은 다양한 집단 기능들에 봉사하는 중간 대상을 창조한다.

### 공표(publication)

집단 내의 의사소통이 갖는 기능 중의 하나는 구성원의 내면세계에 관한 정보를 공유하고 통합하는 것이다. 비온의 '공표' 개념(참조. Grotstein, 1981b)은 내적 정신과정이 외재화될 때 겪는 변천을 나타낸다. 보통 심층적인 또는 억압된 정신내용의 전달은 차츰 줄어들고 조절된다. 그러나 경계선 환자들과 정신증 환자들의 경우, 내면의 불안, 소망, 그리고 환상들의 의사소통은 공포스럽고 파국적인 함축들을 가질 수 있다. 감시당한다거나 텔레파시에 대한 생각이나 수치에 노출되었다는 망상들은 자기에 대한 외적인 또는 치료적인 관리를 필요로 한다는 사실을 나타낸다. 마찬가지로, 집단 퇴행은 내적 상태를 공표하는 것에 대한 공포를 유발한다. 공표는 내면에 더 큰 공간(현실의 시간과 공간 안에서)을 주고 새로운 환상 대상들이 포함될 수 있도록 허용함으로써 내적 환상들의 성격을 급진적으로 변화시킨다. 이 과정은 시간, 거리, 그리고 의미가 확장되고, 내적 대상들이 그 모습을 드러낼 수 있도록 과장되는 집단 신화에서 찾아볼 수 있다. 정신증에서 경험되는 경계 없는 공간은 때로 내적 세계의 대상들 사이에서 발생하는 접촉 회피와 관련된다. 이 접촉 회피로 인해 대상들은 우주의 광활한 영역으로 분산된다. 아동기 성욕의 영역에서, 빨간 모자 소녀가 할머니의 침대에서 늑대의 배를 가른 것(공표)은 나쁜 남근적 대상의 삼키는 경향성을 드러나게 한 동시에 사냥꾼으로 하여금 그것에서 벗어날 수 있게 했다. 공표는 내적 대상들을 의식화하게 하고 따라서 관리할 수 있게 만든다.

## 동시성

브라젤톤과 알스(Brazelton and Als, 1979)는 엄마와 유아 사이의 가장 초기 의사소통이 어떻게 동시적인 자극-반응 패턴을, 하나의 두 사람-체계를, 또는 시각적, 청각적, 촉각적 상호작용이 그 안에서 발생하는 '포대기'(envelope)를 만들어내는지를 보여주었다. 이 양자단일체적 체계는 빠르게 조직화되어 많은 상호작용을 시작하는 유아의 원시적 자기와 사회적 인식을 만들어낸다. 유아의 상호작용들은 다시금 자아체계의 새로운 발달을 위한 연료가 되고 양자단일체를 구성하고 있는 두 사람 모두에게 에너지를 공급한다. 중요한 것은 바로 그 원시적 상호작용들이 새로운 자극-반응 패턴들로 형성되고, 그 결과 이 '포대기' 안에 보다 세련되고 상호적인 놀이와 의사소통이 발달한다.

엄마와 유아의 동시성은 집단 상호작용의 원형이다. 최초의 집단 형성은 성인들 사이의 퇴행적이고 비-언어적 형태의 동시성을 통해서, 즉 구성원들 사이의 협응적인 감각-운동 활동을 통해서 이루어진다. 집단은 때로 '숨쉬기' 활동을 위해 이런 패턴을 드러낸다.

> 초기 형태의 집단으로서의-집단의 동시성은 이동이 가능한 의자에 앉아있는 자기-관찰 집단에서 볼 수 있었다 (Agazarian, 1975). 언어적 의사소통을 제거한 채 한 면 거울을 통해 관찰한 결과, 그 집단이 자체의 형태를 유지한 채 하나의 협응적인 단위로서 방안을 움직인다는 사실을 발견했다. 또 하나의 집단 회기의 장면을 담은 비디오는 패턴들, 협응적인 공간적 신체언어, 그리고 각각의 기본적 가정을 지닌 언어적 의사소통 등이 문자적으로 하나의 '안무'(按舞)를 구성하고 있음을 보여주었다. 그것은 구성원들이 마치 하나의 '포대기' 안에 있듯이 서로에게와 전체에게 잠재의식적으로 조율하고 있는 것처럼 보였다.

이 협응적인 움직임들은 정신 기능의 근원적인 투사적 동일시를 반영한다. 정신적 삶의 일부가 환상적으로 집단 안으로 배출되는 것이다. 내적 삶이 집단, 분석가, 또는 어떤 다른 "위치"로 외재화되는 것은 신비스런 텔레파시 형태가 아니라, 고도로 협응적인 성질의 지각-운동 의사소통을 통해서 발생한다는 사실은 그 중요성을 아무리 강조해도 지나치지 않을 것이다. 텔레파시에 대한 마술적 믿음은 그러한 투사의 한 측면이다. 가족 집단에서, 호로위츠(Horowitz, 1983)가 지적했듯이, 가족 구성원들은 부모들과 형제들에게 어떤 역할을 맡기는 것을 통해서 투사적 동일시에 반응하도록 무의식적으로 서로를 훈련시킨다. 그리고 이 훈련의 많은 부분은 신체 언어를 통해 전달된다.

## 집단 내의 의사소통, 인지, 그리고 현실검증

리키와 레빈(1977)은 인간의 생각하는 능력이 사회적 행동을 조절해야 할 필요성에 대한 반응으로 발달한다고 주장했다. 그들은 사회적 삶이 타자들의 욕구에 반응하는 데 필요한 융통성을 요구하며, 따라서 문제 해결을 위한 발달의 최전선에 있다고 제안한다(166-7쪽). 사회적 적응이 보다 세련되고, 환경을 숙달하는 능력이 점점 더 사회적 협력에 의해 결정되면서, 지성에 기초한 발달적 패턴이 세워진다. 만약 리키의 가정이 옳다면, 사고작용은 집단 과정에 뿌리를 두고 있음이 분명하다. 인지 행동은 어떤 점에서 타고난 사회적 행동이며, 개인들을 주변 환경에 최적으로 적응한 통합된 장과 연결시켜주는 고리이다. 진정한 의미에서, 사고 자체는 상호작용의 장 안에서 발생한다.

포르나리(1966, 141-4쪽)는 집단이 현실과 환상 사이의 중간에 위치한, 즉 위니캇이 말하는 중간 영역에 있는 진실을 위한 기준을 발달시킨다는 사실을 주목했다. 집단은 실제 사건을 부인하는 동시에 그것을 의례화함으로써 그것을 수용한다. 예컨대, 애도과정에서 집단은 죽은 사람을 장례의례를 통해 보존하지만, 동일한 의례는 집단으로 하여금 죽은 사람 없이도 살아나갈 수 있게 하고 강렬한 정서를 해소할 수 있게 해준다. 일반적으로, '집단 사고'는 현실의 다른 부분을 부인하는 것을 통해서 그것의 어떤 부분을 보유한다. 거기에는 그것은 이미 일어난 일이며, 사고에 대한 부정/부인/억압인 동시에 그것에 대한 환상적 인식이라는 의사소통적 요소가 있다. 집단은 사고를 표현함으로써 그것을 변형시키는데, 이는 집단의 가장 치료적인 요소인 동시에 잠재적으로 위험한 요소이다. 포르나리는 만약 박해불안에 담긴 공격적 요소가 애도 의례를 통해 중화될 수 없다면, 대상을 애도하기 위해 대상을 죽여야 할 자기-모순적인 욕구가 불가피할 수 있다고 제안한다. 그는 이 역동이 전쟁을 일으키는 기초가 된다고 본다. 포르나리의 심오한 통찰은 집단에서의 사고, 특히 공격성의 관리와 관련해서 강렬한 정서적 역설이 존재한다는 것과, 어떻게 집단 상호작용이 현실검증을 변화시킬 수 있는지를 보여준다.

## 비온의 '생각하는 커플'

비온(1962)은 생각한다는 것을 담아주는 그릇과 담기는 것의 여러 사람 과정으로 간주했다. 제임스는 사회적 맥락을 초기 정서 경험을 담아주는 그릇으로 보면서, 담아주는 그릇-담기는 것 개념을 풀크스의 집단 모체 개념에 적용했다.

비온은 생각하는 능력이 진화 과정을 거친다고 제안했다. 그는 사고 능력이 꿈과 같은 백일몽 상태에서 유아와 함께 현존할 수 있는 엄마의 능력에 달려있다고 보았는데, 이것은 집단이 청중으로서 참여하는 것에서도 나타나는 현상이다. 초기의 형태 없는 자극(전개념)에서 감지할 수 있는 생각 또는 착상이 만들어지는데, 이것은 신진대사와 학습을 위한 모호한 인식을 제공해준다. 이 과정은 유아가 전개념을 엄마에게 투사적으로 동일시하는 것을 통해서 성취되는데, 거기에서 그것은 외부 상대역을 만남으로써 초기 경험에 하나의 형태와 표상을 준다.

두 번째 단계와 세 번째 단계는 착상, 즉 생각을 위한 장치의 형성에 대해 말해준다. 이 장치는 좌절 또는 젖가슴의 일시적인 부재를 통해서 확립된다. 투사적 동일시와 그것의 성취 사이에서 지연되는 시간 동안에 '젖가슴이 아닌' (no breast) 또는 소극적 실현으로서의 공간(위니캇의 잠재 공간과 비슷한)이 창조된다. 그때 이 공간 안에서 착상은 하나의 사고로서 담겨질 수 있다. 이제 유아는 사고를 그리고 그것에 관해 생각하는 방식을 갖게 되는데, 이는 담는 것-담기는 것의 관계 안에서 생각하는 장치를 형성하는 것을 뜻한다.

네 번째인 마지막 단계에서, 담아주는 그릇-담기는 것은 새로운 사고를 형성하기 위한 창조적인 방식으로 사용될 수 있다. 비온은 사고를 발생시키는 이 과정이 유아가 선별된 사실에 초점을 맞추고 그것을 둘러싼 '지식'을 통합해냄으로써 발생한다고 보았다. 비온에게 있어서, 이 활동은 부분 대상에서 전체 대상으로, 그리고 편집-분열적 자리에서 우울적 자리로 이동하는 것과 같은 것이다.

비온은 사고에 관한 그의 논의 전반에서 원색 장면 이미지를 사용한다. 그것들은 임신, 짝짓기, 남자와 여자 상징들 등이다. 그가 자신의 생각을 명료화하지는 않았지만, 그는 클라인이 호기심 욕동을 원색 장면과 연결시켰던 것에 관심을 가졌던 것으로 보인다. 사고는 성애화될 수 있고, 침투적일 수 있고, 유혹적일 수 있으며, 열정적일 수 있다. 이러한 고려들은 사고와 짝짓기 가정 사이에 잠재적 연결을 제공한다. 짝짓기 집단에서의 커플은 '생각하는 커플'이며, 그들은 집단에 의해 선택될 아이디어를 산출할 것이다. 싸움/도피 집단에서 그들은 그 아이디어를 죽이고 싶거나 도망치고 싶을 것이고, 의존 집단에서는 그 아이디어를 안전하게 보관하기 위해서 지도자에게 맡기려고 할 것이다. 근원적인 아이디어는 집단 자체가 개인적인 죽음과 내세로서, 자기의 분신으로서, 그리고 희생으로서 존재한다는 것이다.

사고하는 커플과 사고하는 장치의 형성은 집단을 담아주는 그릇을 확립하는 과정을 예증한다. 말하기는 초기 전개념을 담아주는 그릇-담기는 것의 관계로 변형시킨다. 이 점에서 집단은 젖가슴인 동시에 젖가슴이 아니며, 또는 집단 안에 생각을 위한 공간을 형성해내는 소극적인 실현(negative realization)이다.

이 점에서, 어떤 의사소통도 인지적 짝짓기, 즉 둘 또는 그 이상의 사고 장치들 사이의 연결을 나타낸다. 의사를 전달하는 사람의 전개념은 그것을 받는 사람과의 짝짓기를 통해서 하나의 이미지, 개념, 또는 이제 집단에 적절하게 속해 있는 가정(假定)을 창조한다. 이런 방식으로 집단은 이후의 대화와 발달을 위한 도구들로 사용되게 될 상징들과 환상 요소들을 확립한다. 어떤 점에서 집단이 가진 개념은 새롭고 창조적인 것이며, 특정 집단의 특징들과 생각 요소들의 축적된 어휘들을 나타내는 하나의 '놀이 공간' 이다.

따라서 집단은 특정한 메시지를 지닌 대상이 없는 반사적인 상호접촉의 상태로부터 그리고 의사소통되는 내용이 신진대사되지 않은 투사적 동일시의 상태로부터 집단 대상과 의사소통 과정이 정보를 통합하기 위해 '선택된 사실' 을 사용하는 것을 포함해서, 집단 과정에 사용될 수 있는 이미지들과 표상들을 위한 담는 그릇이 되는 지점으로 나아간다. 이 과정에서, 메시지와 '초메시지' 는 구별되고, 비-언어적 표현과 유사-언어적 표현(목소리의 결, 높이, 속도, 강조 등의 조절)은 언급된 의미를 수정하고 조절하는 기능을 떠맡게 된다. 진실과 거짓이 집단 수준에서 확인될 수 있는데, 그것은 '거짓의 발생 자체가 집단이 상호 인식에 의한 지각에 기초해 있다는 사실을 증명해주기 때문이다(Ruesch and Bateson, 1951, 209쪽).

## 집단의 중간 공간과 중간 대상

제임스(James, 1980b, 1984)는 의사소통이 중간 공간 및 중간 대상과 관련되어 있다는 사실을 관찰했다. 의사소통의 일부는 발송자에게 있고 일부는 수령자에게 있는데, 여기에 세 번째로 양쪽 모두와 관련된 중간적 요소가 창조된다. 진행되는 초의사소통이 이 공간을 지탱해주고 그것의 진화를 촉진시킨다. 마침내, 중간 공간은 하나의 패턴과 자체의 의미를 발달시킬 것이고 중간 대상의 출현을 가능케 할 것이다. 이 새로운 대상은 사실상 유사-집단인 동시에 유사-개인이다. 즉, 그것은 그 두 가지 모두의 특징을 갖고 있고 그 둘 사이의 간이역으로 활동한다. 그것은 의사소통적 요소들로 구성된 개인과 집단 과정에 대한 하나의 모델 또는 유사체이다. 집단 구성원들은 중간 대상이 마치 실제 집단인 것처럼 그것과 관계를 맺는데, 그것은 사실상 하나의 '집단환상' (Anzieu, 1980)이다. 집단의 중간 대상은 구성원 모두가 집단이 그러리라고 상상하는 것이고, 집단에 관한 일종의 전설 또는 이야기이며, 하나의 '꿈 놀이' 이고, 집단과 그 구성원들의 실제 특징들과의 부분적인 관련성을 갖고 있는 상상적인 구조물이다.

중간 공간과 중간 대상은 의사소통 모체 안에 위치해 있으면서 개인과 집단 역동 사이를 연결하는 중요한 기능을 갖고 있다. 그것들은 개인과 집단 모두를 따라 패턴화된 것이고, 그 둘 모두에서 온 요소들을 사용하고 있기 때문에, 개인 체계와 집단으로서의-집단 체계 사이의 위계를 넘나들 수 있으며, 따라서 개인과 집단의 역동들을 새로운 구조, 과정, 그리고 내용의 단위들로 변형시킬 수 있다. (이것이 기본적 가정 상태가 군대, 교회, 또는 국가와 같은 문화적 제도로 변형되는 방식이다.) 따라서 집단의 중간 대상은 집단의 가상적 이미지와 청사진인 동시에 구성원들의 정신적 삶에 대한 가상적 이미지와 청사진이다.

> 부분적인 병원 상황에서 매일 만나는 중독환자들을 위한 지지적 심리치료 집단의 예를 들어보겠다. 선임 치료사는 지지해주고 직면해주는 인물의 역할, 즉 구성원을 위한 보조적 자아의 역할을 적극적으로 수행했다. 그는 의식적으로 아이호른(August Aichorn, 1935)이 「고집스런 청소년」에서 서술한 아버지 전이에 대한 접근을 적용했다. 즉, 그는 전이의 일부를 연기하는 것을 통해서 전이를 조종했다. 집단은 그의 지시들과 해석적 언급에 순응하면서 그에 대한 수동-의존적인 경향성을 유지했지만, 드물게는 주도적인 행동을 하기도 했다. 한번은 그가 회기에 결석하게 되었는데, 공동치료자는 그가 결석한 이유를 공개하지 않은 채 중립적이고 참여적이지 않은 상태로 남아 있었다. 집단은 처음에 마치 자신들의 기능적인 정신적 도구의 일부를 상실하기라도 한 것처럼 무기력하게 텅 빈 의자를 바라보면서 말없이 수동적인 상태로 남아있었다. 그러나 전형적인 전이 반응인, 그들의 곤궁을 공동치료사에게 전치시키는 대신에, 한 구성원이 치료사가 무엇을 하고 있을까 하고 큰소리로 상상하기 시작했다. 몇몇 다른 구성원들은 이런 종류의 연상에 참여했고, 과거 상황에서 치료사가 했던 행동들에 대한 기억을 포함해서 치료자의 모습을 정교화했

> 다. 그때 집단은 지도자, 명료화하는 사람, 양육자로서 치료사가 적극적으로 수행했던 치료적 역할의 일부를 차용(내사와 내재화)하기 시작했다. 그리고 그렇게 하는 동안 그 역할들을 자신들이 왜곡하고 있음을 깨닫게 되었다. 회기가 끝나갈 때 그들은 부재한 치료사가 수행하던 기능들을 담아주는 일시적인 집단 구조를 발달시켰다. 치료사는 그의 부재(공간)를 통해서 중간 대상과 청사진이 되었고, 그것으로부터 먼저는 상상 속에서 그리고 그 다음에는 집단 현실 안에서 집단 구조가 출현했다. 그 청사진은 하나의 중간 대상으로서, 부재한 치료사에 대한 그들 자신의 내사들과 현실적 특질들 모두를 포함한 것이었다.

요약하자면, 집단 내의 의사소통과 상호작용은 담는 그릇-담기는 것 관계를 통해서 개념이 성취되는 것과 함께 시작된다. 이때 담는 그릇-담기는 것 관계는 아이디어가 대인관계적 맥락 안에서 발달할 수 있게 하는 투사적 동일시의 한 형태이다. 그때 사고는 집단의 자유연상 과정을 통해서 초점적 갈등과 집단 긴장으로 모아진다. 그러한 '선택된 사실'은 심리내적 역동과 집단 역동 사이에서 간이역으로 기능하는 중간 공간과 환상에서 구체화된다. 그때 거기에는 상징체계와 신화가 생겨날 수 있는데, 이는 집단으로 하여금 개인적 경험을 집단 문화의 일부로 그리고 그 역으로 변형시키는 데 필요한 이데올로기와 은유들을 제공한다. 상징이 갖는 힘은 여러 내부-구성원들의 역동들을 통일된 하나의 집단표상으로 압축시키는 데서 온다.

## 집단으로서의-집단 체계

이제 우리는 무엇이 집단으로서의-집단을 구성하는가라는 인식론적인 문제에 대해, 출현하는 집단을 하나의 뚜렷한 조직체계로 간주함으로써 얻을 수 있는 유용한 지식이 어떤 것인가라는 관점에서 살펴보고자 한다. 이 필요성은 집단의 역동에 익숙한 집단치료자들보다는 주로 개인의 이야기에 귀를 기울이는 정신분석가에게 더 절실한 것이다. 그러나 심지어 전자의 경우에도 쉽게 개인 과정을 집단 과정과 혼동할 수 있고, 따라서 자신이 무엇을 집단으로 규정하고 있는지를 끊임없이 돌이켜볼 필요가 있다.

많은 분석가들은 집단 과정에 대한 연구를 지속하는 것에 대해 회의를 품고 있다. 미국 정신분석협회 모임에서 여러 번이나 상을 받은 저명한 분석가는 사적인 대화에서, 자신은 집단에 대해 이야기해야 할 필요를 이해할 수 없다고 말했는데, 그는 집단 역동을 본질상 과학적인 것이기보다는 신비적인 것으로 여기고 있었다. (이 책의 서문을 쓴 저명한 분석가인 그롯슈타인도 비슷하게 집단을 '신비적 실체' 라고 불렀다.) 개인치료에 익숙한 치료자들은 집단에 관한 과학적 연구에 회의적이며, 집단 과정 자체보다는 집단에 대한 개인의 기여에만 귀를 기울이는 경향이 있다. 즉, 그들은 집단의 차원에 대해 선택적으로 주의를 기울이지 않는 경향이 있다.

다른 한편, 개인 환자에게 경청할 때 보이는 것과 같은 수준의 열의와 능력을 갖고 십단에 대한 직관적 이해를 보여주는 분석가들도 존재한다. 그들이 집단을 어떻게 이해하는지가 항상 명백한 것은 아니지만, 그들에게 있어서 집단은 입체적으로 존재한다. 라이트(Write)는 집단 과정에 대한 그러한 조율은 그 개인에게 특정한 역동적 중요성을 지닌 가족 모체 안의 경험들에서 유래한다고 가정했다(Ashbach and Schermer, 1980). 우리는 분석가들이 그들의 특별한 도구들과 통찰들을 보다 온전히 적용할 수 있기 위해서는 집단 수준에 대한 그들의 인식을 촉진시킬 필요가 있다고 본다. 덧붙여 말해야 할 것은, 집단에 대한 인식을 위해 발달적 기초로 사용되는 것은 비단 가족 경험만이 아니라는 것이다. 콜만(Colman, 1975)은 전체로서의-집단에 대한 후기 지각에서 발달의 공생 단계가 갖는 중요성을 지적했다. 또 어떤 이론가들은 집단 내에서의 지도력, 응집성, 또는 의견의 일치와 결정 등과 같은 특정한 문제들에 민감한 인식을 갖는 것으로 보인다. 즉, 집단 체계는 여러 개의 '지각적 게슈탈트들'과 관련되어 있다. 집단 체계에 대한 연구는 이 게슈탈트들에 주의를 기울여야만 하는데, 그러기 위해서 연구자는 인간을 사회적으로 고립되어 있는 개인으로 보는 경향성을 극복해야만 한다.

'심리물리적' (psychophysical)인 것이라고 불릴 수 있는 하나의 집단 역동 모델은 집단을 개인적인 행동을 조정하는 물질, 정보, 그리고 에너지의 조직 수준으로 본다. 이 틀은 집단이 외재화된 대상관계들로 구성된다는 생각과 일치한다. 원칙적으로, 경계, 역할, 그리고 하위집단의 하부구조는 조직의 전체적인 집단 수준 내에서 발생하는 기능의 분화를 나타낸다. 집단의 '마치 인양' 환상 양태인, 신화는 비슷하게 꿈 상징들과, 특별한 집단 수준에서 인격 안으로 들어오는 원형들이 재구조화된 것이다. 이것은 중세기 동안에 화재로 파괴된 성당에 관한 이야기를 생각나게 한다. 여러 마을과 지역에서 온 신자들이 성당을 다시 짓기 위해 모였다. 그들 중에는 전체적인 그리고 복잡한 상징적 구조를 재창조하는 데 필요한 '내적 표상들'을 가진 사람들이 있었다. 게다가 그들은 집단 과제를 위해 협조하고자 하는 욕망과 헌신을 갖고 있었다. 초자아와 리비도 또는 '생명본능'에서 유래한 함께 일하고자 하는 동기는 개인적 반응들을 집단 구조, 과정, 그리고 내용으로 변형시켰다. 집단 구조의 안정성을 성취하는 데 상당한 양의 에너지가 소비되었고, 이 소비는 일종의 '희생'으로 경험되었다. 따라서 거기에는 항상 상실, 죽음, 그리고 집단에의 참여와 관련된 자기의 부활이 있었는데, 이 모든 것은 결코 우연이 아니었다.

집단을 조직 수준으로 보는 견해에서, 집단을 구성하고 있는 사람들과 구별되는 요소들은 집단이 갖는 '장의 속성'과 '교환 과정들,' 그것의 구조, 아이디어와 의사소통의 사용 및 담아주기 등이다. 이 측면들은 세 가지 방법으로 탐지할 수 있다. (1) 개인의 행동과 말을 '떠도는 주의'를 갖고 경청하기. 이것은 공통의 무의식적 주제들과 그것들의 변화들에 대한 인식을 발생시키는 과정이다. (2) 일시적인 것과 그렇지 않은 것, 통시적인 것과 동시적인 것, 수직적인 것과 수평적인 것, 그리고 집단의 삶에 건축양식과 같은 '항구적인' 느낌을 주는 것 사이의 구별을 요하는, 불변하는 집단의 구조에 주목하기. 이것은 집단의 특성들과 패턴들에 조율하는 것을 의미한다. (3) 집단에 들어오는 개인들에게 집단의 장이 미치는 '영향력'을 관찰하기.

집단 체계에 대한 이러한 공식화는 현상학적 사건들과 모습들에 대한, 즉 집단의 본질이 아닌 집단의 존재에 대한 인식으로 인도한다. 개인의 본질은 그의 정체성, 무의식, 그리고 자기로 구성된다. 집단이나 공동체 역시 하나의 본질을, 즉 근본적인 통합원리를 갖고 있는가? 그렇다고 생각하는 본질주의자의 입장은 프로이트가 처음에 도입했던 헬름홀츠학파의 '물질주의' 뿐만 아니라 체계이론 그 자체로부터도 크게 벗어난 것이다. 그것은 초개인적 차원을 가정한다. 그러나 집단을 존재 자체로 보는 연구는 매우 어려운 것이고 심지어 위대한 철학자들(플라토, 홉스, 마르크스 등과 같은)까지도 힘겨워했던 과제이다.

정신분석가는 집단의 본질적 차원에 세 가지 측면에서 접근한다. (1) 집단에 참여하는 사람들에게 미치는 보편적인 영향(집단퇴행, 애도과정, 정체성의 변동 등). (2) 프로이트의 오이디푸스 신화나 아버지 살해 주제와 같이 구성원들에게서 드러나는 신화. (3) 개인이 그것으로부터 출현해 나오는(프로이트의 경우에는 신화적 영웅) 특별한 실체, 즉 그것으로부터 지식이 획득되고 이미지들이 그 안에 뿌리를 두고 있는 근원적인 심리적 모체(이러한 생각 안에는 개체 발생적으로 그리고 계통 발생적으로 지식과 상징이 집단의 산물이라는 전제가 포함되어 있다). 개인적인 마음이나 정체성을 가정하지 않는 사고의 체계들이 있다. 이것은 노이만(Neumann, 1949, 5-38쪽)이 '우로보릭'(uroboric)이라고 명명했던, 스스로 생겨나고 스스로 창조된 근원적 하나됨의 상태와도 같은 것이다.

앞에서 논의한 전체로서의-집단의 현상학과 발달적 노선들을 확립하기 위해서는 몇 가지 특징들을 살펴보아야만 한다. 첫째, 거기에는 집단의 경계, 공간, 그리고 대상으로 출현하는 지각적 게슈탈트들이 존재한다는 사실이다. 이 게슈탈트들은 레빈학파의 장 이론을 통해서 작동 가능한 것이 되며(참조. Agazarian and Peters, 1981, 1부), 지도력, 응집성 또는 일치성, 역할 분화와 구조, 하위집단 등을 포함하고 있다. 둘째, 조직의 집단 체계 안에서 뚜렷이 드러나는 사고 작용의 특징들이 있으며, 그것의 의미는 집단 과정에서 유래한다. 다시 말해서, 거기에는 문화의 패턴이 있다. 마지막으로, 집단에 참여하는 모든 사람들에게는 역동적인 사실로서의 집단의 본질이 있다. 이것들이 함께 모여 하나의 집단 체계를 형성하는데, 이 체계는 구성원들과 그들의 의사소통으로부터 출현하는 동시에 그들을 형성한다. 좌표 감마 체계(부록 참조)는 집단으로서의-집단의 발달적 노선들에 대한 몇 가지 예들을 보여준다.

## 개관: 집단 체계들과 그것들의 관계

집단의 세 체계는 다음과 같이 요약될 수 있다. 심리내적 체계($\Psi$)는 환상들, 방어기제들, 구조들, 인격을 구성하는 반응 패턴들을 담고 있으며, 그 외에도 환상 대상들과, 자기와 자아 정체성의 측면들을 위한 내적 공간을 포함하고 있다.

상호작용적 체계($\Delta$)에서, 심리내적 관계들은 의사소통을 통해 집단 공간으로 확장된다. 예를 들면, 반영을 위한 자기대상의 필요성은 자기와 타자 사이의 차이가 부정되는 대상에 대한 사회적 가까움에서 표현된다. 그 결과 집단 삶의 공간은 분화되지 못하고, 반영 과정은 지도력과 집단의 정체성 안에 과대적 자기의 가상적 이미지를 산출하게 된다.

집단으로서의-집단 체계($\gamma$)는 역할들과 신화들로 이루어져 있으며, 통합적인 활동의 측면들을 구성한다. 예를 들면, 나쁜 내적 대상들은 희생양 만들기, 하위집단으로 나누기(양극적인 정동적 색깔의 이데올로기로 나타나는), 또는 나쁨을 집단 경계 바깥에 두고 좋음을 안에 둠으로써 마술적이고 행복한 분위기를 만들어 내기 등으로 나타난다.

심리내적 체계와 전체로서의-집단은 지각, 의사소통, 자아 기능들과 자아 경계, 상호작용적 방어들(예컨대 투사적 동일시) 등을 포함한 상호작용적 체계에 의해 서로 연결된다. 이러한 매개 기제들을 통해서 집단 체계는 인격 체계에 의해서 변형되고, 역으로 인격 체계는 집단 체계에 의해서 변형된다. 지각, 의사소통, 그리고 상호작용은 개인과 집단 사이에서 투입-산출의 기능을 수행한다. 그것들은 집단이나 개인을 변화시키기 위해 상대적으로 개방될 수도 있고 폐쇄적일 수도 있는 경계 체계로서 작용하며, 또한 개인이 집단의 '지도'(map)와 관계 맺는 데 필요한 특별한 판형을 불러일으키는 연결 체계로서 작용한다.

이 세 체계들이 어떻게 서로 관계를 맺는지를 보여주기 위해서 자신들을 교수 집단과 구별된 사람이라고 믿고 있는 대학 강사들의 감수성훈련 집단을 예로 들어보겠다. 그들은 자신들을 개척자들이며 위험을 감수하는 사람들이라고 생각하고 있었다. 첫 번째 집단 모임에 참여하려고 시도했던 보수적인 교수들은 참여를 포기했는데, 이는 자신의 지위나 역할을 평등과 자기-노출의 분위기에 양보하고, 이완되고 취약한 상태가 되며, 신체적 접촉을 하는 훈련에 참여하는 것에 대한 그들의 불안 때문이었다. 이러한 선택은 캠퍼스에서 상당히 먼 거리에 있는 집에서 모이는 남아있는 집단을 더욱 차별화하고 고립시켰다.

몇 번의 모임이 있은 후에, 제도적 환경으로부터 분리되어 있고 '여행 중'에 있다는 집단의 느낌은 친척들과 친구들 그리고 먼 과거의 장소들에 대한 연상들과 함께 애도과정으로 이끌었다. 집단 분위기는 슬픔으로부터 행복감에 이르기까지 다양했다. 갑자기, 한 구성원이 자신의 부모에 대한 비탄의 감정을 노출시키면서 애도의 초점이 되었는데, 이것은 모두를 놀라게 한 사건이었다. 회기 내내 그녀가 슬퍼하는 동안, 집단의 반응은 둘로 갈라졌다. 어떤 구성원들은 그녀를 비판적으로 공격한 반면, 다른 구성원들은 그녀를 다독이고 위로해주었다. 그녀는 둥글게 앉아있는 집단의 한 복판으로 자리를 옮겼고, 지도자와 몇몇 다른 구성원들은 때때로 그녀의 행동에 동참했다.

이 애도의 단계가 지나가자, 집단은 그와 같은 강한 정서를 발생시킨 것에 대해 지도력을 비판하기 시작했다. 특별히 유혹적이고 도전적인 스타일을 지닌 한 지도자는 거의 사직을 강요받았는데, 그때 보다 적극적인 구성원들로 이루어진 하위집단은 그가 집단에 머물도록 지원해주었다. 결국 그가 집단에서 덜 적극적인 역할을 하는 것으로 타협이 이루어졌고, 집단의 권위는 다른 지도자에게 위임되었다. 집단은 집단에 대한 그들의 감정들을 작업해내고, 보고를 듣고, 그리고 개인적인 유익과 성장을 공고화하는 것을 통해서 정해진 종결날짜를 향해 나아갔다.

집단이 종결된 후에, 구성원들은 몇 주 동안 다른 교수들과 떨어져 지내면서 하나의 불안한 도당을 형성했다. 그러나 애도과정에서 초점이 되었던 구성원은 재빨리 그 모임에 참여하지 않은 다른 교수들로부터 정서적인 지원을 받고자 시도했고, 그 결과 많은 지원을 받았다. 차츰, 집단 구성원들은 나머지 교수들과 다시 통합될 수 있었다.

이 감수성훈련 집단의 초점적 갈등은 제도적 맥락으로부터의 분리와 개별화에 관한 것이었다. 곤경은 새로운 집단 정체성의 발달과, 집단 상황 안에서 개인의 정체성이 위협받는 것을 둘러싸고 일어났다. 애도과정에 의한 우울불안의 극복과정이 중심적인 문제가 되었고, 그것은 집단의 초점적 갈등과 특별히 잘 일치하는 개인적 역동을 지닌 한 구성원에게서 구체화되었다. 우울적 요소와 박해불안의 재생에 대한 간헐적인 회피가, 집단 규범에 노출되는 것과 관련해서 집단에의 참여 여부를 선택하는 초기 의례행위와, '아프거나' 어려움에 처한 개인을 희생양으로 만드는 행위, 그리고 지도자를 공격하는 행위에서 표현되었다.

'어머니 집단'(대학이라는 제도)으로부터 분리되는 것과 관련된 곤경이 일치된 목소리로 표현된 것은 아니었다. 오히려 그것은 전체로서의-집단 체계와 그것의 하위체계들, 그리고 갈등의 다양한 측면들을 실제로 노출시키고 드러내는 '목소리'로 또는 담아주는 그릇으로 사용되었다. 집단의 정체성, 규범과 구성원 선택, 역할과 의례, 물리적 공간 등은 집단이 진전함에 따라 구성원들이 보이는 주제 내용과 자유연상에 대한 반응의 결과였다. 집단은 경계와, 그 자체를 제도적 맥락으로부터 구별하는 물리적 위치를 만들어냈다. 내적 규범과 가치는 구성원들이 새로운 대상 유대를 형성하고, 새로운 행동과 자기-노출의 위험을 감수하기 위해 개인의 정체성을 집단의 정체성에 양보하도록 압력을 가했다. 애도자, 희생양, 유혹자, 그리고 싸움/도피 지도자 등의 역할들이 환기되었고, 이로써 그들 공동의 내적 경험과 방어 패턴들이 그 모습을 드러냈다.

따라서 집단 체계는 투사적으로 동일시된 정신 내용을 위한 담아주는 그릇이 되었다. 이때 그 정신 내용 자체는 집단을 시작하고 그것의 주위에 경계를 세우는 활동에 의해서 활성화된 것이었다. 물리적 공간과 위치는 가시적인 집단 관계의 표상이 된 것이다.

이 집단의 상호작용적 체계는 애도의 내용을 집단 역동의 움직임과 연결시켰는데, 그것은 다음과 같다. 자기와 정체성의 원치 않는 측면들을 투사하는 것을 통해서 싸움/도피가 지배하는 정신 상태를 만들어내는, 외재화 기제의 사용이 다른 사람들을 배제하고, 희생양을 만들고, 직면하는 집단의 활동들에서 명백하게 드러났다. 게다가, 이 집단은 모든 것을 감싸 안는 기능과, 구성원들을 위한 이상화된 자기대상의 기능을 담당했다. 구성원들은 자신들을 특별한 존재로 간주했고(과대적인), 처음에 지도자를 과도하게 이상화했다. 그들의 집단적인 환상적 삶은 반동형성과 공생적 소망들, 즉 햇볕으로 가득한 바닷가, 상쾌한 숲 등을 둘러싼 것이었다. 모방과 같은 반영 활동과, 인간성에 대한 그리고 서로가 닮았다는 사실에 대한 신선한 놀라움의 감정이 집단 분위기 안에 스며들어 있었다. 자기대상과 투사적 형태의 전이 모체들은 집단을 모성적 성질의 전이 대상으로 그리고 자기의 불편한 측면을 거절하기 위한 수단으로 확립하는 것을 통해서, 애도의 무의식적 역동을 집단의 발달과 연결시켜주었다.

이 특정 집단의 세 체계들 사이의 관계를 요약하자면, 분리와 애도라는 초점적인 문제가, 통제하기와 희생양을 만드는 의사소통을 포함하는, 전이 반응과 경계 형성 활동을 활성화시켰다. 그것은 집단 역동 안에 변화를 발생시켰다. 유혹자의 역할과 싸움/도피 지도자의 역할이 발생했고, 집단의 애도과정을 위한 목소리가 출현했으며, 신화들과, 공생적 일치감, 반영받기, 여행하기, 행복한 햇볕 쬐기 등의 환상들이 생겨났다.

상호작용적 체계는 따라서 구성원들의 무의식적 갈등과 집단의 장의 역동들 사이를 연결시켜준다. 집단 신비 대신에, 상호작용적 체계가 가진 가정은 구체적 의사소통과, 집단 체계 안에 '상태의 변화'를 가져오는 진이의 외재화를 추적할 것을 격려한다. 동시에 반대 방향의 피드백 순환고리가 계속해서 작용한다. 위의 집단에서 집단 역할들과 주제들은 초점적 갈등을 애도 자체로부터 관련된 긴장으로, 즉 집단 규범의 수용과 내재화로 전환시켰다. 다른 말로 하자면, 세 개의 역동적 체계들 안에는 계속되는 긴장과 상호교환이 있었고, 그것들 사이에는 조절 기능을 지닌 경계들이 있었다.

공간적 은유는 집단으로서의-집단의 형태에 대한 윤곽을 그려내는 데 특히 유용하다. 그것은 마치 집단 '조각'(彫刻)이라는 아이디어가 구성원들의 무의식적 갈등과 환상들 안에 담겨있는 것과도 같다. 조각가의 도구들은 의사소통들과 상호작용적 패턴들이고, 진흙은 공간적 맥락에 묶여 있는 집단의 '우주' 이다.

집단 관계를 위한 도식의 무의식적 원천은 내적 대상관계들과 자아 기능들이다. 이 점에서 집단은 하나의 그릇, 대상, 그리고 전이의 드러남이다. 그리고 그것은 하나의 '초의사소통,' 즉 메시지가 어떻게 보내지고 수용될 것인지에 대한 메시지이며, 달리 말하면, 의사소통을 위한 하나의 '매체' 이다. 하지만 거기에는 그 외에도 그것의 공간과 형태를 결정하고, 집단에게 구성원들로부터 유사-독립적인 지위를 부여하는, 집단의 구조와 발달의 측면이 있다.

결론적으로, 지금까지 연구의 주된 추진력은 심리학 내의 하나의 연결 패러다임(a linking paradigm)으로부터 집단 내의 체계들이 지닌 역동을 탐구하는 틀로 옮겨가는 것이었다. 이 과정에서 우리가 따르고자 했던 원칙은 '집단 일반' 에 관한 너무 이른 결론에 도달하는 것을 피하면서, 경계, 공간, 그리고 대상과 그것의 운명과 발달에 대한 이론 등의 요소들을 활용하여 집단 사건에 대한 정신분석을 위한 지침들을 발달시키는 것이었다. 이 과제를 수행하는 데 유익했던 것은 일반체계 이론의 견해와, 집단을 체계들 내부와 체계들 사이의 정보조절 체계로 보는 견해가 집단을 동일한 상태를 유지하고자 하는 기제들이 지배하는 실체로 보는 견해보다 집단 분석에 더 적합하다는 사실을 인식한 것이었다. 여기에서 집단 관계들에 관한 고정되고 변하지 않는 법칙들을 발견하려는 시도는 덜 유익한 것으로 간주되었고, 그보다는 집단 구성원들의 심층적인 내적 경험들과 집단의 현실 사이에서 교량 역할을 하는 상호작용적 과정의 형태들을 검토하는 것이 더 유익한 것으로 간주되었다. 조절 기제로서의 상징, 은유, 그리고 신화가 갖는 역할의 중요성은 이 점에서 아무리 강조해도 지나치지 않다.

이 연구의 다음 단계는 발달의 노선들과 수준들 그리고 집단 평가와 해석에 그것들을 사용하는 방식에 초점을 맞추는 것을 통해서 발달적 관점의 윤곽을 그리는 작업이 될 것이다.

# 제 7 장

# 집단의 발달심리학

지금까지 우리는 집단심리학의 패러다임이 개인적인 사회적 단위들(individual social units)이 집단의 세력들과 만나는 것에 대한 관심으로부터 그것들 사이에 일치성을 유지하면서도 계속적인 상호교류를 유지하는 보완적인 상호작용 체계들에 대한 관심으로 전환된 사실에 대해 논의해왔다. 인식의 주관적 양태와 객관적 양태의 상호작용은 집단 안에 내재화된 대상관계들의 내적 현실과, 집단의 역할, 분위기, 의사소통 통로, 조직의 구조, 그리고 문화적 제도 등으로 이루어진 집단의 현실을 확립한다.

발달은 이 요소들 각각에서 발생한다. 비록 개인의 발달과 집단의 발달이 결코 일관되게 나란히 가는 것은 아니지만, 그것들은 상호적으로 관련되어 있고 의존되어 있다. 집단은 그 집단을 구성하고 있는 개인들이 변하지 않고는 변할 수 없고, 개인은 자신의 역할, 사회적 상호작용, 집단의 선택 등과 관련해서 다른 사람들에게 영향을 미치지 않고는, 그리고 특별한 상황 하에서는 집단과 문화 자체에 대한 창조적인 그리고/또한 메시아적인 영향을 미치지 않고서는 성장할 수 없다.

정신분석이 역사적 심리학이라면, 집단심리학은 현재 발생하고 있는 교류에 초점을 맞추는 심리학이다. 풀크스와 안토니(1973, 41쪽)는 그 둘 사이의 관계를 수직적인 역사적/발달적 특징들이 수평적인 집단 활동 안에서 그 모습을 드러내는 호환이 가능한 관계라고 특징지었다. 따라서 예컨대 발달단계의 반복으로 재구성된 오이디푸스 콤플렉스는 집단 안에서 일단의 역할들과 태도들로 나타나는데, 그 안에서 지도자는 부모 인물이 되고, 근친상간, 적대감, 그리고 죄책감 등의 주제들이 분위기를 채색한다. 오이디푸스 신화는 그 안에 수직적이고 수평적인 차원 모두를 갖고 있다. 수직적 역사는 어린 시절 왕인 부모에 의해 버림받는 것에서 자신도 모르게 살인과 근친상간을 범하는 행동으로, 즉 그의 수치스런 노출에로 가는 여정에서 표현되었고, 수평적인 사회적 모체는 테베의 사회적 구조 안에서 오이디푸스가 수행한 영웅으로서의 역할과, 공동체가 그에게 부여한 신뢰에서 표현되었다. 인류학자인 레비-스트라우스(Claude Levi-Strauss, 1979, 213-8쪽)는 이 신화를 통시적이고(diachronic) 동시적인(synchronic) 패턴들의 측면에서 분석하면서, 전자를 시간 차원에 그리고 후자를 신화의 주제적 부분들 사이의 비시간적 관계와 관련시켰다. 따라서 풀크스와 앤토니 그리고 레비-스트라우스는 모두 집단의 삶의 역사적/발달적 측면과 교류적/구조적 측면들 사이에 보완적인 관계가 있다는 것을 인정했다. 우리의 견해는 여기에다 수직적인 것과 수평적인 것 사이의 연결은 부분적으로 자기와 대상 표상에 관한 풍부한 어휘—연대기적으로 전개되는 동시에 집단 상호작용의 현실 극장에서 대인관계적으로 '공연' 되는—에 놓여있다는 것을 덧붙이고자 한다.

수평적/수직적 병렬관계 외에도, 유아기로부터 성인기로의 움직임은 집단의 발달단계에서 반복된다. 발생학적 개념을 바꾸어 말하자면, 집단의 발생은 개체 발생을 반복한다. 즉, 집단의 발달은 개인의 발달을 반복한다. 베니스와 셰파드(Bennis and Shepard, 1956)는 집단의 발달단계를 지도자에 대한 의존으로부터 상호의존과 합의에 의한 타당화로 나가는 것으로 묘사했다. 집단들이 그 발달과정을 정확하게 반복하는 것은 아니지만, 종종 분화와 정서적 성숙을 향해 가는 경향성을 보인다는 것이다.

정신분석적 집단심리학은 두 가지 점에서 발달적 심리학이다. 하나는 집단에 참여하는 사람들의 발달적 변화를 조사한다는 점에서 그렇고, 다른 하나는 집단 자체의 발달적 형태와 수정들을 연구한다는 점에서 그렇다. 따라서 정신분석은 다음의 두 가지를 드러내기 위한 개념적 도구이다. (1) 개인이 유아기로부터 성인기에 이르기까지 경험한 과거 상호작용에 대한 기록을 포함하는, 발달적 과정들 사이의 상호작용과, (2) 발달적 특징, 즉 특정 시기의 특정 집단을 위한 행동적 규범을 결정하는 개별화와 대상 항상성의 정도의 측면에서 본 집단의 상호작용과 집단으로서의-집단 역동의 변화들.

정신분석학에서 오랫동안 사용해온 발달과정에 대한 조사는 집단 역동 영역에도 적용될 수 있다. 이 분야에서 두 개의 모범적인 연구들은 학급 내의 우울불안을 다룬 베니스(Bennis, 1961)의 연구와 심리치료 집단에서의 종결의 문제와 관련된 분리-개별화 과정을 조사한 카우프(Kauff, 1977)의 연구이다. 이 저자들은 상실의 역동과 우울을 둘러싼 문제들의 극복과정이 집단 과정들과 상관관계가 있다고 가정했다. 그러한 '제한된 영역'의 연구결과들은 정신분석에서 가져온 통찰들을 집단훈련이나 집단치료 상황에 적용하기 위한 기초를 제공한다. 이러한 연구들을 조심스럽게 종합한다면, 소수의 관찰결과들을 모든 집단에 적용한 것에 토대한 이론에 과도하게 의존하지 않는, 타당성 있는 이론을 도출하는 데 성공할 수 있을 것이다.

이러한 종합을 성취하기 위해서는 집단의 맥락에서 발달이 무엇을 의미하는지를 좀 더 고려해볼 필요가 있다. 집단의 진화는 개인의 발달과는 다른 종류의 과정이다. 하지만 전체로서의-집단은 발달심리학과 연결되어 있다.

첫째, 집단의 구체적인 특징들은 발달과정을 위한 담아주는 그릇으로 작용할 수 있다. 집단 역할, 의례, 그리고 신화는 유아적인 것도 성숙한 것도 될 수 있고, 구체적인 것도 추상적인 것도 될 수 있다. 둘째, 집단의 조직은 어느 정도 마음의 내적 작업들과의 구조적 동일성을 갖고 있다. 예컨대, 군중은 마치 초기 대상관계들이 후기의 것들보다 덜 구조화되는 것처럼, 공동체보다 더 적은 구조적 가능성을 갖는다. 이것은 단순한 유비가 아니라 깊은 상호관계를 보여주며, 이런 사실은 문화적 신화들이 사회적 구조라는 측면에서 보편적인 의미를 갖는다는 레비-스트라우스의 발견에 의해 입증된 바 있다. 신화의 내용은 무의식의 언어로 구성되는 한편, 그 신화의 집단적인 사용은 사회적 조직을 예증하고 강화한다. 신화는 사회적 규제에 관한 타고난 지식을 갖고 있다. 레비-스트라우스에 따르면(1963, 31-54쪽; Homeir, 1983), 마음의 구조와 문화의 구조는 그 주제들과, 그것의 부분들이 모여 하나의 전체를 구성하는 방식 모두에서 유사성을 갖고 있다(이 책의 10장 참조).

따라서 예컨대, 원시부족은 결코 사회화되지 않았거나 구조화되지 않은 상태가 아니다. 그것의 구조는 내적으로 일관성이 있고, 지적이고, 지능적이며, 그 자체로서의 적응력을 갖고 있다 (Maturana의 자체 생성의 원리). 하지만, 각 문화 안에는 인생 주기의 각 단계에 특별히 적응한 특수한 구조들이 있고, 그 외에도 그것들의 발생을 표시하고 의례화하는 또 다른 구조들이 발견된다. 게다가, 아동기는 집단에의 참여를 위한 훈련 마당을 나타내며, 집단은 아동기 갈등을 집단 규범의 위치로 올려놓을 수 있다. 이 점에서 우리는 '문화라는 것은 커다란 글씨로 쓴 인격'이라는 베네딕트의 논문(Benedict, 1934)을 떠올리게 된다. 베네딕트는 집단 구성원들의 지배적인 인격 형태를 반영하는 세 가지 유형의 사회조직을 서술하면서, 그것을 아폴로적, 디오니소스적, 그리고 편집증적으로 명명했다. 유사하게, 일본 문화의 충동적이고 의례적인 측면을 연구한 고러(Gorer, 1943)와 라바르(LaBarre, 1945)는 그러한 현상을 너무 이르고 가혹한 배변훈련의 측면에서 설명할 수 있다고 가정했다.

그러므로 발달적 심리학은 집단 체계들이 구성원의 발달적 유산으로부터 유래하고, 나란히 가고, 또는 그것에 봉사한다는 점에서 집단에로 확장될 수 있다.

## 집단 발달의 수준들

발달 수준이라는 개념은 집단이 단순히 원시적인 기본 가정들로 퇴행하는 것만이 아니라, 모성적 대상과의 공생적 하나됨의 자리든지 아니면 지도자와의 오이디푸스적 갈등의 자리로 퇴행한다는 사실을 저자들이 깨닫게 되면서 시작되었다. 이것은 두 개의 집단 수준이 존재한다는 것과, 집단의 정신의 발달에 관한 두 개의 모델이 존재한다는 것을 암시하고 있다. 이것은 집단 문화 안에서는 집단이 모성적 대상을 나타내는, '정신증과 같은' 현상이 나타난다는 비온의 이론과, 집단에서는 지도자를 전복시키고자 하는 토템부족의 사건이 반복된다는 프로이트의 이론에 그 뿌리를 두고 있다.

프로이트와 비온의 견해 사이의 모순은 집단이 발달과정에서 두 개의 자리 모두를 거친다고 가정함으로써 해소될 수 있다. 하나의 포괄적인 이론은 이 책의 서론에서 언급된 것인데, 그것은 공생/분리-개별화 과정, 즉 말러의 재접근 하위단계와 오이디푸스 콤플렉스를 포함하는, 융합 상태로부터 분리됨으로 나가는 움직임에 관한 이론이다.

이러한 관점은 프로이트가 말하는 집단 형성의 두 기제들을 통합하는 데 유용하다. 하나는 집단의 공생 단계 안에서 작용하는 투사적 동일시이고, 다른 하나는 구성원 간의 오이디푸스 유형의 지도자와의 동일시이다. 예컨대, 샤피로(R. Shapiro, 1978)는 뚜렷하게 오이디푸스적인 원시적 집단의 형성에 대해 말했다. 기바드와 하트만(Gibbard and Hartmann, 1973, 317쪽)은 '집단의 발달이 오이디푸스적 문제들과 전오이디푸스적 문제들 모두를 수반하며, 어떤 하나의 패러다임도 집단의 발달을 모두 설명해낼 수는 없다'는 사실을 경험적으로 확인했다. 이 모델에 '작업 집단'을 포함시킴으로써 집단의 '세 가지-수준'이라는 도식이 형성되었다(Ashbach and Schermer, 1978).

그러나 집단 과정에 대한 상세한 조사는 세 가지 층으로 된 집단 개념에 의해서는 충분히 설명될 수 없는 더 많은 변형들이 있다고 제안한다. 풀크스는 그가 원시적 부분-대상 관계로부터 구별한, '집단적 이미지들'로 구성된 '근원적 수준'의 층이 존재한다는 사실을 주목했다. 슬레이터(Slater, 1966)와 프리드만(Friedmann, 1974)은 유사하게 원시적이지만 분리된 대상과 관계

맺는 수준과는 달리, 자기와 대상 사이의 자아 경계가 형성되기 이전의 집단 수준이 존재한다는 것을 관찰했다. 다른 말로, 집단이 부분-대상 관계 또는 기본적 가정 상태로 퇴행할 때, 두 개의 뚜렷한 상태를 구별할 수 있다. 그것은 (1) 일차적 자기애, 융합 상태, 또는 꿈과 같은 상황을 가리키는 근원적인 '우로보릭'(uroboric) 하나됨의 상태와, (2) 침투성 있는 자아 경계를 지닌 원시적 부분-대상 관계의 상태이다. 워닉크(Wernicke, 1906)는 일차적 자기애적 상태를 신체정신(somatopsyche)으로 그리고 최초의 외부 대상과의 관계를 자율정신(autopsyche)으로 불렀고, 에릭슨(1950)은 논의를 위해 유아의 최초의 상태를 자체우주(autocosmos)와 소우주(microsphere)라고 불렀다(참조. Foulkes, 1964, 114-6쪽).

이 관점들은 퇴행한 집단이 다시 두 가지 수준으로, 즉 근원적 수준과 원시적 수준으로 구분될 수 있음을 제안한다. 유사하게 집단 내의 '전체 대상' 발달에 대해 조사한 저자들은 우울적 자리에서 어느 정도의 대상 항상성을 나타내는 중간 대상 현상과, 그 뒤를 이어 출현하는 성적 및 경쟁적 주제들과 관련된 오이디푸스적 삼각관계 현상을 구분함으로써, 중간적 수준과 오이디푸스적 수준이라는 '개별화된' 단계의 두 하위수준을 확립하는 것이 유용하다는 사실을 발견했다.

작업 집단과 관련해서, 이러한 초기 수준을 하위수준들로 나누는 것은 매슬로우(Maslow, 1954)가 '절정 경험'(peak experience), 향상된 자기-인식, 그리고 자기-성취 등의 지향을 과제 지향으로부터 구분하는 것과 일치하는 것임이 드러났다. 비록 정신분석 자체는 전통적으로 그러한 구분을 하지 않았지만, 그렇게 할 수 있는 새롭고 유용한 탐구 영역을 열게 된 것이다. 집중적으로 집단과 작업해온 사람이라면 누구든지 집단이 주어진 과제의 수준을 넘어 영웅적인 이타주의, 고양된 공감, 그리고 자발적인 창의성의 행동을 할 때가 있다는 사실을 알고 있다. 그런 집단들은 때로 의식을-고양시키는 집단 또는 자기-인식 집단이라고 불린다. 따라서 작업 집단의 두 수준들은 과제-지향 수준과 자기-실현 수준으로 구분할 수 있다.

집단을 여섯 개의 수준으로 나누는 도식이 갖는 가치는 그것이 개인과 집단 행동 모두에 대한 다양한 발달적 노선들에게 질서를 부여한다는 사실에서 드러난다. 모든 발달적 과정이 동일한 단계들을 갖는 것은 아니지만, 발달의 결정적인 기간들 및 초점들과 관련해서 비슷한 '표지들'을 갖는다. 예컨대, 유아가 분리된 대상으로서의 통합된 엄마 이미지를 발달시키기 이전 단계들에서, 여러 저자들은 일차적 자기애(또는 일차적 사랑)에서 공생적 애착으로의 성장이 발생한다는 사실을 주목했다. 예를 들면, 빅(Bick, 1968)과 멜처(Meltzer, 1975)는 '접촉 경계'(contact boundary)가 세워지는 '점착적 동일시'(adhesive identification)라는 출생-직후의 단계가 존재한다고 가정했다. 접촉 경계란 엄마와 유아 사이의 접촉 경험에서 오는 초기 형태의 자아 경계를 말한다. 말러는 일찍이 그녀가 정상적 자폐라고 부른 전-공생적 단계가 있음을 주목했다. 다른 말로, 분리 이전의 초기 발달단계 안에 전-공생적 수준과 공생적 수준(여기에서는 근원적 수준과 원시적 수준으로 부르는)이라는 두 개의 수준이 존재한다는 것이다. 따라서 집단에 대한 여섯 개 수준 도식은 개인 발달심리학과 집단 발달심리학 모두와 훌륭하게 조화를 이루고 있다.

# 여섯 개의 집단 수준의 현상학

비록 여기에서 제안하는 집단 수준들이 발달의 여러 수준들을 압축해놓은 것이지만, 퇴행은 때로 그것들 각각에 분명하게 초점을 맞추어 바라볼 수 있도록 허용한다. 아래에서 제시되는 이 수준들에 대한 서술은 주관적인 것으로서, 독자들은 아마도 그것에서 여섯 개의 참조 지점들을 오가는 집단의 총체적인 퇴행과 진전에 관한 초보적인 지식을 얻을 수 있을 것이다. 이것을 서술함에 있어서, 우리는 각 수준에 따른 현상들의 범위를 정하려고 시도했다. 이 수준들은 대상으로서의-집단의 발달(5장), 그리고 집단 진화의 단계들(9장)과 어느 정도 겹치면서도 서로 다른 것이다. 설명의 단순화를 위해서, 집단들은 동질적인 것으로 가정되고 있음을 주목하라. 실제에 있어서, 한 집단은 다른 측면들에서는 고착되어 있으면서도, 어떤 측면들에서는 매우 진전된 상태일 수 있다.

### 수준 1: 근원적(primordial) 집단

집단 형성 초기에 특히 대집단의 경우, 집단으로 태어나기 위한 대대적인 노력이 발생한다. 집단은 때로 침묵하고, 구성원들은 내적 혼동, 느끼거나 생각할 수 없는 상태, 꿈과 같은 철수상태에 있다고 보고할 것이다. 이런 상태는 막연히 집단이라고 불리는, 정의되지 않은 어떤 것에 강렬하게 참여하고 있다는 느낌과 역설적으로 공존한다. 그리고 집단이라는 이 '외부성'(outsideness)의 범람은 실존적 사건이라는 점에서만 그 의미를 갖는다.

이러한 총체적 경험 안에서, 시간과 공간은 정지된다. 즉, 움직임은 최소 수준으로 유지되고, 집단 바깥의 세상은 망각되고 부재하게 된다. 가끔 긴장을 견디지 못하는 누군가가 강요적인 태도로 무언가를 말할 것이다. 이 의사소통들은 공포와 공격성의 요소를 담고 있는 말들로서, 외부의 어떤 것과 접촉하고, 무한한 거리감으로부터 가까움을 확립하는 기능을 갖고 있다. 구성원들은 마비되고 움직임이 정지된 상태처럼 보인다. 원시적 불안들, 즉 멸절, 파괴, 전적인 유기, 아사(餓死)에 대한 불안들이 경험된다(Jaques, 1955: Menzies, 1967). 그 말 안에는 두 개의 주제가 담겨 있다. 그것은 접촉하고 보호받고 싶은 소망과 죽이고 싶은 소망이다.

차츰 이러한 광대함, 위험, 그리고 개인의 보잘것없음 등의 집단적인 느낌 안에 몇몇 생각들과 환상들이 떠오르고 공유되는데, 이것은 이제 좀 더 중요한 주제가 된 접촉에 대한 계속된 시도의 결과이다. 구성원들은 마치 최면상태에서 깨어나듯이 서로를 바라본다. 이 지점에서 '집단'에 대한 매우 총체적인 개념 규정이 시도된다. 이것은 이미지들을 통해서 이루어진다. 즉, 집단은 공간, 강렬함, 비전, 아름다움이나 추함, 개인들의 모호한 모습 등으로 표상된다. 이러한 이미지들에 대한 보고는 하나의 '숨 막히는 순간,' 또는 절정의 순간에 도달할 때까지 계속되고, 그 다음에 비로소 긴장의 해소가 뒤따른다. 여기에서 집단은 마치 구성원들의 호흡과 모든 근육들이 연결되고 결합되어 하나의 유기체를 형성하듯이, 확장하기도 하고 수축하기도 하는 폐의 기공들과도 같다. 그리고 이때 최초의 응집력 있는 집단의 목표는 전능성의 성취이다. 우리는 집단 형성과 관련된 이런 현상이 주로 대집단 맥락에서 발생한다는 사실을 관찰했다.

## 수준 2: 원시적 집단

차츰, 개인적 '자기들'은 대중에서 벗어나는 위험을 감수하기 시작한다. 한 두 명의 과감한 구성원들이 표면으로 떠오르고 '존재하기' 시작한다. 집단은 문제들에 대한 합리적인 논의에 착수하지만, 대화는 아직 '마치 인양'의 성질을 띤다. 즉, 내용은 피상적인 것으로 여겨지고 마치 다른 어떤 것이 진행되고 있는 것처럼 느껴진다. 시간이 지나면서, 각 구성원들의 관심사는 자기-보존이라는 사실이 명백해진다. 집단 안에는 불신과 방어적 요소가 존재한다. 집단이 하고 있는 것에 대해 감히 의문을 제기한 구성원들은 자신들이 고립되고, 무시되고, 공격받는다고 느낀다. 구성원들은 마음이 산란한 유사-위안의 상태에 있다. 그들은 서로를 과도하게 일반화된 방식으로 지각하는데, 이것은 특히 이상화된 (하지만 미묘하게 평가절하 되는) 흠이 있는 천재(타비스톡 집단의 한 지도자가 '변색된 부처'라고 묘사한 바 있는)로 간주되는 지도자와의 관계에서 사실로 드러난다. 구성원들이 감정들, 사고들, 그리고 행동들에 대해 책임질 것을 거부하기 때문에, 편집증적인 투사가 지배적이 된다.

뿐만 아니라 역할 구조가 출현하기 시작한다. 한편으로, 희생양의 역할이 부여되고, 다른 한편으로, 어떤 구성원들에게는 많은 권력과 유사-지도력이 부여된다(그 구성원들은 지도자로 간주되지만, 그들의 아이디어에는 거의 주의를 기울이지 않는다). 거기에는 또한 특별한 지위로 격상되는 커플이 생겨나는데, 그들에게는 분리됨보다는 융합과 연결됨의 속성이 부여되고, 그들은 하나의 실체로서 취급된다. 그러나 집단은 그들의 실제 속성에는 주의를 기울이지 않은 채, 피상적인 유사성이나 근접성에 기초해서 그들을 선택한다. 그들은 어째서 자신들이 구성원들에 의해서 하나로 엮어졌는지에 대해서 아무것도 모르는 것처럼 보인다.

구성원들은 외롭다고 느낀다. 아무도 자신의 위치에 대해서 확신하지 못한다. 감히 질문을 하는 사람들은 빠르게 담겨지거나 공격을 받는다. 공격성의 통제가 집단의 초점적 갈등이 된다. 그리고 칭찬, 아첨, 조종, 그리고 협박이 통제를 위한 대인관계적 기술로 사용된다.

집단의 사고와 언어는 '구체화된'(embodied) 형태로 나타난다. 의자들, 구성원들, 또는 집단 공간 내의 물리적 요소들의 움직임이 사고와 성찰을 대체하는데, 그곳에서는 하나의 집단 '춤'이 출현할 수 있다. 평가절하되고 파편화된 대인관계에 대한 느낌은 집단으로 하여금 실제 상황을 보지 않을 수 있도록 보호해준다. 성화된 융합을 표현하기 위해 그리고 집단의 전-성기적 상황과 그것의 관심들을 부인하기 위해 커플들이 사용될 수도 있다. 수준 2에 해당하는 집단은 경계선 환자들의 치료집단, 집단 관계 컨퍼런스, 그리고 문제 가족 단위들 안에서 흔히 발견된다.

### 수준 3: 중간적 집단

전체로서의 집단은 차츰 덜 파편화되고, 각 구성원은 집단 세계를 보다 인간적인 방식으로 그리고 강렬한 정서를 가지고 경험하기 시작한다. 이 수준의 집단에서. 어떤 사람은 박해받는다고 느끼고, 다른 사람은 사랑받고 존경받는다고 느끼며, 또 다른 사람은 불안하고 초조하다고 느낀다. 애도과정은 어떤 구성원들에게는 알려지지만, 전체로서의 집단은 서로에 대한 공격성이나 유사-성적인 충동 또는 마술적인 재-융합과 차별성의 상실을 통해서 상실의 슬픔을 회피한다.

중간적 집단의 과제는 부분을 전체 대상으로 통합해내는 것과, 모성 집단으로부터 개별화를 촉진할 뿐만 아니라 위안을 주는 대상을 사용할 수 있는 공간을 창조해내는 것으로 구성된다. 그 공간 안에 자기와 그것의 '상징적 동등시물'인 구체적 환상, 정서, 그리고 경험들 사이에 차츰 상징들과 표상들이 자리 잡게 된다. 어느 정도의 분리됨, 욕구충족의 지연, 경험에 대한 인지 등을 가능케 하는 이러한 공간의 창조는 선택과 대안과 창조성을 가져다준다.

이 수준에서 구성원은 자유 의지, 주도성, 그리고 상상력 등을 갖게 되는데, 그것들은 탐험하고 상상할 수 있는 하나의 세상을 창조한다. 그에게 이 세상은 때로는 자신이 획득한 소중한 중간대상이고 때로는 '분리된 엄마'인, 뚜렷한 정체성을 지닌 집단 자체로서의 실체이다.

'과대적 자기'의 반영을 통해 고양된 자존감과 행복감을 확립하는(말러의 연습 하위단계), 점증하는 내부 및 외부 환경에 대한 숙달과 동시에, 지도자와의 관계 안에서 그의 분리됨, 사용할 수 없음, 반영의 실패, 유기 등에 대한 인식이 출현한다. 그러므로 수준 3은 집단으로 하여금 한계, 상실, 분리됨의 수용을 통해 성숙을 향해 나아가는 애도과정에 의해 특징지어진다. 이러한 과정은 자아 기능을 재확립하고, 집단의 구성원과 문화를 반영하는 새로운 대상관계 단위들을 내재화하기 시작하는 것으로 이루어진다. 그러나 구성원들은 종종 상실을 부인한 채 희생자 만들기, 시기심, 그리고 투사기제의 사용으로 되돌아간다. 이 편집-분열적 역동과 우울적 역동 사이의 역설적이고 퇴행적인 접착으로 인해 사랑 대상에 대한 공격이 반복되고, 그것은 다시금 죄책감과 보상 충동을 불러일으킨다.

구성원들이 지도력의 현상유지와 독립적인 주도성 사이를 오가는 것은 '확립된 순응'의 좁은 한계를 넘어 넓은 환경을 탐구하고 싶은 자유와 자율성의 충동과 그들의 의존 욕구 사이에 깊은 갈등을 야기한다. 의존적 구성원들은 현상유지가 주는 안전성 안에 머무르고 싶어 하고, 독립적인 구성원들은 미지의 세계를 향해 모험하려고 한다.

마지막으로, 집단은 '확장 가족'의 형태로 진화하기 시작한다. 페어베언의 말을 인용하자면, '유아적 의존의 포기는 분화된 대상과의 관계를 위해 일차적 동일시에 토대한 관계의 포기를 포함한다' (Fairbairn, 1952, 42쪽).

### 수준 4: 오이디푸스 수준

집단의 삶에서, 오이디푸스적 패턴은 핵가족 패턴, 즉 부모와 '형제들'의 패턴이 반복되는 것이다. 거기에는 안정된 관계들과 역할들이 출현하고, 세대 간 경계와 위계, 즉 지도자와 추종자라는 두 층으로 된 권위구조가 명백하게 드러난다.

때로 오이디푸스적 패턴은 역전될 수 있다. 그것은 집단 안에서 다양한 형태의 양성적 주제로, 즉 하나의 대상 안에 남성 인물과 여성 인물이 응축된 형태로 나타날 수 있다.

수준 4 집단에서, 초자아는 '죄'(근친상간)에 대한 지식과 함께 도덕적 질서와 집단의 윤리와 행동 규칙들을 위한 가능성을 확립한다. 게다가, 대상관계의 특질은 대상 자체에 대한 욕망으로 성숙해 가는데, 이는 자기애와 우울적 관심을 넘어 대상 자체가 지닌 특질 때문에 그 대상을 사랑하고 사랑받고 싶은 소망으로 가는 움직임이다. 따라서 가까움, 친밀성, 그리고 삼자적 대인관계 구도가 온전히 그 모습을 드러낸다.

소집단(10명 이내)의 정서성은 보통 수준 3과 4에 해당된다.

## 수준 5: 과제-지향 집단

개인적 관심들을 옆으로 제쳐두고 집단이 부여한 책임들을 수행할 수 있는 능력은 근친상간적인 충동을 포기하고 그것을 자아 이상을 통해서 개인의 정체성과 상호의존으로 승화시켜냄으로써 획득된다. 의사결정의 일차적 양태는 집단과 조직의 과제와 관련된 전문성과 기술에 기초한 역할 부여와 함께, 경험에 대한 합의에 의해 정해진다. 오이디푸스 집단의 근친상간적 특질은 이 수준에서 객관적으로 지각된 유사성과 차별성에 의해 대체된다.

이 통합 수준에서, 문제 해결을 위해 구성원들이 갖고 있는 가정을 확인하기 위해 공식적인 검사도구가 사용된다. 공감이 상호이해(융합이나 구원 환상 대신에)를 위한 도구로 사용된다. 협력이 경쟁을 능가하며, 이것은 집단의 목표를 성취하는 데 봉사한다. 과제-지향 집단 안에 상존하는 위험은 논리, 일, 그리고 협력에 대한 강조 때문에 환상과 정서적 삶이 억압될 수 있다는 사실이다.

## 수준 6: 자기-실현 집단

매슬로우(1954)는 삶에서 높은 수준의 성취와 정서적인 행복감을 획득한 개인들의 특성을 나타내기 위해서 자기-실현이라는 개념을 만들어냈다. 그러한 개인들은 생존과 안전의 욕구들을 넘어 자신들의 잠재력을 성취하는 일에 에너지를 투자할 수 있는 사람들이며, 행함보다는 존재함을 더 중요하게 여기고, 매슬로우가 '절정 경험'이라고 명명한 고양된 의식을 획득한 사람들이다. 이 절정 경험의 순간에 놀라움과 통일의 감각이 지배하고,

지각이 강화되며, 의미와 목적이 획득되고, 상상력과 창조성이 촉진된다. 수준 6집단은 이 절정 경험들을 북돋우는 집단이다.

수준 6 집단 모체가 갖는 특징은 공동체적 감각이다. 여기에서 소속감과 참여감은 역할, 사회적 계층, 그리고 다른 배타적 특징들을 넘어 인류애, 수용, 그리고 이타주의에 이른다. 이러한 요소들은 우울적 자리와 그것의 능력과 관련된 역동적 특징들을 갖는 대상관계들의 단위를 나타낸다고 가정할 수 있다.

## 발달적 노선들

집단의 수준에 대한 이러한 묘사는 대상들, 역할들, 구조들 등의 군집들 사이에 어느 정도의 획일성이 존재한다는 가정을 내포하고 있다. 그러나 종종 발달은 동일한 경로를 따르지 않고 그것의 구조들과 기능들은 같은 속도로 진화하지 않는다. 집단의 맥락에서 발달적 노선에 대한 가정은 집단 퇴행의 구성요소가 지닌 다양성으로 인해, 즉 다양한 하위체계들이 집단의 세력에 항상 획일적으로 반응하지 않는다는 사실로 인해 필수적인 것이 되었다. 프로이트(1900, 533-50쪽)는 꿈 안에서(그리고 다른 정신현상들에서) 몇 가지 유형의 퇴행이 발생할 수 있음을 주목했다. 프로이트의 초기 이론에서 증상형성의 원인으로 간주된 리비도의 퇴행은 환자의 저항뿐 아니라 기억 내용과 그것의 강도에도 영향을 미치는 것으로 드러났고, 또한 사고과정 자체(일차과정 사고로의 퇴행)와 대상 선택에서도 발생할 수 있음이 밝혀졌다. 크리스(Kris, 1952)는 문제해결, 친밀성, 그리고 자아발달에 기여하는 적응적 과정인 '자아에 봉사하는 퇴행'이라는 귀중한 공식을 더해 주었다. 퇴행의 질과 그것에 영향 받은 발달적 특징들은 인격과 집단을 평가하는 데 중요한 고려사항이 되었다.

프로이트(1921, 129-33쪽)는 그 외에도 집단 안에서 자아 이상이 퇴행, 탈분화, 그리고 투사를 겪는다는 사실을 주목했다. 비온(1959)은 정신기능의 다른 영역들 안에서, 특히 대상관계, 개인의 정체성(구성원들이 익명성에 공모하는 현상), 그리고 사고과정(현실의 일부를 부정하기 위해 원시적 방어들을 사용하는 것) 등에서 집단적인 퇴행이 발생한다는 사실을 주목했다. 따라서 인격은 집단 상황(집단의 '결합가'를 구성하는)에 대한 반응으로 일정한 일관성을 보이는 반면, 집단 과정은 개인행동을 집단 행동으로 통합하는 데 필요한 여러 가지 '정신적' 기능들을 불러일으킨다. 이러한 집단 체계의 능력은 자아 이상이 먼저 집단과 지도력에게 자체의 힘을 양도하고 그렇게 함으로써 집단에의 참여를 준비시키는 것에서 유래한다. 일단 이러한 집단의 형성과정이 확립되면, 거기에는 마치 더 심한 퇴행과정이 발생하는 것으로 보인다. 그 퇴행과정은 마치 심리적 '전기 이동'(electrophoresis)처럼 급강하하며, 그것에 맞서는 진전, 고착, 그리고 저항 등의 세력들이 특정한 발달 노선의 퇴행을 제한하는 지점들에서만 급강하를 멈춘다. 어떤 사람은 집단 형성에서 일차과정 사고와 현실검증의 상실을 유발하는 현상을 관찰하고, 다른 사람은 자기의 파편화와 혼동을 야기하는 현상을 관찰하며, 또 다른 사람은 구강적 갈망과 의존욕구가 전면에 등장하는 현상을 관찰한다. 이러한 다양성은 전체 집단이 영향을 받는다는 점에서 개인적 결합가로 충분히 설명할 수 없다. 몇 가지 다른 유형의 사건들을 포함하는 집단 관계 컨퍼런스는 어떻게 동일한 구성원이 하나의 상황에서 다른 상황으로 이동할 수 있는지, 그리고 자아와 초자아 안에서

장(場)에 의해 유발된 변화들을 관찰하는 데 특히 유용하다. 집단 내의 명백한 퇴행의 획일성은 부분적으로 집단 상황의 일관성에 의해 유지된다. 왜냐하면 장이 변화하자마자 지금-여기 상황에서의 변동에 의해 유발된, 특히 집단 경계들에서 두드러지게 나타나는, 변화가 뚜렷해지기 때문이다.

따라서 어떤 집단 사건의 퇴행적 특징들은 구체적인 정서, 상호작용, 그리고 집단 문화의 측면에서 이론화될 필요가 있다. 발달적 노선이라는 개념은 다양한 역동적 실체들을 조사할 수 있도록 조직화하는 하나의 도식을 제공함으로써 그러한 이론화를 촉진시킨다.

이러한 고려사항은 집단을 총체적인 퇴행 상태로 이해하는 것 외에도 집단을 발달적 노선이라는 측면에서 분석하는 것이 필수적이라는 생각을 지지해준다. 이것은 발달과정에서 집단 형성과 관련된 퇴행이 없다거나 특정한 획일성의 단계가 존재한다는 것을 부정하는 것이 아니다. 이 두 가지 모두는 다음 장에서 집단 진화과정의 일부로서 다루어질 것이다. 총체적인 집단 역동에 관한 사례들은 여러 번 제시되었고 지금은 잘 확립된 패러다임이 되었다. 비온, 에즈리엘, 휘태커와 리버만, 그리고 베니스와 셰파드 등은 모두 집단 역동에서의 획일성과 암시적인 의견일치를 강조했다. 발달적 노선들을 가정함으로써, 우리는 각 집단 사건을 일관성의 측면에서뿐만 아니라 다양성의 측면에서도 검토하는 것을 선택했다. 그 이유는 어떤 집단은 발달의 획일성을 보이고 그 바탕 위에서 총체적인 이론이 가능하지만, 다른 많은 집단들의 경우에는 대상관계의 특질, 자기-응집성, 그리고 기능적 실체들이 개별 구성원들, 하위집단들과 그것들의 상호작용, 그리고 집단으로서의-집단의 균형잡기 패턴에 따라 발달적으로 다양한 모습을 보이기 때문이다.

# 체계, 수준, 그리고 노선을 보여주는 좌표의 예

체계, 수준, 그리고 발달 노선이라는 개념은 집단심리학 내의 관점들이 일정 범위의 상황들과 변수들에 따라 상대적인 것이고, 그것들 중의 일부는 모호하게 진술되거나 아직 미지의 상태라는 인식에서 출현했다. 집단을 다양한 체계들과 하위체계들을 지닌 집단 모체 안에서 발생하는 발달적 퇴행과 진전의 단위로 간주함으로써, 집단에 대한 연구는 보다 철저하고 탄력적인 틀에 접근할 수 있게 되었다. 몇몇 집단 이론들에서 발달과정들이 체계에서 체계로의 위계변동을 거칠 수 있음이 암시되어 있고, 또 그러한 생각을 명백히 함으로써 발달심리학과 집단심리학 모두를 일반체계 이론에 기초한 참조 틀 안에서 고려하는 것이 가능해졌다. 여기에서 발달적 및 역동적 구조물의 측면에서 집단에 관한 가정들을 관찰하고 이론화하는 방식이 출현할 수 있었다. 따라서 좌표 자체는 비록 집단 과정에 대한 관찰과 해석을 안내하는 특정한 이론과 범위를 가지고 있기는 하지만, 여전히 열린 사고체계라고 말할 수 있다.

이제 좌표가 어떻게 집단 분석을 위한 개념적 도구와 틀이 될 수 있는지를 보여주기 위해 좌표의 사용법을 제시해보겠다.

## 예증: 정신건강 종사자들의 편집증적 에피소드

이 책 3장에서 인용했던 사례를 재음미해보자. 정신건강 종사자들로 구성한 한 집단이 비디오 기술자가 회기 내용을 비디오로 찍어서 그 부서장에게 제공한다는 망상을 발달시켰다. 이 망상은 집단의 종결에 대한 인식에 의해서 자극된 것이었고, 곧 애도과정이 뒤따랐는데, 이는 그 망상이 그들을 유기하는 치료자를 향한 공격성에 대한 퇴행적 방어였음을 보여주는 것이었다. 임상자료의 검토는 그것의 발달적 윤곽과 종결과정을 확립하는 것을 가능케 한다. 그 망상과 분리/상실 과정을 두 개의 다른 사건들로 간주함으로써, 집단이 어떻게 하나의 교류 단위에서 다른 하나의 교류 단위로 변화하는지를 보여주는 두 개의 그림에 도달할 수 있다. (사례요약과 그것에 대한 논의를 참조하시오)

도표 7-1은 그 사례요약을 토대로 구성한 부분적인 좌표를 보여준다. 우선 발달 노선들은 관찰자에 관해 어떤 것을 제안한다. 즉, 그가 상호작용 과정보다는 구성원의 집단적인 생각과 정동들에 그리고 집단으로서의-집단의 형태에 초점을 맞추고 있음을 보여준다. 그는 역할, 의사소통 스타일, 그리고 집단 경계 상황에 대해서는 거의 주목하지 않는다. 이 좌표는 집단의 행동을 관찰하고 기록함에 있어서 선택적인 편향성이 개입되어 있음을 유용하게 지적해준다. 관찰자의 관점은 항상 더 큰 전체의 부분적 견해이다.

이와 유사한 접근이 융합 대 분화와 같은 전체로서의-집단의 특징들에 관한 몇 개의 5개 지점 척도를 가진 '모체 표상 좌표'를 제안한 알린(Ahlin, 1986)에 의해 시도되었다.

이 좌표의 윤곽은 구성원들이 대상 상실에 대한 인식에 접하면서 분리-개별화 지점으로부터 편집증적 방어들, 정동들, 그리고 환상들로 이루어진 군집으로 퇴행했음을 보여준다. 그 결과, 처음의 의존 가정으로부터 싸움/도피 가정의 집단 분위기가 출현했다. 한 사람이 동일시와 공격성의 초점이 되고 있다는 사실은 그 집단 형성이 프로이트가 논의했던 '원시 부족' 수준임을 말해준

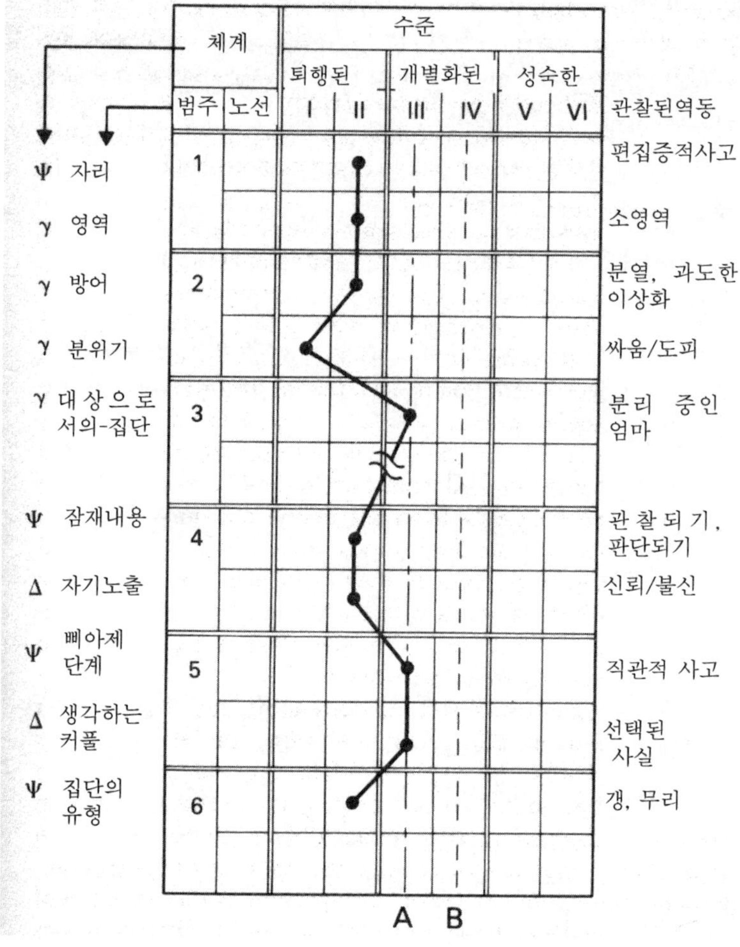


도표 7-1 정신건강 종사자들의 편집증적 삽화가 좌표에서 표현되고 있다. 여기에는 세 개의 체계들이 하나의 면 위에 포함되어 있다. 체계들과 발달적 노선은 왼쪽에 표시되어 있고, 역동들은 오른쪽에 표시되어 있다. 집단은 수준 A에서 퇴행했고 나중에 B로 진전했다

다. 그러나 애도과정이 시작되면서 그 집단의 형태는 거의 핵가족의 수준을 닮은 것이 되었다. 거기에는 양가적인 형제 관계의 특징에서처럼 지도자와 비디오 기술자가 좋은 부모와 같다는 느낌이 있었다.

구성원들의 인지과정은 삐아제가 말하는 직관적 사고에 해당되는 것이었고 편집증적 에피소드가 진행되는 동안에는 '구체적 작용'이 사용되었다. 다시 말해서, 집단 구성원들은 때로 그들의 내적 표상을 실제 사람들과 동등시했고, 종결과정을 지도자가 그들을 멀리하고 유기하는 것으로 이해한 전이 왜곡에서 볼 수 있듯이 구체적 사고(상징적 동등시)를 사용했다. 그러나 구성원들은 일반적으로 그의 해석에 충분한 현실검증 능력을 가지고 반응했는데, 이는 그들이 쉽게 퇴행에서 다시 튀어오를 수 있는 개인들이라는 것과, 또한 아마도 하나의 집단 과정으로서 현실검증을 촉진시킨 의사소통 모체를 발달시켰을 것이라는 것 모두를 암시한다. 즉, 그들은 '선택된 사실'의 검토를 통해서 서로에 대한 정신 상태를 집단적으로 평가하는 법을 배웠고, 그러므로 원시적인 기본적 가정들과 비현실적인 사고에 얽매이지 않는다는 것을 알 수 있다.

애도 단계 동안에 나타나는 대상관계와 발달 노선에 대한 검토는 지도자를 향한 전이가 발생한다는 사실을 말해준다. 비디오 기술자가 투사와 내사를 위한 그리고 또한 위안을 주는 중간 대상으로서 기능한 반면, 집단 전이 대상으로서의 지도자는 '분리과정 안에 있는 엄마'가 되었다. 동시에 그 부서의 책임자는 '아버지 원상'이 되었다. 이 두 대상 표상들 사이의 변증법은 삼각관계적 오이디푸스 주제를 확립했는데, 이것은 또한 서로에 대한 구성원들의 친밀한 태도에서 드러났다. 종결이 가까워오자 성적 주제들이 억압된 상태에서 벗어나 표면으로 떠올랐다.

종합적으로, 집단은 한 구성원이 집단의 종결 문제를 제기했을 때 오이디푸스 유형의 갈등을 극복해내는 과정에 있었다. 또 한 사람은 비디오테입에 관한 박해적 환상을 언급했다. 집단은 이것에 전염되는 방식으로 반응했고, 즉각적으로 불안을 야기하는 환상을 진실인양 취급했다. 이 전염은 집단의 결정적인 사건이었다. 그것이 몇 사람의 고유한 연상들이 아니라 집단적인 반응을 불러일으켰다는 사실은 위계가 개인적인 수준에서 집단으로서의-집단 수준으로 바뀌었음을 나타내며, 집단이 그러한 생각에 대해 수용적임을 말해준다. 사실상 집단의 담아주는 그릇은 더 힘든 오이디푸스적 내용을 담을 준비가 되지 않았고, 그것의 비극적 주제와 그것의 성욕을 다룰 준비가 되지 않았다. 대신에, 그 그릇은 환상을 투사적 동일시를 통한 '먹여주기'로 받아들였고, 원시적인 기본적 가정 상태로 옮겨감으로써 스스로 투사된 것에 자체를 맞추었다. 이로써 부분-대상 불안의 발달적 과정이 갖는 '위치'는 개인의 환상에서 집단 문화로 전환되었다.

# 제 4 부

# 특수 주제들

보편적인 성질이 갖는 유일한 가치는 그것이 합리적 사고를 가능케 함으로써 수많은 개별적인 것들에 관한 새로운 진실을 알 수 있도록 돕는다는 데 있다.

윌리엄 제임스

# 제 8 장

## 집단 전이의 '사중 방식'

정신분석가의 작업에서 중심적인 개념인 전이는 양자단일체적 맥락과 집단 맥락에서 각기 다르게 나타난다. 집단에 정신분석을 적용하고 싶어 하는 분석가는 집단에서 전이가 어떻게 다른 방식으로 작용하는지를 배울 필요가 있는 반면, 집단 심리학자는 전이가 어떻게 그 자체로서 하나의 집단 역동인지를 이해할 필요가 있다.

전이에 대한 이론은 그것의 의미와, 집단심리학에 대한 그것의 관계가 변화되는 진화를 거쳤다. 랑스(Langs, 1976a, 13-72쪽)는 전이가 치료 상황, 분석가의 역전이, 그리고 비전이적 상호작용을 포함하는 대인관계적 장 안에서 작용한다고 제안했다. 전이는 사회적 모체 안에서 발생한다. 그것은 단순히 유아기 욕망의 반복만이 아니라 하나의 사회적 과정이기도 하다. 프로이트 자신도 이러한 이중성을 알고 있었고, 전이에 대한 초기 논문(1912, 7쪽)에서는 그것이 제도적 배경에 대한 반응으로 발생한다고 제안하기도 했다. 그것은 집단이나 조직 안에서 불러일으켜지며 사람의 집단 정체성에 영향을 미칠 수 있다.

정신분석에서 특별한 방식으로 사용되는 전이는 보편적인 현상이다(Bird, 1972). 그것은 치료의 동기(긍정적 전이)를 형성하며, 궁극적으로 그리고 변함없이, 유아기 자료를 탐구하는 것과 성장하고 변화하며 증상을 없애는 것에 대한 저항을 형성한다. 개인 정신분석에서 전이가 분석가의 말과 행동에 의해 오염되지 않게 하기 위한 특별한 조치들이 취해지기도 했다. 그것은 그 전이가 환자에 대해 갖는 함축이 충분히 이해되고 그것이 그의 내적 역동과 정신병리의 일부로서 해석될 수 있게 하기 위해서였다. 집단 상황의 경우, 상담자는 유사하게 중립적인 상태로 남아있지만, 구성원들은 중립적인 화면과는 거리가 멀다. 대신에 그들은 집단 긴장과 갈등을 야기하는 상호교류에 참여하는데, 이 교류는 환상에 의해 채색되지만 그럼에도 불구하고 현실에 중요하게 영향을 미친다. 이제 내적 대상들과 역할들 사이의 실제 상호작용을 위한 준비가 완료된 것이다.

이 집단 상호작용이 분석되고 해석될 수 있는가? 만약 그렇다면, 그것은 정신분석인가, 집단분석인가? 아니면 그 두 가지 모두인가? 집단 내 전이의 문제는 다음과 같은 많은 물음들의 뿌리에 놓여있다. 예컨대 해석이 개인 구성원들에게 주어질 것인가? 아니면 전체로서의-집단에게 주어질 것인가?(참조. Kauff, 1979; Kibel and Stein, 1981), 전이가 집단의 무의식 과정을 위한 적절한 개념인가? 그보다는 '자리 이동'(Foulkes and Anthony, 1957)과 같은 집단 수준의 구성물이 필수적인 것인가? 그리고 드러난 개인적 선이를 분석하려는 노력을 집단 상호작용이 촉진시키는가? 아니면 오염시키는가? 등과 같은 많은 기법적 및 이론적 문제들이 그것이다(Wolf and Schwartz, 1962; H. Durkin, 1964).

집단 전이의 이해를 위한 최초의 접근들은 비온(1959), 에즈리엘(1952), 휘태커와 리버만(1964) 등에 의해 제공되었다. 다양한 차이들에도 불구하고 그들이 공유한 본질적인 원리는 집단으로서의-집단 전이가 구성원들 사이에서 연상들과 지각적인 단서들을 불러일으킨다는 것이다. 촉발된 반향과 언어적 연상들을 통해서, 모든 구성원들이 공유하는 하나의 초점적 경험이 발달해 나온다. 비온은 의존, 짝짓기, 싸움/도피라는 세 개의 기본 가정들 또는 집단 정신들, 또는 무의식적 환상 요소를 지닌 태도에 관해 설명했다.

에즈리엘(1950)은 집단 전이는 공유된 초기 대상관계와 그것에 수반되는 일단의 불안, 즉 '공통의 집단 긴장'이 현재 대인관계 안에서 드러난 것이라고 주장했다. 그에게 있어서, 집단 치료자는 이 전이 안에서 중심적인 인물이다. 비온과는 달리, 에즈리엘은 집단에의 참여를 결정하는 데 공통의 전이보다는 구성원들의 삶의 역사와 대상관계 사이의 공명이 더 큰 역할을 한다고 보았다. 휘태커와 리버만(1964)은 이와 비슷하게, 출현하는 '집단의 초점적 갈등'에서 자유연상이 갖는 역할을 강조했다. 에즈리엘은 자신의 모델을 대상관계 이론 위에 세웠고, 특히 전이가 지속되는 상황에 영향을 미친다는 사실을 강조하는 리크만(Rickman, 1950)의 이론을 수용했다. 다른 한편, 휘태커와 리버만은 전이를 자아 안에 불러일으켜진 보다 깊은 '핵심 갈등'의 파생적 표현으로 보는 프렌치(French, 1952)의 생각을 따랐다.

따라서 집단 전이를 구성하는 중요한 요소는, 개인적 전이 반응들—구성원들의 연상 안의 전의식적 유사성에 의해 발생한—이 응축된 것인, 공유된 갈등이나 불안을 드러내는 한 사람(또는 몇 사람)을 향한 개인적인 전이 표현들이 통합된 것이다.

비온은 집단 안에서 특수한 퇴행과 전이가 발생한다는 사실을 언급하는 것을 통해 집단 상황 자체에 대한 이해에 중요한 차원을 더해 주었다. 그는 이 원초적 차원이 집단으로서의-집단의 측면에서 이해되어야 한다고 주장했다. 집단 전이는 모든 참여자들을 위한 다양한 원시적 부분-대상을 나타내며, 그 자체의 특수한 특징들을 갖고 있다. 그 전이를 담는 그릇은 구성원들과 지도자뿐만 아니라, 전체로서의-집단이기도 하며 집단을 만드는 과정 자체에서 오는 보편적인 특징들을 갖고 있다.

비온의 견해는, 개인적 전이와 전체로서의-집단 전이 사이에 존재하는 다중체계적 관계가, 일찍이 프로이트가 탈-개별화와 특정한 자아 및 초자아 기능들의 상실로 인식한 바 있는, 집단정신의 특징을 포함하는 대대적인 퇴행을 불러일으키는가? 라는 질문을 제기한다. 비온과 프로이트는 그러한 전이가 초기 애착과 동일시의 측면에서 이해될 수 있으며, 그러면서도 집단 상황 자체가 지닌 특별한 질적 요소를 갖는다는 데 동의한다. 즉, 집단으로서의-집단 전이는 집단의 삶에서 '정상적인' 현상이라는 것이다. 개인화된, 회상적인(anamnesic), 또는 어떤 경우 정신병리적 측면들은 집단적인 전이 상황에 대한 개인적인 '결합가'(valences)를 나타낸다. (프로이트는 '최면과 집단 형성은…인간 종의 계통발생학적인 요소에서 오는 것이며, …신경증은 이러한 계통에서 벗어난 것이다' 라고 말했다. 1921, 75쪽)

개인 정신분석과 집단의 전이 사이에 나란히 존재하는 것이 있는데, 그것은 스톤(Stone, 1961)이 '근원적 전이'(primordial transference)라고 부른 것 그리고 랑스(Langs, 1976c, 516-18쪽)가 '모체 전이'(matrix transference)라고 부른 것과도 같은 것이다.

근원적 전이와 모체 전이는 특정한 아동기 인물에게 보이는 더 높은 수준의 전이 반응과는 대조적으로, 상황과 맥락에 따라 재생되는, 원시적이고 어디에나 존재하는 배경으로 표현되는 것을 가리킨다. 스톤은 다음과 같이 말한다(1967, 8-9쪽).

> 근원적 전이는 … 문자적으로 그리고 본질적으로 엄마로부터 떨어져나가는 일련의 분리 사건들을 숙달하기 위한 노력에서 유래한다. 간단히 말해서, 그 노력은 최소한 상징적으로 엄마와의 신체적 재연합을 확립하기 위한 것이다. … 더욱이, 그 노력은 엄마-유아의 관계를 변화무쌍한 관계들의 체계로 대체하기 위한 것이다.

유사하게, 전체로서의-집단 전이는 개별화된 대상관계들을 위한 모성적 실체로서의-담아주는 그릇인 집단을 퇴행적으로 대체한다.

모체 전이는 공생적 기초 및 마술적 융합으로서, 정신분석적 관계의 근저에 놓여 있다. 개인적 전이들, 특히 오이푸스 콤플렉스 전이들이 엄마와 '촉진적 환경' 또는 주변 환경에 대한 초기 대상관계들을 포함한, 편재하는 인간 애착의 모체라는 맥락에서 불러일으켜진다. 근원적 전이와 집단 전이는 그 둘 모두가 인간의 접촉 상황에 대한 반응을 나타낸다는 점에서, 서로 겹치고 병행한다. 즉, 그것들은 사회적 체계들의 현상인 것이다.

집단 내의 전이를 정신분석적 양자단일체로부터 구별 짓는 하나의 요인은 상호작용의 다중성이다. 이미 말했듯이, 분석가는 전이를 분석가의 실제 행동과 관련이 없는 상상적 관계로서 유지한다. 더킨(1964; 1974, 11-14쪽)은 집단 안에서 상호작용이 발달하며, 그 안에서 전이들이 충돌하고 만나고 융합함으로써 더 이상 환원될 수 없는 화학작용을 발생시킨다고 강조했다.

정신분석적 양자단일체와 집단 상황 사이에는 세 가지 중요한 차이점들이 있다. 첫째, 집단은 카우치에서 발생하는 것과는 다른 그리고 더 원시적인 자체의 퇴행을 유발시킨다. 둘째, 구성원들은 서로에 대해 자발적으로 반응할 수도 있고, 또는 역할, 관습, 그리고 지위가 요구하는 것을 반영하는 방식으로 반응할 수도 있다. 셋째, 집단의 경계 상황과 건축양식은 전이를 특정한 노선을 따라 흐르게 하고 그것의 의식적 및 전의식적 주제들에 영향을 주는 의사소통 채널들을 형성한다.

정신분석적 양자단일체 내의 전이는 치료로 인해 발생하는 것이며, 이는 환자에게 자신의 사고과정과 내적 갈등의 원천을 보여주기 위한 특수한 목적에 사용된다. 사회적 삶 안에서 대상관계들은, 앞에서 지적했듯이, 상호적인 것이며, 집단과 문화적 맥락 안에서 발생한다. 집단 내에서, 역사적 내력들과 개인적 역동들은 부분적으로 사라지는 반면, 전이의 체계적 측면과 체계 간 측면은 보다 쉽게 그 모습을 드러낸다. 사실, 정신분석적 양자단일체 자체는 집단의 침전물이며 환자가 가족, 또래 집단, 그리고 문화에 참여하는 반복되는 과정의 일부분에 지나지 않는다. 집단 내에서 우리는 구성원이 경계를 설정하고, 서로와 관계하며, 주제 내용과 스트레스 상황에 반응하는 현실적인 또는 왜곡된 방식들을 관찰할 수 있는 기회를 갖는다. 양자단일체적 전이는 일대일 관계 안에서 발생하는 다중적인 내적 및 외적 대상들의 침전물이거나 하나의 하위집단이다.

전이가 전체로서의-집단 안으로 수평적으로, 지금-여기에서 자리 이동을 한다는 견해는 당혹스러운 것처럼 보인다. 하지만 그것은 정신분석의 양자단일체적 관계 안에서 당연히 발생해야 하는 것이다. 즉, 부모와의 애착관계를 반복하는 것인, 단 한 사람에 대한 대상 선택이 발생하는 것이다. 그러나 만약 우리가 전이를 환경적 대상을 포함하는 것(위니캇의 '촉진적 환경,' 1965 또는 그롯슈타인의 '일차적 동일시를 위한 배경 대상,' 1979c)일 뿐만 아니라 다중적인 내적 대상들(예컨대, 부분-대상들, 또는 가족 구성원들)의 군집으로 생각한다면, 집단의 '담아주는 그릇'은 그 대상 선택이 표현될 수 있는 자연스런 장소가 된다. 케이즈(Kaes, 1982a)는 프로이트의 꿈 해석이 '다중적인 동일시들'로 구성된 정신기구에 대한 견해를 포함하고 있다는 사실을 보여주었다. 그롯슈타인(1979c, 163-9쪽)도 지지한 바 있는, 정신을 다중적인 자아들과 대상들로 이루어진 것으로 보는 견해는 집단 전이를 이해하는 데 매우 적합한 것이다.

이러한 다중 개인적이고 다중 대상적인 과정은 환자가 계속해서 중요한 타자들에게 행동화하는 대신에 병적인 또는 전적으로-나쁜 대상관계들을 치료실 안(전체 인격 안으로 통합될 수 있는 장소인)으로 가져오기 위해 많은 노력을 필요로 하는, 그리고 분열을 방어기제로 사용하는 경계선 환자들의 치료에서 명백히 드러난다. 경계선 환자는 그의 분열된 대상들을 개인들, 제도들, 그리고 문화에로 전치시키고 외재화 하는 것을 통해서 '내적 집단'이라는 개념을 예증해준다.

집단 내의 전이와 관련된 또 다른 요점은 전치와 '외재화 전이'라고 불리는 것 사이의 차이점이다. 전치에서, 초기 아동기 기억, 환상, 또는 이미지는 현재의 중요한 타자와의 관계에서 재경험되지만, 자아 기능들과 자기 표상들은 손상되지 않은 상태로 자기의 경계 안에 머물러 있다. 예컨대, 환자는 분석가를 그가 부모를 경험했던 것과 똑같은 방식으로 요구적이고 과도하게 통제적인 사람으로 경험할 수 있다.

외재화 전이는 구조들과 자기대상 사이의 분화가 충분히 발달하기 이전 단계의 정신작용에서 유래한 것이다. 환자는 (1) 자신의 자기의 측면들을 분석가에게 투사하고, (2) 그와 융합하는 환상을 가지며, (3) 충동 통제와 자존감 회복 같은 자기조절 기능을 분석가에게 떠맡기려고 시도할 수 있을 것이다. 첫 번째 경우는 투사적 동일시, 두 번째는 자기애적 전이, 그리고 세 번째는 기능-유발 전이 또는 왕(Wangh, 1962)이 말하는 '대리인의 환기'(evocation of a proxy)이다. 이러한 전이들 및 유사한 전이들에서는, 자아 경계 장애들과 투사적/내사적 기제들이 지배적이다. 그리고 이 기제들을 지금-여기에서 해소하는 문제는 역사적 재구성 작업보다 우선순위가 주어져야 한다. 외재화 전이에서, 대상은 어느 정도 자아 경계 안에서 경험되고, 자아는 부분적으로 외부 대상 안에 담겨진다.

따라서 외재화 전이는 전이 현상에 세 번째 차원을 더해 준다. 그것은 화면 위에 전치되는 것이라기보다는 전이를 받는 사람 안에서 복잡한 정서와 환상상태가 환기되고 자리 잡는 것을 나타낸다. 집단 안에서 뜨거운 자리에 앉아 있거나, 홍수에 휩쓸리거나, 또는 한 겨울에 내쫓기는 느낌이라는 언급들은 그런 외재화 전이들이 지닌 감각적이고 공간적인 특질과 상호침투적인 특질들을 반영한다.

집단 의사소통과 상호작용에서, 외재화 전이들은 전이 전치들보다 지배적이다. 그 이유는 상호작용에 참여하는 사람들은 중립적인 치료자나 상담가보다 투사에 더 쉽게 반응하며 그것을 실제적인 것으로 취급하기 때문이다. 따라서 외재화 과정은 처음에 강화되고 상승한다. 정상적으로, 그 다음에 외재화는 현실검증에 의해 완화된다. 하지만 정신병리와 집단 퇴행에서 그것의 강도는 더욱 높아지고 지배적인 대인관계 양태로 자리잡게 된다. 따라서 집단 내에서는 정체성들이 상당한 정도로 융합되는 현상과 함께 전이들이 서로 교환되고, 외재화되는 모습을 관찰하는 것은 흔히 있는 일이다.

집단 안에서 발생하는 전이의 진화를 요약하자면, 처음에는 전체로서의-집단 전이가 있는데, 여기에서는 집단이 상황적 담아주는 그릇 또는 '일차적 동일시를 위한 배경 대상'이 된다. 집단 융합에 대한 방어로 그리고 적응적인 개별화의 결과로 개인적 전이 반응들이 불러일으켜진다. 하나의 집단 반향 효과로서 초점적 주제들 또는 집단적 전이들이 발생하며, 동시에 구성원들 사이에 교환되는 의사소통 안에서 상호적 전이 체계들이 발달한다. 이러한 전이의 '사중 방식'은 집단의 삶이 유지되는 동안 거듭해서 발생한다. 그것의 진화와 역동은 정신분석적 양자단일체와는 달리, 일방적이거나 시간-선형적인(time-linear) 과정으로 간주될 수 없는 상호보완적이고 상호 관련된 집단 전이의 본성의 측면에서 이해되어야만 한다.

집단 이론들과 접근방식들의 다양성은 부분적으로 그것들이 각각 이러한 전이 패턴들 중의 어느 하나에 초점을 맞추는 데 따른 결과이다. 비온의 기본 가정 이론은, 그의 집단 심리치료 양태가 그렇듯이, 집단으로서의- 집단 전이를 강조한다. 월프와 슈와르츠는 집단 맥락 안에서 개인적 전이 반응을 해소하는 데 목표를 두고 심리치료에 접근한다. 에즈리엘과 휘태커 그리고 리버만의 관점들은, 많은 점들에서 차이가 있음에도 불구하고, 집단 전이에 대한 명료화와 해석을 지향하는 경향이 있다. 정신분석적 가족치료가들(Shapiro, E., 1978)은 상호작용, 외재화, 그리고 가족의 역할들과 동일시들의 체계를 강조한다. 미래에 집단에 대한 접근과 가족에 대한 접근을 정신분석과 통합하는 일은 전이에 대한 전체적이고 다중 체계적인 관점을 필요로 할지도 모른다. 집단 심리치료사는, 만약 그가 집단 내의 전이의 변동에 수반되는 경계 상황의 변화들에 민감하고 반응적이라면, 치료과정에서 확실히 좀 더 많은 것을 성취할 수 있을 것이다.

# 제 9 장

## 집단의 진화

집단 전이와 나란히 그리고 집단의 장 이론 또는 체계 지향 이론의 일부로서, 집단의 발달은 상당한 관심을 받아왔지만 (Saravay, 1978; Tuckman, 1965; Hill and Gruner, 1973을 보라), 불행하게도 이 모든 것은 형식상의 일관성과 공통의 용어를 갖추지 못한 채 이루어졌다. 그럼에도 불구하고, 작은 크기에서 중간 크기에 이르는 치료집단, 훈련집단, 그리고 연구집단 안에서, 기본적으로 지도자에게 의존하는 집단으로부터 공통의 과제와 대인관계적 관계에 대한 공유된 관심을 가진, 응집적이고 안정된 집단으로 관심의 초점이 이동하고 있다는 견해에서는 일치를 보이고 있다. 이러한 집단들은 분명한 시작, 중간, 그리고 종결 단계들을 갖고 있으며, 이 궤도는 많은 외상들에도 불구하고 여전히 유지된다. 그 외상들은 구성원들의 등장과 퇴장, 시각적인 간격과 중단들, 그리고 지도력의 부재 또는 변화 등을 말한다. 따라서 비록 이런 연구들에서 각 단계들에 대한 세부사항들과 역동들에 관해 확신을 가지고 진술할 수 없을 정도로 충분한 차이들이 발견되고 있고, 각 집단의 진화가 다른 집단들의 진화들과 다른 경로를 보여줄 수 있지만, 집단은 여전히 예측할 수 있는 방식으로 진화하고 있다.

비록 집단의 진화가 개인의 발달과 동등시될 수 있는 것은 아니지만, 그 둘 사이에는 놀라울 정도의 평행들이 존재한다. 집단들은 퇴행적인 의존 상태로부터 구성원들이 중요한 과제들을 수행할 수 있는 단계로, 그리고 과잉 의존적이고 공격적인 행동을 보이는 초기 단계에서는 찾아볼 수 없는, 자기와 사회에 대한 인식의 수준을 성취할 수 있는, 대인관계적 성숙과 객관성으로 나아간다.

집단이 진화함에 따라, 특징적 주제들, 환상들, 갈등들 그리고 역할들이 각 단계마다 특히 잠재적 내용과 관련해서 출현하는 것을 알 수 있다. 예컨대, 어떤 집단들은 그들의 응집성을 이념적인 측면에서 유토피아적 목표들과 이상들로 표현하고(Gibbard and Hartmann, 1973), 다른 집단들은 그것을 부정적인 것에 대한 부인과 환상적 조화로움을 보존하기 위한 방식으로 표현한다(Bennis and Shepard, 1956, 429-30쪽). 그러한 응집적 단계의 잠재적 내용은 집단을 자아 이상과 융합하게 하고 종종 지도력에 대한 공격에 수반되는 죄책감을 집단적으로 억압하는 데 사용된다.

집단은 집단의 투사들을 담아내고 전이 왜곡, 저항, 그리고 행동화에 기초한 유사-지도력을 제공하는 '중심 인물들'(Redl, 1942)을 둘러싸고 발달한다. 많은 집단들은 집단 경계들에 도전하고 공격을 받아 희생양이 되며 다른 구성원들의 부정된 공포와 취약성을 담아내는 영웅-유혹자(a hero-seducer)를 만들어낸다(Gibbard, 1974, 254-61쪽). 다시금, 내용과 역할 구조의 일반적인 특징들은 분명하지만, 세부사항들에 대한 서술은 상당히 다양하며, 이러한 발달의 체계론적 원천들에 관심을 갖고 있는 이론가들 사이에 의견의 일치를 기대하기는 어렵다.

그러므로 집단의 발달과정은 발달 노선들—각 노선별로 그리고 동시에 서로와의 관련성 속에서 이해되어야 하는—을 구성하는 다중적인 역동들의 층으로 이루어져 있다. 데이(Day, 1967, 444쪽)는 이것을 다음과 같이 훌륭하게 표현했다.

> 비슷한 원시적 감정들이 서로 겹치는 것은 극적이고 기이할 정도로까지 반응들의 강도를 고조시킨다. 그것은 여러 단계를 거쳐 이루어지는 일본식 판목 인쇄와 비슷하다. 각 색깔이 독립적으로 칠해지지만 최종적인 그림에서는 그 모든 색깔들이 어우러져 하나의 독특한 색깔을 만들어내게 된다. 유사하게, 집단 현상도 개인치료에서는 드러나지 않는 방식으로 정서적으로 서로 가까워지는 과정을 밝혀줄 수 있을 것이다.

## 집단의 발달: 선별적 개요와 비평

집단의 발달은 기억 이전의 시기부터 지속된 동일한 환상들, 역설들, 그리고 함정들을 재연하는 반복강박과 변화를 향한 동기 사이의 타협이다. 반복강박과 변화를 향한 동기 모두는 생존 압력과, 확장하고 새로운 것을 시도하고 내적 및 외적 갈등을 해소하며 가능한 한 공통의 목적을 공유하는 공동체를 형성하고자 하는 동기에 대한 반응이다. 원칙적으로, 여기에는 두 개의 서로 상보적인 이론들이 필요하다. 하나는 집단 환상, 행동화, 그리고 퇴행적 경향성을 설명하는 이론이고, 다른 하나는 집단 내에서 발생하는 대인관계적 자기-실현의 가능성을 설명하는 이론이다. 그러한 양극성이 생명본능과 죽음본능 그리고 부정적 엔트로피와 긍정적 엔트로피 사이의 투쟁의 결과라고 말하는 것은 맞는 말이지만, 그것으로는 부족하다. 특히 설명되어야 할 것은 종종 이탈자나 창조적인 개인을 끔찍스런 분리됨의 상태로 몰아넣는 좌절을 발생시킴으로써 모든 구성원들을 위한 건강한 정체성을 제공하는 데 집단이 실패하는 이유이다.

이 문제들은 세 가지 기본적인 질문으로 재구성될 수 있을 것이다. 무엇이 집단의 동기적 세력인가? 집단 체계 안에 어떤 발달적 변화들이 발생하는가? 집단 모체의 하부구조는 어떻게 발달하는가? 집단 퇴행에 맞설 수 있는 강력한 동기적 기제들이 없다면, 집단은 원시적인 상태에 얽매인 채 영원히 남을 수 있다. 이런 질문들은 집단의 발달이라는 관점에서 볼 때 분리와 개별화의 과정으로 간주될 수 있다.

## 집단의 발달 배후에 있는 동기는 무엇인가?

베니스와 셰파드(Bennis & Shepherd, 1956)에게 있어서, 집단 발달의 기초는 집단으로 하여금 지도자에게 반역하도록 추진하는 집단에 내재된 세력이다. 발달의 각 단계는 집단을 그와 같은 목표를 향해 활성화하고 준비시키며, 전복이 일어난 후에는 죄책감과 보상 등과 같은 동기적 세력이 구성원으로 하여금 지도자의 가치를 내재화하도록 강요한다. 베니스와 셰파드는 프로이트의 토템과 타부를 인용하면서, 지도자는 원시부족에서 남자 형제들에 의해 살해된 상징적 아버지이며, 그 점에서 오이디푸스 콤플렉스가 표현되는 것이라고 보았다. 그러나 그들은 다른 저자들과는 달리(Slater, 1966; Saravay, 1978), 반역의 순간에 두드러지게 오이디푸스적 주제들이 드러난다는 증거를 충분히 제공하지 못했다. 대조적으로, 이 주제에 대한 현재의 입장은, 집단의 반역이 전오이디푸스 단계인 분리 단계의 주된 구성요소를 포함하고 있고, 이상적으로는 대상 항상성, 개별화, 그리고 친밀성으로 인도하는 우울적 자리로의 진입을 나타내는 것으로 보아야 한다는 것이다. 반역 이전과 이후의 환상들과 방어기제들에 대한 면밀한 연구는 이 문제를 명료화해줄 것이다. 우리 자신들이 경험한 바에 따르면, 성욕과 친밀성에 대한 관심은 지도력의 문제가 해결된 이후에만 강렬하게 표면으로 떠오른다. 반역 이전에, 집단의 주제들은 집단 간 공격성의 관리에 집중되어 있고, 하위집단들은 남자와 여자가 아니라 지배자와 피지배자, 인도자와 추종자를 둘러싸고 형성된다. 더욱이, 반역-이전 집단의 분위기는 짝짓기 집단의 분위기가 아니라, 성적 정복에서 구체화되는 권력을 둘러싼 강렬한 싸움 집단의 분위기로 드러난다.

따라서 집단의 발달이 권위 문제에 의해서 동기화된다는 가정은 그것의 근저에 있는 역동에 대한 다른 공식화를 가능케 한다. 토템 이론과는 뚜렷이 구별되는 현재의 견해는, 집단의 반역이 집단의 퇴행 안에 내포된 구성원 간의 그리고 집단과의 과도한 동일시와 융합의 문제를 해결하려는 노력의 일환으로서 발생한다는 것이다. 집단이 어느 정도의 자율성과 분화를 경험하게 되면서, 집단은 거절하면서도 과보호하는 모성적 실제를 나타내는 것으로 보이는 지도자를 공격한다. 이 과정에서, 집단은 응집성과 개성화를 향해 동시적으로 나아간다.

하지만 권위의 문제를 집단 발달의 중심에 두는 것은 집단 모체 자체가 구성원의 자아 상태와 대인관계에 강력한 영향력을 미친다는 사실을 모호하게 할 수 있다. 초기 집단의 압력들이 포함하는 것은 (a) 집단 경계를 창조해냄으로써 보다 안전한 제도적이고 사회적인 맥락으로부터의 분리, (b) 신뢰의 문제를 야기하는, 대인관계에서의 모호성과 개인들이 어떻게 집단에 수용되는지에 대한 정보의 부재, (c) 개인에 비해 집단이 갖는 크기와, 지각에서의 '공간적' 변동 및 그것에 수반되는 내면세계의 변동에 의해 유발되는 방향상실이다. 이런 상황에 의해 발생한 매우 강렬한 정동들은 무력감, 버림받았다는 느낌, 그리고 상실감 등이다(Turquet, 1975). 이 고통스런 정서들은 보다 정상화되고 외재화된 상태를 회복하고자 하는 강력한 유발요인을 제공하는데, 이것은 종종 지도자에게 과도하게 의존하는 것을 의미하기도 한다.

집단의 내적 문제는 다양한 방식으로 개념화될 수 있다. 예컨대, 프리드만(Friedemann, 1974, 27-31쪽)은 그것을 의식 자체의 문제, 즉 외부 집단 세계에 대한 자아의 깨달음의 문제로 간주했다. 좌표의 수준 1에 해당되는 상황을 가정해본다면, 다음과 같다. 이 상황에서 구성원들은 기면발작(역주: 일종의 지랄병) 상태에 있고, 집단의 문제는 집단 세계에 관심이 집중되어 있다. 아마도 이 흥미로운 가정은 지각이 두드러지게 무뎌지고 대상에 대한 리비도 집중이 부분적으로 철수되는 현상이라는, 그것이 갖는 성분의 측면에서 더 잘 이해될 수 있을 것이다. 구성원들은 외부 대상으로서의 서로에게 투자하는 법을 배워야 하고, 처음에는 유아가 최초로 엄마를 인식하는 것과 비슷한 수준에서 그렇게 해야 한다. 프리드만은 개인적인 '깨달음'에서 출현하는 구조가 바로 '집단 자아'라고 제안한다(30쪽).

샤이드링거(Scheidlinger, 1968)는 초기 집단은 '다양한 복합적인 동일시들, 대상 유대들, 그리고 전이들을 포함한다'고 간주했다(1980, 279쪽). 이런 관점에서 볼 때, 자아 경계와 기능적 자아는 존재하지만, 내부와 외부에 무엇이 존재하는가에 대한 정의가 항상 가능한 것은 아니다. 즉, 구성원들은 그들의 개인적 및 집단의 정체성을 확립해야만 한다. 역할들은 집단 내에서 그러한 정의와 정체성을 확립하고자 하는 노력에서 발달해 나온다.

집단에 대한 상황적 견해는 집단의 삶에서 어째서 원시적 불안들, 방어들, 그리고 대상관계들이 불러일으켜지는지에 대해 지도자 전이라는 측면에서만 바라보는 것보다 더 많은 것을 설명해준다. 지도자 전이는 근원적인 퇴행 전이의 파생물이며, 그 전이가 전체로서의 집단으로 전치된 것이다. 구성원들은 집단 참여에 따른 어려움을 완화시키기 위해 지도자를 사로잡고, 계속해서 그를 담아주는 그릇으로 그리고 집단 체계의 중요한 문제들을 해결하기 위한 대리자로 사용한다.

슈츠(Schutz, 1958)와 새러베이(1978)는 모두 심리성적 발달이 집단과정의 일단의 변화들 배후에 있는 세력이라고 간주했다. 슈츠에게 있어서, 구강기적인 것에서 항문기적인 것으로 그리고 다시 남근기적인 것으로 변화하는 욕동 파생물이 구성원의 대인관계를 포함(inclusion)으로부터 통제와 애정으로 나아가도록 추진하는 세력이다. 새러베이에게 있어서, 리비도적 성숙이야말로 최초의 집단 퇴행에서 상실된 심리구조들의 회복을 촉진시키는 요소이다. 이 구조들은 구강기적 의존, 항문기적 유보, 그리고 남근/오이디푸스적 관심의 해소를 통해서 되찾아진다.

집단의 형성과정에서 어째서 구조적(자아와 초자아) 퇴행이 발생해야 하는가에 대해서는 강력한 이유들이 있는 반면에, 어째서 그러한 리비도적 퇴행이 발생해야 하는가에 대해서는 아무런 이유가 없다. 집단 안에서 성숙하는 것은 대상관계들과, 현실검증, 경계 형성, 그리고 의사결정 등의 자아 기능들이다. 만약, 이차적으로, 구강적인 몰두에서 성기적인 몰두에로의 발달이 발생한다면, 그것은 대상과 자아 체계들의 능력과, 그것들을 동화해낼 수 있는 집단 모체의 능력이 점증하는 것으로 이해될 수 있다.

전체적으로, 대상관계/자기 패러다임에 가장 잘 들어맞는 동기적 가정은 집단의 장이 지닌 구성요소들에 의해 유발된 구조적 퇴행과 관련된 불안이다. 퇴행은 대인관계, 의사소통, 그리고 집단 형성 자체의 경계 안에서 일어난다. 구조적 퇴행은 원시적인 대상관계들과 방어기제들, 자기에 대한 자기애적 몰두, 그리고 정체성에 관한 갈등들을 불러일으키면서 대인관계적으로 표현된다. 불안과 다른 고통스런 정동들의 재생과 함께, 집단 내의 대처활동을 위한 동기는 이 정동들을 조절하기 위한 것이다. 이 조절은 자아를 회복하고, 성숙한 대인관계와 경계 상태를 성취함으로써 가장 견고하게 성취된다는 점에서, 이 정동 상태들은 집단의 삶에서 상향적 발달이 일어나는 현상에 대한 비목적론적인 정신분석적 설명을 구성한다.

## 시간이 지나면서 집단 체계 안에는 어떤 변화들이 발생하는가?

'전체로서의-집단' 장(場) 이론가들 사이에서도 체계가 가진 능력의 양적 증가 또는 정서의 변화에 관한 것 외에는 별다른 논의가 없었다. 레빈은 장 안에서 구별과 통합이 발생하는 것을 보았고, 풀크스는 그 장 안에 있는 개인들의 반응들을 형태 짓는 의사소통의 연결망이 발달해 나오는 것을 보았다. 비온, 에즈리엘, 그리고 휘태커와 리버만은 구조가 아니라 집단적인 주제들과 과정들에 관해 논의했다.

훈련집단이나 치료집단의 발달에서 대상관계와 현실검증 능력의 점진적 성숙은 집단 구조 안에 얼마의 수정이 발생했음을 말해준다. 의인화해서 말하자면, 점증하는 과제 수행 능력과 보다 탄력적인 규범들과 문화적 '전통들'을 갖게 되는 데서 반영되듯이, 집단이 더 많은 '자아'와 '초자아'를 획득했다고 말할 수 있다.

소집단과 훈련집단에 관한 문헌에서 정기적으로 언급되는 집단-체계의 변화는 뚜렷이 드러나고 종종 집단의 응집성을 빠르게 증가시키는 것으로 보인다. 응집성은 집단의 구조적 온전성뿐만 아니라 집단에 대한 구성원들의 끌림을 포함하는, 다시 말해서, 구성원들 간의 상호의존과, 다른 하위체계들을 포함하는 다중 차원을 가진 구성물이다.

좌표의 삼중-체계 패러다임은 응집성을 체계 변형으로 이해하는 하나의 방식을 제공한다. 그 체계 변형에 의해서 이전에 개인에 의해서 수행되던 기능들이 집단의 구조 자체 안으로 동화된다. 예컨대, 집단의 초기 단계들에서 특별히 힘들거나 도움을 필요로 하는 구성원의 투사적 동일시들은 다른 구성원에 의해, 보통 특별히 자기-확신을 지닌 구성원이나 지도자에 의해 담겨질 수 있다. 그러한 과정은 켄 케지(Ken Kesey)의 소설, 「뻐꾸기 둥지 위로 날아가다」에서도 발생하고 있다. 주동자인 맥머피는 환자 집단의 좌절들을 조직하여 자율성을 추구하는 응집력 있는 추구로 만들었다. 시간이 지나면서, 집단은 그들 각자 안에서 불러일으켜진 것을 탐구함으로써 그리고 프리즘을 통해 빛을 보는 것과 같은 '무지개 효과'를 발생시킴으로써 그 투사적 동일시들을 담아내고 해석하기 위한 팀으로 행동할 수 있게 되었다. 그때 그들은 각자의 역할들을 보다 안전한 경계들을 제공하고 병든 구성원을 위한 정서적 지원을 제공하는 일에 활용할 수 있었다. 컨버그(1976, 241-75쪽)는 경계선 환자들을 위한 병원치료에서 그와 같은 과정을 서술했고, 하우저드(Haugsjerd, 1983)는 환자의 역동에 대한 보다 완전한 해석에 도달하기 위해서 치료자의 다중적인 역전이들을 활용하는 병원 내의 슈퍼비전 집단에 대해 서술했다. 하우저드는 슈퍼비전 집단이 자체의 내적 역동을 성찰할 수 있도록 발달해야 한다는 필요성을 알고 있었다. 이 기법들은 물론 치료자 집단 자체의 상호작용뿐만 아니라 집단 간의 경계들을 포함하고 있다. 여기에서 담아주는 '팀'은 스태프들이었지만, 환자들 사이에서도 이와 비슷한 과정이 발생할 수 있다.

이 모델에서, 응집력 있는 집단의 성취는 고양된 상호 끌림 그 이상이다. 집단의 '부분들,' 즉 구성원과 그들의 내적 대상관계들, 역할 구조, 경계 상황은 촘촘하게 짜인 하나의 조직적인 틀로 결합된다. 이 틀의 구조적 온전성은 집단이 형성되는 단계 동안의 것과는 다른 방식으로 구성원의 정서적 삶과 과제 수행을 담아내고 조절한다. 여기에는 뚜렷한 집단 '공간'이 확립되는데, 구성원은 그 공간 안에서 기능하며 집단의 목적과 차원들을 탐구한다. 그것들은 전에는 '섬으로 된 우주들'(Aldous Huxley가 조합해낸 말)이었지만, 지금은 무의식적으로는 투사적 동일시를 통해서 그리고 의식적으로는 집단의 과제, 권력 구조, 그리고 경계 상황들에 대한 고려를 통해서 그 공간을 창조하는 과정 안에 융합된다.

만약 이 발달이 정상적으로 진행된다면(응집력은 있지만 편집-분열적 자리에 사로잡혀 있는 집단으로, 예컨대, 독재 집단, 종파 집단, 또는 치료자에게 과도하게 의존된 상태에 계속 머무르는 방해받은 치료집단 등으로 이끌 수 있는 병리적 동일시를 통해서가 아니라), 대상관계들(전체로서의 집단 안에서 그리고 모든 구성원들에게 해당되는 것은 아닌)은 초기 단계의 원시적인 부분-대상관계로부터 뚜렷하게 '성숙한' 전체 대상 전이들의 군집으로의 변화를 거치게 될 것이다(Anthony, 1967).

원시적인 것에서 보다 높은 수준의 전이로의 변동은 집단 간의 경계들의 상황을 질적으로 변화시킨다. 이전의 대인관계적 경계들은 내적 부분-대상들에 의해 그어졌지만(분열과 투사적/내사적 동일시의 방어적 작용을 유지하기 위해), 이제는 응집적인 경계들이 사람들(전체적인 심리내적 체계로서의) 사이에서 세워지고, 따라서 사회적 속성이 보다 정확해지고, 개인들은 사실상 집단적인 투사와 부정의 산물인 집단 내의 '세력'에 사로잡히기보다는 그들 자신들의 반응들(자신들의 경험과 동기에 정확하게 부합하는)을 '소유'할 수 있게 된다.

따라서 집단 체계의 발달 안에 두 개의 주된 변화가 발생한다. 하나는 부분들이 고도로 상호 의존되어 있고 전체로서 함께 짜여 있는('집단 정체성'에서 주관적으로 반영되는) 조직이 성취되는 것이고, 다른 하나는 우울적 자리와 대상 항상성이 크게 고양되는 방식으로 집단과 대인관계적 경계들이 수정되는 것이다. 이 두 변화들은 '서로 협력하여' 발생하며, 많은 집단 안에서 '반역' 단계 동안에 권위 문제의 해결과 밀접하게 연관되어 있다. 체계로서의 집단을 위해 반역이 갖는 의미는 그것을 통해 구성원이 동일시들과 규범들의 단위를 내재화하고, 그 결과 외부의 지도력에 대한 필요가 줄어드는 데 있다. 삐아제의 용어로, 지도자의 역할은 집단의 도식 안으로 '동화되고,' 그때 지도자는 집단에 자신을 '적응시켜야 하는' 참여적 관찰자가 된다.

요약하자면, 작은 크기에서 중간 크기의 연구집단 및 치료집단에서 집단의 장 또는 체계의 발달은 몇 가지 특징들을 갖는다. 이것들은 (a) 내인관계적 끌림, 조직, 그리고 상호의존(집단 응집력)의 증가, (b) 우울적 자리와 대상 항상성으로 진전시키기에 충분한 구성원의 자아들과 경계들의 재구조화, (c) 원시적 분열과 투사적 동일시의 감소와 함께 대인관계와 전이의 재조직, 그리고 (d) 지도력을 위한 기능들의 내재화와 재배치이다.

## 각 발달단계 별 집단의 하부구조는 어떻게 구성되어 있는가?

집단의 하부구조는, 역할들과 대인관계 패턴들을 따라 집단 '우주' 안에 역동적인 연결망을 형성하고 보다 안정된 구조적 특징들에 비해 유동적인 상태에 있는, 의사소통들 안에서 드러난다. 이 체계 안에 있는 안정된 성질은 점진적이고 단계적으로 변화되는 것으로 드러난다. 그러한 변동들 중의 하나는 의존적인 대인관계로부터 공격성이 담긴 권력/지배 투쟁으로 바뀌는 것인데, 이것은 집단이 통제의 문제와 씨름하는 과정에서 발생한다. 베니스와 셰파드(1956, 421-4쪽)는 이것이 집단을 추종자들과 지도자들, 의존적인 사람들과 반의존적인 사람들로 나눈다고 보고 한다. 어떤 경우든, 의존적인 대상관계로부터(특히 지도자와 관련해서) 권력과 통제의 투쟁으로 바뀌는 초기 변화가 발생한다. 공격성으로 물든 특징들이 지도력에 대한 반역에 앞서 나타나고 그 반역을 예언한다. 원인론과 전례(前例)라는 관점에서 볼 때, 집단 내 공격성의 출현은 분열된 대상관계(자기애적 격노를 포함하여)의 부정적인 소영역과 서열과 하위집단을 확립하는 사회적 과정의 일부이다.

반역 단계에 뒤이어 두 개의 뚜렷한 단계들이 발생한다. 하나는 과장된 긍정적 효과와 집단의 일치상태로 특징지어지는 응집성의 단계이다. 그 다음 단계는 여러 학자들에 의해 다양하게 서술되고 있다. 하트만과 기바드 그리고 새러베이 등은 짝짓기(양성성과 메시아적 주제들)와 오이디푸스적 성을 강조하는 반면, 다른 사람들은 개별화(Day, 1967), 합의된 인정(Bennis and Shepard), 그리고 보다 높은 수준의 전이와 저항의 극복작업(Anthony, 1967; Friedmann, 1974)을 강조한다. 다른 말로, 집단의 응집력은 처음에 그것을 위협하는 요소들의 부인에 의해 강화되지만, 이 부인이 작업을 통해 극복되면서(지도자와 집단의 다른 대상들의 상실에 대한 애도과정으로서) 구성원의 개별화를 반영해주는 보다 높은 수준의 주제들이 출현하게 된다.

마지막으로, 몇몇 저자들(예컨대, Anthony, 1967)은 전이 왜곡이 최소화되고 집단이 현실의 관점에서 그리고 성장과 변화를 위한 잠재력의 관점에서 문제 해결을 추구하는 연장된 과제 집단의 단계가 있다고 보고한다.

## 집단 발달의 대상관계 이론

이 부분에서 우리는 대상관계 이론에 뿌리를 둔, 특히 투사적 동일시 개념에 기초한 발달단계 이론을 제공하고자 한다.

가정되고 있는 동기적 세력은 경계, 공간, 그리고 투사적 동일시를 담아주는 대상을 확립하기 위해 집단 체계 자체가 시도하는 노력이다. 집단의 퇴행에 의해 유발되는 일시적인 자아 경계의 중지는 외부 세계 안에서 '보조적' 담아주는 그릇을 필수적인 것으로 만든다. 그때 집단의 담아주는 그릇과 대상은 동일시, 반영, 그리고 개별화를 통해서 점진적으로 통합된다. 집단은 자체의 의사소통들 안에서 이 담아주기 과정을 창조하며, 그 결과 집단 모체는 구성원들의 내적 상태들을 반영하게 된다.

이미 언급했듯이, 집단의 퇴행은 집단의 발달단계에서 나타나는 두드러진 현상이다. 어떤 집단들은 종결이 개방되어 있지만, 여기서는 종결도 하나의 단계로서 간주된다. 집단의 죽음은 항상 전-의식 수준에서 접근된다. 예컨대, 한 구성원이 집단을 그만 두거나 오랫동안 결석할 때, 남은 구성원들은 종종 집단이 어떤 식으로 실패한 것은 아닌지 그리고 집단이 계속해서 생존할 수 있을지를 걱정하게 된다.

집단의 단계들은 어느 정도 좌표의 수준(7장 참조), 그리고 집단 대상의 발달(5장 참조)과 평행한다. 그러나 집단의 발달은 결코 일관되게 상향적인 패턴을 형성하지는 않는다. 아래에 제시되는 집단의 발달단계들은 투사적 동일시, 대상관계, 그리고 구조화 과정의 역동이라는 측면에서 집단의 진화를 묘사한 것이다. 이 단계들은 다음과 같다.

1 집단의 형성
2 집단 대상의 투사적 동일시
3 경계 구별과 공격성에 의해 채색된 대상관계
4 재접근기 반역
5 응집적인 집단 관계
6 오이디푸스 갈등의 해소와 공동체의 확립
7 종결 대 자기-항구화

### 단계 1. 집단의 형성

낯선 사람들이 새롭게 형성하는 집단에 참여하는 경험은 흡수되고, 멸절되고 통제 밖의 과정에 얽히는 것에 대한 공포로부터 자신의 '비밀스런' 욕망 및 문제와 관련된 죄책감과 수치심에 이르는 다중 수준의 불안과 함께, 그 집단이 깊은 욕구들을 충족시키고 잠재력과 이상을 실현할 수 있을 것이라는 보편적인 희망(짝짓기 가정을 생각나게 하는)을 포함하고 있다(Ganzarain, 1974, 61-62쪽). 집단에 들어간다는 것은 희망과 공포를 모두 느끼는 매우 양가적인 행동이다. 이 양가감정에서 오는 두려움에 대한 방어는 편안한 구조와 안전한 대인관계 단위를 확립하는 것에 대한 어려움과 결합하여 개념적 및 정서적 공허를 유발하며, 이는 퇴행을 통해서 심리내적으로 관리된다. 그리고 그 결과, 유아기 발달과 관련된 더 심각한 불안을 발생시킨다.

공허의 문제는 집단 형성의 숨겨진 차원으로서, 비온이 말하는 '모성적 젖가슴' 집단보다 더 원시적인 것이다. 젖가슴이나 부분-대상과는 달리, 공허는 정보, 방향, 연결됨, 위안 그리고 구조가 아직 충분하지 못하고 무엇을 기대해야 할지 또는 전에는 어떠했는지를 아무도 알지 못하는 상황을 견딜 수 있게 해주는 신뢰의 부재를 의미한다.

이 공허에 대한 인식으로부터 보호받기 위해 여러 방어적 책략들이 도입된다. 구성원들은 페어베언이 서술한 분열성적 방식으로 내적 대상들 안으로 철수함으로써 그 대상들을 보존하려고 노력한다. 그들은 익명의 존재로 남아있거나 혼합되는 것(위니캇의 거짓자기)을 통해서 '벽을 세우고' 자신들을 보존하며, 정보-추구를 통해서 그리고 전체로서의-집단이 갖는 모호성과 크기의 문제를 우회하는 양자단일체나 하위집단 관계를 통해서 자아 적응을 추구한다.

여기에는 이 적응적 전략들이 실패할 때 심리적 공허감이라는 가장 근원적 상황을 집단 안에 유발하는 경험의 소영역이, 아무리 작더라도, 존재한다. 이 심리적 공허감은 일말의 존재감이라도 보존하기 위해 채워져야만 한다. 이것은 5장에서 묘사된 경계, 공간, 그리고 대상의 확립을 통해서 성취된다. 구성원들은 그들의 정신 기능의 일부를 환상적인 집단의 그릇에 집어넣는다. 즉, 투사적 동일시를 통해서 집어넣어진 다양한 대상들을 '담아줄' 수 있는 상상적인 집단의 마음 안으로 철수시킨다. 투사된 대상들은 원시적인 모성적 실체의 특징을 갖는다. 이런 식으로 경계들과 기능들이 개인의 마음에서 집단으로서의-집단의 마음으로 위계가 바뀌는 것을 통해서 원시적인 집단 체계가 형성된다.

집단의 역할 구조들은 최초의 퇴행 안에 존재하지 않지만, 퇴행적 세력과 심각한 양가적인 상태에 대한 반응으로 나타나는 잠깐 있다 사라지는 결합가들과 역할 유형들은 거기에 존재한다. 어떤 구성원들은 행복했던 공생적 경험들을 추구하기 위해 퇴행을 촉진시킬 것이다. 더 많은 구조를 원하는 다른 사람들은 퇴행적 규범들과 싸울 것이고, 질서와 권위를 세우려고 시도할 것이다. 또 다른 사람들은 원시적 부인과 상상력을 사용하여 '도피 집단'을 형성할 것이다. 마지막으로, 거기에는 자신들 안으로 후퇴하여 고립된 상태로 공상 속에서 살아가는 사람들이 존재할 것이다.

## 단계 2. 집단 대상의 투사적 동일시

집단을 형성하는 첫 번째 단계는 두 번째 단계에서 구성원들의 투사적 동일시들을 수용하는 기능을 가진 초보적 집단 체계를 발생시키는 결과를 가져온다. 구성원들은 아직 생각하고 느낄 수 있는 자신들의 능력을 부정하고 있지만, 이제 정신 기능들은 환상 속에서 이 집단 체계 안에 있다고 믿어진다.

집단 대상은 의존 단계를 위한 무대와 각본을 제공하는데, 거기에는 공유된 환상으로서의 모성적 대상, 즉 구성원들을 전능적으로 안내해주고 '치료' 해주는 기능을 갖는 지도자와, 의존과 반의존의 주제들을 연출하는 조정된 역할들이 포함되어 있다.

역동적으로, 단계 2는 발달의 편집-분열적 자리와 이차적인 자기애적 패턴에 의해, 즉 자기와 대상의 나쁜 부분들을 분열시키고 부정하는 것과, 단계 1의 재앙적 불안에 직면해서 전능한 자기대상 지도자를 보상적인 신화적 인물로 사용하는 것에 의해 특징지어진다. 구성원들은 무(無)와 전적인 삼켜짐에 직면해서 그리고 개인 정체성과 집단 정체성 사이의 고통스런 갈등 영역 안에서 전능적으로 기능할 것을 소망한다. 그들은 집단과 지도자가 '돌보는 기능' 으로 봉사하고 부정적인 요소들이 집단의 공생적 궤도 바깥으로 투사되는, 정신적 평형 상태를 추구한다.

집단적으로 확립된 집단 대상은 '환경 엄마' 와 '일차적 동일시를 위한 배경 대상,' 즉 보호적이고 지지적인 특질과 그와 관련된 기대들을 지닌 주변 상황으로서 사용된다. 그러한 집단 안에 있는 것은, 한 구성원이 말하듯이, 차갑고 잔인한 세상에서 위안을 얻게 해준다.

따라서 단계 2는 '나쁜 대상' 을 집단 경계 바깥으로 투사하는 개별화 이전의 공생적 상태인 좌표 수준 2를 나타낸다. 그 상황은 '낯선 이 불안' 이 발달하는 시기의 엄마/유아 양자단일체 상황과 유사하다. 즉, 공생적 궤도 안에 있는 사람들은 위안을 주는 반면, 구성원 외의 다른 사람들은 두려움을 주는 현상이 나타난다(Colman, 1975). 집단 구성원들은 지도자가 자신들을 돌보아줄 것이라는 바람과 함께 모든 선함과 권력을 지도자에게 투사적으로 동일시한다. 그러나 그러한 투사는 지도자에 대한 의존적 관계를 불안정하게 하는 커다란 결함으로 작용한다. 왜냐하면 그러한 투사적 동일시에 따른 고갈된 느낌과 시기심은 지도자에게 투사적으로 동일시했던 것을 '되찾으려는' 노력을 자극하기 때문에 발생하는 것이다. 구성원들은 마치 지도자에게 매혹되어 있고 의존되어 있는 것처럼 행동하지만, 실제로는 지도자를 경쟁자로 그리고 그들이 마술적으로 그에게 투자했던 힘을 '훔쳐간' 자로 경험하기 시작한다.

집단 진화의 이 시점에서의 역할 구조들은 자기와 대상의 가장 초기 구별에 기초해 있다. 따라서 거기에는 예컨대 지도자의 전문성과 권위를 보완해주는 '이중 지도자'(Bion, 1959, 105-6쪽), 또는 '중심 인물들'(Redl, 1942)이 있다. 가장 병이 깊거나 의존적인 구성원들(Bennis and Shepard, 1956, 418쪽)은 지도자에게 투사된 '힘'과는 대조적으로 고갈된 자기를 나타낸다. 그러므로 단계 2의 대상관계들과 역할들의 군집은 전능한 부모와의 융합된 관계 안에 있는 도움을 필요로 하는 작은 유아의 도식 또는 패러다임을 따른다. 그러므로 집단 역할에 대한 정신분석적 모델들은 젖먹이 유아의 자기대상 이상화 전이와, 좋음과 힘에 대한 전능적인 투사적 동일시를 핵심적인 요소로 간주하고 있음을 알 수 있다.

## 단계 3. 경계 분화와 공격성에 물든 대상관계

단계 3은 대인관계적 공격성의 문제, 즉 권력과 지위에 기초한 희생양 만들기, '반의존성,' 하위집단 만들기 등의 문제를 포함하고 있다. 이 단계의 역동은 경계의 구별과 분열된 반쪽 부분을 집단 과정 안으로 포함시키는 대인관계의 관리에 달려있다.

의존 단계는 두 가지 이유에서 불안정한 것으로 드러난다. 첫째는, 나쁨(공격성, 공포, 고통)은 부정되고 집단 경계 밖으로 투사되기 때문이고, 둘째는, 구성원들이 거의 지도자와만 상호작용을 하고 있기 때문이다. 구성원들이 서로에 대해 형제자매로서 관계하기 시작하면서 융합의 환상이 깨지기 시작하는데, 그것은 그 과정에서 그들 사이의 경계들이 규정되기 때문이다.

이러한 발달의 결과로서, 부정적 성질의 대상들이 집단 모체 안으로 들어온다. 그러나 그것들의 '위치'는 아직 모호한데, 이는 고통과 공격성은 구성원들에게 수용될 수 없는 것이고 그래서 그들은 이 특질들을 서로에게, 즉 지도자나 하위집단에게로 외재화하기 때문이다. 이 단계에서 집단은 본질적으로 편집-분열적 자리와 우울적 자리 사이에서 작용하는 '경계선' 자아 기능(참조 Brown, 1982)을, 즉 알고는 있지만 완전히 통합하지는 못한 부정적 요소들을 어떻게 다룰 것인가가 집단의 문제가 되는, 수준 2와 수준 3이 결합된 상태를 뚜렷이 보여준다. 더욱이 구성원들은 집단의 상호작용 안에서 서로에게로 '들어가고,' 내용물들을 '훔치고,' 부분 대상들을 다른 '조각들'(사람들)과 '자리들'(역동적 상황들)에게 두는, 원시적인 방식으로 서로를 탐구한다.

단계 3의 역할 구조는 집단의 공격성과 성욕을 자극하는 강력하게 유혹적이고 반의존적인 구성원과, 집단이 해롭거나 평가절하된 것을 축출하기 위해서 그리고 나쁨을 투사하기 위해서 필요로 하는 희생양을 둘러싸고 세워진다. 통제의 주제와 나란히, 세력이 이상화되고 약함이나 무력함은 공격받는다. 다른 구성원들은 한계를 설정하고 중재하는 사람들로 드러나는데, 이것은 아마도 그들이 갖고 있는 공격성에 대한 부정적 결합가 때문일 것이다. 이것이 바로 윌리엄 골딩의 소설 「파리 대왕」의 결말에서 묘사된 집단의 유형이다.

이 단계에서 신체 부분들에 대한 무의식적 환상들에 기초한 하나의 역할 구조가 출현한다. 상징적으로, '머리,' '두뇌,' '페니스' 등의 신체부위들이 지도력, 사고, 감정, 공격/유혹 등의 기능을 가진 역할들로 바뀐다. 이 해부학적 패턴은 '직관적인' 표상적 도식의 필요성에 따른 것이기도 하다(삐아제의 인지 발달단계에 관한 Boden의 1980년도 논의를 참조할 것). 이 도식을 통해서 집단 간의 기능과 의사소통의 조직이 발생할 수 있다. '집단의 마음'은 부분들로 나뉘고, 각 부분은 하나의 부분 대상 또는 성감대와 마찬가지로 하나의 역할 안에 담긴다. 이것은 집단의 신체/마음의 도구가 되는 것이라고 말할 수 있다. 발달적으로, 이 단계는 침투하고, 통제하며, 탐구하는 등의 공격성으로 물든 환상들과 함께 구강적인 깨물기 리비도 단계와 평행한다(Saravay, 1978, 440-91쪽). 따라서 희생자 역할은 마치 아기 형제의 역할과도 같고, 그를 향한 적대감은 그의 의존 상태에 대한 시기심에 기초해 있다. 그 외에도, 희생양은 종종 대부분의 구성원에게 용납될 수 없는 자기애적 취약성을 보여준다. 웡(Wong, 1979)은 그런 구성원이 어떻게 치료 집단에서 축출될 수 있는지를 보여주었다.

## 단계 4. 재접근기 반역

지금까지 일어난 일을 요약하자면, 처음에 대대적으로 외재화되었던 정신 기능들과 구조들이 집단 상호작용 자체 안으로 다시 동화되었다. 첫째, 원시적인 공생적 모성 대상이 확립되었고, 그 틀 안에서 일단의 자기애적 동일시들이 창조되었다. 그 다음에 단계 3에서 '나쁜' 공격적 특징들이 집단 안으로 유입되는 것과 함께 투사적 동일시의 재내사가 발생했다. 하지만 비록 집단이 어느 정도 우울적 자리로의 움직임을 보여주긴 했지만, 구성원들은 다른 구성원들에게 부여한 자신의 적대감과 취약성을 담아낼 수는 없었다. 분열이 대상관계의 지배적인 양태가 되었다. 퇴행을 통해서 집단은 모성적 집단 대상으로부터 어느 정도의 구별을 성취했지만, 부분적으로는 여전히 그 대상과의 '공생적-자기애적' 유대에 머물러 있었다.

분리를 향한 추동력은 이제 집단 자체(자기애적 이상화 전이를 통해서)와 제도적/문화적 맥락(그의 조직에서의 역할을 통해서) 모두를 대표하는 양가적인 인물인 지도자를 향해 표현되었다. 지도자는 전이에서 '분리된 엄마'를 나타내며, 집단은 구성원들의 수동성을 적극성으로 역전시킨다. 다시 말해서, 분리됨에 대한 무기력한 인식은 지도자에 대한 반역 행동을 산출한다.

단계 4 동안에, 투사적 동일시의 긍정적이고 '호의적인' 요소들은 차츰 집단이 소중히 여기는 '대의명분'에서 구체화된다. 그 대의명분은 집단으로 하여금 지도력에 맞서고 지금까지 약자와 희생자 역할을 해오던 구성원들을 집단의 목표들 안에 포함할 수 있도록 허용한다. 그들은 예언자, 논평자, 사상가 등의 위치를 차지하게 된다. '이중 지도자'의 의존성 주제를 따라, 구성원-지도자가 종종 강력한 중심 인물로 등장하는데, 그 인물의 특질은 지도자의 그것과는 달리, '치료자' 역할과 대조되는 메시아(짝짓기 집단의)의 역할을 갖는다. 이 '반역의 지도자'는 단순히 집단의 지도자에게 맞서는 역할만을 하는 것이 아니라 그와 고도로 동일시하기도 한다. 이때 집단은 처음으로 명료한 목적을 갖게 된다. 그것은 집단의 지도자를 축출하든지 아니면 그로부터 독립하는 것이다. 부정적인 요소로 구성된 분열된 대상관계 부분은 점점 더 집단의 지도자에게 초점이 맞추어진다.

이 고전적인 반역 단계는 토템 문화에서 아들들에 의해 아버지가 전복되는 사건의 특징을 포함하고 있다. 그 경우, 신화적 패러다임은 아들인 오이디푸스에 의해 아버지인 라이우스가 살해당하는 것이 될 것이고, 그 반역을 위한 무의식적 동기로서의 근친상간이 될 것이다. 그러나 현 저자들의 관점은, 오이디푸스 주제는 단지 그 반역의 상부 층만을 나타낸다는 것이다. 집단 반역의 보다 중요한 기능들은 그것이 지도력으로부터 구성원들의 분리를 확립하고, 집단 내의 개별화와 대상 항구성을 허용하는 데 있다. 더 후기 단계인 수준 6이 오이디푸스 신화와 더 잘 평행을 이룬다.

집단 반역에 대한 적절한 발달적 모델은 말러가 말하는 공생적 엄마로부터의 분리와 관련된 '재접근 위기' 이다.

만약 이 반역이 성공적으로 수행되고 동시에 집단의 지도자에 의해 관용되고 정확하게 해석된다면, 그 반역이 함축하는 의미는 심리내적인 측면과 집단의 구조라는 측면 모두에서 매우 클 것이다. 그것은 집단으로 하여금 개별화하고, 과거 대상들의 상실을 애도하며, 그리고 대상 항상성(구성원들이 서로를 전체적이고 완전한 인격으로 그리고 분리된 동기를 가진 존재로 지각하는 것을 의미하는)을 성취해야 하는 과제들을 수행할 수 있게 한다. 많은 치료 집단들과 훈련 집단들은 불행하게도 이 지점에 도달하자마자 곧 종결하는 경향이 있다(부분적으로는 지도자를 전복시킨 결과로 발생하는 '치료' 사건들로 인해서). 그러나 이것은 실제로 이제 막 시작한 완전히 새로운 대인관계적 관계들의 범주를 실험해볼 수 있는 기회에 지나지 않는다. 집단이 일단 지도력에 관한 위기를 경험하고 나면 전이와 집단 삶에서의 다른 정신역동적 특징들이 해소될 것이라고 생각하는 것은 잘못된 것이다. 역설적으로, 집단의 성숙을 촉진시키고, 재접근 단계의 가정을 더욱 지지해주는 것은 지도자가 집단을 떠나는 것이 아니라 집단에 머무르는 것이다.

### 단계 5. 응집적인 집단 관계들

이 단계는 두 가지 요소로 구성되어 있다. 어떤 이들은 이 두 가지를 뚜렷한 하위단계들로 간주하지만, 현 경험은 그것들이 상호 관련되어 있고 중복된다고 제안한다. 하나는, 권위 문제에 대한 공격적인 해결이 있은 후에 증가된 집단의 응집성으로 인해, 마치 일어났던 일의 끔찍스런 성질을 부인하고 또한 집단의 일치를 강화하기라도 하듯이, 집단의 분위기가 행복감과 이상화에 의해 특징지어지는 것이고, 다른 하나는, 이 정동적 상태 다음에 애도과정이기도 하고 환멸의 시기이기도 한 '미몽에서 깨어나는' 상태가 뒤따르는 것이다.

단계 5는 부모가 떠나간 뒤에 형제자매들만 남아있는 가족과도 같다. 이것은 시설에 맡겨진 아이들에 대한 안나 프로이트와 댄(A. Freud and Dann, 1951)의 연구를 생각나게 하는데, 그들은 또래 집단이 그들이 상실한 부모가 하던 돌보는 기능의 일부를 떠맡는다는 사실을 발견했다. 집단 구성원들은 지도자를 축출시키고 나서 그가 하던 관찰하고, 비판하고, 해석하는 기능들을 내재화한다. 처음에 스스로 모든 일을 결정하는 것에 내포된 자유는 흥분되고 즐거운 것이지만, 불가피하게 발생하는 좌절들은 어쩔 수 없이 불행감과 환멸에로 이끈다.

응집석 단계는 집단 형성에 있어서 자아 이상의 중요성을 보여준다. 지도자에게 부여한 자아 이상은 집단의 연대성을 유지하기 위한 토대가 된다. 코헛이 강조했듯이, 자아 이상은 자기대상으로부터 발달해 나오는 자기애적 구조이다. 집단의 행복한 이상화가 있은 후에, 현실검증, 변형적 내재화, 그리고 구성원들 간의 상호의존의 증가를 촉진시키는 환멸이 시작된다. 따라서 자기애적 상처를 받는 경향성이 높다. 확실히, 반역 이후 집단의 유토피아적인 꿈이 시들기 시작할 때가 바로 그런 순간인데, 그 때 구성원들은 자신들과 자신들의 꿈에 대한 현실적인 그림을 수용해야 하는 과제에 직면한다.

## 단계 6. 오이디푸스 갈등의 해소와 공동체의 확립

오이디푸스 분투와 오이디푸스 콤플렉스는 서로 다른 사건이다. 전자는 이성 부모와 연합하고 싶은 소망을 나타내며, 이것은 분리-개별화 과정의 일부로서, 4-5세 경 성기적 '리비도'가 강화되면서 출현한다. 에릭슨, 코헛, 그리고 다른 이론가들은 그러한 소망들이 전체 인격 및 문화와 함께 짜여지는 정도가 어떤 것인지를 보여주었다. 그것들은 순수하게 성적인 소망들이 아니라 자아 정체성, 자기애, 그리고 대상관계 등으로 구성된 군집이다. 오이디푸스 욕망은 집단 발달의 모든 단계들에 현존한다. 그것들은 가장 원시적인 퇴행을 포함하여 모든 인간 상호작용에 스며들어 있다.

오이디푸스 콤플렉스의 해소는, 프로이트가 주목했듯이(1924), 초자아가 하나의 뚜렷한 구조가 되었을 때에만, 즉 개인이 부모 인물의 부재 시에 작용하는 양심을 획득했을 때에만 발생한다. 이 성취와 함께, 로우왈드(Loewald, 1979, 1982)가 주목하듯이, 개인은 '도덕적 질서' 또는 그가 살고 있는 사회 체계의 법에 참여할 수 있다. 그러므로 지도자의 '전복'과 함께 오이디푸스 콤플렉스의 집단 판은 사실상 시작된 것이고, 그것은 구성원들이 자체의 내적 법칙과 '양심'을 지닌 하나의 작은 사회적 체계로 발달하기 전까지는 해소되지 않을 것이다.

집단의 오이디푸스 분투는 원색장면의 모습을 띤 재생산 환상의 요약판으로서의 짝짓기 가정과 함께 시작된다. 그것은 집단의 반역에 따른 지도력의 내재화에 의해서 더욱 촉진된다. 하지만 초자아 형성이 완성되는 것은 우울적 자리에서 친밀성과 성욕의 극복과정을 통해서만 가능하다. 근친상간 소망들의 전체 범위를 공동체를 위한 봉사에 둠으로써, 집단 구성원들은 작업 집단을 안정되고 안전한 제도로 만드는 승화를 성취한다.

공동체는 '단순히' 응집적인 집단에 비해 새롭게 출현하는 속성을 갖고 있다. 그것은 안정된 가치들, 구성원을 위한 객관적인 자격기준, 그리고 스스로 정의한 목적을 갖는다. 거의 모든 공동체는 스핑크스와 대결했던 오이디푸스에 의해서 상징화된, 암묵적인 지식 이론을 갖고 있다. 그 수수께끼를 푸는 것을 통해서 오이디푸스는 테베의 질서를 회복할 수 있었다.

대부분의 치료 집단과 훈련 집단은 일시적으로 특별한 목적을 위해 운영되는 것이기 때문에 결코 공동체를 형성하지 못한다. 집단 심리학자들은 통제된 상황 하에서 형성되는 공동체를 거의 관찰하지 못하는 불행한 위치에 있다. 대집단과 치료적 공동체에 대한 연구는 이러한 간극을 부분적으로 채워줄 수 있을 것이다. 드 마레(De Mare, 1972, 189쪽)는 그러한 집단의 속성을 희랍어에서 가져온 '코이노니아'라는 말로 표현했는데, 이는 하나됨과 가족의 삶에 참여된 느낌을 의미한다. 그 때 집단은 가족 모체에서 떼어나 자체의 지위를 획득한다. 즉, 가족 패턴들이 하나의 하위체계를 형성하게 된다. 오이디푸스는 테베를 떠난 것이다.

## 단계 7. 종결 대 자기 영속화

집단의 종결은 무의식에서 죽음과 동등시된다. 아마도 죽음과 죽어가기에 대한 최근의 의학적 및 심리학적 관심은 이 보편적인 사건에 대한 두려움과 그림자의 얼마를 제거하고 집단의 심리학적 및 사회적 '죽음'에 더 많은 관심을 갖도록 촉진시킬 수 있을 것이다.

처음부터 집단은 매순간 계속할 것인가 아니면 끝낼 것인가의 문제와 직면해 있다. 가장 중요한 것은 개인적인 삶이며, 집단은 개인에게 유용하게 봉사하는 한에서 살아남는다. 동시에, 자아 이상의 응집적인 유대는 너무 강한 나머지 개인이 집단의 삶을 위해 희생할 것을 요구받을 수도 있다. 여기에 자아 이상이 어느 정도나 집단 정체성과 집단 대상에 투사되는가와 관련된 매우 중요한 집단 역동의 역설이 존재한다. 그 역설은 바로 집단의 삶이 개인적 삶을 대표할 수 있고 그 개인적 삶에 불멸성을 부여할 수 있다는 사실이다.

집단이 종결날짜를 갖게 될 때, 극복과정의 단계가 시작되는데, 그것은 항상 그 날짜보다 앞선다. 이 단계는 종종 '요약 보고' 기간으로 표현되는데, 이때 집단의 과제는 학습 경험을 요약하고, 정서적으로 느슨한 요소들을 하나로 묶으며, 일상생활과 사회적 집단으로의 재진입을 촉진시키는 것이다. 타비스톡 컨퍼런스에서, 부차적 집단들이 전체 회기 안에서 이러한 요약 회기의 기능을 수행하는데, 이는 재연합과, 아무리 그 기간이 짧더라도, 막 형성된 공동체의 느낌의 측면을 강조하면서 모든 사람들을 하나로 묶는 기능을 갖는다. 죽음과 공동체는 애도 의례에서 하나로 짜이게 된다.

분석적 집단 심리치료에서 구성원들의 종결 또는 전체로서의-

집단의 종결은 애도과정을 유발하는데, 이는 빈번히 다양한 아동기 기억을 되살려내고 일련의 전이 반응들을 불러일으킨다. 치료자와의 이별은 구성원들 각자와의 이별보다 강렬하다. 구성원들은 부인을 통해 그들의 상호 이별을 일시적인 변동으로 간주한다. 즉, 그들은 고속도로에서 그리고 살다보면 만나게 되는 날이 있을 거라고 생각한다. 그러나 치료자는 그와의 이별이 영원한 것으로 느껴지는 사랑 대상이 된다. 분리에 대한 이러한 전이 반응은 초기 부모와의 유대가 어떻게 평생 동안 지속되는지를 보여준다.

만약 종결을 위해 충분한 시간과 깊이가 허용된다면, 분열된 부모 이미지와 재접근 하위단계의 특징인 양가적인 경향성이 다시 표면에 떠오르는 분리-개별화 과정을 다시 반복하면서 극복과정이 진행될 것이다(Kauff, 1977). 삶과 죽음, 영속화와 종결 사이의 투쟁은 좋은 모성적 이미지와 나쁜 모성적 이미지 사이의 투쟁으로 나타난다.

종결은 이전 집단 단계들 동안에 표면에 떠오르긴 했지만 해소되지 않은 문제들을 대결적인 방식으로 직면하는 것을 의미한다. 시간의 압력은 자기를 돌이켜 보는 과정을 예리한 우발성에 대한 인식으로 전환시킨다. 집단은 자기-실현 수준으로 진입할 수 있는 기회를 갖는다. 왜냐하면 구성원들이 그들의 예리한 외로움 가운데서 자신들의 고유한 잠재력과 사랑과 인식의 욕구를 인식하기 때문이다. 집단의 형성 단계에서 퇴행적으로 나타났던 '수면'은 마지막에 더 높은 자기 또는 에릭슨이 정체성이라고 부른 것에 대한 깨달음이 된다. 기술적으로, 종결을 위해 충분한 시긴이 허용되어야 하며, 치료자나 훈련자는 깨어 있으면서 반응해줄 수 있어야 한다. 이때 그는 처음으로 구성원들과 전체적인 경험을 나눌 수 있을 것이다. 구성원들이 그들의 치료자가 사람이 되는 것을 감당할 수 있는 충분한 성숙을 이룩하게 되면서, 거리와 중립성을 유지하는 태도는 인간적인 경험에 자리를 양보한다.

## 결론

이 논의의 목적은 투사적 동일시와 분리-개별화 과정에 기초한 집단 발달의 단계들을 재구성하는 것이었다. 그 목적을 이루기 위해 우리는 여러 연구자들의 공통된 관찰결과에 충실하고자 노력해왔다. 여기에서 묘사된 7단계의 도식은 종종 순서대로 드러나지 않는다. 발달 순서 안에는 후퇴들, 역전들, 그리고 중복들이 있으며, 따라서 우리가 할 수 있는 최상의 것은 집단의 발달 단계의 다양성 배후에 있는 불변성 또는 일관성을 추출해내는 것이다.

가장 기본적인 가정은 집단 퇴행 안에서 투사적 동일시, 부정, 그리고 정신과정들의 외재화가 발생한다는 사실이다. 집단의 진화는 집단을 응집력 있는 실체로서 확립하는 구조, 과정, 그리고 내용의 점진적 내재화를 나타낸다. 재-내재화가 시작되면서, 거절된 부정적인 요소들은 점점 더 투사적 동일시를 통해서 지도자에게 초점이 맞추어진다. 그에 대한 반역은 애도와 분리-개별화 과정을 도입하는데, 이것은 집단 응집력의 증가와 집단 경계와 전이 표현의 성숙을 가져다준다. 어느 특정 지점에서, 성장과 자율성은 집단을 가족 모체의 범위를 넘어서도록 밀어붙인다.

이 이론의 암묵적인 가정은 인간에게 멜라니 클라인이 '지식

본능'이라고 부른(1975, 87쪽) 정보에 대한 허기가 있다는 것이다. 그것이 없다면, 집단은 원시적인 기본적 가정에 뿌리를 박은 채 결코 움직이지 않을 것이다. 집단 안에서 인간은 정보와 접촉을 추구하며, 바로 이 추구가 그로 하여금 그의 소망적인 투사적 동일시를 검토하고 다시 동화하도록 밀어붙인다. 이 관점은 집단의 과제 측면을 강조하는 사람들(예컨대, Bales and Strodtbeck, 1971)의 연구결과와도 일치한다. 오직 집단의 정서를 문제-해결 과정과 접촉하도록 데려옴으로써만, 집단의 정서와 그것의 무의식적 동기는 새로운 형태로 성숙할 수 있다. 정신분석에서, 유아의 대상-추구 경향성에 관한 페어베언의 통찰과 적응적인 자아 기능에 관한 하트만의 통찰은 특별한 타당성을 갖는다. 바로 여기에 본능과 문화를 연결해주는 교량이 자리잡고 있다.

# 제 10 장

# 신화, 상징, 그리고 환상의 형성

집단분석에서 빠질 수 없는 부분이 집단의 이미지, 또는 집단이 공유한 상상적 산물이 심리내적인 내용물과 사회-문화적 맥락 사이를 어떻게 연결하고 변형을 가져오는지를 검토하는 것이다. 그러한 조사는 집단이 갖는 1) 언어 구조(신화, 상징 그리고 환상), 2) 행동 구조(단계들, 역할들, 관습들과 규범들), 그리고 3) 과제와 유지 기능 사이에 모종의 관계가 있다는 가정 하에서 이루어진다. '신화'는 그것을 통해서 다양한 집단 사건들이 이해될 수 있는 예증적 구성물이다. 신화는 내적 및 외적 환경을 확립하고 조절함으로써 '자기의 사적 세계'(Masud-Khan, 1974)와 집단의 응집성 사이의 간극을 연결시켜주는 교량 역할을 한다.

## 신화, 잠재 공간과 잠재 대상

위니캇은 중간 대상 현상에 대한 개념을 발달시키는 과정에서 엄마-아이의 상호작용에서 만들어진 맥락과 틀이 갖는 의미와 기능을 설명하기 위해 '잠재 공간' 이라는 개념을 도입했다. 그는 아이의 가장 초기 관계와 예술, 종교, 과학 그리고 창조적인 활동 사이에 연속성이 있다고 가정했다. 그는 다음과 같이 말했다. '문화 경험은 개인과 환경(처음에는 대상) 사이에 있는 잠재 공간 안에 위치해 있다' (1974, 118쪽).

잠재 공간은 외부 현실과 환상이 혼합된 것을 담아주는 그릇이다. 무의식적 환상의 표현은 환상, 소문, 백일몽, 이야기, 꿈, 그리고 신화 등과 같은 집단 수준의 파생물에서 찾아볼 수 있다. 잠재 공간의 창조와 사용은 내부의 요구와 외부의 요구들, 자기애와 관계맺음, 의식과 무의식 등의 요소들이 놀이적 상호작용을 통해서 하나로 종합될 수 있게 한다.

이 경험의 중간 영역과 집단의 기능 사이의 관계는 기바드, 하트만과 만(1974, 271쪽) 등의 언급에서 찾아볼 수 있다. '우리는 집단활동과 환상활동을 백일몽과 창조적 또는 적응적 환상과 같은 중간 현상으로 간주할 수 있다. … 그리고 그러한 활동은 집단의 활동과 구조에 핵심적인 것은 아닐지라도, 적응적인 것으로 간주될 수 있다.' 따라서 집단은 구성원과 외부 대상 사이의 잠재 공간이다.

아이가 부재한 엄마 대신에 대체 대상이나 경험을 창조할 수 있듯이, 집단 구성원들은 부재한 지도자를, 또는 보다 무의식적이거나 환상적인 수준에서 집단을 대신하는 대체 대상이나 경험을 창조해낼 수 있다. 아이는 창조적 놀이와 중간 대상 경험들의 정교화를 통해서 이것을 성취한다. 집단 구성원들은 개인 구성원들의 정서와 과제들을 담아주고, 조절하고, 공유하는, 마치 놀이-같은 집단 상호작용의 활동을 통해서뿐만 아니라, '언어'의 발달을 통해서 이것을 성취한다. 이것은 삐아제가 '익살스런 활동'이라고 부른(1962) 것의 또 하나의 변형이다. 그러므로 우리는 이 과정이 발생하도록 허용하는 중간적 경험 또는 요소는 구성원을 위해 잠재적 공간과 중간 대상으로 존재하는 집단으로서의-집단의 창조라고 말할 수 있다. 도표 10.1은 개인 수준과 집단 수준 모두에서 이 개념이 어떻게 적용되는지를 개략적으로 비교할 수 있게 해준다.

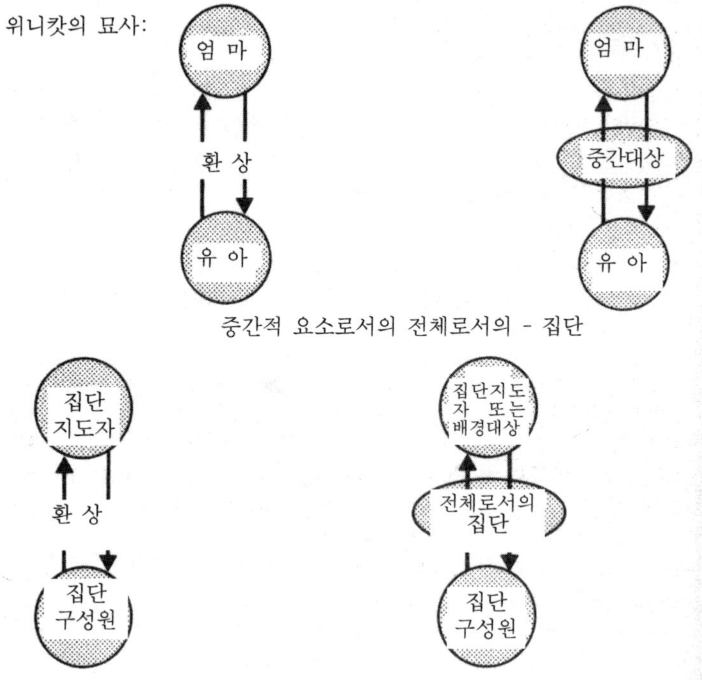


도표 10.1 개인 수준에서의 중간 현상의 발달과

집단 수준에서의 중간 현상의 발달의 비교

신화는 잠재 공간의 표현인 동시에 그 공간 안에서 이루어지는 중간적 활동들의 산물이다. 그것의 역할과 기능은 고립된 개인 경험의 요소들을 전체적이고 종합적이며 재미있는 집단 경험으로 엮어내는 하나의 이야기로 봉사하는 것이다. 신화가 발달한다는 것은 구성원들이 집단을 중간 대상으로 사용하고 있다는 증거이며, 집단으로서의-집단이 형성되고 있음을 말해주는 신호이다.

더욱이, 신화는 '의식의 점막'으로서(Bion, 1977a), 구성원으로부터 멀리 있는 곳에서 집단의 역사를 '안아주는' 기호 체계와 기억 장치로서 봉사한다. 따라서 신화는 집단이라는 실체의 연속성을 보장하기 위한 보관 장치일 뿐만 아니라 집단 언어의 특별한 실현이다. (원시 문화에서 신화는 법, 의례, 그리고 전통이 담겨진 장소였다.) 위니캇의 중간 대상이 아이의 생각 너머에 그 자체의 항구성을 가지고 있는 것과 마찬가지로, 집단 역시 그 집

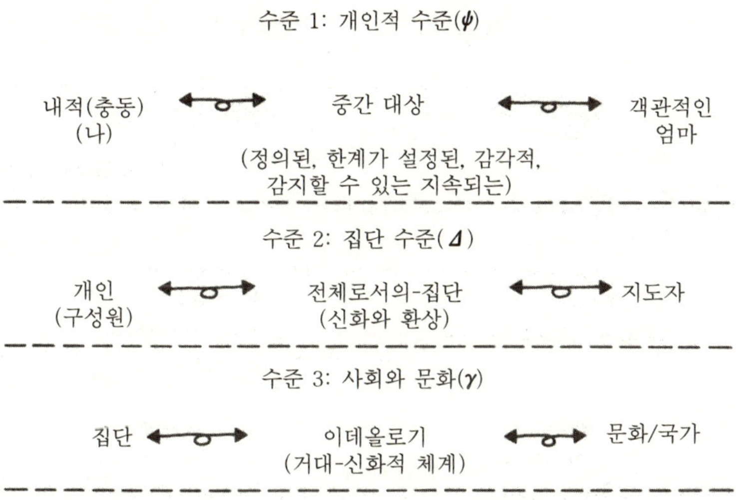


도표. 10.2 중간 현상 변형의 연속체

단을 만들어낸 개인들로부터 어느 정도 독립성을 가지고 있음이 분명하다. 집단의 실체는 신화들 그리고 그것들과 관련된 활동들을 통해서 집단을 구성하고 있는 구성원들로부터 어느 정도 독립된 반-자율적(半-自律的) 체계가 된다. 우리는 그것을 초개인적인 요소로 이해할 수 있다. 언어, 정동, 그리고 행동 요소들에 기초한 그것의 존재는 사회적 경험을 조직하는 중심점이다. 도표 10.2는 개인, 집단 그리고 문화를 위한 중간적-잠재적 상황을 도식적인 그림을 통해서 보여준다.

## 세 개의 체계 안에서 환상과 신화가 갖는 기능들

신화는 다음의 세 개의 체계에서 표현되고 담겨진다고 가정할 수 있다: (1) 심리내적(프씨), (2) 상호작용적(델타), (3) 집단으로서의-집단(감마).

1. 신화는 꿈과 동등시된다. 이것은 아브라함(1909/1955, 208쪽)에 의해 명료화된 견해이다. '… 꿈이 개인의 신화라면, 신화는 인류의 유아기 삶에서 살아남은 파편이다.' 아브라함은 두 현상 모두 안에 소망 성취, 전치, 이차적 정교화, 상징주의, 그리고 검열 등의 동일한 역동들과 요소들이 존재한다고 보았다. 비온(1977a)은 그의 좌표 범주 C에서 다음과 같은 등식을 가정했다. 꿈 사고 = 꿈 = 신화 = 이미지들과 그 이미지들(알파 요소)로부터 유래한 인상들을 담고 있는 보다 복잡한 내용들을 나타내는 요소. 브루너(Bruner, 1968, 277쪽)는 신화와 꿈 모두가 내적 충동과 본능이 이미지와 상징으로 바뀌는 변환과정이라고 주장하면서, 그 둘 사

이의 연결을 설명했다. 그는 내적 충동과 본능이 이미지와 상징으로 변화되는 그곳이 바로 '내적 곤경이 이야기의 줄거리로 전환되는 장소'라고 보았다. 따라서 꿈과 그것의 사회적 정교화인 신화는 예술과 상징주의의 세련미를 활용하여 공포와 충동을 담아내는 외재화 과정의 형태이다.

신화의 중심적 요소들은 개인의 심층적 동기와 관련되어 있다. 인간 상황의 고립된 본질에 관한 헉슬리(Huxley, 1959, 13쪽)의 논평은 바로 이 문제를 지적한다.

> 신체를 입고 있는 혼은 그것의 본성 상 고독으로 인해 고통을 받거나 즐기도록 운명적으로 결정되어 있다. 감각들, 감정들, 통찰, 환상들은 모두 사적인 것이며, 상징들과 이차적인 매개물들을 통하지 않고서는 소통될 수 없는 것이다. 우리는 그런 경험들에 대한 정보를 저장할 수는 있지만, 결코 그것들 자체를 경험할 수는 없다. 가족에서 국가에 이르기까지, 모든 인간 집단은 고립된 섬들로 이루어진 우주들의 사회이다.

그와 같은 실존적인 고립을 깨뜨리고 공통의 공유된 경험 안으로 재융합하고 싶은 갈망이 신화 창조를 위한 중요한 추동 세력으로 보인다.

2. 상호작용과 의사소통의 도구인 신화는, 구성원들로 하여금 그들의 공통된 실존적 문제들을 외재화된 공적인 경험을 통해서 다룰 수 있도록 허용하는, 공동의 이미지들과 상징들의 저장고인 언어구조로 볼 수 있다. 까씨러(Cassirer, 1953)에게 있어서, 언어, 신화, 예술과 과학은 모두 사고 형태(ideational forms)의 변형, 그리고 내적인 것과 외적인 것의 교환을 위한 의사소통 수단으로

간주된다. 프로이트(1921)는 신화의 발달을 개성의 탄생과 동등시하면서 다음과 같이 가정했다(136쪽).

> … 어떤 개인들은 … 집단에서 자유롭게 되어 스스로 아버지의 역할을 물려받는 자리로 옮겨간다. 그 한 사람은 최초의 영웅적인 시인이 된다. 그의 상상력 안에서 이러한 진전이 이루어지는 것이다. 그러므로 신화는 개인이 집단심리로부터 출현해 나오는 징검다리이다.

프로이트의 인류학적 재구성이 믿을만하지 못하다는 사실을 감안하더라도, 언어의 발달이 언어-이전의, 내적 대상이 지배하는 공생적 그물망으로 구성된 밀실공포증적 영역으로부터 개인을 풀어주는 해방의 사건임에는 분명하다.

3. 집단으로서의-집단의 경우, 신화는 집단의 정체성(상실한 엄마의 신체를 대신하는 구성물) 유지를 위한 응집력 있는 수단이며, 개인 구성원들로 하여금 집단에 참여하고 그 집단으로부터 개별화하도록 허용하는, 이미지(상징들과 규칙들의 연결망)를 만들어내는 중심적인 도구이다. 따라서 조절 기능들(자아와 초자아 체계 모두의)이 위계 변동과 상징적 실현 과정에 의해 집단 체계(즉, 보통 대상 표상으로 간주되는 집단) 안에 확립된다. 관습과 의례는 구성원들이 어떻게 행동하고 무엇을 볼 것인지와, 목표들을 성취하기 위한 실제적인 수단이 무엇인지를 안내하는 통로로서 사용된다. 신화 안에 함축된 '금기'와 '보상'은 개인적인 충동과 집단적인 관심들을 조화로운 문화적 패턴으로 조율하도록 허용하는 도덕적 상부 구조를 유지시켜준다.

## 신화적 주제들

문화적 또는 사회적 맥락에서 발달하는 신화는 치료집단이나 훈련집단에서 발달하는 신화와 유사하면서도 상이하다. 말리노프스키(Malinowski, 1926/1971)는 '신화는 믿음의 내용을 표현하고, 고양하며, 규범화하는 … 성스러운 이야기이며, 도덕성을 지켜주고 강화하며, 의례의 효율성을 보증하고, 인간을 안내하는 데 필요한 실제적인 규칙들을 포함하고 있다'고 말한다. 즉, 원시 문화의 수준에서 신화는 한 번에 여러 가지 문화적 기능들을 동시에 수행한다. 문화가 발달하고 분화되면서, 법과 믿음을 위한 개인적 요소들을 담아내기 위한 다양한 하위체계들이 확립된다. 치료집단이나 훈련집단에서 신화는 기능적 환상의 한 형태로, 즉 집단의 갈등이 어떤 것이어야 할지에 대한 일종의 작업가설 또는 대략적인 설명으로 이해된다. 따라서 집단의 신화는 위안을 주는 이야기를 통한 긴장의 해소를 위해 사용된다는 점에서 좀 더 제한된 범위의 기능을 갖는다.

엘리아데(Eliade, 1960)에게 있어서, 문화적 신화의 본질은 그것이 삶의 재앙들, 즉 고대인이나 현대인 모두가 피할 수 없는 고통, 좌절, 그리고 필요성에 대한 설명으로 사용되는 데 있다. 따라서 신화는 고대 인간(고상한 현자)이 위대한 시간(태초의 성스런 기간) 속에 살고 있을 때, 그 조상에게 끔찍스런 재난과 파국(최초의 분리를 말하는 '타락')이 일어났다고 말한다. 서구 전통에서 아담은 최초에 신과 평화로운 상태였고, 에덴은 천국에 가까운 곳에 있었으며, 아담은 동물의 언어를 사용했다. 그의 '교만'의 죄가 속된 시간, 즉 '역사적인 현재의 순간'으로의 타락을 가져왔다. 이 상황은 그것이 불가피한 유한성과 죽음을 가져왔다는 점에서 저주 또는 징벌로 간주된다. 엘리아데는 다음과 같이 말한다(36쪽). '신화는 죽음으로 인도하는 무자비한 현실로부터 철수하고 싶은 비밀스런 욕망에 … 기초해 있다.' 랑크(Rank, 1929/1973)는 모든 상징주의와 신화는 문화적 승화와 마찬가지로 일차적 목표(자궁 속의 연합)에 대한 견고한 대체물을 추구하고자 하는 가차 없는 시도라고 주장했다. 그에게 있어서 소위 발달이란 그러한 일차적 목표로부터 더 멀리 벗어나는 것을 의미한다(99쪽).

분리와 상실의 파국에 대한 설명으로서의 신화는 분리의 시점과 상관없이 적용된다. 그것은 자궁이나 젖가슴이나 공생적 궤도로부터의 분리일 수 있다. 그러한 분리에 따른 결과는 '… 판도라의 상자에서 뛰쳐나오는 인류의 역병과 슬픔과 같은 수많은 비극들이다(Hamilton, 1940, 70쪽).

신화를 통해서 재앙 배후에 있는 이유(근원적 사건들에 대한 기억)에 참여하는 것은 '믿는 자'를 위로해주고 성스런 시간 속의 사건들을 다시 경험하게 해주는 강력한 정동적 과정을 제공한다. 그 위안의 본질은 일차적 자기애, 과대주의, 그리고 전능감의 재확립 안에 자리 잡고 있다. 신화와 관련된 의례, 의식, 그리고 관습을 통해서 현대인은 신이 되며, 자기애적 격노(Kohut, 1971)와 분리와 취약성에 대한 우울한 인식을 방어하거나 승화시킨다. 그러한 의식에 참여하는 사람은 '수동적인 희생자'에서 '적극적인 신'으로의 역할 상승을 경험한다.

신화가 지닌 마술-종교적 특질은 그것이 정신과 정서 기능의 매우 원시적인 층에서 온 것임을 가리킨다. 몸짓, 말, 소리 또는 생각(환각적 전능성)을 통한 마술의 사용은 정신 발달의 초기 단계로의 퇴행을 의미한다(참조. Ferenczi, 1913/1956). 이러한 마술적인 믿음은 하늘을 날고, 환생하고, 다른 세상으로 내려가고, 다른 형태들로 변형되는 신화적 이미지들에서 찾아볼 수 있다. 엘리아데는 이렇게 말한다. '문화적 신화는, 마술에 토대해 있음으로 해서, 인간을 전체적인 존재(a whole being)인 것처럼 가정한다. 그것은 인간의 지능이나 상상력에게만 말하지 않는다.' 그것은 여흥이 아니라 현실의 기초에 대한 성스런 정의이다.

따라서 문화 수준에서의 신화는 집단적으로 원시적 불안을 기원, 운명, 그리고 존재의 궁극적인 지점들을 추구하는 데 내포된 필수적인 길과 행동에 관한, 만족스럽고 질서 있는 이야기로 변형시켜주는 장치이다. 이 수준에서 신화는 톰슨(Thompson, 1981, 6쪽)이 지적하듯이, '단순히 서술이 아니라 서술하고자 하는 현실 그 자체의 실행이다.'

신화의 수준과 집단분석 좌표 수준 사이의 관계는 다음과 같다(부록 3을 보라).

| 수준 | 내용 |
|---|---|
| Ⅰ. 근원적 | 에덴, 타락, 대모 |
| Ⅱ. 원시적 | 세상 창조, 바벨탑, 나르시서스, 성배, 방주 |
| Ⅲ. 중간적 | 요나, 오디세이, 피그말리온(자기가 만든 상에 반한 키프로스의 왕)과 갈라테아(처녀상) |
| Ⅳ. 오이디푸스적 | 오이디푸스, 프로메테우스, 스핑크스 |

## 집단이라는 소우주 안에서 나타나는 신화적 공식화(mythic formulation)

문화적 및 사회적 맥락에서 확립된 신화의 정의는 치료 집단과 훈련 집단에 적용할 경우 변형을 거칠 수밖에 없다. 호퍼와

웨이먼(Hopper and Weyman, 1975, 177쪽)이 지적하듯이, '모든 집단들이 사회적 체계이기는 하지만, 모든 사회적 체계들이 집단은 아니다.' 그들은 또한 '집단은 단지 제한된 수의 근본적인 문제들을 해결하는 데 관심을 가지며,' 궁극적으로 '집단이 갖는 목적의 한계는 그것이 아무리 오래된 것이라고 해도 집단을 상대적으로 일시적인 체계로 만든다'고 본다. 그리고 '항구성은 제도화를 필요로 한다'라고 말한다. 따라서 오랜 문화적 연속성이 없이도 그리고 기본적 욕구들(먹기, 재생산, 외부의 적으로부터의 보호)의 가장 적은 활성화만으로도 연구집단과 치료집단은 특수한 방식으로 신화와 그것에 관련된 환상 요소들을 활용할 수 있다. 이 문제는 슬레이터에 의해 명료화되었다(Slater, 1966, 121쪽).

> … 훈련 집단은 두려운 책임감과 그 상태가 구성원에게 주는 외로움을 부인하는 데 사용되는 신화를 만들어낸다. 가장 공통적이고 널리 퍼진 그리고 가장 정교한 신화는 집단 경험의 전부가 일종의 복잡한 과학적 실험이라는 개념이다.

이 환상이 집단 구성원들이 처한 곤경과 그들이 고통을 받는 이유에 대한 설명인 한, 그것은 문화적 신화의 위치를 획득하지 못한다. 즉, 그것은 성스러운 것이 아니며, 구성원들을 성스러운 시간과 연합시켜주지 못하고, 행동의 경로를 정해주지 않는다. 그것은 성스러운 이야기라기보다는 '작업 가설' 또는 환상에 가까운 것이다. 하지만 그것은 집단 내의 불안 상황에 대한 이유를 설명해주지는 않으며, 따라서 주체(구성원)를 대상(지도자)과 연합시킴으로써 불안을 줄여주지 못한다. 훈련 집단이나 치료 집단에서 신화는 브루너의 언급(1968, 276쪽)에서 가장 잘 서술되고 있다.

> 신화는 … 상상적이지만 강력한 초자연적인 힘의 세계를 객관적인, 즉 경험된 삶의 사실과의 감당할 만한 협력에로 가져오는 미학적 장치이다. 그 과정에서 신화는 무의식적 열정과 의식적 마음 모두에게 용납될 수 있는 현실에 대한 감각을 불러일으킨다.

이러한 정의는 신화와 관련된 집단 과정을 포함하는 장점을 갖고 있지만, 문화적 신화가 갖는 완전한 구조와 과정의 특질들을 획득하지는 못하고 있다. 예컨대, 만약 한 집단 구성원이 자신이 '타이타닉' 호에 있는 것 같다고 말한다면, 그러한 선언은 파국을 경고하는 오만과 맹신의 특질을 가리키는 문화적 언급에 해당할 것이다. 그것은 신화가 아니라 환상이다. 따라서 충분히 분화되지 않은 상상적 요소들을 위한 하나의 범주가 필요하다. '신화적 공식화'라는 용어는 그와 같은 일시적인 신화, 환상, 소문, 그리고 정동적 암시 등을 서술하기 위한 것이다.

던피(Dunphy, 1974, 316쪽)는 신화를 '개인적 환상들을 한 데 모음으로써 소집단 상호작용을 통일하는 포괄적인 상징체계로 정의한다. 여기에서 신화는 한 데 모여진 환상들의 연결망으로 이해되는데, 이것은 문화적 신화가 아니라 집단이 신화적 공식화를 사용하고 있음을 나타내는 것이다.

**신화와 우울불안**

행동적 측면과 가치의 측변을 지닌 충분히 발달된 신화로서든 아니면 종합 기능을 가진 신화적 공식화로서든, 신화라는 이 상상적 창조물은 중간 경험의 표현이며, 따라서 개인의 애도 경험을 통제하기 위해 고안된 것이며, 그런 점에서 우울불안을 제한

하거나 통제하는 것을 목표로 삼고 있다. 신화는 개인적인 것과 집단적인 것 사이의 경계를 조절하고 통합하며, 그 결과 박해불안은 담겨지고, 우울불안은 '이야기'의 달래주는 특질을 통해서 걸러진다. 신화는 잃어버린 집단-엄마의 달래주는 노래, 말 또는 접촉의 대체물로 이해될 수 있다. 집단의 창조물로서의 신화는 도전받거나 의심받지 않는다. 그런 침범들은 박해적 공격(일반적으로 원시적 초자아에서 오는)으로 경험되고, 구성원들의 꿈의 창조물이 구멍 나는 데 따른 자기애적 수축과 격노로부터 집단-대상의 환상적 성질을 보호하는 것을 목표로 하는 강렬한 형태의 저항을 불러일으킨다. 지도자나 치료자의 해석은 무의식적으로 하나로 묶어주고 지탱해주는 집단-대상의 '성스런' 성질에 대한 침범으로 느껴진다.

## 신화와 상징

신화의 발달은 상징을 발견하고 사용할 수 있는 집단의 능력에 달려있다. 시걸(Segal, 1981, 52쪽)은 상징이 자아, 대상, 그리고 상징 대상의 삼중적인 관계를 암시한다는 사실에 주목했다. 상징은 더 많은 경험과 대상들을 발생시킨다. 그것은 상징 안에 '저장된' 무의식적 차원들에 대해 자기를 개방하게 한다. 그리스도인들의 십자가는 존재의 궁극적 지점인 신과의 관계와, 행동과 생각에 대한 도덕적 규범과 관련된 대상관계 체계를 나타내는 동시에 그 체계를 불러일으킨다. 정동적으로, 기독교 신자는 그 상징에 대한 묵상과 그것과의 상호작용을 통해서 신의 사랑으로 인한 기쁨과 죄책감과 용서에 따른 행복감을 경험할 수 있다.

집단 수준에서 상징은 무의식적 환상을 집단이라는 용기(容器)의 기능과 의식에 초점을 맞추어 바라볼 수 있게 해주는 '렌즈'로서 작용한다. 환상 자료의 본성은 가장 원시적인, 구원과 희생의 상징들로부터 분리-개별화 및 성욕과 관련된 상징들에 이르기까지 다양할 수 있다. 한 집단 관계 컨퍼런스에서 구성원들이 지도자들에게 그들의 '요구사항들'을 적은 목록을 제시했다. 그 목록은 그 집단에서 차별화의 영웅적 행동과 그들의 힘과 용기를 회상시키는 중간 대상으로 기능하는 지속적인 상징이 되었다. 컨퍼런스가 끝났을 때 구성원들은 그 영웅적 행동과 관련해서 하나의 신화를 만들어냈고, 그 목록에 성상(聖像)의 위치를 부여했다. 따라서 신화, 상징 그리고 인공물(목록)은 집단이 자체를 정의하고, 자체의 욕구와 관계를 맺고, 원시적 수준의 의존성과 욕구에로의 퇴행과 관련된 정신증적 불안을 통제하는 데 사용되는, 대상들과 환상들의 그물망을 형성하는 것으로 볼 수 있다.

상징에는 두 가지 수준이 있다. 자아와 상징이 충분히 분리된 진정한 상징과, 자아와 상징-대상이 아직 미-분화 상태에 있는 상징 이전 또는 상징적 동등시(Segal, 1981)가 있다. 중간 대상은 바로 전-상징적 대상(Grolnick, Barkin, Muensterberger, 1978, 251쪽)이거나 자아와 대상의 상호침투가 허용되는 상징적 동등시 대상이다. 그와 같은 구체적(concretistic) 상징들은 집단이 신화의 그물망을 형성하는 데 필수적인 요소인 미-분화된 모체 안에서 발생한다. 해밀턴(Hamilton, 1940, 13쪽)은 다음과 같이 추측한다. '이야기들(신화)이 형성될 때 … 현실과 비현실 사이의 구별은 거의 이루어지지 않은 상태이다. 이때 상상력은 매우 생생하게 살아있고, 이성에 의해 간섭받지 않는다.'

이러한 현실검증의 한계는 정확히 공생적 궤도 안의 상황이기도 하다. 던피가 말하듯이(Dunphy, 1974, 304쪽), '… 개인 정체성의 상실은 어떤 식으로든 집단 정체성의 감각에 기여하며, 인격의 경계의 공동 확장은 집단의 개인 구성원들의 정서와 행동이 보다 더 협력적인 것이 되도록 이끈다.

상징적 동등시(구체적 사고)의 출현은 집단이 적절한 믿음 체계 안에서 내적 및 외적 대상들과 정동들을 혼합하는 원시적 과정에 참여하고 있음을 가리킨다. 이것은 집단의 발달을 위한 필수적인 단계로 간주되어야 한다. 기능하는 집단 안에서 그러한 전-상징들이 출현한다는 것은 그 집단이 보다 성숙한 자아 기능의 수준을 떠나 보다 퇴행된 전-상징적 경험의 상태로 옮겨가고 있음을 말해준다. 리틀의 공식화를 따라(Little, 1981), 우리는 집단이 감당할 수 없는 분리, 상실 그리고 자율성의 불안으로부터 자체를 보호하기 위해서 정신증적 전이에 의존하고 있다고 말할 수 있다. 그리고 왜 그런 대대적인 퇴행이 발생하는가의 문제는 집단 치료자나 지도자에게 자연스런 관심 대상이 될 것이다.

이러한 집단 상황에서, 사고는 탈-차원화된 '평면적인' 것으로 퇴행한다. 비온(1979)이 지적하듯이, '사고는 사물이고, 마음은 근육이다.' 구성원들 내부에 위치한 환상 요소들은 어딘가에 '두어야' 하는데, 그곳은 다른 구성원들의 정신이다. 이 일차원적인 정동 상태 안에서 집단 구성원들은 서로에 대한 인식되지 않은 환상 대상들에 지나지 않는다. 진정한 정체성은 상실되고, 정서적으로 생생하고 살아있는 각 개인의 본성은 이제 서로에게 투사되고 있는, 한계 없는 환상들의 그물망에 의해 취소된다.

한 집단 안에서 남자 구성원이 집단을 호되게 꾸짖으면서 그들이 '꽉 막혀 있다'고 비난했다. 그는 '전진하는 것'과 '무기력한 엉망 상태'에서 벗어나는 것이 집단이 해야 할 일이라고 주장했다. 그의 입장은 얼마 동안 지지를 받았고, 그래서 행동 계획이 세워졌지만, 그것은 아무런 소용이 없었다. 그 일을 돌이켜보면서, 집단 지도자는 그 선동했던 구성원이 집단을 자신이 갖고 있는 문제일 가능성이 높은 '가로막힌 창자'로 지각하고 있고, 집단은 변비에서 벗어나기 위해 애쓰고 있는 것 같다고 해석했다. 바로 이런 방식으로 원시적인 리비도적 요소들은 사회적 경험의 내용이 된다. 요나와 고래의 신화는 그런 상태에 대한 신화적 정교화를 나타낸다. 집단은 요나처럼 엄마-지도자에게서 분리하는 것과 공생적 궤도 안에 머무르는 것 사이의 고통스런 양가감정에 꽉 막혀 있다. 여기에서 고래는 분리됨이라는 악을 추구하는 사악한 아이를 삼켜버리려고 다가오는 재접근기의 함입하는 엄마를 상징한다. 동시에 집단은 공생적 엄마와의 안전한 연합을 회복한다.

신화를 '의식의 점막'으로 공식화한 비온(1979)은 신화를 이미지들과 정보를 받고 저장할 수 있는 사진 필름이나 원판이라고 보았다. 그것은 집단으로 하여금 그것이 없었다면 압도되거나 집단의 삶에서 상실되었을 경험을 담아낼 수 있게 한다. 따라서 집단의 사건들과 과정들은, 꿈에서처럼, 의식적 요소와 무의식적 요소들의 압축을 촉진하면서, 위장되거나 응축된 형태로 저장되고 기록된다. 점막 안에 포함된 지식은 집단의 한계와 경계 상황을 포함한다. 무엇을 하고 말할 수 있는지 또는 그렇지 못한지에 대해서 신화적 이야기만큼 강력하게 전달할 수 있는 수단은 없다. (신화에 의해 전달되는 지식의 유형은 구체화된 유형이며, 육체적인 소유를 통해서 아는 것을 의미하는 구약성서에서의 지식에 더 가깝다. 따라서 신화에서 '아는 것'은 감각적인 것이며, '단순한' 관찰의 의미라기보다는 참여했던 경험을 전달하는 데 더 관심을 갖고 있는 것이다.)

'의식의 점막'은 집단의 시간에 걸쳐 있으며 집단의 삶의 최초의 기록 저장소이다. 집단이 더 오래 존재할수록 신화는 더 다중-차원적이 된다. 이는 집단이 점점 더 실제 외부(역사적) 사건들뿐만 아니라, 마찬가지로 중요한 내적 대상 체계들과 그것들이 수반하는 정서들을 담아내는 그릇이 되기 때문이다. 집단의 시간적 역사를 기록하는 것에 의해서, 신화는 과거, 현재 그리고 미래의 표상으로 작용한다. 무의식적 요소들은 과거로 전치되고, 미래의 곤경이 갖는 직접성으로부터 편안한 거리를 유지한 상태로 관리된다.

## 신화와, 경험이 집단의 역할과 구조로 변형되는 과정

이미 관찰했듯이, 꿈 상징들은 원본능 충동들을 의식적인 이미지들로 바꾸고, 집단 상징들은 대상관계들을 집단적인 내용들과 패턴들로 바꾼다. 상징과 그것의 신화적 정교화는 주관적인 경험과 내적 대상관계들을 집단의 사고와 행동으로 외재화하는 엄청난 힘을 갖고 있다. 상징과 신화의 표현에 사용되는 기초 재료는 정신을 구성하는 요소들로서, 그것들은 (1) 내적 대상들, 환상들, 자기 및 대상 표상들. (2) 자기 요소들(가치들과 의미들), (3) 과대자기와 이상화된 부모 원상의 자기애적 특징들, (4) 본능과 자아 적응의 심리생물학적 영역이다. 그리고 방어기제들 또한 외재화와 동일시 과정을 통해서 내적 요소들을 집단 상황에로 옮기는 데 사용된다.

그 외에도, 집단의 상징과 신화의 실현은 그러한 내적 상태의 표상을 발생시킬 뿐만 아니라 상징적 동등시(행동화)와 유사한 과정을 통해서 내적 상태 그 자체를 발생시킨다. 역할 형성에서 자아와 내적 대상들의 일부는 한 사람에게 투사되고 나서 그와 동일시된다. 집단의 '엄마'는 돌보고 주는 자기의 측면을 갖고 있다. '영웅'은 페니스와 두뇌와 용기와 이상화된 자기-표상을 갖고 있다. 집단의 '서기' 또는 관찰자는 두뇌와 눈과 기억을 갖고 있다. 이 모든 일은 투사적 동일시를 통해서 일어난다. 역할은 내적 역동을 구조화하고 그것을, 개인의 무의식과 충동의 변덕으로부터 멀리 있고 연속성을 유지하는 곳인, 외부 현실에 둔다.

내적 대상들과 체계들의 공간적 차원은 집단이 창조해내는 환상과 신화적 주제들 안에서 빈번히 불러일으켜진다. 집단이 좌석의 배치를 바꾸거나 방의 온도를 높이거나 조명의 강도를 줄일 때, 거기에는 종종 '안락한 보금자리'와 은은한 조명이 있는 따뜻하고 안전한 방의 환상이 창조된다. 마찬가지로, 집단이 '늪'이나 '생지옥' 또는 '고문실'로 바뀌는 것에 대한 공포 역시 집단이 특별히 어려운 시기에 지배적이 된다. 그런 시기에 상상력과 투사적 동일시는 집단에게 가장 끔찍스런 폐쇄공포증과 질식당하는 느낌을 줄 수 있다. 한 구성원은 집단 치료자에게 이렇게 말했다. '당신 안에는 내가 느끼고 싶은 것을 위한 공간이 없습니다.' 따라서 담아주는 그릇 또는 장으로서의 집단은 인간의 공포와 개인적인 친밀감이라는 엄숙한 영역과 기쁜 영역 모두를 실현하기 위한 매개물이다. 그것은 바슐라르(Bachelard, 1964)가 '공간의 시학'이라고 부른 것을 위한 맥락이 된다.

이 공간적 경험들에는 온도, 빛, 색깔과 형태의 요소들이 수반되는데, 이것들은 모두 집단의 신화들과 상징들을 통해서 집단의 의식에 도달할 수 있다.

## 상징적 집단 표상의 행동화와 창조: 사례

아래의 사례는 위에서 말한 경험의 상징화와 자리 이동의 과정을 보여준다.

> 4일간 진행된 타비스톡 유형의 집단 컨퍼런스에서, 구성원들은 지도자들과 스태프들의 거리감 있고 간접적인 상호작용 스타일에 특히 좌절감을 느꼈다. 컨퍼런스가 집단 간의 단계로 옮겨가게 되었을 때(전체 구성원이 더 작은 집단과 기능들로 나뉘는), 한 쌍(남자 한 사람과 여자 한 사람)의 구성원이 어떤 중간집단 모임(inter-groups)에도 참여하지 않고 작은 빈 방에서 자기들끼리 만의 상호작용을 형성했다. 차츰 그들은 사람들의 눈에 띄었고, 이 사실은 스태프 집단을 포함한 모든 하위집단들에게 전달되었다.
>
> 전체 집단(스태프들을 포함한 45명의 구성원들)은 처음에 어떻게 해야 할지 몰랐다. 그 두 사람은 진행되고 있는 이벤트의 경계 밖에 있었고, 스태프의 말에 반응하지 않았는데, 이러한 그들의 특별한 '지위'는 다른 모든 구성원들을 매우 당혹스럽게 만들었다. 다른 구성원들은 그들을 다른 집단들 안으로 다시 동화시키려는 노력은 하지 않은 채, 그들에 의해 위협받는다고 느끼는 것 같았다. 그들은 단순히 '그 쌍'을 비난하면서 그냥 내버려두었다.
>
> 중간집단-모임들이 다시 대집단으로 재조립되었을 때, 구성원들은 천천히 이 이상한 사건에 대해 다루기 시작했다. 그들의 일차적인 정서적 반응들 중에는 시기심, 질투심, 버림받는다는 느낌, 그리고 신랄함 등이 있었다. 해석들과 연상들은 이 쌍이 상실한 지도자 쌍, 즉 그 컨퍼런스의 남녀

> 공동지도자들의 부재에 대한 '대체물'을 나타낸다고 생각하기 시작했다. 그 두 공동지도자들이 좋은 '엄마들' 처럼 행동하지 않기 때문에 이 쌍이 창조(투사적 동일시를 통해서)되었다는 사실이 분명해졌다. 구성원들의 추후 연상들은 그 집단의 기본 가정을 가리키고 있었다. 즉, 그 컨퍼런스의 목적이 부모 커플의 재창조에 있었다.

대상관계 관점에서 볼 때, 이 '특별한' 쌍은 집단 모체 안의 부재한 공동지도자들에 대한 상징적 표상이며, 이것은 전체로서의 집단에 의한 무의식적인 투사적 동일시의 산물이다. 이 과정에서 원색 장면의 요소들이 드러나고 있는데, 이것은 일단 만들어지고 난 후에는 아무도 다룰 수 없는 것이었다. 아무도 그것을 지켜보고 싶어 하지 않았다. 그들은 닫힌 방 안에서 무언가를 하고 있었지만, 아무도 그것을 모르고 있었다.

분리-개별화와 관련된 불안은 중간 대상으로서의 그 쌍을 통해 유입되었다. 일종의 상징적 동등시를 통해, 내적 대상들과 자아 요소들은 그 불안과 동일시되었고, 따라서 집단은 그 불안을 다룰 수 없었다. 왜냐하면 그 불안을 다룬다는 것은 곧 그들의 욕망과 호기심을 다루는 것이었기 때문이었다. 그 쌍은 그들에게 부과된 어떤 역동에 대해서도 의식적인 목소리를 내지 않았고, 다만 '자신들에게 맡겨진 일을 수행할' 뿐이었다.

## 원시적인 상태로서의 신화

신화의 한 중요한 구성요소는 변화된 의식 상태(altered states of consciousness)에 도달하는 데 사용되는 의례(ritual)와 의식행위

(celebration)이다. 그러한 변화된 의식 상태는 자기-대상 융합과 그것에 수반되는 마술과 환각적 상태를 허용하는 자아 퇴행 또는 삼투성(permeability)의 상태에 도달하는 데 필수적인 요소이다. 따라서 노래, 춤, 의식을 변화시키는 물질의 섭취, 음악, 황홀상태, 의상, 감각의 박탈이나 고양 등은 모두 신화의 의식행위와 그 안에 담긴 신비들을 다시 체험하는 데 핵심적인 요소들이다.

훈련집단과 치료집단에서도 그러한 변화된 의식 상태들은 마찬가지로 발생하지만, 일반적으로 문화적 산물에서처럼 극적이거나 원시적인 형태로 발생하지는 않는다. 친숙한 주변 환경으로부터의 철수, 긴 침묵, 다시 자극된 갈망과 욕구의 마술-종교적인 특질, 지도자의 신화적 입장 등은 모두 상호작용을 통해 자아 기능의 퇴행된 상태를 발생시키고 내적 대상관계들의 외재화를 가능케 한다. 컨버그는 다음과 같이 말한다(Kernberg, 1980, 217쪽).

> … 소집단들과 대집단들 그리고 군중들의 눈에 띄게 퇴행적인 특징들은 대상 항구성과 자아, 초자아 그리고 원본능의 공고화보다 앞선 단계의 내재화된 대상관계들에 대한 지식의 빛에서 더 잘 이해될 수 있다.

중간 공간과 신화가 창조되거나 적용되는 시기 이전에, 즉 퇴행이나 해체적 공황 상태가 유지되는 시기 동안에 집단은 구성원들의 경험적 내면세계에서 오는 초기 형태의 상징화되지 않은 베타 요소들을 담아주는 그릇이 된다. 그러한 집단 맥락 안에서 사고와 행동은 불완전하게 분리되어 있고, 따라서 집단의 몸짓언어가 말보다 더 중요한 표현의 수단이 된다. 내적 대상의 상황을 의미하는 실제 의식(consciousness)은 빈번히 일종의 '춤' 또는 의식행위를 통해서 행동으로 표현된다. 집단의 의사소통은 유아의 '신체를 통한 말'과 유사하다. 한숨을 내쉬기, 하품하기, 집단을 바라보는 특이한 방식 등은 구성원들이 압도적인 현재 상황을 관리하기 위해 '긴장을 해소시켜줄 성인'을 찾고 있음(Kohut, 1971)을 가리키는 것일 수 있다.

집단 내의 원시적 상태와 관련된 불안은 전 성기적 또는 대상-항구성 이전의 자아 상태에로 퇴행하는 것을 통해서 자기가 붕괴되는 것에 대한 염려이다. 여기서 그러한 자아 상태는 상징적 동등시가 지배하고 있고, 집단 구성원들이 자신들을 분리된 실체로서 경험하는 것이 아니라 집단 대상에게만 초점을 맞추는 (자기대상, 또는 일차적인 동일시의 역동을 통해서) 모습으로 나타난다.

이처럼 퇴행된 상황에서 방어기제들은 분열, 투사적 동일시 그리고 부인과 같은 가장 원시적인 기제들이 사용된다. 이 병인적 기제들은 톨핀(Tolpin, 1971, 336쪽)이 지적하듯이, '… 모성적 보호 장치의 편리한 대체물이다.' 집단은 원시적 방어들을 사용해서 필요로 하는 것을 '창조해낸다.' 이것은 '수다쟁이 희생양'이나 히스테리적인 구성원의 출현에서 찾아볼 수 있다. 집단이 정서적인 투쟁에 참여하는 결정적인 순간에 다양한 구성원들이 아프거나, 기절하거나, 또는 구토를 하는 모습은 자주 발견되는 현상이다. 그러한 유형의 갈등 해소는 그런 방식으로 그들의 감정들과 환상들을 표현하고자 하는 개인적인 심리생리적인 성향을 가진 취약한 구성원을 통해서 실현된다.

이러한 퇴행적 상황의 침범은 신화의 성스런 시간과 관련된 '순수한 상태'를 재경험하고자 하는 소망과 강박의 한 예이다. 그러한 '순수' 경험의 상황들이, 그것들이 어떤 식으로 제시되든 또는 위장되든 상관없이, 신화적 이야기와 집단 경험이 갖고 있는 자기애적 호소력에 대해 설명해준다는 사실은 고려해볼 만한 가치가 있다. 순수 쾌락과 고통의 상태, 또는 절대적인 사랑과 전적인 증오 및 복수의 상태는 구성원에게 다른 어떤 상황이나 관계에서는 관용되거나 성취될 수 없는 '경험'을 제공해준다. 분명코 어떤 양자단일체적 관계도 집단의 반영 경험이 보증하는 과대주의와 그것의 강렬함을 버텨낼 수는 없다. 단지 유아기 상황, 정신분석적 퇴행, 또는 개인적인 영웅적 행동에서만 집단 구성원들은 처음으로 그러한 상태에 참여할 수 있다. 더욱이, 그것들은 그러한 원초적이면서도 장엄한 실재들과의 재연합에 대한 소망을 되살려내며, 궁극적으로는 그런 상태들이 반복되거나 유지될 수 있다는 희망이나 꿈을 제공해준다. 예컨대, 메시아적 이상은 바로 이 경험 수준에서 발생한다.

그 누구에 의해서도 '소유되지 않는' 이 심층적인 요소들은 쉽게 집단의 정체성 안으로 통합되거나 종합되지 않는다. 그것들은 분열과 투사적 동일시를 통해서 하위집단들이나 장외-집단들, 또는 희생양들을 발생시킬 수 있다. 후원자가 없다면, 자유롭게 떠도는 생각들이나 정서들은 무의식의 유령들이 되고 만다. 투사적 동일시는 그런 요소들을, 모든 것이 좋기만 한 내적 대상관계 체계의 경계 바깥으로 '수출하는' 가장 흔한 수단이다.

집단 내의 현실검증은 중간 경험에 기초해 있으며, 따라서 '현실'은 결코 '검토되거나 의문시되지 않는다.' 일반적으로 검증하고자 하는 대상으로부터 자기 자신을 떨어진 위치에 두는 과정인, 현실검증은 집단 안에서 구성원들과의 관계에 의해 지배받는다. 여기에서는 공유되는 것이 현실적인 것이고, 구별과 분리의 경험은 현실이 아니라 집단 현실에 대한 공격으로 간주된다. 이것은 공유된 '자기애적 다원주의'(narcissistic pluralism) 상태이다 (Fornari, 1974, 146쪽).

한 집단에서, 구성원들은 '바깥세상에서' 그들이 먹고 살기 위해 무엇을 하는지 알려고 해서는 안 된다고 결정했다. 몇 회기가 지난 후에 한 남자 구성원이 다른 여자 구성원에게 직업이 무엇이냐고 물었다. 그녀가 주저하자, 그는 '괜찮아요, 날 믿으셔도 돼요. 무슨 일을 하세요?' 라고 말했다. 다른 구성원들은 그가 그런 '사적인 수다' 를 시도한 것이 집단의 규범에 어긋난 천박한 행동이었다고 주장하면서 그를 공격하고 비난했지만, 그는 계속해서 그 질문을 했고, 마침내 그 여성은 '당신은 나를 강요하고 있어요. 제발 그러지 마세요. 집단이 그래서는 안 된다고 말했고, 나는 그들의 결정을 따를 거예요' 라고 말했다.

그 남자 구성원에게 있어서, 집단은 개인적 차이를 부정하는 일에 전적으로 공모하고 있으며, 그것은 너무 심해서 밀실공포증을 유발하는 것으로 보였다. 그의 자아는 정체성 기능이 상실되는 상황('사적인 수다')을 견딜 수 없었고, 따라서 함입당하는 것에 대한 두려움으로 인해 집단의 규범에 어긋나는 행동을 하게 되었다. 집단은 그 다음에 이어지는 그와의 전투에서 개인적인 가시성(可視性)과 자기의 공표 및 숭배 등의 문제들과 씨름해야 했다.

궁극적으로, 보다 개별화된 구성원들은 자아-핵들(ego-nuclei)로서 행동하기 시작하고(Glover, 1930), 서서히 전체로서의 집단이 미분화된 모체로부터 분화되기 시작한다. 위의 예에서 암시되고 있듯이, 감각적 박탈은 상호작용적 자극들이 어느 정도나 개인의 인격적 자기감을 구성하고 있는지를 보여주는 계기가 될 수 있다.

## 신화 그리고 집단의 발달

지금까지의 논의는 자기의 심리내적 요소들이 중간 공간과 중간 대상 안에서 그리고 그것들을 통해서 변형되는 동안, 그 요소들을 '담아주는 그릇'으로서의 신화의 기능에 초점이 맞추어졌다.

집단 내의 지배적인 신화를 검토함으로써, 우리는 신화의 내용에서 표현된 내적 대상들, 자기 표상들, 그리고 우세한 무의식적 환상 체계들의 성질을 추론할 수 있다. 만약 집단 환상들이 파편화되고 분열된 부분-대상 상황을 반영한다면, 우리는 집단 내의 신화가 대혼돈, 비통합 그리고 응집력 결핍으로 인한 위협의 시간을 묘사하고 있다고 추측할 수 있다.

그러한 상황은 '대불황'이나 '타이타닉 호의 침몰'과 같은 신화적 공식화를 통해서 묘사될 수 있다. 만약 집단이 박해불안의 수렁에 빠진다면, 그와 같은 암울한 상황을 묘사하는 데 '귀신들'이나 '빙의'와 같은 신화적 이미지들이 사용될 수도 있을 것이다.

신화의 주제들과는 상관없이, 집단의 탄생과 진화는 강렬한 의존 욕구와 '대양과 같은 일치감'의 상태로부터 신화와 과학적 이론이 새로운 이성과 믿음의 맥락 안에서 하나로 통합되는 자리로 이동하는, 자기의 발달 노선을 따라 이해되어야만 한다.

개인적 관점에서 볼 때, 자기의 발달 경로는 개인의 삶에서 '중추적인 사건들을' 구성하는 재앙들과 위기들에 의해 구분된다. 가장 극적인 재앙은 자궁 내의 '천국'을 파괴하고 '퇴폐적인 시간,' 즉 고통과 죽음의 영역으로 우리 각자를 밀어내는(타락) 출산 행동이다.

그 다음 삶의 주기에서 발생하는 아동기 위기들은 우울적 자리, 재접근기, 그리고 오이디푸스 상황을 포함한다.

집단은, 외적 인물인 동시에 각 구성원이 '단지 여럿 중의 하나'가 되는 과정에서 상실했던 힘과 독립성을 나타내는 자기대상이기도 한, 지도자와 하나를 이루었던 지고의 상태에 대한 허기와 씨름하지 않으면 안 된다. 이 갈망의 좌절은 도피/싸움 집단의 기초를 이루는 최초의 분리의 위기로 인도할 수밖에 없다.

집단은 구성원의 투사들과 욕구들을 담아낼 수 없거나 담으려고 하지 않는, 비온(1967)이 '방해 대상'이라고 부른 것으로부터 도피하려고 시도한다. 토템적 오이디푸스 사건은 구성원들이 이전에 가로막혀 있던 에너지들과 환상들을 재내사하는 것에 의해 구별된다. 집단 반역과 같은 결정적인 사건들은 자주 '우리가 하나의 집단이 될 때' 또는 '우리가 하나로 뭉치기 시작할 때'로 지적된다.

신화의 고전적인 기능은 그러한 파국들을 문화의 수준에서 설명하고 맥락화하는 것이다. 짝짓기 가정에서, 분리와 버림받음의 파국은 메시아적 대상이나 사상을 산출할 대리적 쌍(이성애적이든, 동성애적이든, 또는 양성애적이든)을 창조해내는 것에 의해서 관리된다. 집단은 이러한 메시아적 대상이나 사상이, 그것의 마술-종교적 속성을 따라, 집단의 '실체'에 '성스런 시간'을 회복시켜줄 것이라고 믿기 때문이다.

집단분석 좌표에서 주목했듯이, 집단은 근원적인 미-분화 수준(수준 Ⅰ)에서 시작하여 중간 경험에 의해 촉진되는 자기의 점진적 공고화로 나아가며(좌표 수준 Ⅲ), 오이디푸스 시기의 갈등의 해소와 함께 중심적 구조와 자아 체계들의 확립으로 나아간다(좌표 수준 Ⅳ). 대상 항상성과 삼중 구조의 확립은 집단이 경험의 중심 대상으로서의 지도자/치료자에게서 분리되어 구성원간의 상호작용들에로 그 초점이 옮겨질 때 발생한다(참조. 9장).

신화적 주제의 내용들을 그것들의 발달적 맥락에서 설명하는 것을 통해서, 우리는 아래에 제시되는 신화들을 집단으로서의-집단(감마) 체계의 다양한 발달 수준들(참조. 부록 1)에 포함시킬 수 있다. 집단 지도자나 치료자는 일반적으로 집단 상호작용의 '행간에서' 출현하는 신화적 주제들을 인식할 것이다. 그리고 이것은 뚜렷한 신화의 이름으로서 작용하기보다는, '마치' 집단으로서의-집단 안에 특별한 신화적 공식화가 작용하고 있는 것처럼 느껴질 것이다. 이 '마치 인양' 경험이 바로 비온이 집단의 기본적 가정 행동이라고 정의한 것이다. 따라서 집단 신화들의 탐지와 해석은 그러한 전체로서의-집단의 상징적 또는 증상적 활동들을 추적하기(tracking)와 명명하기(naming)에 의해 성취된다고 말할 수 있다.

## 퇴행 단계

### I 근원적 수준: 에덴, 대모, 타락

이 신화들은 자기와 대상이 분화되지 않은, 공생적 쌍의 이중-단일체가 향유되고 지탱되는('하느님이 하늘에 계시고 세상에 있는 모든 것이 잘 있는') 일치감의 꿈에 대해 말한다. '타락'은 그러한 대양적 일치감의 종결을 가져온다. 그것은 '교만'과 '지식에의 추구'에 의해 야기된다. 유아는 더 많은 것을 취하고 싶어 하는 자신의 탐욕에 의해 또는 필요한 것보다 더 많은 것을 '알고자 하는' 욕구(지식 추구 본능)에 의해 이상화된 자기대상 맥락이 깨어지는 것을 경험한다.

Ⅱ **원시적 수준: 창세기, 나르시서스, 그리고 바벨탑**

자기는 그 자체로서 형성되고 '완성된' 상태이다. 그것은 완전한 순환 안에 존재하며, 만족스럽게 자체의 세상에 이름을 부여하는 힘을 행사한다. 모든 것은 이 새롭게 형성된 자기로부터 창조되어 나온다. 타자들과 그들의 욕구 그리고 그들의 특수한 언어들에 대한 동트는 자각은 이 자기대상 연합체가 파괴되고 혼동될 수 있다는 위협감을 불러일으킨다.

## 개별화 단계

Ⅲ **중간적 수준: 피그말리온과 갈라테아, 오디세이, 요나**

중간적 수준의 신화들은 분리와 개별화에 대한 양가감정을 반영한다. 피그말리온은 여성들을 증오했지만, 자신이 만들어낸 여자에게 집착했다. 마침내 비너스가 그녀를 살려내자, 그의 증오는 사라졌고, 그의 슬픔과 감사가 지닌 보상적 효과(우울적 자리)를 통해서 사랑할 수 있게 되었다. 오디세이 신화는 '변형의 여정'에 관해 말해주는 고전적인 신화의 예이다. 재접근기 동안에 전능적이고 공생적인 엄마와의 분리를 성취하는 과정에서, 아이는 좋은 대상들과 나쁜 대상들로 가득하고, 정동적 상태가 현실 검증의 기능을 맡고 있는 많은 이상한 '섬들'을 여행하지 않으면 안 된다. 마침내 이런 '세상들'과 만난 후에 유아/영웅은 사랑스럽게 충실한 아내와 재연합하기 위해서 집으로 돌아오며, 그가 여행을 떠난 동안에 그의 세상을 잠식하던 오이디푸스적 경쟁자들을 물리치게 된다. 그런 신화들은 재접근기 동안에 대상 세계가 고통스런 시련을 겪는다는 사실을 지적하고 있으며, 우울적 자리를 성취하는 데 수반되는 고통스런 인식을 반영하고 있다.

요나 신화는 이미 암시했듯이 분리를 시도하는 아이가 직면하는 두려움/소망의 딜렘마에 관한 것이다. 재함입하는 고래-엄마는 사랑하는 '죄인'을 다시 그녀의 몸 안으로 삼키고 싶어 한다 (Rank는 이것을 자궁 내의 환상들과 욕망들이 다시 일깨워지는 것과 관련시켰다).

Ⅳ **오이디푸스 수준: 스핑크스, 오이디푸스, 그리고 프로메테우스**

여기에서 온전한 자기의 성취는 지속되는 실존적 관심에 대한 갈등을 발생시킨다. 권력, 친밀감, 성욕, 독립성, 지식과 운명의 성질 등은 모두 이 신화적 수준에 담겨 있는 주제들과 문제들이다. 편집-분열적 역동에 기초한 가혹한 초자아 요소들의 투사는 영웅이 상으로 주어진 어머니 대지(불), 또는 실제 어머니의 몸에 참여하도록 허락하기 전에 그 영웅을 파괴시키는 증오와 살의에 찬 경쟁자로서의 제우스에게서 찾아볼 수 있다. 근친상간, 갈등, 그리고 어머니의 신체로부터의 이해할 수 없는 분리됨에 대한 불가피한 수용이 이 단계에서의 중심적인 주제들이다. 자기 지식은 이제 자기 바깥에 있는 환상적인 괴물들의 세계가 아니라 만나지고 숙달되어야 할 신비스런 야수가 된다.

## 성숙한 단계

Ⅴ, Ⅵ **과제 지향적 및 자기-실현적 수준**

여기에서 신화는 진전된 자기-발달의 단계와, 인류가 '존재의 신비'를 '축하하는' 통합된 형태의 문화적 진전을 제공하기 위해서 과학과 결합하게 된다. 그와 같은 '천년 왕국'에 들어가는 것에 대한 저항은 때로 최소한 사회적 측면에서는 완강한 것으로 보인다. 자연과 동료 인간에 대한 권력과 통제를 얻고자 하는 인간의 일관된 추구(중간적 수준과 오이디푸스 수준 모두의 신화적 활동으로 보이는)는 신화와 과학의 분리를 초래했다. 문화적 자기의 분열된 측면들을 재동화하는 작업(우울적 상황으로 들어가는 데 필요한 요소인)은 거부된다. 원시적 분열과 투사적 동일시가 문화적 진보와 국제평화의 침체를 강화시킨다. 핵무기를 둘러싼 대 논쟁은 파괴적 현실, 무기경쟁의 환상적이고 신화적인 성질, 그리고 냉전을 부인하는 것을 나타낸다. 베네딕트(Benedict, 1934)는 특정 원시 사회들은 재화와 재산을 파괴하는 의식행위를 한다는 사실을 지적했다. 그것은 시기에 찬 경쟁적 충동을 통제하는 수단(선물을 분배해주는 행사를 통한)인 동시에 사납고 광적인 신을 달래기 위한 시도였다. 전 세계 자원의 체계적인 파괴는 이 신화적 과정을 전적으로 되풀이하고 있는 것으로 보인다. 마을 처녀 또는 최상의 동물이나 곡물을 파괴하는 대신에, 우리는 대상 이전의-항구적인 자기애적 역동으로의 끔찍스런 퇴행 안에서 모든 현실을 파괴할 수 있는 가능성을 손에 쥐고 있다. 자기와 세상에 대한 환상은 이제 자기에 대한 종말론적인 비전으로 인류를 위협하고 있는 것이다. 신화가 가장 유창하게 말하고 있는 것은 고통, 분리, 그리고 죽음이라는 현실 앞에서 인류가 경험하는 기본적인 무력감에 관해서이다. 현대인이 삶의 우울한 현실로부터 도피하기 위해 세상을 광적으로 폭파시키지 않으려면 바로 이 문제를 직면해야 한다. 따라서 자기 탐구와 치료를 위한 크고 작은 집단들은 파괴적 저항들과 집단 환상들의 탐구를 위한 하나의 소우주와 실험실을 제공해준다. 신화는 그러한 파괴적 저항들과 집단 환상들 모두를 위한 영원한 거울이며 이야기꾼이다.

## 신화, 구조, 그리고 경계

여기서 신화의 기능은 심층적인 무의식적 환상들과 관련된 심리내적(개인적인) 역동들을 집단이라는 중간적 매개물 안에서 그리고 그것을 통해서 담아내고 연결시키는 기능으로 정의되고 있다. 앞의 논의에서 이미 암시되었듯이, 신화와 환상의 구조적 요소와 경계 요소들은 좀 더 상세하게 설명할 필요가 있다.

문화적 신화의 경우, 거기에는 부족이나 문화의 구성원들이 관찰할 수 있는 온전히 발달된 역할, 구조, 그리고 경계가 존재한다. 집단 수준에서 그런 요소들은 명시적이기보다는 암시적이다. 예컨대, '행복한 가족' 이라는 집단 감정에 대한 환상적 또는 신화적 공식화는 집단 경험의 성질과 집단 내의 정동적 색조 모두를 서술하고 있다. 프로메테우스 신화는 특정 역할들(영웅, 신)과 집단 상호작용의 유형(적의, 절도, 보복과 처벌) 안에서 암시되고 있다. 내적 대상관계 체계들의 성질은 그러한 도발적이고, 도전적인 신화적 인물의 사용에서 표현되고 있다(특히 편집증, 박탈 그리고 공격성의 정동적 특질에서). 집단이 어떤 권리를 갖고 있고 무엇을 위해 싸워야 하는지를 정해주는 경계들 또한 신화와 그것의 의식행위 안에 '부호화' 되어 있다. 신화의 기능에 대한 리프의 논의는 그것이 구조화 기능과 경계 기능을 갖고 있음을 지적하고 있다(Rieff, 1966, 11쪽).

> 모든 문화는 그 자체를 도덕적인 요구들과, 각 사람의 기억의 흔적을 표시해주는 이미지들의 체계로서 확립해야만 한다. 그른 행동으로부터 옳은 행동을 구별하고, 사람들을 옳은 행동으로 안내하기 위한 내적 조례들이 세워져야 하

며, 그럼으로써 상호적으로 안전한 접촉을 보장할 수 있어야 한다.

'상호적으로 안전한 접촉'을 제공해주는 것은 바로 신화의 경계 기능이며, 집단 수준에서 구성원들은 그런 이야기들을 사용해서 그들이 성취하고 싶어 하는 내용과 구조를 강화한다. 이런 빛에서 볼 때, 소위 '뒷공론'은 집단 안에 내적 경계의 형성을 허용해주는 규범적 기능을 갖는다. 한 구성원이 이렇게 말할 수 있을 것이다. '진저가 울 때 프레드가 어떤 행동을 했는지 보았니? 그는 실제로 그녀에게 다가가서 그녀를 포옹했어!' 신체 접촉이 금지된 상황에서 그러한 신체적 위로는 유기당하는 것을 둘러싼 깊은 무의식적 불안을 일깨울 수 있고, 충분한 시기심을 발생시킬 수 있을 것이며, 그 결과 집단은 내적 대상의 요소들에 의해 휩쓸릴 수 있을 것이다.

에스터슨(Esterson, 1970)은 가족 체계에 대한 연구에서 가족 구성원들은 '타자들'(집단이건 사람이건)을 '비판적으로 평가하는 실체'로, 즉 가혹한 초자아로 간주한다는 사실을 주목했다. 따라서 내적 구조들은 '안전하게' 통제된 거리에서 투사적으로 동일시되고, 가족 집단의 초점, 내용 그리고 목표들을 구성하는 외적, 사회적 요소들이 된다. 그러한 가족들 안에서 '적절한 존재'(proper existence)를 사는 것은 중심적인 요소가 되며, 따라서 타당성(propriety)에 대한 가족의 규범은 가족의 중심적 구성원들의 무의식적 환상들이 투사적으로 동일시되는 데서 유래하는 것으로 보인다. 하위집단들, 외부 집단들 그리고 희생양들을 구조적인 담는 그릇으로 사용하는 것은 집단에게 그것의 경계와 구조적 요소들의 대부분을 제공한다.

한 치료 집단에서, 구성원들이 매 회기가 끝날 때마다 모든 사람들이 '돌봄을 받는 것'을 확인하기 위한 시간을 갖기로 합의했다. 그들은 한 철수된 구성원이 집단의 '돌봄'에 의한 침범에 대해 격노할 때까지 몇 회기 동안 그렇게 했다. 해석들과 연상들은 집단으로 하여금 그들이 지도자를 비어있고, 인색하며 유기하는 사람으로 보는 환상을 갖고 있음을 깨닫게 했다. 그들은 무의식적으로 만약 그들이 각 구성원을 먹이고 돌보지 않는다면, 집단 안에 파괴적인 상황들이 발생할 것이고, 아무도 그러한 파국들을 책임질 수 없게 될 것이라고 느꼈다. 따라서 '돌보는 기능'은 유기와 기아라는 원시적 환상에 대한 방어로 여겨졌다.

유사하게, 집단이 지도자로부터 '먹기'를 거부할 경우, 그 '식욕부진' 반응은 집단의 필요에 따른 지도력을 요청하는 것과 관련된 원시적 불안을 관리하기 위한 수단(구조)으로서 '굶주리는 엄마'를 집단 차원에서 재창조하는 것으로 이해될 수 있다.

신화나 신화적 공식화를 통해서 역할들을 창조하거나 실현하는 것은 집단을 지도자-중심적인 상태에서 구성원-중심적인 상태로 점진적으로 변화시킨다. 지도자에게 집중되었던 리비도를 철수하는 것과, 집단으로서의-집단에 리비도적 및 자율적인 자아 에너지를 재집중하는 것은 중간 경험의 고양과 승화를 허용하고, 그것과 함께 구성원 안에 창조성과 자율성의 실현을 위한 공간을 제공한다. 집단의 경계들이 변화하면서, 집단은 '청중'이 되기보다는 좌절을 견딜 수 있고 사고와 작업이 가능한, 문제를 해결할 수 있는 게슈탈트가 된다. 모든 복잡성을 지닌 집단의 삶을 수용하는 것은 불안을 견딜 수 있는 집단 구성원들의 증가된 능력을 가리키며, 따라서 환상과 현실 그리고 내적 세계와 외부 세계를 새롭게 통합할 수 있는 가능성을 보여준다. 신화와 그것의 정교화는 그러한 통합을 위한 연결 수단을 제공하며, 그럼으로써 자기의 회복과 변형을 위한 통로가 된다.

# 제 11 장

# 집단 심리치료: 대상관계, 다중 체계, 그리고 역전이의 측면들

정신분석과는 독립적인 경로를 따라 발달해온 집단 심리치료는 자발적으로 형성되거나 조직된 환자 집단이 특별한 사기를 형성하고 불안을 감소시킬 수 있다는 사실에 대한 임상적인 경험에서 시작되었다. 다시 말해서, 신체적 질병이든 정신적 장애이든, 또는 문화적/영적 질곡이든, 집단은 강력한 치료적인 분위기와 사회적 세력을 불러일으킨다는 사실을 발견한 것이다. 이는 다음의 표어에서 잘 드러나고 있다. '그대는 군중에 의해 깨어졌으므로 군중에 의해 치유될 것이다.' 오늘날 설명적 요소에 대한 강조로 인해 집단치료가 그것에 대한 이론이 있기 전부터 존재해왔으며 효과적인 의사소통, 교육, 그리고 정서적 지원이라는 정신위생적 원리에 토대해 있다는 사실을 쉽게 잊는 경향이 있다.

대상관계적 용어로 말하자면, 이 초기 치료집단들은 '좋은' 모성적 및 부성적 대상들의 양육적인 측면들과 한계를 그어주는 측면들을 내재화할 수 있게 해주며, 자기의 성찰 과정을 촉진시키기 위해서 집단 구성원들을 서로에 대한 공감적인 자기대상들로 사용할 수 있게 해준다. 이와 같은 집단의 근본적인 치료적 속성들은 고대 희랍 이후로 잘 알려져 왔다. 집단 과정 안에 내재된 유사-마술적 '세력'은 투사적 동일시와 건강을 향한 내적 투쟁이 강화된 것으로 인식된다. 돌봄과 긍정적 견해 외에도, 집단치료는 언어적 피드백과 반영 과정을 극대화한다. 만약 누군가가 동료들과 함께 공통의 문제를 탐구한다면, 그는 자신의 곤경과 진정한 자기에 대한 진실을 들을 수 있을 것이다.

지지적인 집단치료는 전이와 유사-모성적 방식의 기본 의존 가정을 사용하고 있고, 지도자에 대한 전이를 최소화하고자 노력하며, 집단 체계를 또래들의 공동체로 보아야 한다는 점을 강조하며, 무의식적 환상보다는 지금-여기에서의 의사소통 과정들과 건설적인 행동을 불러일으키고자 한다. 다른 말로, 그것은 작업 집단의 사용을 극대화하고자 한다.

성숙한 집단 활동의 심리치료적 적용은 전이의 적응적인 측면들과 함께 오늘날까지도 대부분의 집단치료 이념을 위한 토대로 남아있다. 예컨대, 풀크스 학파는 이 책에서 수준 V와 VI의 현상으로 그리고 집단 발달의 6단계와 7단계 현상으로 제시되고 있는, '삶에서의' 비전이적인(non-transferential) 공동체 문제들에 대해 작업하는 시기의 중요성을 강조했다. 아가자리언과 휠런(Agazarian and Wheelan, 1984)은 작업 집단에게 치료적 목적들을 위한 동기, 주제적 자료, 그리고 집단 응집성을 제공하는 데 기본 가정 상태들이 어떻게 도움이 되는지를 보여주었다. 그러한 접근들은 집단 전이의 분석이라기보다는 전이의 사용에 초점을 맞추고 있으며, 따라서 교육 또는 지지치료에 속하는 것이다. 그것은 정신분석적 심리치료의 필수조건으로 간주되는 전이와 저항의 체계적인 해소와는 대조를 이룬다. 그러나 아무리 엄격한 정신분석적 집단치료에서도 지지적 수단을 완전히 배제한다는 것은 생각하기조차 어렵다. 원리에 있어서 이 요소는 분석가가 환자를 '안아주는 환경'으로 기능하는 것과 다를 바가 없다. 더욱이, 지지적 치료 과정들이 초기 대상관계의 파생물과 승화물, 즉 역동적 과정들이라는 사실이 인식되어야 한다.

정신분석적 기법을 집단 심리치료와 통합하는 작업은 서서히 발달해왔으며, 세계 제2차 대전 동안과 직후에 연합군, 특히 영국군과 미국군의 집단치료에서 절정에 달했다. 그러나 집단치료를 위한 접근방법으로 단 하나의 기법이 아니라 다양한 강조점들을 지닌 절충주의적 기법들이 생겨나면서, 오늘까지도 계속되는 혼돈이 발생하기도 했다.

월프와 슈와르츠(Wolf and Schwartz, 1962) 같은 심리치료사들은 집단 상황을 일차적으로 여러 명의 개인들을 동시에 분석하는 방식으로 간주했다. 이 모델에서 구성원들 사이의 동일시들이 암시적으로 유용하게 사용되고는 있지만, 치료적 과정은 개인적인 저항들과 전이 반응들을 탐구하고 분석하는 것으로 구성되어 있다. 이런 방식으로, 각 구성원 주변에는 경계가 설정되는데, 그 경계 안에서 구성원은 다른 사람들에게서 '배우도록' 허용되기는 하지만 그들과 집중적으로 상호작용할 수는 없다. 그러한 상호작용은 저항으로 이해되고, 심층적 분석의 심리내적인 '수직적' 과정으로부터 주의를 분산시키는 것으로 여겨진다. 이러한 견해는 정신병리는 독립적이고 억압된 아동기 갈등에 의해 야기되는 것으로 보는 정신분석의 '폐쇄 체계 모델'을 따른 결과로 보인다(몇몇 동료들은 고맙게도 월프와 슈와르츠가 그들의 작업에서 집단 체계의 측면을 중요하게 다루고 있다는 점을 우리에게 지적해주었다).

두 번째 접근(참조. Durkin, 1964, 1974)은 치료사들이 이 저항과 방해물에 커다란 흥미를 갖고 그것들이 발생하도록 허용하고, 그 상호작용들을 대인관계적 문제의 특징적인 표현으로 분석하기 시작하면서 발달해 나왔다. 치료집단은 그 안에서 구성원들이 자발적으로 역할들과 규칙들을 만들어내고, 집단의 삶에 내재된 자기 노출과 친밀성의 요구사항에 대한 방어들로 이해될 수 있는 행동들을 리비도화하거나 공격화하는 은유적인 '놀이의 장'(playing field)이 된다. 기법 이론은 서로 관계 맺는 법을 배우는 것이 촉진적 환경을 위한 긍정적 피드백 고리를 확립하고 병리적인 방어들, 역할들, 그리고 동일시들을 취소시키는 것을 통해서 내적 병리를 호전시킨다는 원리에 기초해 있다.

세 번째 전략은 집단 전체가 저항적이고, 병들었으며, 집단의 삶에 관해 무지하다고 간주하면서, 개인 구성원들의 통찰을 촉진시키는 전체적인 환경의 확립을 방해하는, 집단으로서의-집단에 내재된 장애물에 초점을 맞추는 것이다. 비온과 레빈의 생각은 이런 접근법의 형성에 기여했다. 에즈리엘(1950)은 그러한 견해를 '공통의 집단 긴장,' 또는 집단 차원의 전이 태도라는 개념을 통해 보다 구체화시켰다(이 세 방법들에 관한 논의를 위해서는 Kauff, 1979을 참조할 것).

독자들은 이러한 전략적 방법들을 식별할 수 있을 것이다. 거기에는 좌표의 $\boldsymbol{\Psi}$, $\boldsymbol{\Delta}$, 그리고 $\boldsymbol{\gamma}$ 체계들 각각을 강조하는 다양한 변형들이 존재한다. 그 전략은 (a) 개인을 둘러싼 경계, (b) 사람들과 하위집단들의 상호작용, 또는 (c) 전체 집단 모체 각각을 강화시킨다. 여기에서는 단지 분석되는 내용이 다를 뿐만 아니라, 발생하는 것이 다르게 묶인다. 엄격하게 적용되는 각 접근은 그것 자체의 역동을 산출한다. 환자는 한 집단 상황 안에서 다른 곳에서는 거의 일어날 수 없는 사건들을 경험할 것이다. 예컨대, 개인

치료에서 집단치료로 옮겨온 환자가 구성원들 간의 심한 논쟁을 목격할 가능성은 높지 않다. 그것은 치료자에 의해 분석과정에 대한 저항으로 간주될 것이기 때문이다. 다른 한편, 대인관계적 유형의 집단에 참여한 사람은 그러한 공격성을 관찰하고 그것에 참여하며 더 나은 상호작용 양태를 위해 작업하겠지만, 관련된 아동기 기억들이나 집단 환상들에 대한 철저한 정교화를 다루기는 힘들 것이다.

지난 삼십년간 집단 심리치료 분야에서 가장 의미 있는 변화는 개인적, 상호작용적, 그리고 집단으로서의-집단적 접근들이 점진적으로 통합된 것이다. 이 변화는 다른 사람들의 방법들에 노출되고 그것들의 유용성을 발견한 치료사들의 점증하는 절충주의를 반영한다. 오늘의 정신분석적 집단 심리치료는 집단이 발달해가면서 두드러지게 나타나는 체계 및 수준과 함께 무의식적 방어들, 저항들, 그리고 대상관계들에 초점을 맞춘다. 이러한 통합은 집단 과정에 대한 체계 모델 및 장 모델의 관점에서 온 지식에 의해 가능해졌고, 또한 그러한 지식을 나타낸다. 즉, 치료자는 집단의 발달에서 자연적으로 발생하는 집단 경계들의 변동을 인식하고 언급할 수 있으며, 활성화된 체계 안에서 효과적인 치료작업을 촉진하기 위해서 부각되는 체계와 위치를 활용할 수 있다. 이 접근은 절충주의적인 잡동사니 기법이 되어서는 안 되고, 집단 안에서 발생하는 실제 사건들의 전체성과 '사건 구조들'을 최적의 조심스런 주의와 함께 조화롭게 사용하는 것이어야 한다.

다중 체계들에 대한 현재의 관심은 집단에 대한 접근과 정신병리 이론 모두에서 반영되고 있다. 정신적 질병에 대한 원인은 더 이상 순수한 환상이나 현실의 문제로 간주되지 않고 그 사람이 살아온 역사의 다중적인 측면들을 암시하는 것으로 간주되고 있다. 예컨대, 코헛(1977, 76쪽)은 자기애적 구조를 형성하는 데 부모 인물이 중요한 역할을 한다는 사실을 강조했다. '만약 부모가 이제 막 창조적-생산적 주도성의 중심이기를 주장하는 자기를 거절한다면, … 아기의 자기는 이내 고갈되고 말 것이다.'

집단 과정 안에서 발생하는 경계 변동과 체계들의 변화는 치료의 가능성을 허용하며, 이 치료는 집단 경험, 상호작용들, 그리고 환자의 질병의 다중적인 지점들에 침투하는 전체 '장치'로서의 집단의 발달을 활용하는 것을 통해서 이루어진다. 그때 병리적 실체는 다양한 상황 하에서 그리고 여러 개의 체계적 표현들에서 다루어진다.

심리치료에서 집단-안의-개인, 상호작용적 측면, 그리고 전체로서의-집단 전략들의 통합은 집단의 체계 분석을 통해서, 특히 그것의 무의식적 역동과 방어기제들의 분석을 통해서 가장 잘 성취된다. 이 세 가지 방법들 중에 어느 것이 '최상'의 것인가라는 논쟁을 넘어설 수 있었던 것은, 그리고 환자들이 집단 상황 안으로 가져오는 병리적 발달의 몇 가지 보완적 차원들(내적, 대인관계적, 집단적, 그리고 문화적)을 설명하기 위한 개념적 기초를 제공할 수 있었던 것은 모두 이 체계 분석 덕분이었다.

원시적 대상관계와 개인과 집단 모체 모두의 자기애에 대한 인식과 결합한, 다중 체계에 대한 강조는 집단치료를 위한 새로운 철학의 탄생을 예고하고 있다. 그것은 아직 명료하게 설명되지는 않았지만, 웡(Wong, 1983), 파인즈(Pines, 1983) 그리고 카우프(Kauff, 1983) 등이 공동 심포지엄에서 초기 단계의 제안들을 내놓은 바 있다. 파인즈는 현 저자들과 마찬가지로 분리-개별화 과정과, 집단 과정 안에서 집단의 하위체계들에 대한 작업이 이루어진다는 사실을 강조했다. 그는 발달과정을 침범하는 그리고 발달과정으로부터 출현하는, 자아의 확장과 보완으로서의 사회적·자기 또는 상호성으로 상징되는 개인 안의 사회적 세력에 대한 심리학의 필요성을 보았다. 이 사회적 세력들은 집단 심리치료의 실행에 있어서 두 가지 중요한 질문을 제기한다. (1) 어떻게 이 세력들은 상담실 안에서 드러나는 병리적 결과들을 만들어내는가? (2) 그것들은 어떻게 내적 장애를 치료하는 데 사용되는가?

파인이 추구하고 있는 사회적 모델은 다중 체계적인 것일 필요가 있다. 따라서 집단치료사는 심리내적 정동들(자기애적 인격장애 환자들과 경계선 인격장애 환자들의 경우 정동을 관리하지 못하는 어려움이 중요한 역할을 한다)과 집단 관계들 사이의 관계를 볼 수 있어야 한다. 집단치료사는 특히 집단 관계에 영향을 미치고 그것을 해석할 수 있는 유리한 위치에 서있다. 궁극적으로, 집단 기법의 이론을 서술하는 문제는 데카르트 식의 몸과 정신의 이원론을 따를 것인가 아니면 이 책의 첫 부분에서 언급된 보완 원리를 따를 것인가에 달려있다. 즉, 후자는 집단 안에서 각 구성원들의 내적 갈등과 결함들과 밀접히 관련된, 그리고 그들의 정신병리와 그들의 '구성원 자격요건' 모두를 구성하는 의사소통과 상호작용의 패턴을 본다. 사람들은 집단 과정을 통해서 지금까지 봉해져 있고 고정되어 있던 갈등에 영향을 미치는데, 이때 집단 과정은 사회적이고 물리적인 것으로 간주되고 내적 갈등은 '정신적인' 것으로 간주된다. 따라서 '변화를 가져오는 인자'는 내적인 병리적 형성물(적절한 사회적 매개물이 발견될 때 다시 활성화되는)과, 내적 상태들 및 조건들을 유지시키거나 변화시키는 양자단일체적, 하위집단적 그리고 집단-차원적 구성물 사이에서 발생하는 '전환'(conversion)의 원리이다. 이것들은 경계와 관련된 현상이다.

치료적 접근에서 점점 더 집단 역동 현상에 초점을 맞추었던 웡(Wong, 1983)은 비온, 에즈리엘, 써덜랜드 등을 이 흐름의 주요 개척자들로 언급하면서, 집단으로서의-집단에 대한 강조와 대상관계 이론 사이에 밀접한 연결이 존재한다고 제안했다. 그러나 전적으로 집단-차원의 사건들과 전이에 초점을 맞추는 것이 특별히 좋은 치료적 결과를 가져오지 않는다는 증거가 축적됨에 따라, 전체로서의-집단의 측면에서 접근하는 치료법에 대한 환멸이 최근에 시작되었다(참고. Malan et al, 1976; Kibel and Stein, 1981). 그러므로 정신분석적 집단치료를 위한 효과적인 전략에 대한 추구는 계속될 필요가 있다.

## 정신분석적 집단치료에 대한 공식화

현 저자들이 다중적인 자기 및 대상관계 체계를 위한 치료적 설명에 가장 가까이 근접할 수 있는 부분은, 결함 있는 내적 피드백 고리를 지탱해주는 사회적 상호작용에 도달하고 또 그것을 창조해내는 역할을 하는 환자들의 내면세계와 기능적 체계들의 불완전성—특히 그것들의 초기 기원과 관련해서—에 관한 것이다. 자기대상 및 투사적 유형의 전이들은 정신적 기능을 충족시키기 위해 외부 대상과의 관계를 추구하고 사용하는 불완전한 자기와 대상 세계를 나타낸다. 심각한 병리를 특징짓는 기능적 불완전성과 결함은 집단의 퇴행들 및 그 단계들(그 둘의 자연스런 결합을 암시하는)과 함께 '우리가 사는 곳'인 동시에 우리가 상처받는 곳이다. 철학자인 우나모노는 '우리는 어두움 때문이 아니라 추위 때문에 죽어간다'고 말했다. 결정적인 발달단계 동안에 불충분하거나 과도한 침범적 접촉으로 인한 개별화 이전의 상처들이 빈번히 심리적 장애의 원천으로 드러난다. 집단의 사회적 상호작용들이 문제를 가진 개인의 심리적 삶과 정서적 관심에 깊이 영향을 미치는 영역은 바로 이곳이며, 아마도 유일하게 이곳일 것이다. 이곳이 바로 개인이 불완전성, 고통, 실패하거나 사용할 수 없는 부모의 돌봄 등의 지점들에서 집단 의사소통의 모체 안으로 자신을 개방하는(그와 동시에 환자가 방어적으로 자기애적 자기-충족성을 주장하는) 매듭점이다. 이곳이 바로 자기와 집단 사이의 경계가 삼투성을 갖게 되는 곳이고, 따라서 변화가 가능해지는 곳이다.

만약 개인 정신분석이 억압된 기억들을 되찾고 전이 신경증을 극복하는 데 특별히 뛰어난 방법이라면, 장애의 심층적이고 개별화-이전 층들이 환기되는 집단 안에서도 분석가는 여전히 촉진적이고, 안아주며, 담아주는 환경으로 사용될 수 있도록 자신을 제공해야 한다. 사회적 영향력과 분석적 접근 가능성은 집단 방법과 정신분석적 방법이 조화를 이루는 특별히 상호 촉진적인 방식으로 수렴되어야 한다. 집단 상호작용의 측면에서, 힘의 균형은 발굴 양태보다는 사회적인 양태 쪽으로 기울어지지만, 만약 집단이 '분석적 내사물'(경험을 관찰하고 내성할 수 있는 능력)과 '분석적 대상'(표면과 심층을 연결하는 사건)을 갖고 있다면, 내면의 깊은 갈등 상태들—그것 자체의 완성을 위해 외부 대상을 필요로 하는—과 상호작용하는 사회적 과정은 깊은 내적 변화를 가져다주는 수단이 될 것이다. 그리고 이것은 집단 안에서 정서적으로 의미 있는 과거를 회상해내는 '수직적' 과정보다는 지금-여기에서의 '수평적인' 교류 과정을 통해서 성취될 것이다.

이런 방식으로, 심각한 인격장애들은 집단치료를 위한 개념적 기초를 제공한다. 원시적 대상관계의 불완전성과 역기능적인 인격 상태들에서의 전형적인 자기의 불안은 초기 집단 모체의 혼돈된 경계 및 퇴행 그리고 단계들과 나란히 가기도 하고 합류하기도 하는데, 그 결과 집단 체계는 집단 전이와 개인 전이가 함께 만나는 방식으로 구성원들의 개인적 딜렘마들과 섞이게 된다.

그럼에도 불구하고, 개인과 집단 사이를 치료적으로 '넘나드는' 것은 쉬운 일이 아니다. 구성원들은 단순히 집단 퇴행의 '희생자'가 되는 것이 아니다. 그들은 집단 경험을 그들 자신들의 자기 표상들과 대상 표상들, 즉 그들의 내적인 개인적 세계를 변화시키는 강력한 요소로서 느끼고 성찰할 수 있고 내재화할 수 있는 능력을 갖추고 있어야 한다. 내재화는 집단 경험에 '의미'를 주는 적극적인 숙달을 통해서, 그리고 상호적/대인관계적 수준에서의 관찰, 반영, 그리고 극복과정을 통해서 성취된다. 내적인 것과 외적인 것 사이와, 구성원들의 상호적 전이들에서 표현되는 불완전성 및 분투들과 그것들을 '나타내는' 집단이 지닌 힘의 외부 작용 사이를 '넘나들기'는 체계 이론과 대상관계 이론이 결합된 집단 심리치료 기법을 위한 개념적 기초가 된다.

## 치료적 도구로서의 집단 체계

가장 광범위한 용어로, 오이디푸스-이전 시기에 발생한 '기본적 결함'(Balint, 1968)으로 개념화되는, 유아가 겪는 유기체적/환경적 실패들은 경계선 장애와 자기애적 장애 외에도 몇몇 유형의 임상적 우울증, 충동적인 행동화, 도착, 약물 중독 등으로 진단되는 인격 병리들을 발생시킨다. 이것들은 모두 개별화-이전 발달단계에 그 뿌리를 두고 있다. 대상관계 이론과 자기 심리학은 이런 환자들을 위한 치료 원리와 목표들을 정의한다. 이것은 집단 및 가족치료를 위한 다중 체계 철학과 호환될 수 있는 것으로서, 정신분석의 엄격한 폐쇄체계와 집단 상호작용의 '전쟁터 상황' 사이를 오간다. 이 이론의 전제들에서 유래한 몇몇 치료적 개념들과 기제들은 어떻게 집단 체계가 구성원들의 방해받고 결핍되고 왜곡된 내적 체계들에 대해 긍정적인 방식으로 충격을 가할 수 있는지를 설명해준다. 아래에 제시되는 내용은 집단 체계가 원시적인 정신적 장해들을 해소하는 치료적 도구로 사용될 수 있음을 보여주는, 다섯 가지 기제들에 대한 논의이다.

## 1. 지금-여기에서 편집-분열적 자리와 우울적 자리 사이를 오가는 집단 차원의 반복적인 변동

편집-분열적 기본 가정들과 원시적인 외재화 전이에서 정서적 상처와 갈등들이 다시 출현하는 일이 발생하는데, 이때 환자/구성원들은 그것들이 인격에 미치는 강력한 충격을 경험하고, 자신들의 인격 안에 있는 특별한 왜곡과 불완전성을 관찰하고 경험할 수 있다. 우울적 자리에서, 상처를 주는 옛 아동기 대상들과 고착된 소망들의 상실을 차츰 애도함으로써, 내적 대상들을 공고화 할 수 있다. 그때 오이디푸스 갈등은 더 나은 내적 및 외적 환경의 맥락 안에서 극복될 수 있다. 대상관계 이론가들과 자기 심리학자들은 모두 자기 체계가 충분히 발달하지 못한 상태에서 충동 대 금지 사이의 오이디푸스 갈등에 너무 일찍 그리고 과도하게 초점을 맞추는 것은 치료적 실패를 가져온다고 강조해왔다. 적절한 치료적 전략은 삼각관계적인 가족-내의 전이를 해소하기 전에 자기와 일차적 모성 대상 사이의 관계를 다루는 것이다. 만약 치료사가 전체 대상 전이와 저항이 나타나기에 앞서 원시적 외재화의 해소가 발생하는 집단 모체의 정상적인 발달과정을 따른다면, 이러한 진전은 자연스럽게 발생할 것이다.

## 2. 인격의 자기애 영역의 성숙

비록 대상관계와 자기의 발달이 코헛이 믿었던 것처럼 그렇게 간단하게 둘로 나눠는 것은 아니지만, 영양섭취와 반영에 대한 자기의 실제 욕구가 인격의 의식적 부분과 그것의 상호작용으로부터 분열되는 고착의 측면에서, 그리고 그에 따른 자기의 고갈과 보상적인 과대주의와 충동성이라는 측면에서 반영 전이와 이상화 전이를 검토하는 것은 커다란 치료적 유용성을 갖는다. 그러한 전이들은 자기의 응집성이 집단의 형성과 정체성의 상실에 의해 위협받고 있고 치료사가 구성원들의 자기애적 상실(여러 명 가운데 하나가 되는 데 따른)을 대체하는 자기대상이 되는, 집단 심리치료 안에서 자발적으로 발달한다. 더욱이, 집단의 '청중' 기능은 가학적인 초자아 요소로서 작용할 뿐만 아니라, 자기를 반영해주는 거울로서도 작용한다. 이 반영 기능은 내적인 '참자기' 와 사회적/대인관계적인 정체성 사이의 관계를 강화시켜주는, 건강한 유형의 과시주의를 촉진시키며, 또한 구성원들 사이의 공통성에 대한 인식을 가능케 한다. 마지막으로, 집단은 특히 경쟁과 지위(3단계와 4단계) 그리고 이상들(5단계와 6단계)과 관련된 발달단계들 동안에 포부와 이상의 보다 깊은 측면들을 성찰해보는 장소가 된다. 포부와 이상은 반영해주는 자기대상(과대주의와 과시주의를 위한)과 이상화된 부모 원상(칭찬과 역할 모델링을 위한)으로 구성된 '양극적 자기' (Kohut, 1977, 171-219쪽)의 사회적 표현을 나타낸다. 따라서 사회적 정체성의 이러한 보완적 표현을 분석하는 것은 손상 입은 자기애적 영역을 복구해낼 수 있는 수단을 집단치료자에게 제공한다. 대부분 그런 전이의 표현에서 치료자가 중심 인물이 되지만, 집단 역시 베니스와 셰파드가 말하는 '매혹' 하위 단계에서처럼 과대평가되거나 이상화될 수 있다. 따라서 거기에는 비록 집단치료에서 자기애적 전이가 완전한 형태로 발달하는 것은 드문 일이지만(그렇게 되어서도 안 되지만), 자기애적 고갈과 자격감의 감정들을 작업해낼 수 있는 많은 기회들이 제공된다.

## 3. 집단 모체 안에서 병리적 대인관계의 환기와 해소

집단 안에서 과도하게 적대적이고, 갈등이 빈약하게 해소된, 공생적인, 또는 부적절하게 표현된 대인관계적 유대들과 상호작용들은 부분적으로는 상호적인 전이 왜곡, 부분적으로는 변화에 대한 저항, 그리고 부분적으로는 사회적으로 적절한 행동을 배울 수 있는 기회를 갖지 못한 만성적으로 손상된 가족관계의 결과일 수 있는, 학습의 결핍에서 유래한 것이다. 가장 일반적으로, 이런 왜곡된 상호작용들은 상호적인 투사적 동일시와, 대상에 대한 자기의 우울적 관심으로부터의 도피로 가장 잘 이해된다. 즉, 집단 구성원들은 서로 안으로 해소되지 않은 고통스런 자극들과 내사물들을 배출하는 동시에, 타자들의 해로운 내사물들을 흡수한다. 집단 상황에서 모든 사람은 그런 교류들의 장이 지닌 속성 때문에 그 과정에 연루될 수밖에 없다. 즉, 병리적 상호작용은 전체 사회적 체계 안의 장애를 만들기도 하고 반영하기도 한다.

'고전적' 정신분석가가 인격의 가망 없는 얽힘을 발견하고, 그런 상호작용에 의해 오염되어서는 안 되며, 전이에 대한 유일하게 적절한 수단인 중립적인 분석가를 필요로 한다고 큰 소리로 외치는 곳이 바로 그런 교류 안이다. 이 책의 2장에서 주목했듯이, 랑스(Langs, 1976a)는 가장 잘 수행된 정신분석에서조차도 상호적 투사들이 편재한다는 사실을 인식했다. 그는 이 상호작용적 투사적 동일시들을 명료화하고 해소하는 방법을 제안했다. 그러한 방법은 의사소통 과정과 치료적 틀 및 계약 등의 토대 위에서 작용한다. 사람들은 아마도 다음과 같은 방식으로 랑스의 방법을 집단 맥락에 적용할 수 있을 것이다.

집단 안의 왜곡된 상호작용을 관찰하게 되면, 치료자는 첫째로 자신의 역전이 반응에 대한 검토를 통해서 자신의 반응들이 치료적 틀에 어떤 영향을 미쳤는지를 인식하려고 시도하고, 그 다음에 그 인식을 집단의 문제와 관련해서 설명한다. 치료의 '틀'을 명료화하는 것은 집단으로 하여금 이 사건들에 대한 자체의 무의식적 반응들을 작업해낼 수 있게 하는 요소이다. 둘째로, 치료자와 집단은 상호작용의 세부사항들에 구체적으로 초점을 맞추고, 구성원 각자가 투사적 동일시 과정에서 담당하고 있는 역할을 명료화하기 시작한다. 그 다음에 구성원들은 그 상호작용과 관련해서 자신들의 개인적 환상들과 대상관계 내력을 탐구한다. 세째로, 구성원들은 그것을 집단의 역사와 발달에 연결시키면서 그 경험이 집단으로서의-집단에 어떤 의미를 갖는지를 탐구한다.

> 남자들로 구성된 외래 치료 집단에서, 개별화 대 얽힘과 공생의 문제가 초점적 갈등으로 드러났다. 그것은 마치 각 구성원이 자존감과 남근적 힘을 확립하지 못하도록 가로막는 과잉보호적이고 침범적인 중요한 타자를 갖고 있는 것 같았다. 구성원들은 그들이 성장하도록 허용하지 못했던 가족의 무능에 관해 반복적으로 소리 높여 불평하고 나서는 서로에 대해 매우 비판적으로 공격하기 시작했다. 치료자는 자신도 집단의 비판의 잔치에 참여하기 시작하고 있으며, 역전이의 어려움을 경험하고 있다는 사실에 주목했다. 그는 집단에게, 서로에 대한 그들의 평가절하의 일

부는 그들이 과거에 부모들과 교사들에게서 경험했던 판단적인 언급들에서 온 것일 수 있다고 말했다. 그는 아마도 그 자신도 판단적이었던 것 같으며, 이제 집단은 한 발짝 물러서서 그들이 서로에게 무엇을 하고 있었는지를 바라보는 것이 좋겠다고 말했다.

그때 한 구성원이 자발적으로 말을 꺼냈다. 그는 바로 그 날 병든 할머니를 돌보아야 할지 개인적으로 중요한 일들을 처리해야 할지 결정해야만 했었는데, 다른 사람들도 그렇게 했을지 모르지만, 그의 어머니는 할머니를 돌보아야 한다고 주장했다. 가족을 돌보는 사람으로서의 환자의 역할은 확고하게 확립되어 있었기 때문에 그는 한 번 더 어머니의 요구에 굴복했다는 이야기였다. 그러자 다른 구성원들도 개별화를 위한 유사한 분투의 예들을 제시하기 시작했다.

구성원들은 그때 집단으로서의-집단 문제에 초점을 맞추었다. 누군가가 왜 집단이 남자로만 이루어졌는가에 대해 물었다. 치료자는 남녀 모두가 참여하는 집단을 시도했었지만 실패했다고 말했다. 구성원들은 여자들과 격리된 것으로 인해 상처를 받았고 자신들이 불신 받는 것 같다고 말했는데, 그것은 그들의 자기애적 상처와 그들의 동기에 대한 부모의 불신을 반복하는 것이었다. 이 논의가 있은 후에, 집단의 사기와 응집력은 증가했고, 집단의 출석률도 개선되었다.

극복과정을 위한 이러한 절차는 물론 집단의 삶 동안 내내 반복되는 것이지만, 개인들이 희생자가 되고 노출되는 것에 대한 위협을 상당히 제거하고 집단 구성원들의 왜곡된 지각들이 아닌 현실적인 지각들을 명료화하는 것을 통해서, 상호적 투사적 동일시들을 유발시킨 오염된 세력들을 점진적으로 정화한다. 그러고 나면 남아있는 전이 요소들은 과거 경험의 비교적 오염되지 않은 반복과 변형들이 될 것이고, 전반적인 집단 분석은 구성원 각자에게 개인적인 의미를 갖는 것이 될 것이며, 집단으로 하여금 새로운 행동들을 시도하도록 고무할 것이다. 집단의 다양한 체계들과 위치들에서 출현하는 주제들과 그것들의 변형들을 이끌어내는 과정을 촉진하는 지도자의 역할은 풀크스의 용어인 '지휘자' 라는 호칭(Foulkes, 1964, 54쪽 이하)에서 매우 적절하게 표현되고 있다. 왜냐하면 그는 마치 오케스트라의 지휘자가 여러 연주자들로부터 통일된 화음을 창조해내듯이, 다양한 사람들과 과정들을 하나의 응집력있는 전체로 연결시키고 통합해내는 사람이기 때문이다.

## 4. 집단치료에서 중간 공간과 대상의 발달

보다 단순한 형태에서 더 복잡한 형태로 진화하는 풀크스의 의사소통 개념을 제외하고는, 구성원들이 점점 더 서로에게 익숙해지고(따라서 서로의 내적 환상과 반응 패턴들에 더 잘 접근할 수 있게 되는), 축적된 상호작용을 통해 집단 안에 중간 대상이 만들어진다는 명백한 사실을 어떻게 활용할 것인지에 대해서는 놀랍게도 언급된 것이 거의 없다. '사람은 결코 같은 집단에 두 번 발을 들여놓지 않는다' 는 인식은 개입의 시기를 더욱 결정적인 것으로 만든다. 집단은 정신분석적 양자단일체보다 더 강렬한 역사성을 가지며, 집단 형성의 초기에 존재하는 변화의 기회들은 두 번 다시 오지 않는다. 그러나 역으로, 후기 발달은 초기 단계들에서 가능하지 않은 치료적 작업이 가능하도록 허용하는 것 또한 사실이다.

제임스(1980b)는 집단치료에서 구성원들의 '사이 공간,' 구체적으로 그들의 의사소통 과정 안에서 중간 대상이 발달한다는 사실을 주목했다. 단어들과 문장들을 결합해서 얻어지는 소설에 비교될 수 있는 이 공간과 대상은 하나의 구체적인 형태를 갖는다. 이 형태와 그것의 내용은 집단 과정 내의 구성원들의 전체 경험에 적용되는 것과 같은 방식으로 '다루어질' 수 있다. 이야기의 창조는 집단 연상의 '스퀴글 게임'을 통해서 발생하는 것으로서, 집단 현실의 일부인 환상의 산물을 나타낸다(참조. 10장). 이전에 언급했듯이, 그것은 문화적 매개물로서 집단에 스며드는, 상징적이고 신화적인 체계로 발달하는 대상의 유형이다.

중간 공간과 대상 그리고 이야기가 발달함에 따라, 그것들을 안전과 자기표현의 수단으로 사용하지 못하는 개인들의 무능력의 문제가 드러날 수도 있다. 예컨대, 어떤 환자들은 치료자 외에는 어떤 대상에게서도 위안을 이끌어내지 못할 수도 있다. 그들은 대상 항상성과 자존감의 유지를 위해 중간적인 비-인간 대상(또는 초개인적인 대상)을 사용할 수 없다. 다른 사람들은 대상과 정서적으로 안전한 거리를 유지하지 못하는 실패로 인해 탈-활성화와 탈-현실화를 경험하면서, 대상을 구체적인 물건으로 변화시키는 현상을 드러낼 것이다. 자신들의 충동들과 행동들에 대한 책임성을 부정해야 할 필요가 있는 사람들은 중간 대상의 필요를 자신들을 제외한 모든 사람들에게 전가할 것이다('나-아닌 소유물'을 가질 수 없는 무능력).

예컨대, 한 집단에서 구성원들은 몇 주간의 논의 끝에 치료비의 구조를 바꾸기로 합의했다. 그럼에도 불구하고 한 구

> 성원이 자신을 포함한 전체 구성원들이 새로운 재정적 현실을 받아들였다는 사실을 완전히 부인하면서, 치료자가 독재적으로 그 결정을 강요했다고 주장했다. 그는 자신과 치료자 사이에 집단 평가 과정을 둘 수 없었고 대신에 다른 사람을 비난하는 편집증적인 방식으로 반응할 수밖에 없었다는 점에서 자신을 속이고 있었다. 구성원 각자가 돈과 같은 비인격적 대상과 갖는 관계를 분석하는 일은 그 또는 그녀가 정서적 지원, 상상력 있는 산물, 그리고 집단의 의사결정 등을 위해 자신의 중간 공간/대상을 사용할 수 있게 되는 데 유용하다. 예컨대, 위의 환자는 마침내 치료비를 의존할 만한 일관성과 자율성의 감각을 제공해주는 구조로 사용하는 법을 배울 수 있었다.

위니캇의 작업에 영향을 받은 앙드레 그린(A. Green, 1978)은 환자와 분석가 사이의 상호적 의사소통 안에서 발달해 나오는 어떤 것을 언급하기 위해 '상황 안의 대상'이라는 용어를 사용했다. 비온은 심리적 실재와 관련된, 따라서 환기적이고 심층적이며 변화의 과정 안에 있는, 경험과 행동의 측면들을 지칭하기 위해 '분석적 대상'이라는 개념을 발달시켰다(Grinberg, Sor and de Bianchedi, 1977, 105쪽). 집단 심리치료에서, 중간 대상은 그것이 집단 연상과 해석 작업을 통해서 집단 전이의 보다 깊은 층들에 가깝게 다가갈 때 그리고 추후 해석에 의해 집단의 활동과 말들의 무의식적인 의미를 명료화할 때, 그러한 '분석적 대상'이 된다. 집단 내의 분석적 대상은 집단의 신화, 환자의 꿈, 치료자와 같은 전이 인물, 또는 전체로서의-집단일 수 있다. 어떤 점에서 집단 심리치료 작업은 이 '대상들'을 발견하고 그것들의 의미를 해독하는 것으로 구성된다. 치료 집단이 그 자체의 분석적 대상들에 대한 통찰을 얻을 수 있을 때, 그 집단은 해석자로서의 치료자의 현존에 대한 필요에서 훨씬 더 자유로울 것이다. 왜냐하면 그 집단은 분석이 가능한 자체의 산물들을 효과적으로 해독할 수 있는 치료자의 해석적 기능을 내사했기 때문이다. 이제 치료는 '집단에 의한 심리치료'가 된다.

## 5. 안아주기, 담아주기, 그리고 반영해주기 기능

앞에서 주목했듯이, 집단치료는 정신분석과는 대조적으로 항상 가족 단위와 유사한 지지적인 심리적 수단으로 간주되어왔다. 집단치료는 환자를 안아주고 그에게 안전한 토대를 제공함으로써 그의 발달을 촉진시킨다. 이것은 마치 돌고래들이 병든 돌고래를 물 표면으로 밀어 올려 숨을 쉬게 해주는 것과도 비슷하다. 잘 기능하는 치료 집단에서, 이 돕는 기능은 치료자로부터의 별 도움 없이 자발적으로 작용한다. 이 협력 행동을 적절하게 수행한 결과, 모든 구성원들은 자존감과 자아의 숙달 부문에서 성장한다. 대상관계 이론과 자기심리학은 이 기능들을 바꾸는 것이 아니라 치료자로 하여금 그것들을 보다 효과적으로 사용할 수 있도록 일깨워준다. 그것의 목표는 집단이 무의식에 대한 통찰을 방해하는 것이 아니라 촉진시키는 방식으로 구성원들을 돕는 기능을 수행할 수 있게 되는 것이다. 집단은 구성원들을 '구원하는 일'에 지나치게 몰두하거나 그것 자체의 입장에서 치료 계약을 바꾸어서는 안 된다. 동시에, 정신분석에서의 절제의 규칙에 대한 프로이트의 언급으로 알려진, '너무 많은 것을 주는 것에 대한 두려움 때문에, 우리는 너무 적은 것을 줄 수 있다'라는 말은 집단치료에 특별히 적절하다. 너무 모호하고 멀리 있는 치료자는 집단 과정과 그것의 치료적 가치를 심각하게 저하시킬 수 있다.

다음에 제시되는 내용은 집단 심리치료에서 안아주기와 반영해주기 기능에 대한 잠정적인 공식화이다.

집단에 의해 수행되는 가장 근본적인 '안아주기'는 구성원들 사이의 고도의 반응성과 조율 상태, 즉 상호적 공감과 '실험적 동일시'—처음에는 치료자 안에 있는 질적 요소들이 내사된 것이지만 차츰 구성원 자신들의 내적 상태에 달려있는—를 일컫는다. 그러한 반응성은 브라젤톤과 알스(Brazelton and Als, 1979, 356-7쪽)가 엄마/유아 양자단일체 안에 있는 '인공두뇌학적 포대기'(cybernetic envelope)라고 부른 것의 성인판이다. 집단 안에서 이 '피드백 포대기'의 등가물은 상호적인 투사적 동일시들을 담아낼 수 있는, 구성원들 간의 일련의 동시발생적 행동들로 구성된, 상호작용 모체이다. 그 결과는 구성원들 간의 고통스럽고, 자아가 수용할 수 없으며, 부정된 특징들에 대한 '관용'(tolerance)의 발달이다.

그러한 체계들의 포대기 안에서 각 구성원의 진정한 자기는 타자들의 공감적 반응들, 즉 집단 반영 과정에 의해 연료가 제공되고, 통합되고, 가치가 인정된다. 반면에 각 구성원의 자기 체계 안의 조화되지 않고 갈등을 빚는 요소들은, 마치 엄마와 유아가 서로의 변화들과 비정상적인 요소들에 반응하기 힘들 때 그런 것처럼, 이 상호성의 포대기 '바탕'(ground)으로부터 어떤 '형태'(figure)로서 출현하기 시작한다. 이것이 각 구성원의 심층적 병리가 집단 체계의 패턴으로서 출현하는 방식이다. 쉽게 반영되지 않는 그 과정들은 집단 모체 안에서 두드러지게 나타나지 않으며, 이상적일 경우, 그것들은 집단 모체를 병리적 요소들에 적응시키기 위해 개념적 및 정서적으로 '확장시킴으로써' 더욱 병리적인 투사들과 자아 결함들을 위한 모성적 '그물망'을 형성한다.

만약 집단과 치료자가 허용한다면, 상호성 포대기와 담아주기 기능은 점점 더 탄력적이고 놀이적이 될 것이다. 다시 말해서, 구성원들의 신진대사를 거치지 않은 투사적 동일시들(그들이 아직 감당할 수 없는 그들 자신들의 일부인)은 역할 구조, 신화적 집단 환상, 의례, 그리고 다양한 집단 투사들 등의 중간 공간 안에 담겨질 것이다. 그 결과, 개인적인 어려움들을 집단 맥락 안에서 변형시키고 재통합하는, 경험들의 강력한 그물망이 만들어질 것이다. 이 과정을 기법적으로 사용한 것 중의 하나가 집단 구성원들에게, 마치 제2의 자아처럼, 주인공의 자기 및 대상 세계의 역할들을 맡기는 전략을 포함하고 있는 심리극이다(Moreno, 1953, 1954).

요약하자면, 이 부분은 정신분석적 집단 심리치료가 일차적 모성 대상으로부터 제대로 된 분리 개별화 과정을 거치지 못한 개인들의 불완전함과 발달적 실패를 다루는 방식들 중의 얼마를 논의한 것이다. 집단 퇴행과 그런 환자들의 원시적 전이들 사이에는 서로 잘 들어맞는 요소들이 존재한다. 숙련된 심리치료사는 집단으로서의-집단 과정과 각 환자의 핵심적인 인격 및 정신병리의 내적 정서 세계들을 하나로 모으는 데 다양한 체계들과 하위체계들을 사용할 수 있다.

## 심리치료사의 역할

대상관계 이론과 집단 이론은 모두 치료 과정에서 치료자가 해야 할 역할에 관한 공식화들(이론가들에 따라 다를 수 있고, 해석에 따라 달라질 수 있으며, 어떤 점에서는 자기 모순적일 수도 있는)을 포함하고 있다. 여기서는 정신분석적 방법을 따르는 집단치료사의 역할을 명시적으로 묘사할 것이다. 무엇보다도 그는 고요하게 떠도는 주의, 집단 구성원들과의 신체적 접촉의 절제, 그들과의 치료 외 관계의 회피, 은밀하게가 아니라 개방적으로 그리고 말과 몸짓만을 사용해서(행동이 아니라) 의사소통하기 등의 원칙을 따른다. 그는 집단을 위해 최소한의 구조를 제공한다. 집단과 그 구성원들에 대한 치료사의 입장의 변동은 이러한 지침들 안에서 발생한다. 비정신분석적 개입들과 방법들을 사용하는 사람들은 더 큰 행동의 융통성을 갖는데(그들은 포옹하고, 공격하고, 조종하고, 자신의 어려움을 환자와 함께 나누고, 집단 바깥에서 환자를 만나는 등의 행동을 한다), 이것은 그들로 하여금 치료 경계와 활동 안에서 보다 직접적으로 변화를 이끌어내기 위한 시도를 허용한다. 치료에 대한 전략적 접근들은 종종 대인관계적 체계들을 수정하기 위해 역설과 '강요된 선택'을 사용한다(Haley, 1963). 비록 정신분석적 기법이 좀 더 많은 제한을 요구하는 것이기는 하지만, 그 기법을 따르는 치료자는 그의 해석, 방어와 저항 또는 무의식적 환상에 초점을 맞추기, 퇴행과 갈등의 시기 동안에 정서적으로 사용할 수 있도록 자신을 제공하기, 그의 목소리의 음조와 인지 스타일 등을 통해서 자기와 사회체계들에 여전히 영향을 미칠 수 있다. 그의 목표는 언제나 통찰과 자유로운 선택을 촉진시키는 것이고, 환자의 내재화 과정을 방해하는 개입을 하지 않는 것이다. 예컨대, 비온은 마음은 신체가 음식을 필요로 하듯이 진실을 필요로 한다고 말했다. 여기에 덧붙여야 할 말은 진실은 음식과 마찬가지로 서서히 소화되어야 한다는 것이다. 예민한 감각과 적절한 개입 시기를 대체할 수 있는 것은 아무것도 없다.

두 사람 또는 그 이상의 치료자들이 공동으로 작업하는 것이 집단치료와 가족치료의 현재 경향이며, 따라서 치료자들은 하나의 하위집단을 이룬다. 때로 공동 치료자들은 그들 사이의 역전이의 어려움들을 반영하는 역할들을 떠맡는다. 예컨대, 중립적인 관찰자의 역할에 남아있기 보다는 공동치료자들 중의 한 사람은 '모성적인' 양육자의 입장에 서고 다른 사람은 '부성적인' 권위자의 입장에 서는 것을 통해서 부모 커플의 역할을 수행할 수 있다. 일정 기간 동안 이러한 가족적인 패턴은 정서적 지원을 제공하고 가족 역동의 전이를 집단 안으로 가져 오는 일을 촉진시킬 수 있다. 그러나 그것은 나중에 공모적 저항을 형성할 수도 있다. 그런 점에서 공동 치료자들의 최상의 역할 구조는 집단과 그 구성원들을 바라보는 다중적인 정점들로서의 그들의 지식, 안아주기, 직관, 그리고 기술을 제공하는 것이다. 적절한 역할 구분은 기능적인 것이며, 따라서 한 치료자가 촉진적인 기능을 하고 있을 때, 다른 치료자는 관찰하고 경험할 수 있다.

집단치료 내에서 최근에 발달한 현상은 치료자가 점점 더 심리치료사와 집단의 촉진자로서의 이중적인 역할을 수행하는 것이다. 촉진자로서의 집단치료자의 역할은 타비스톡 컨퍼런스와 T-집단 경험에서 온 것으로서, 많은 치료자들은 그것을 통해 집단 내의 갈등 및 집단 간의 갈등을 명료화하고, 집단 모체의 최적의 발달을 증진시키며, 집단 내에서의 구성원 개인의 성장의 강도를 촉진시키는 법을 배울 수 있었다. 집단 관계 훈련은 치료자가 집단 체계들이 지나치게 갈등적이거나 기본적 가정들과 집단 발달의 초기 단계들에 고착되어 있을 때, 그것들을 관리하고 '결함을 제거' 하는 방법을 터득하도록 돕고자 한다. 개인 환자가 이러한 개입으로부터 어느 정도나 유익을 얻을 수 있는지는 명료하게 밝혀진 적이 없다. 거기에는 개선된 집단 관계들이 병리적으로 내재화된 대상관계들을 교정하거나 수정하는, '파급효과'

가 있을 수 있다. 아마도 집단 촉진은 또한 치료 기법과 목표들을 지원해주는 집단 환경을 만드는 데 기여할 것이다. 그러나 이 과정에서 치료자는 환자의 무의식, 그의 어려움의 근원들, 그리고 현실에서의 증상들과 심리적 고통의 원천 등을 이해하는 기본적인 작업을 교묘하게 회피할 수도 있다.

## 경계선 장애와 자기애적 인격장애 환자의 집단치료에서 나타나는 역전이의 문제들

환자의 심리내적 갈등들이 건강한 자아에 의해 비교적 잘 담겨질 경우, 환자에 대한 치료자의 완고한 무의식적인 반응들은 보통 치료자 자신의 갈등에서 온 것이라고 간주된다. 그럴 경우 치료자는 만족스런 치료적 진전을 위해 자신의 내적 어려움을 작업해내야 할 필요가 있다. 그러나 보다 원시적인 성격 환자들의 경우, 그들 인격 안에 있는 파괴적인 요소들은 다양한 형태의 외재화를 통해서 치료자의 적응적 자아를 '공격'하며, 그 결과 치료자는 당연히 어느 정도 정서적 고통을 겪게 된다. 경계선 환자의 치료에서 종종 발생하는 것과 같이 지속적인 적대감의 대상이 되는 것, 또는 자기애적 인격 환자의 치료에서 발생하는 것과 같이 환자의 자기-확대와 과시주의를 위한 대상이 되는 것은 실로 고통스런 경험이다. 이 책의 3장에서 언급했듯이, 위니캇(1949)은 그런 반응을 '객관적인 역전이'라고 불렀고, 컨버그(1975, 49쪽)는 갈등적인 요소와 자아-적응적인 요소 모두를 포함한, 환자에 대한 치료자의 반응 전체를 지칭하기 위해 '전체적인 역전이'라는 용어를 사용했다. 몇몇 이론가들(예컨대, Glover, 1955; Wurmser, 1984)은 치료자의 갈등적인 무의식적 반응만을 포함하는, 보다 전통적이고 제한된 의미의 역전이 개념을 선호한다. 그들은 치료자의 현실적인 반응들을 대인관계적 관계라는 제목 아래 포함시킨다.

집단치료에서 특히 앞에서 언급한 인격장애 치료에서, 환자의 원시적 전이들은 보다 기본적인 가정들, 다른 집단으로서의-집단 전이, 미묘하면서도 강력한 경계, 그리고 집단 안에서 사람들을 치료하는 것이 갖는 사회적 의미 등과 결합하여, 거대한 역전이 압력을 형성한다. 어떤 역전이는 집단이나 제도에 의해 사회적으로 승인되는 것을 통해 위장된다. 예컨대, 집단 안에서 기본적 의존 가정이 작용한다면, 치료자는 집단이 자신의 암시와 양육에 지나치게 의존하도록 허용하는 것을 통해서 그 가정에 동참할 수 있다. 집단치료자는 자신이 갈등을 느끼는 순간과 마찬가지로 스스로 의기양양할 때 그러한 역전이의 작용을 주의 깊게 살펴보아야 한다.

다음에 제시되는 것은 인격장애 환자들과의 집단치료에서 역전이를 감시하기 위한 모델이다. (현 저자들의 견해는 슈퍼바이저의 역할은 치료자의 역전이를 지적해주는 것이지 그것을 해소시켜주는 것이 아니라는 것이다. 그것의 해소는 치료자 자신에 의한 자기 분석이나 예방 차원의 심리치료를 통해서 이루어져야 할 것이다.)

일반적으로, 치료자는 먼저 그의 반응의 일차적 원천이 집단인지 아니면 자신인지를 구별해야 한다(현실적 차원 대 내적 갈등의 차원). 예컨대, 환자가 집단 안에서 만성적으로 적대적이고 도발적이 됨으로써 치료과정을 방해한다면, 치료자의 불쾌감은 일차적으로 외부에서 오는 자극의 결과일 수 있지만, 만약 집단이 자체의 적대감을 생산적으로 탐구하고 있다면, 치료자가 느끼는 힘든 감정은 그 자신의 무의식적 원천에서 온 것일 수 있다. 하나의 집단 회기 안에서는 많은 사건들이 동시적으로 발생하며, 한 사람의 반응들의 원인을 잘못된 것에서 찾기가 쉽다. 다음의 사례 요약은 이 점을 잘 보여준다.

> 훈련 중인 한 여성 상담가가 외래 중독 환자들을 위한 집단치료에 공동 치료자로 참여하고 있었다. 조종적이고 유혹적인 한 남자 환자가 그녀가 찬 장신구가 매력적이고 값비싼 것이라는 언급을 했다. 그 상담자는 그 회기가 끝나고, 그 문제를 논의하기 위해 슈퍼바이저를 만날 때까지 자신의 불안을 적절하게 담아냈다. 그녀의 최초의 반응은 도둑맞을 것 같은 두려움과 성적으로 공격당할 것 같다는 느낌이었다(부분적으로는 현실적인 것이었고 부분적으로는 그녀에게 압력을 가하는 환자에 대한 내적 역전이었다). 그러나 그 문제를 좀 더 탐구했을 때, 그것은 전체로서의-집단이 상담가가 지닌 진정으로 양육적인 특질에 대해 새로운 희망과 신뢰로 반응했던 것으로 드러났다. 그 상담가가 역으로 자신이 너무 양육적인 것을 두려워했다. 따라서 그녀는 (a) 자신의 과제의 새로움과 (b) 전체 집단의 의존 욕구에 반응하고 있었다. 슈퍼비전 회기에서 그녀는 자신의 불안의 직접적인 원인을 깨달을 수 있었고, 집단에게 그 상황을 양육에 대한 욕구/두려움의 딜렘마로 해석해주는 것을 통해서 환자의 심각한 자기애적 상처를 예방해주었으며, 집단으로 하여금 모성적 내사물을 둘러싼 그들의 문제들에 대한 통찰을 향해 나아갈 수 있도록 도와주었다.

인격장애 개인들은 빈번히 공격성과 성욕을 통해서 의존의 문제를 표현한다. 깊은 의존 욕구를 가진 환자들을 한꺼번에 여러 명을 다루는 경험은 치료자를 압도하는 것일 수 있다. 그것은 빠르게 억압되고, 그로 인해 유발된 정서들은 상투적인 행동과 환자를 희생양으로 만드는 경향성으로 다시 떠오를 수 있다.

한나(Hannah, 1984)는 병원이라는 기관의 특징들과 입원환자 상황의 치료적 긴급성이 어떻게 치료자의 역전이 반응과 충돌할 수 있는지를, 그래서 부적절한 시기에 부적절한 개입으로 인도하는지를 보여주었다. 그녀는 그러한 부적절한 개입들이 직면 기법과 지지 기법으로 합리화되고 있다고 보았다.

역전이를 분류해내는 작업은 실제로 치료자의 다른 어떤 활동보다도 집단과정과, 힘든 사례들의 성공적인 집단치료를 촉진시키기 위해 더 많은 것을 할 수 있다. 이것은 그가 집단의 많은 '담아주기' 문제들의 정점에 서있기 때문에 그렇다. 심리치료라는 의무 외에도, 집단치료자는 사실상 하나의 조직 내의 작은 부서를 맡고 있는 책임자이다. 다중 체계적인 역전이가 작업됨에 따라, 치료자는 자신의 숨은 가정들과 주제들에 대해 분명히 알게 되고, 그 결과 더 나은 관찰자와 치료자가 된다.

## 요약과 미래의 연구 방향

여기에서 제시된 관점은 그것이 특정 유형의 병리 및 집단 심리치료 전략을 위해 갖는 의미를 탐구하기 위해 상당한 미래의 작업을 필요로 하는 것이다. 즉, 그것은 집단 심리치료와 연구를 위한 하나의 중요한 과제를 제공한다. 그것은 집단의 맥락 안에서 다중적 체계들이 병리적 자기애와 병리적 대상관계들을 수정하기 위한 치료적 지렛대가 될 수 있는 방식을 발견하는 것이다. 여기에서 말하는 체계들은 분위기와 정서성의 개념을 훨씬 능가하는 '체계들의 위계' 안에 있는 모든 수준의 구조적이고 조직적인 견해를 가리킨다. 우리는 치료자는 집단의 '지휘자'가 되기 위해서 개인 병리의 해석을 능가해야 한다는 풀크스의 견해에 동의하지 않을 수 없다.

이 책의 2부와 3부에서 제안한 이론적 모델을 따라, 치료자는 각 환자가 집단에 가져오는 문제들과 현재 진행되는 집단 과정에 관해서 상호작용적으로 그리고 체계적으로 생각하는 법을 배워야만 한다. 동시에, 전체로서의-집단에 대한 해석의 실패들이 주는 교훈(Kibel and Stein, 1981)은 각 환자가 상상하고, 고통 받고, 방어하고, 주변에서 진행되는 것에 적응하는, 내면세계를 가지고 있다는 사실을 일깨워주는 역할을 담당한다. 그 세계는 그가 성장하고 변화되기 위해서 집단에 의해 그에게 깊이 그리고 포괄적으로 반영되어야만 한다. 집단분석 좌표와, 그것과 유사한 다중 체계적 접근들이 개인과 집단 체계의 발달에 대한 치료자의 '개방성'의 한계를 확장하고, 그의 해석과 개입의 깊이와 폭을 증가시키기 위한 기초로 사용될 수 있게 되는 것이 현 저자들의 바람이다.

구조화되지 않은 집단 상황의 진정으로 장엄한 특징들 중의 하나는 그것이 예측 가능한 단계와 진화를 거쳐서 미분화된 원시적 상태에서 성숙한 집단으로 변화한다는 것이다. 집단 심리치료의 가치 있는 도전은 집단 단계들과 경계 상황들이 집단 상황의 치료적 잠재력에 기여하는 방식들(9장에서, 집단 역동 이론가들의 연구결과를 통해서 상세히 다룬 바 있는)을 기록하고 체계화하는 일일 것이다. 치료 이론과 집단의 발달 이론은 미래의 연구에서 함께 만나는 중요한 영역으로 드러나고 있다.

# 제 12 장

# 자기와 대상의 분화: 대집단 내의 상호작용에 대한 행위별 분석

이 책의 입장은 대상관계와 자기심리학적 집단 모델이 지닌 깊이와 섬세함과 정교함이 집단의 역동과 발달에 대해 보다 명료한 이론적 및 임상적인 그림을 제공해준다는 것이다. 이것은 연구 활동을 위해서도 동일한 함축을 갖는다. 즉, 이 이론적 틀이 새로운 연구의 가정들과 방법론을 위한 기초가 될 수 있다는 생각이다. 이번 장에서는 저자들 중 한 사람의 박사논문을 요약해서 소개할 것이다. (참고: Ashbach, C.J. '자기와 사회 모체-집단 대상관계에 관한 연구: 타비스톡 대집단 모임을 중심으로; 미출간 박사논문, Temple University, 1986)

## 맥락과 목적

대상관계 이론을 집단이나 사회체계 문제에 적용하는 연구는 대집단이나 기관들에 주로 관심을 가지고 있는 연구자들에게 크게 호응을 얻고 있다. 쟈크(Jaques, 1955)와 투르케(Turquet, 1969) 그리고 특히 라이스(Rice, 1965)는 비온(1959)의 이론을 토대로 한 대상관계 이론을 사용하고 있으며, 그 중에서도 특히 멜라니 클라인의 이론적인 방향을 따르고 있다. 라이스(1965)의 타비스톡 집단 컨퍼런스의 연구는 기관은 물론이고 개인과 소집단 그리고 대집단 내에서 일어날 수 있는 역동들이 하나의 컨퍼런스 상황 안에서 조명되고 연구될 수 있는 하나의 틀을 제공하였다.

집단 역동에 대한 첫 번째 정신분석적 연구는 대집단들과 대상관계에 관한 것이었음을 주목할 필요가 있다. 프로이트의 저서 '집단심리와 자아의 분석'(1921)의 독일어 명칭은 'Massen psychologie und ich Analyse,' 즉 '대중심리와 자아의 분석'이다. 이 책에서 프로이트는 자아 안에는 하나의 경향성, 즉 자아 이상(초자아)이 존재한다고 가정했는데, 그것은 집단의 역동을 설명하는 데 그리고 대규모 집단의 활동들을 설명하는 데 필수적인 개념이 되었다. 특히 그는 가장 일차적인 중요성을 가진 것으로서 내적 대상관계들(자아와 자아 이상 사이의 상호작용)이 존재하며, 그것들에 관한 이론이 고전적인 본능방출 이론이 할 수 있는 것보다 사회적인 역동들을 더 많이 설명할 수 있다고 가정했다.

최근에 대상관계 이론이 대규모 집단에 어떻게 적용되는가에 관한 내용은 포르나리(Fornari, 1975)의 전쟁현상에 대한 그의 분석에서 찾아볼 수 있다. 그는 국제적인 분쟁과 핵폭탄에 의한 파괴의 위협을, 투사적 동일시 기제를 포함하여 대상 상실과 죄책감에 관련된 원시적인 역동의 외재화라는 측면에서 설명하고자 했다. 특히 그는 국제적인 분쟁을 '편집증적인 애도' 와 사랑대상을 향한 파괴충동에 대한 공포를 적에게 투사적으로 동일시한 결과로 설명했다. 즉, 사랑대상(이러한 상황에서는 모국에 해당되는)에 대한 강력한 양가감정의 힘들이 분열되어 외부의 집단에게 돌려지고, 다시금 대대적으로 방어된다는 것이다.

크리거(Kreeger, 1975)의 작업은 보다 구조화된 대규모 집단들에 초점을 맞추었는데, 그는 이렇게 구조화된 상황을 치료와 훈련 그리고 정치적인 관점에서 검토하였다. 그의 작업은 대집단이 가지고 있는 몇몇 공통적인 역동들을 밝혀주었는데, 여기에는 다음과 같은 다양한 주제들이 포함된다. 퇴행적인 경험으로 후퇴하는 경향, 원시적인 불안과 방어기제들의 우세 및 특히 분열과 투사 과정들과 관련된 내용, 정서를 증폭시키고 경험의 강도를 증가시키는 대집단이 가진 힘, 그런 원시적인 역동과 기제들을 활성화시키는 데 수반되는 변화된 의식 상태, 그런 집단에서 지도자에게 부과되는 과도한 요구 등이 그것이다. 그러한 지도력에 대한 요구는 전이에서 원시적 형태의 이상화와 평가절하의 형태를 취할 뿐만 아니라, 그에 상응하는 원시적인 역전이 상황을 형성한다. 좀 더 강력하고 직접적인 개입과 홀로 있는 경험의 필요성 또한 언급되고 있다.

대규모 집단들과 단체들에 대한 이러한 연구들은 모두 예화들이나 인상주의적 혹은 임상적인 증거와 방법들에 의존하고 있다. 이론적인 입장들과 연구의 가설들을 검증하는 일은 어느 정도 계량화할 필요가 있다. 즉, 어느 정도 통제된 상황 하에서 이루어지는 것이 이상적이다. 여기서 다루고 있는 애슈바흐의 논문은 대집단 연구에 관한 이러한 사항들을 염두에 두면서, 그런 관찰도구를 타비스톡 집단 컨퍼런스(Tavistock Model Working

Conference)라는 대집단 연구에 적용했으며, 다음과 같은 세부 목표들을 갖고 있다. (1) 대상관계 이론에 기초한 도구를 대규모 집단 연구에 적용하는 것의 신뢰성을 확립하는 것. (2) 이러한 대규모 집단 상황에서 드러나는 대상관계의 일반적인 수준들을 밝히기 위한 연구. 문헌들(Rice, Main, Turquet)은 원시적 대상관계들(좌표의 수준 I, II, III)이 대집단의 특질을 나타낸다고 제시한다. 도구의 적용은 이러한 가정에 대해 경험에 근거한 실험을 허용해준다. (3) 이러한 연구의 결과들은 컨퍼런스 참여자들로 구성된 하위집단들의 윤곽을 보여준다. 연구를 위한 목적으로, 남자 구성원들과 여자 구성원들 그리고 상담자들이 각각 하위집단으로 간주되었다. 하지만 컨퍼런스의 대집단 내에 이렇게 공식적인 하위집단이 존재했던 것은 아니다. 그러나 이렇게 하위집단으로 분류하는 것은 대집단의 다양한 면모들을 비교할 수 있도록 해준다.

## 타비스톡 집단 컨퍼런스 모델의 특징들

타비스톡 집단 컨퍼런스 모델은 라이스의 설계와 진행에 의거한 것으로서, 참여자들에게 '지도력에 대해서 배우는'(위의 논문, 18쪽) 기회를 제공하는 데 초점을 두고 있다. 전체 컨퍼런스의 의도와 구조들은 구성원들에게 개인 상호간 그리고 집단 상호간에 일어나는 것들은 물론, 기관의 삶에서 나타나는 역동들을 경험하게 해주는 것이었다. 6-8명으로 이루어진 소규모 연구 집단들은 대인관계적인 문제들을 다룬다. 이보다는 약간 더 큰 규모의 집단인 8-10명으로 구성된 집단에서는 명확하게 규정된 기관으로서의 하위집단들 사이에서 발생하는 역동들을 다룬다. 대규모 집단은 25-100명의 구성원이 함께 모여 '일대일 관계가 더 이상 불가능한' (위의 논문, 13쪽) 집단 내에서의 구성원들의 역동을 경험할 수 있는 상황을 제공한다.

과거 모델에서 대집단의 상담자의 역할은 나름의 방식으로 구성원들이 대집단에 대해 배우는 과제를 수행하도록 촉진시키는 것이었다. 말란(Malan), 발푸어(Balfour), 후드(Hood), 슈터(Shooter, 1975) 등이 서술한 집단상담자의 역할에 따르면, 대집단의 상담자는 개인치료에 임하는 분석가의 자세와 유사한 자세를 취한다. 따라서 집단상담자는 '… 정신분석에서 적용되는 동일한 이유로, 환자(집단의 구성원들)의 혼란과 갈등들로부터 감정적인 거리를 유지해야 한다.' 이러한 자세와 기법에 따르면, 집단상담자는 일상적인 집단의 주제-집단 구성원들이 공통으로 가지고 있는 역동들(소망, 불안, 방어)을 표현하는-가 전개되고 명료화될 때까지 기다릴 필요가 있으며, 그 다음에 '… 해석들을 사용하여 이러한 무의식적인 감정들을 밝혀내야 한다' (위의 책, 304쪽).

> 이러한 기법적인 입장은 집단을 개인보다 우선시하며, 방법론적으로 그리고 해석적으로 본서(2장과 5장)에서 이미 소개한 바 있는 비온(1959)과 다른 사람들의 공식들을 따라 전체로서의-집단을 정서적-역동적인 대상(Fornari가 말하는 '허구적 신체,' 본서 5장 참고)으로 구성된 것으로 보고 있다. 이렇게 집단으로서의-집단은 상담자가 자신의 말을 건네는 대상이다. 대집단에서의 초점은 개인치료에서와 마찬가지로 집단상담자와의 무의식적이고 왜곡된 관계와 관련된 전이의 해석이다.

말란과 그의 동료들(1304쪽)을 따라, 우리는 다음과 같이 지적할 수 있다.

'타비스톡식 접근방법'이라는 것이 있다면, 그것은 개인보다는 집단에 강조점을 두는 소위 '미국식 접근 방법'과는 사뭇 다를 것이다. 그것은 또한 집단의 상황 그 자체가 갖고 있는 지지적이고 치료적인 기능보다는 치료자에 대한 집단적 전이(특히, 부정적인 감정의)를 통한 치료를 강조했던 풀크스의 접근 방법과도 다르다.

연구에 기초를 제공한 집단 컨퍼런스는 4일간에 걸쳐 비합숙

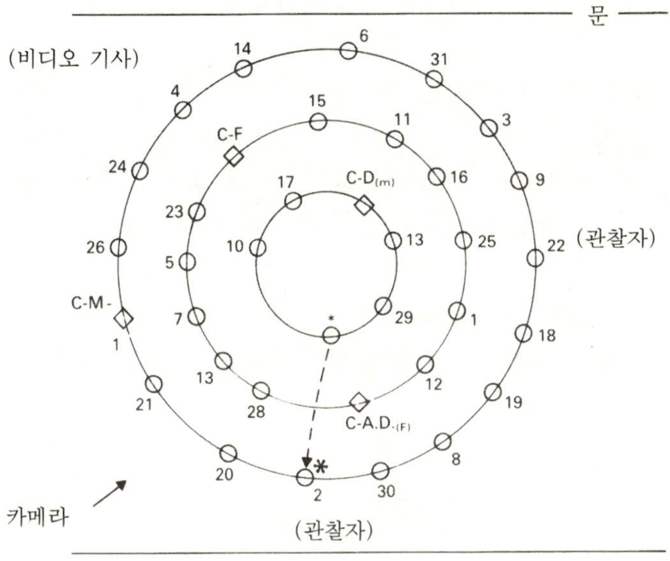


○= 상담자 C-D= 수석 상담자(남자)
◇= 구성원 C-AD = 차석 상담자(여자)
* = 시작할 때 바깥 원으로 옮겨진 구성원의자
C-M = 남자 상담자 C-F = 여자 상담자

그림 12.1 대집단 좌석배치도

으로 이루어진, 필라델피아 주의 펜실베니아에 소재한 템플대학의 심리교육과정 센터가 주관한 컨퍼런스였다. 컨퍼런스가 열리는 동안 하루에 한 번씩, 총 네 번의 대집단 행사가 열렸다. 각 행사들의 진행시간은 한 시간 반이었다. 대집단의 과제는 구성원들로 하여금 이러한 집단의 구성원에게 고유하게 일어나는 역동들과 문제들을 경험할 수 있는 기회를 제공해주는 것이었다.

각 대집단 행사는 비디오로 촬영되었고, 비디오테입을 평가하는 세 사람에 의해 행위 하나 하나가 세밀히 분석되었다. 연구대상이 된 대규모 집단의 구성원은 총 38[여자 27명, 남자 7명, 상담자 4명(남녀 각각 2명)]으로 구성되었다. 그리고 대집단 행사가 진행되는 장소에는 두 명의 관찰자와 한 명의 비디오 기사가 있었다.

컨퍼런스 구성원들은 우편물을 받고서 자발적으로 참여한 사람들이었다. 알고 보니 그들은 구호단체나 교육이나 대인봉사와 관련된 직업들을 가지고 있었다. 그들 중 23명의 참여자들은 집단과 사회 과정에 관한 대학 수업의 하나로서 이 컨퍼런스에 등록한 학생들이었고, 컨퍼런스의 최고책임자가 이 수업의 강의를 맡고 있었다. 참여자들은 대개 '보통' 대학원을 졸업한 수준이었다. 이들의 나이는 22세에서 64세까지 분포되어 있었으며 평균 연령은 33.1세였다.

집단이 위치한 물리적 환경은 대학 강의실이었다. 대집단 행사의 좌석배치도는 그림 12.1에 나와 있다. 비디오 장비는 모든 참여자들이 볼 수 있게 설치되어 있었고, 구성원들은 이 컨퍼런스의 연구적인 측면을 알고 허락했음을 문서에 서명한 상태였다.

'자기와 사회적 모체' (Carrilio, 1978)라는 도구는 원래 개인치료에서 환자들을 양적으로 평가하기 위한 수단으로서 만들어졌으며, 이후 대상관계들과 자기심리학의 시각들을 활용하는 도구로 발전하였다. 이 도구는 자기와 대상의 내적, 발달적, 구조적인 조건들과 측면들을 상세히 말해주고, 그것들을 외부로 나타나는 행동과 연결시켜준다. 평가자들은 환자와 치료자의 상호작용을 담은 오디오테입을 들을 수 있었는데, 이것의 목표는 환자의 자기와 대상의 분화의 정도를 5개의 눈금을 가진 척도를 사용하여 측정하기 위한 것이다. 과정(상호작용의 기제들과 방어들)과 내용(주제, 환상 등) 모두가 평가절차에 포함되어 있었다. (자기와 대상에 대한 다양한 개념들과 이 둘 사이의 상호작용에 관해서는 본서 3, 4, 5장을 참고할 것.)

자기와 사회의 분화정도를 나타내는 척도에서 '1' 점에 해당되는 것은 '최소 분화'의 위치에 있는 것으로서, 자기와 대상이 구별되어 있지 않고 융합되어 있는 상황을 가리킨다. 이러한 위치에 서있는 사람은 정신증적인 사고와 행동을 나타낸다. '1' 점에 해당되는 집단 활동들은 보통을 넘는 정도의 혼란과 공황적 사고나 행동, 또는 파괴적인 분노와 같은 극심한 감정들의 표출로 나타날 수 있다. 본질상 이러한 위치에 있는 집단은 집단으로서 오래 가지 못한다. 싸움/도피의 행동이나 기능의 와해는 이러한 상태로의 퇴행에서 빚어지는 결과인 것처럼 보인다. 따라서 하나의 집단이 기능할 수 있으려면 일정 수준의 대상관계가 필수적이라는 것을 짐작할 수 있다.

구별된 측면들이 통합되는 동시에 대상과 자기의 분화가 향상되는 것은 눈금의 위치가 올라가는 것으로 기술할 수 있다. '5' 점은 가장 높은 눈금에 해당되는 것으로서, 잘 '분화'된 상태라고 말할 수 있으며, 이때 환자나 집단은 자기와 대상을 그리고 내면의 요구와 외부의 요구를 적절히 조화시킬 수 있다. 이 상태에서 과제와 감정은 모두 적절히 중요시된다. 무의식적인 과정들이 존재하지만, 그것들은 인식되고 나아가 일과 사랑의 궁극적인 목표를 위해 창조적인 방식으로 사용된다. 이 지점은 '최적의 기능 지점'이라고 부를 수 있다.

원래 이 도구는 대규모 집단에 적용하기 위한 것이었다. 하지만 이런 적용은 척도를 둘에서 하나로 단순화시키고, 측정 단위도 주관적으로 규정된 '구획'(segment)별 분석에서 '행위별'(act by act) 분석으로 바꿀 필요를 발생시켰다. 구획으로 규정된 이러한 평가기준을 사용하는 것은 이 도구의 신뢰성을 지나치게 위협하는 것으로 판단되었다. 따라서 만(Mann, 1968)에 의해서 개발되고 기바드와 하트만(Gibbard and Hartman, 1974)에 의해 사용된, 행위별 분석 절차들을 이 도구에 맞추어 변형시켜 적용하게 되었다. 각각의 행위와 사건들은 대상관계 이론과 자기심리학의 관점에 기초를 두고 있기는 하지만, 조작적으로 정의된 기준에 따라 평가될 수 있으며, 따라서 기바드와 하트만(같은 책, 156쪽)이 말하는 것처럼, '… 체계적인 관찰이 지닌 신뢰성과 명료성과 함께 심리학적인 깊이를 갖춘 평가방법을 제공한다.' 이렇게 변형시킨 도구는 자기/사회 모체-애슈바흐 집단 이론, 또는 자기/사회 모체 AGV(Ashbach Group Version)라고 불린다.

전체적인 평가는 자기와 사회의 분화 정도에 관한 것이다. 이를 위해 세 개의 하위 척도가 사용되는데, 이것들은 속성부여(attribution), 거리(distance), 적절성(appropriateness)이다. 카릴리오의 기술(동일한 책, 71쪽)에 따르면, 이러한 하위 척도들은 다음과 같이 정의된다.

> … 분화의 정도는 속성부여와 거리와 적절성이라는 세 가지 차원에서 측정될 수 있다 … 속성부여란 사건들에 대한 뚜렷한 책임감과, 자신의 행위의 결과에 대한 인식을 가리킨다. 그리고 거리란 한 사람이 감당할 수 있는 가까

> 움과 소원함을 가리키며, 이것은 타인에 대한 수용성과 배타성의 정도를 말해준다. 그리고 적절성이란 생각과 느낌들 사이를 조화시키는 능력, 특히 생각과 느낌들이 현실과 협응하는 정도를 가리킨다.

자기와 사회의 분화 정도를 평가하기 위해 도입된 최소 분화를 나타내는 1점에서 최대 분화를 나타내는 5점에 이르는 척도는 하위 척도들에도 적용된다. 평가자들은 대집단 행사에서 일어나는 모든 언어적 및 유의미한 비언어적 행동들을 이 기준을 적용하여 판단할 수 있다. 물론 차이점들은 존재하지만 자기/사회의 분화 척도는 좌표 수준들과 관련이 있으며, 이는 상호작용 체계(Delta)의 범주 2에 속한다(부록 참조). 그림 12.2는 집단 내에서 나타나는 각각의 행위들에 점수를 매기는 데 사용되는 수준들과 다섯 개의 내용 범주들의 윤곽을 도식적으로 보여준다.

분화 5

| 자기/사회 모체의 분화 | 행동 | 사고/환상 | 불안/정서 | 방어들 | 자기애 |
|---|---|---|---|---|---|
| 상당한 분화 4 | | | | | |
| 보통의 분화 3 | | | | | |
| 약한 분화 2 | | | | | |
| 낮은 분화 1 | | | | | |

하위 척도들:

속싱부여

거리

적절성

이론적으로 이 세 개의 하위 척도들은 다음과 같은 요소들을

그림 12.2 내용 분석과 관련된 자기/사회 모체 범주들에 대한 도식

구체화하고 있는 것으로 볼 수 있다. 속성부여는 자기와 대상의 분화가 행위의 원천이 어디인지를 분별해내는 자기의 능력에 대한 평가 척도이다. 빈약한 속성부여는 자기와 대상의 분리가 결핍되어 있음을 가리키는데, 이는 융합이나 투사/내사적 과정에서 기인한다. 거리는 자기가 대상과의 상호작용에서 유지할 수 있는 가까움이나 소원함을 가리킨다. 이 변수는 공간적인 요소를 강조하며, 한편으로 대인관계적 상호작용과 다른 한편으로 내적 대상들 간의 상호작용 모두와 관련되어 있는 경험적인 요소를 강조한다. 거리라는 변수는 과도하게 개인적인 또는 반(反)-개인적인 (Bennis and Shepard, 1956) 용어들과 비슷한 것으로 이해될 수 있으며, 집단 내에서 자기와 대상 사이의 '공간'을 효과적으로 조절하지 못하는 모습으로 나타난다.

적절성이란 자기가 환경(인간과 비인간 상황 모두를 포함하는)과의 관계를 어떻게 그리고 얼마나 잘 관리하는가에 관한 것이다. 여기서는 환경에서 오는 자극들에 대한 정서적 및 행동적 반응들의 조절이 문제가 되며, 따라서 자아 기능의 질에 초점이 맞추어진다.

이러한 하위 척도들의 용법을 좀 더 명확히 하기 위해, 한 집단 구성원이 다음과 같이 말하는 상황을 생각해보자. '당신이 웃지 않으면 집단에 대한 내 느낌이 엉망이 되는 것 같아요.' (이것은 한 구성원이 대집단 상담자에게 한 말임) 하위 척도의 도식을 따르자면, 이것은 낮은 수준의 속성부여를 나타낸다. 자기는 자기 경험에 대한 책임을 대상에게 떠넘기고 있다. 위의 상호작용에서 거리의 측면을 명확히 나타나 있지 않다. 하지만 미소를 보고 '느끼기' 위해서는 가까움이 필요했을 것이다. 여기서 거리는 잘 조절되고 있지 않다. 또한 적절성은 자기와 대상의 분화가 가장 낮은 수준의 하위 척도를 나타내는 것으로 보인다. 이렇게 말하고 있는 사람은 상호작용에서 생긴 감정들에 대해 상대방이 책임질 것과, '바람직한' 감정들을 보장할 수 있는 방식으로 행동해줄 것을 요구하고 있다. 이러한 '행위'에 대해서는 집단의 맥락이나 이것을 가늠하는 틀이 되어줄 선행 사건들을 감안해서 2.0~2.5점 정도의 점수를 매길 수 있을 것이다. 이처럼 집단 내의 어떠한 행동도 그 행동이 점수화되는 특정 순간의 집단의 감정 영역 또는 게슈탈트와 관련되어 있다.

이처럼 도식을 사용하여 대집단 내의 행위에 점수를 매기는 일은 쉬운 일이 아니다. 그 구성원의 화난 어조가 적절한 것이었는지 아니면 부적절한 것이었는지를 알기 위해서는, 집단의 맥락과 그 행위를 '둘러싼' 상호작용들에 대한 이해가 필요하다. 그 말이 은유적인 것이었는지, 문자적인 것이었는지에 대한 질적 평가도 중요하다. 또한 여러 차이점들에 대한 평가자들의 임상적인 반응들을 검토해야 하며, 그것을 위해 이전의 집단의 사건들에 대해서도 폭넓게 검토할 필요가 있다.

더욱이 점수를 매겨야 할 행위들이 아주 많았는데, 약 618건의 행위들이 연구대상 집단에서 발생했다. 하지만 다수의 평가자가 이와 비슷한 대규모 집단을 촬영한 비디오테입을 사용하여 폭넓은 훈련을 거쳤고, 최소한의 정밀성을 보장하기 위해서 예비적인 측정을 했기 때문에 평가단은 어느 정도의 합의점에 도달할 수 있었다. 평가단(세 명의 평가자로 구성된)의 합의는 비-지표 검정(non-parametric) 절차를 통해서 이루어졌는데, 그 수치는 0.763이었다. 그러므로 이러한 채점 체계의 사용여부는 서로 협의하여 재점하는 평가자들 사이의 신뢰도에 딜려있다고 하겠다.

# 자료 분석

타비스톡 집단 컨퍼런스 안의 자기와 대상의 분화 정도를 연구함에 있어서 이 도구의 신뢰성 여부를 결정한 다음에 해야 할 일은 자기/사회 분화의 척도를 하위집단에 적용한 결과를 상술하는 것이었고, 다양한 패턴들에 적절한 의미를 부여하면서 하위집단의 모습을 상술하는 것이었다.

대집단 전체는 세 개의 하위집단(여자집단, 남자집단, 상담자집단)으로 나뉘었다. 각각의 집단이 도달한 자기/사회 모체 분화 수준의 평균 값은 표 12.1에 나와 있다.

표 12.1 자기 사회 모체 분화 척도에서의 평균, 표준편차, 하위집단 행위의 개수

| 집단 | 평균 | 표준편차 | 행위 개수 | 집단 간 차이값(평균) |
|---|---|---|---|---|
| 남자구성원 | 2.83 | 0.34 | 282 | |
| 여자구성원 | 2.96 | 0.23 | 274 | 0.13 |
| 구성원 평균 | 2.90 | | | |
| 남자상담자 | 2.43 | 0.34 | 43 | |
| 여자상담자 | 2.54 | 0.37 | 29 | 11 |
| 상담자 평균 | 2.48 | | | |
| 구성원-상담자 | | | | 0.42 |
| 전체로서의-집단 | 2.69 | | | |

주: 척도 상의 점수 범위는 1~5점까지

* 비교를 위해 상담자 집단은 성별에 따라서 다시 구분되었다. 하지만 다른 모든 경우에는 상담자들이 단일한 집단으로 간주되었다.

신뢰성의 문제가 제기되었다. 하위집단 별로 크기가 상당히 차이(남자 7명, 여자 27명, 상담자 4명)가 나는 문제로 인해 일반적인 편차분석(ANOVA, analysis of variance)이 불가능했다. 따라서 의미를 확증하기 위해서는 도구의 신뢰성 문제를 넘어 통계 분석이 필요했다. 집단 내와 집단 사이의 편차를 정하기 위해서는 기본적으로 직각 대조를 사용하는 편도 편차분석이 사용되었다. 이 기법은 하위집단의 크기에 따라 자기/사회 모체 분화 점수에 가중치를 두어 평가함으로써 수정될 수 있었다(대집단 행사의 30구획 모두에 참여하고 있는 각 하위집단에 대해). 표 12.2는 편차의 근원과 그에 따른 분포-배당치(f-ration)와 함께, 편도 편차분석의 결과들을 보여준다.

표 12.2 하위집단의 자기/사회 모체 분화 평균치에 대한 편차분석

| 출처 | 분화(df) | 자기/사회 모체(SS) | 평균치(Mean sqs) | 분포(F) |
|---|---|---|---|---|
| 집단 간 | 3 | 13.929 | 4.643 | 50.316* |
| 집단 내 | 624 | 57.579 | 0.092 | |
| | 627 | 71.508 | | |

* p 0.0001

대집단 행사와 관련해서 하위집단마다 통계적으로 그 차이가 매우 크다는 것이 발견되었다(F= 50.316, p<0.0001).

하위집단 사이의 특정한 차이, 전체 구성원과 상담자들로 이루어진 하위집단 사이의 차이(=대비 1), 그리고 남자구성원들로 이루어진 하위집단과 여자구성원들로 이루어진 하위집단 사이의 차이(=대비 2)를 부각시키기 위하여 대비계수 모체(contrast coefficient matrix)가 사용되었다. 표 12.3은 이러한 결과를 보여준다.

표 12.3 하위집단 분포에 대한 연역적 대비계수들

| 대 비 | 이원진리값(t-value of 2 tailed) | 분화(df) | 값(p) |
|---|---|---|---|
| 일반구성원 대 상담자 | 10.74 | 624 | p 0.001 |
| 남자 대 여자 | -3.08 | 624 | p 0.002 |

자기/사회적 분화 척도에서 하위집단의 평균들 간의 차이들은 사실 작은 숫자이지만 그것의 의미는 아주 크다. 불균형한 하위집단의 크기로 인한 재조정은 자기/사회 모체-A라는 도구가 상당히 신뢰할 만하다는 것과, 이 도구가 대집단을 구성하는 하위집단들 사이의 유의미한 차이들을 찾아내는 데 유용하다는 것을 보여준다.

집단 내 편차에 대해서는 크루스칼-윌리스(Kruskal-Wallis)의 편도 편차분석을 사용하였다. 이 테스트는 대집단 행사의 30구획 모두가 진행되는 동안, 각 하위집단의 분화의 변동 추이를 측정하는 것이었다.

이 테스트는 구획을 지날 때마다 집단의 분화 점수들의 변동을 측정하는데, 이는 중간 점수와 대비하여 이루어진다. 이러한 측정은 이 도구가 하위집단 내의 변동에 민감하다는 사실을 보여준다. 표 12.4는 이러한 내용들을 보여준다.

표 12.4 집단 내의 분화점수 편차에 대한 크루스칼-윌리스 분석

| 출 처 | 카이제곱 | 유의성 |
|---|---|---|
| 상담자 | 33.89 | p 0.09 |
| 남자구성원 | 46.76 | p 0.02* |
| 여자구성원 | 55.23 | p 0.002* |
| 남녀구성원 | 40.75 | p 0.072 |
| 집단 전체 | 72.00 | p 0.0001* |

* 유의미한 변화가 나타나는 구획들

이러한 분석은 남녀구성원들과 집단 전체가 집단생활에서 현저하고 유의미한 편차를 보인다는 것을 드러낸다. 하지만 상담자 집단은 그렇지가 않았다. 이는 역할에 개입하는 스타일에서 그들이 갖는 유사성과 대집단을 대하는 그들의 역동적인 관점 때문인 것으로 보인다.

하위집단의 평균값에 대해서는 윌콕슨 테스트가 사용되었는데, 이는 자기/사회 모체 분화에서 통계적으로 유의미한 변화가 나타나는 지점들을 찾기 위한 것이었다. 이것은 유의미한 구획을 드러내 보여주었다. 즉, 상담자 집단에서는 23과 24 구획이었고, 여자구성원 집단에서는 1과 2, 3과 4, 13과 14 구획이었다. 남자구성원 집단에서는 4와 5, 8 과 9, 10과 11, 19와 20, 20과 21, 21과 22 구획인 것으로 나타났다. 기록을 조사한 결과, 집단 전체에서 탐지되는 고유한 의미를 가진 변화들을 가리키는 세 쌍의 구획들을 발견할 수 있었다. 이것은 4와 5, 13과 14, 21과 22 구획이었다. 이러한 변동의 의미에 대해서는 집단의 내력 부분에서 다룰 것이다.

자기/사회 모체-A라는 도구를 타비스톡 형태의 집단 컨퍼런스에 적용해서 만들어낸 데이터들을 확정한 다음, 이 데이터들이 함축하고 있는 의미에 대해 고찰해볼 필요가 있다. 이러한 고찰이 보다 경험에 가깝고 의미 있는 것이 되게 하기 위해서, 이 도구를 정착시킨 본래의 연구서(같은 책, 103쪽)에서 뽑아낸 자료를 표 12.5에서 소개한다.

표 12.5 자기/사회적 분화 수준, 진단 범주들, 수준별 한계점수

| 수 준 | 서술들 | 한계점수 |
|---|---|---|
| 5 | 최적의 기능/ 장애 없음 | 4.2 - 5.0 |
| 4 | 신경증 없음/ 갈등상태 | 3.51 - 4.1 |
| 3 | 신경증 | 2.91 - 3.5 |
| 2 | 경계선 | 2.31 - 2.9 |
| 1 | 정신증 | 1.0 - 2.3 |

자기/사회 모체-A(표 12.1에 나타난)를 통해 하위집단의 평균값을 재검토한 결과, 여자구성원들로 이루어진 하위집단이 가장 높은 자기/사회적 분화의 수준을 보였고, 이들의 평균값은 2.96이었다. 이것은 척도의 중간 값인 3(보통 정도의 분화)보다 약간 낮은 점수이다. 대집단 내의 여자구성원들은 분명한 현실검증 능력을 가지고 있었고 자기와 타인을 구별할 수 있었으며, 이 둘 사이를 매우 적절하게 조화시킬 줄 알았다. 갈등과 불안의 영향은 여자구성원들이 의사소통할 때 경직되고 틀에 박힌 태도를 보인 것에서 가장 명백하게 나타났다. 그들의 반응은 '지금 여기'의 현실과 동떨어진 경향과, 역할 기대들이나 미리 정해진 일정에 더 많이 의존하는 경향이 있었다.

집단의 침묵을 견딜 수 없었던 두 명의 여자구성원이 짝을 지어 집단의 과제에 대해 기계적으로 말하기 시작했다. 이것은 컨퍼런스에 대한 묘사에서 직접 따온 것이었다. 침묵과 저항과 두려움이라는 지금 여기의 상황은 '과제'(이 말이 진정으로 의미하는 바가 뭐든 간에)에 대한 관심으로 인해 간과되었다. 하지만 반응과 경험들의 범위와 다양성이 눈에 띌 정도로 위축된 것을 알 수 있었다.

남자구성원들로 이루어진 하위집단의 평균 분화 점수는 2.83이었다. 다시 말하지만, 이것은 실제 수치상으로는 큰 차이가 없으나 여자집단과 남자집단 사이의 차이는 상당히 유의미한 것이었다. 특히 남자집단은 빈약한 분화 수준을 보였다. 이들의 점수를 진단 표 12.5에서 비교하면, 남자구성원들은 마치 개인치료에서 보는 경계선 환자처럼 행동하고 있었다. 자기와 대상의 분화가 이루어지긴 했지만, 분화의 초점이 극단을 치닫는 경향이 있었다. 너무 자기에게 강조점을 두거나 대상에게 지나친 강조점을 두었고, 아니면 그 둘을 융합하려고 애썼다. 언어적 표현은 전체적이고 정형화된 경향을 보였고, 자기와 타인이 모두 '객관화' 되어 상호작용에서 누가 주체인지가 불분명했다. 이것은 '… 이 집단 안에서는 남자들이 매우 고통을 당하고 있다' 라는 한 남자구성원의 말에서 엿볼 수 있다.

자기 정의와 자기 경계의 유지는 집단에서 더욱 문제가 된다. 집단이 성취하고자 하는 것(과제 행동)은 전체 집단의 맥락에서 하위집단의 구성원들이 자신을 누구로 느끼느냐에 의해서 전복된다. 비온의 용어로 말하자면, 기본가정 행동(basic assumption behavior)이 의존, 성, 싸움/도피 등과 같이, 압도하는 정신의 일차적 요구들을 위해 과제를 전복시킨다.

상담자들의 평균 분화 점수와 관련해서, 다음과 같은 점을 다시 한번 언급할 필요가 있다. 상담자들의 개입과 해석을 평가한 점수는 그것이 마치 집단이 단일한 심리적 대상인 것처럼 대하는 그들의 역할과 자세를 반영하고 있다. 그러므로 그것들의 평균값은 그들이 말을 걸고 있는 집단의 역동 수준으로 이해해야 한다. 상담자들로 이루어진 하위집단의 평균값은 2.48이었다. 이것은 여자나 남자로 구성된 하위집단과 비교할 때 현저히 낮은 수치였다. 자료가 보여주는 바, 이러한 상담자들의 점수는 표 12.5의 한계 점수에 따르자면 '경계선적' 자료에 해당된다. 그 중에서도 남자집단은 신경증보다는 정신증의 핵에 해당되고 여자집단은 신경증 수준에 해당된다.

'전체로서의-집단' 에 대한 평균 점수는 모든 하위집단의 평균값이었다. 그 점수는 2.69였는데, 이 값은 전체로서의-집단을 경계선 범주의 중간쯤에 위치시키는 것이었고, 그것은 상담자들로 이루어진 하위집단의 자기/사회 모체의 분화 수준보다도 더 높은 수준의 수치였다! 즉, 상담자들은 집단 전체의 수준보다 더 낮은 수준에 해당되었다.

그림 12.3(a, b, c)은 자기/사회 모체의 분화를 조사한 결과에 대한 전반적인 서술 경향을 보여준다. 소위 상자와 수염(Tukey, 1975)으로 구성된 이것은 하위집단들이 대집단 속에서 90분 동안 자기/사회 모체 분화의 편차가 어떻게 드러나는지를 시각적으로 제시해준다. 도표들은 다음과 같이 해석되어야 한다.

1. 상자의 크기는 한 구획 동안에 이루어진 대상과 관련된 반응들의 중간인 50%로 한정한다. 이것은 특정 구획에서 일어난 모든 반응들에 백분위 척도의 25번째(하한) 눈금에서 75번째(상한) 눈금 내에서 일어나는 반응들을 말한다. 따라서 상자의 크기는 대상관계 영역에서의 전형적인 분포의 양을 평가할 수 있게 해준다.

2. 수평선은 한 구획내의 모든 사람들에 대한 대상관계의 중간 수준을 나타낸다. 이것은 대상관계의 중간 지점을 가리키며 구획 척도의 중심이 된다.

3. 수염들 즉, 수직선은 분화의 전체 범위를 가리킨다. 수직선의 끝을 표시하는 점은 하나의 구획이 진행되는 동안에 기록된 최고치와 최저치의 자기/사회 모체 분화 반응을 표시한다.

시간을 두고 중간 지점들을 서로 비교해보면, 분화의 평균 수준이 어떤 식으로 변하는지 알 수 있다. 또한 상자의 상대적인 길이를 비교해보면, 중간 지점을 중심으로 비교적 얼마나 모여 있는가를 알 수 있다. 즉, 비교적 얼마만큼의 반응들이 평균적 분화 수준에 근접해 있는가를 알 수 있다. 이 점은 대집단 행사가 진행되는 90분 동안, 상자의 길이가 중간 지점에서 멀리 떨어지거나 중간선까지 완전히 수축되어버리는 것을 보면 더욱 분명해진다. 그러므로 집단의 50%는 평균치와 완전히 상응하는 방식으로 반응하거나 또는 아주 다르게 반응하는 것을 알 수 있다. 수

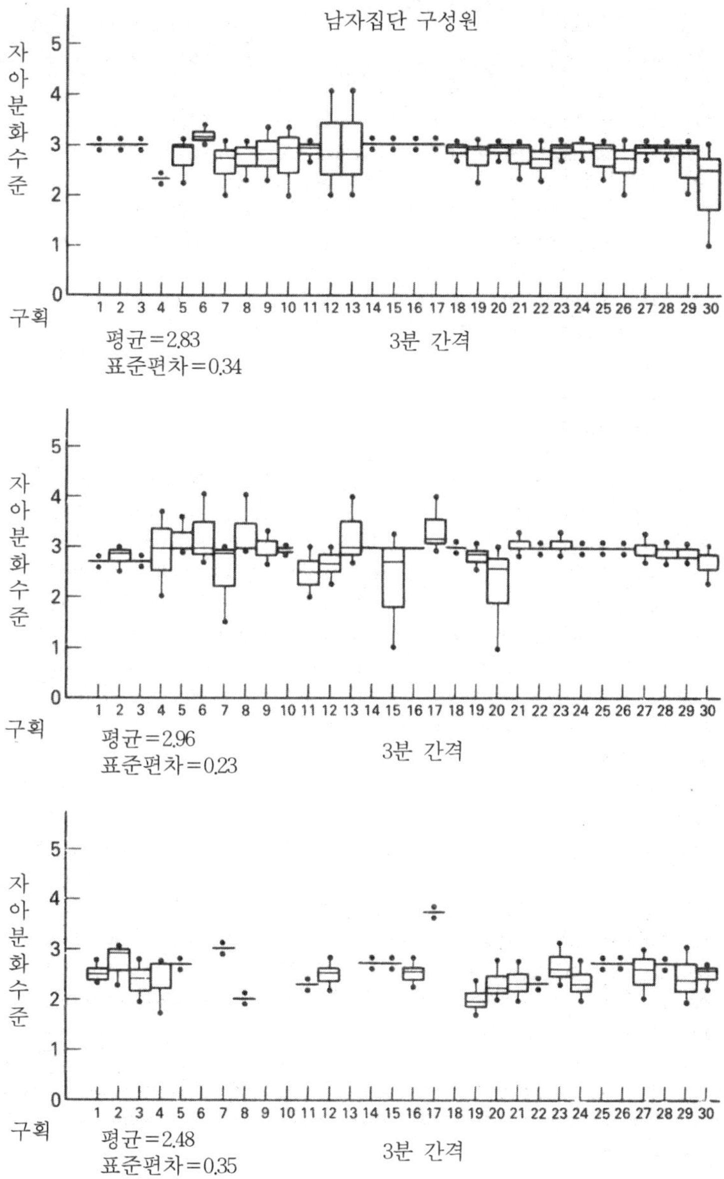
남자집단 구성원
자아분화수준
구획
평균=2.83
표준편차=0.34
3분 간격
자아분화수준
구획
평균=2.96
표준편차=0.23
3분 간격
자아분화수준
구획
평균=2.48
표준편차=0.35
3분 간격

도표 12.3

직선의 길이들을 비교해보면, 대집단 행사가 모두 진행되는 동안 자기/사회 모체 분화의 정도가 어떻게 변동되는지를 가늠해볼 수 있다.

소구획들을 검토해보면, 남자나 상담자들로 이루어진 하위집단에 비해 여자집단에서 분화 수준의 편차가 더 크게 나타나는 것을 알 수 있다. 그 의미는 다르지만, 남자집단과 여자집단 간의 편차는 작았다. 여자집단에서 기록된 행동의 수는 274였고 남자집단에서 기록된 행동의 수는 282였다. 대집단에서 남자구성원들은 여자구성원들보다 말하는 빈도가 평균 4배 더 높았다. 이는 상호작용 속에서 방어적으로 나타나는 남자구성원들의 불안을 가리키는 것일 수 있다. 상담자집단에서는 69개의 행동이 기록되었다. 상담자집단의 그래프는 상자가 훨씬 더 응축되었고 수직선은 훨씬 더 짧은 모습을 보여주었다. 이것은 개인적이지 않고 은유적으로 다듬어진 방식으로 유사한 역동들(대개 매우 깊고 원시적인)을 대하는 상담자들의 자세나 역할과도 일치하는 것으로 보인다. 다음과 같은 질문이 가능할 것이다. 만약 상담자들이 그들의 초점에서 더 큰 편차를 보여주었더라면, 집단도 같은 모습을 보여주었을까?

27명으로 구성된 여자집단은 크기가 좀 더 컸더라면 각 구성원들이 서로 노출하고 탐색하고 통찰하는 과정을 더 쉽게 공유했을 것이라는 암시를 남긴다. 그랬다면 분화의 반응이 좀 더 광범위했을 것이다. 역할의 분화는 하위집단에서 더 높게 나타난다. 그것은 집단의 '일'을 분담할 수 있는 구성원들이 충분하기 때문이다.

# 집단의 역사

상자와 수직선 소구획을 살펴보고 대집단 상호작용을 기록한 문헌을 읽어보면, 집단을 4개의 단계나 시기(초점을 중심으로)로 나누어 볼 필요가 있음을 알게 된다. 단계들은 다음과 같다. 1단계: 1~4구획/ 2단계: 5~13구획/ 3단계: 14~21구획/ 4단계: 22~30구획

첫 번째 단계에서는 구성원의 수동성과 의존성이 가장 두드러져 보였다. 구성원들은 상담자들이 책임지고 바람직한 방향으로 인도해줄 것을 기대했다. 1단계에서는 상담자들이 매우 적극적이고 그들의 말이 집단 활동의 30%를 차지했던 것도 이러한 기대를 높이는 데 중요하게 작용했던 것으로 보인다.

1단계는 점점 침묵(1분 30초 정도)하는 시기들이 늘어나는 것과 함께 끝이 났다. 2단계에서는 집단의 구성원들이 상담자들이 자신들이 원하는 방향으로 이끌어가지 않는다는 것을 깨닫는 것 같았다. 이러한 깨달음의 반응은 특히 남자구성원들에게서 대개 다투고 논쟁하는 방식으로 나타났다. 둘씩 짝(동성끼리 또는 이성끼리)을 짓는 행동이 구성원을 힘들게 하는 좌절이나 욕구나 역동들을 표현하는 데 사용되었다. 생생한 정서적 인물로서의 상담자는 사라지는 것 같았다. 한 번은 거의 10분이나 침묵이 계속되었다.

집단은 자체 안에서 고유한 대상들을 만들어내는 것처럼 보인다. 프로이트가 '애도와 멜랑콜리아'(1917)에서 지적했듯이, 우울증을 이해하는 데 필요한 주된 요소는 개인이 자아와 상실한 대상을 동일시한다는 점이다. 그는 '대상의 그림자가 자아에 드리운다'고 말했다. 대집단의 경우, 상담자들의 '그림자'가 집단에 드리우고, 상실되고 없는 상담자 대상들을 집단이 내사하여 공동

체 안에 들임으로써 이러한 우울이 생겨난다고 말할 수 있다. 단계 2를 통해 집단 내에서 일어나는 싸움, 원망, 언쟁 등은 우울한 사람이 자기 자신과 맺는 자기애적인 관계들과 비슷한 것이다.

지나치게 개인적인 한 남자가 따뜻하게 챙겨주는 편안한 여자를 집단 내에서 계속 찾았다. 다른 사람들은 이것을 개인적인 것을 드러내는 취약한 행동이라고 공격했으며, 그것은 집단의 비밀스러운 모습, 즉 딱하고 혼란스럽고 분노에 차있으며 짜증스럽고 속수무책인 상황을 드러내는 것이라고 간주했다. 그는 집단 전체의 적나라한 취약성을 나타내는 희생양-그릇(scapegoat-container)이 되었다. 다른 한편으로, 불손하고 자기애적인 한 남자는 계속해서 스스로에게 현명하고 지적인 과대자기를 부여했는데, 구성원들 중에 일부는 살아남기 위해서는 그래야만 한다고 믿고 있었다.

구성원들 간의 상호작용은 실수 투성이고 경쟁적이며 매끄럽지 못한 것이었다. 구성원들은 상담자라는 잃어버린 대상들이 실체화되기를 기다리는 동안, 서로의 존재를 견디지 못하는 것처럼 보였다. 그들의 자기와 대상의 분화는 이 단계에서 특히 문제로 드러났다.

3단계는 한 여자구성원이, 집단에서 결석한 대상(컨퍼런스 총회장)의 역동이 집단 문제의 핵심임을 정확하게 지적해내는 것과 함께 시작되었다. 이것은 집단을 화나게 했고, 그 다음에는 조적인 농담과 웃음이 터지는 시기가 이어졌다. 이 시기 동안 상담자들의 개입은 집단의 무의식적인 역동에 성적이고 공격적인 감정들이 실리는 문제에 초점을 두고 있었다. 3단계 끝 무렵에 문제를 제기했던 바로 그 여자가, 자기애적인 그 남자구성원의 불만은 모성과 돌봄에 대한 욕구를 나타내는 것이라고 말했을 때, 집단은 동요되었고, 4단계가 시작되면서 2명씩 짝을 지은 쌍들 안에서 일련의 언쟁들과 말다툼들이 이어졌다. 이것은 딱하고 노출된 집단의 자기가 동요와 불안을 담아내는 방식이었다.

다른 여자구성원들은 잃어버린 대상에 대한 생각을 계속 탐구했고 그렇게 함으로써 보다 개별화되고 분화된 반응들을 보일 수 있었다. 이렇게 되자, 분노와 우울이 더욱 분명하게 의식 안에서 모습을 드러냈는데, 이것은 특히 여자들에게서 확실하게 경험되었다. 이쯤에서 집단은 행사의 마감을 향해 나아가고 있었고, 그 자기애적인 남자는 '이 모든 엄마와 아기 이야기들은 개똥같은 거야' 라고 말하면서 그 경험을 폄하했다.

## 인터뷰 자료

컨퍼런스 참석자들로부터 보다 인상적인 자료를 얻어내기 위해, 인터뷰가 실시되었다. 집단 컨퍼런스가 끝난 일주일 뒤에, 컨퍼런스와 연계해서 대학의 학점을 이수한 구성원들 중에서 7명(6명의 여자와 1명의 남자)이 무작위로 선정되었고, 이들을 컨퍼런스 연구원이 인터뷰하였다. 이 인터뷰들은 오디오로 녹화한 뒤 문서로 기록되었다. 좀 더 정서가 담겨있는 자료를 얻어내기 위한 목적으로 어떤 질문들은 보다 감정적이거나 퇴행적인 자료에 집중되었다. 다음은 인터뷰 내용에서 발췌한 것이다.

연구원(R): 대집단 경험에 대해 생각해볼 때, 문학작품이나 영화나 연극 중에서 연상되는 것이 있나요?

구성원(M), NO.1 (여자): 유태인과 대학살이요. 이것은 오늘 신문의 헤드라인이었어요. 그런 일이 오늘날에도 일어날 수 있을까 싶더군요.

R: 상담자들에 대해서는 무슨 생각이 들었나요?

M No.2 (여자): 상담자들의 개입들은 구성원들에게 무언가를 하게 하려고 특별히 고안된 것들이었어요. 그것들은 당시 진행되고 있는 것들에 대해 감정적인 개입도 아니었고 진행되는 것들에 대한 관찰결과도 아니었어요. 그것들은 집단이 뭔가를 하게 만들고 어떤 방향으로 가게 하기 위한 시도들이었죠.

R: 대집단 내의 움직임에 대한 연상들이 있다면?

M No.2: 모두 화가 나서 돌아다니고 있을 때, 저는 사람들이 정해진 위치들 안에서 움직이거나 혹은 아예 움직이지 않으면서 어떤 특정한 위치들 속에서 정렬해 있는 거대한 체스 게임이 생각났어요.

R: 말하고 싶은 또 다른 연상들이 있나요?

M No.2: 네, 있어요. 어떤 부부는 이 컨퍼런스를 일종의 자신들만의 치료 회기로 사용하고 있다는 느낌이 들더군요. 그들 때문에 당혹스러웠어요. 그들이 말할 때 전 불안했어요. 그런데 집단은 그들을 돌봐주는 것 같더군요. 하지만 긴장이 너무 고조되면 직원이 와서 개입을 하는 것 같았어요.

R: 당신의 생각과 감정들은 어땠나요?

M No.3 (여자): 처음 이틀간은 너무 불안했어요. 하지만 셋째 날쯤 되니까 '기를 쓰고 달려들' 게 없다는 느낌이었어요. 그래서 전 거의 나 자신만의 '유익'을 찾아내려고 열을 올렸죠.

R: 문학적인 연상은요?

M No.3: 있어요. 데이빗 카퍼필드요. 이것은 나중에 생각한 거예요. 그가 고아 위원회를 만나려고 했을 때, 그들은 마치 나무 조각들 같았어요. 저는 상담자들이 좀 나치 같다는 생각이 들었

어요. 마치 그들은 '여기서 우리는 최종적인 해결책을 찾아낼 것이다. 그건 대량학살이다' 라고 말하는 것 같았죠. 어떤 상담자가 자신의 손을 깔고 앉았을 때, 저는 '지금 그녀는 자신의 무기들을 숨기고 있군' 하고 생각했어요.

R: 건강이나 안전에 대한 공포가 있었나요?

M No.3 (여자): 글쎄요. 내가 미치지 않는다면 정신신체 증상을 보이거나 심장마비에 걸릴 거라고 생각했어요.

R: 연극이나 문학작품이나 옛날이야기에 관해 떠오르는 생각이 있었나요?

M No.4 (여자): 저는 벤허가 생각났어요. 전차 경주, 결투들, 추월하는 모습 등이 생각났어요. 당신이 이런 질문을 하신다는 게 참 흥미로워요. 실은 대집단 행사의 어느 시점에선가 이런 생각들이 들었거든요.

그리고 라푼젤도 생각이 났어요. '라푼젤아 네 긴 머리를 내려다오.' 마치 긴 머리가 내려지고 원하는 곳까지 올라가는 것은 내 영역이 아니지만, 올라갈 것인가 되돌아올 것인가는 내게 달린 것 같았죠. 그리고 마녀들과 '부글부글 끓는' 가마솥도 생각났어요.

R: 이 집단에 '색을 칠할 수 있다' 면, 무슨 색을 고르시겠어요?

M No.5 (남자): 빨간색일 거 같아요. 제가 제일 좋아하는 색인데 격렬함을 의미하죠. 집단 내에는 격렬함이 있었던 것 같아요. 하지만 '새빨간' 격렬함은 아니었어요. 좀 더 순한 빛이었던 것 같아요. 오렌지 색 정도라고나 할까.

R: 집단 내에서 자신의 나이가 어느 정도라고 느껴졌니요?

M No.5: 십대처럼 느껴졌어요. 한 15살 정도.

R: 사람들이 얼마나 현실적으로 느껴지던가요?

M No.5: 어떤 사람들은 '가면을 쓰고서' 그들의 진짜 모습을

보여주지 않는다는 생각이 들었어요. 또 어떤 사람들은 반드시 자신의 것이라고 볼 수 없는, 다른 사람의 감정을 말하고 표현한다는 생각이 들었지요.

R: 그러니까 비언어적인 행동들을 관찰하셨다는 건가요?

M No.5: 그래요. 언젠가는 한 여자아이(아픈)가 대집단이 아닌 다른 곳에서 내게 이렇게 말했어요. '그리스도의 모습을 하고 있는 당신은 뭐에요?' 코트걸이에 매달린 채 팔을 벌리고 있었고 수염을 기르고 있는 등 모든 것들을 볼 때 그녀의 말은 근거 있는 것이었다.

위에서 제시된 대화들에 담겨있는 핵심 주제

1 파괴와 가학적인 공격에 대한 공포: 이것은 '대학살'과 '나치'라는 말에서도 나타나고 있다.

2 순교, 노예상태, 전투에 대한 연상: 벤허에 대한 언급은 '압제하에 있는 사람들'이 겪는 정신적 갈등상태를 가리킨다.

3 유기: 데이빗 카퍼필드, 고아, 라푼젤의 고립 등의 이미지들에서 드러나고 있다.

4 분노: '빨간색'

5 심리적인 문제들: 컨퍼런스를 '치료'로 사용하고 있는 사람들에 대한 언급.

6 퇴행적인 경향: '15'세 또는 더 어리게 느껴짐.

# 논의

본 연구는 대집단의 대상관계들에 관한 연구에서 '자기/사회모체 분화-A'라는 도구가 상당한 신뢰성을 가지고 있음을 확증했다. 일치성의 정도(평가자 간 동의를 비지표 검정으로 측정한 결과)는 0.763이었다. 게다가, 이 도구는 통계적으로 의미 있는, 하위집단의 평균값과 윤곽(profiles)을 생성해낼 수 있었다. 하위집단에 매겨진 점수들(1~5점까지)은 다음과 같다: 여자집단 2.96, 남자집단 2.84, 집단전체 2.69 상담자집단 2.48. 평균값들 간의 차이는 모두 의미가 있는 것이었다. 이러한 자료 외에도, 대집단에 대한 질적인 분석을 통해 집단 상호작용에 네 개의 단계가 있음을 알 수 있었다.

## 상담자들의 역할

연구결과들을 좀 더 넓은 맥락에 위치시키기 위해서 타비스톡 스타일의 대집단 행사에서 상담자들의 역할과 스타일이 미치는 영향을 연구에 포함시킬 필요가 있었다. 상담자들은 개입과 관련하여 중립적이고 때로는 비개인적인 자세를 확고히했다. 이미 말했듯이, 그들은 집단으로서의-집단을 개별 구성원들로 보지 않고, 그들이 말을 건네고 함께 하나의 대상관계를 형성해야 할 역동적인 대상으로 간주했다. 이에 대한 강조나 매우 은유적이고 추상적인 해석의 스타일에 젖어있는 스핑크스 같은 태도는 구성원들과 리더들의 상호작용에 대한 편견으로 이어졌고, 상담자들과의 직접적인 대상 유대를 형성하고 싶은 구성원들의 욕구에 좌절을 가져다주었다. 그리고 이것은 이미 대집단 내에서 작용하고 있던 퇴행적인 힘들을 더욱 부추겼다. 키벨과 슈타인(Kibel and Stein, 1981)은 전체 집단에 대한 개입의 영향에 대한 논의(421쪽)에서 이와 유사한 역동에 대해서 논평한 바 있다: '집단 내에서의 관계들과 상호작용들은 성숙한 대상 선택의 수준에서 일련의 퇴행적인 동일시들(리더에 대한 자기애적이고 이상화된 동일시)로 후퇴한다.'

메인(Main, 1975)은 이미 상담자들의 '노벨상' 유형의 개입을 경계한 바 있다. 왜냐하면 상담자들은 의사소통과 관계맺음의 규범으로서 전능적이고 과대적인 모델을 제시하기 때문이다. 상담자들의 이러한 스타일과 역할과 자세들 때문에 구성원들의 의존성과 무력함은 더욱 증가된다.

이제는 상담자들의 개입의 역동적 초점에 대해 고찰해볼 필요가 있다. 상담자들로 이루어진 하위집단의 분화 평균치는 2.48이었고 이것은 원시적인 역동들이 두드러지며 경계선 수준의 미약한 분화를 가리킨다. 이것은 대집단의 기능들은 원시적인 역동들이 특징적이라고 말한 크리거(Kreeger)의 논문 내용과도 일치하는 것으로 보인다. 일반 구성원들로 구성된 하위집단들의 평균치는 이보다 훨씬 더 높았다. 여자집단은 2.96이었고 남자집단은 2.84였다. 이러한 차이를 어떻게 설명할 수 있을까?

상담기록을 자세히 살펴보면, 상담자들의 개입이 대개 구성원들의 정신과정의 원시적인 주제에 초점이 맞추어져 있음을 알 수 있다. 그것들은 분열, 심한 공격, 상해, 구세주에 대한 소망, 피를 흘리고 죽는 것에 대한 두려움 등과 관련된 것이었다. 이것은 정신내적(즉, 프씨, Psi) 체계(GAG에서의)가 강조된 것으로서, 집단의 담아주는 그릇 안에서 발생하는 것으로 가정되었다. 하지만 집단의 역사 부분에서 이미 소개되었던 질적인 분석에 의하면,

더 긴급한 역동들이 자기와 대상이 서로 소통하는 상호작용적인 (Delta) 체계 안에서 뿐만 아니라, 집단 체계 안에서도 나타나는 것으로 보인다. 즉, 집단 체계 안에서 동일시와 상징적인 이해를 통해 지도력이 집단으로 전치됨으로써 집단이 유별나게 갈등과 혼란 속에서 기능하게 되는 일이 발생했다.

대집단(상호작용적인 체계 내의 활동) 안에서 사고(thoughts)가 발생하려면, 상담자들은 구성원들의 미숙하고 혼란스러운 충동들과 소통된 의사들을 담아주는 역할을 해야 한다. 이 특정한 대집단에서는 구성원들이 상담자들을 집단 안에 내재화한 다음, 이를 투사적 동일시를 통해서 집단 활동의 핵심이 되는 '쌍' 안에서 다시 빚어내는 것처럼 보였다. 구성원들은 담아주는 것과 담기는 것을 '연결한다'는 의미에서의 사고를 할 수 없었다. 왜냐하면 구성원들은 이 두 요소들을 집단 체계 속에 융합시켜버렸기 때문이다. 그들은 담아주는 대상(상담자)을 담기는 대상의 위치로 이동시켜버린 것이다. 그러므로 집단 내에서 일어나는 구성원 간의 상호작용은 구성원과 지도자 사이에서 일어나는 상호작용의 가장된 형태라고도 볼 수 있다.

상담자의 개입이 시도되었을 때, 집단 구성원들은 그 개입을 적절히 수용할 수 없었다. 그들은 압도되었고, 이것은 우울한 침묵과 철수 또는 조적인 웃음이나 상담자의 스타일과 어조를 거침없이 흉내 내는 행동 등을 통해 표현되었다. 조롱의 역동은 특히 자기애적인 남자구성원에게서 두드러지게 나타났다.

치료 작업과 관련된 유명하고 오래된 공식(Fenichel, 1945, 25쪽)인 '표면에서 심층으로'라는 말은 방어와 저항에서 출발하여 환상과 원본능 자료로 들어가라는 것인데, 이것은 대집단 상황에 특히 적절하게 들어맞는 것으로 보인다. 심층의 역동들을 직접 다루려고 시도함으로써, 상담자들은 구성원들이 그들의 해석이 불러일으키는 더 큰 혼란과 불안에 '거짓 자기' 나 '마치 인양' 의 관계 유형을 방어로 사용하게 만드는 것처럼 보였다.

논문과 여러 연구자들이 가정하는 보다 원시적인 역동들이 현존했지만, 그것들에 대한 공격적인 추구는 대집단 구성원들로 하여금 안전하고 통제가 가능한 중간 지점으로 방어적으로 철수하도록 만들었다.

## 함의들

본 연구에서 제시된 패러다임의 관점에서 연구결과들을 고찰해보면, 분리와 개별화를 향한 집단의 노력은 상담자들과 직접적인 대상관계를 맺으려고 하는 구성원들의 시도가 실패함으로써 멈춰버렸다는 것을 알 수 있다. 코헛(1971)이 말한 자기대상들을 확립할 필요성과 자기애적인 구조를 유지할 필요성에 대한 언급들은 여기에도 해당된다. 집단은 그것의 여리고 취약한 위치에서 기인하는 자기애적 고갈 상태를 예방하기 위해, 일차적으로 한 사람의 자기애적인 남자를 통해서 공유된 과대자기를 만들어 내려고 시도했다.

이 집단은 전오이디푸스적인 역동과 오이디푸스적인 역동의 경계에서 맴도는 것처럼 보일 수 있다. 상담자들에 대한 초점은 전오이디푸스적 부분-대상 역동에 맞추어져 있었다. 상담자들은 구성원들의 자기와 관련해서 그러한 수준의 강도를 다룰 수 있을 만큼 충분한 분화와 통합이 이루어져 있다고 가정했는데, 실은 그렇지 않은 것으로 드러났다.

'이중 경로' (Grotstein, 1981)라는 개념, 즉 대상-관계적이고 통합된 자기(갈등적 충동들을 명료화하고자 추구하는)와 자기애적이고 전오이디푸스적인 자기(위안, 반영, 그리고 파편화 불안으로부터의 안도를 추구하는)가 공존한다는 개념은 여기에서 사용되지 않았다.

직접적으로든 간접적으로든 구성원들이 보고한 정동의 박탈은 자기에 대한 코헛의 관점을 다시 한 번 입증해주는 것으로 보였다. 구성원들은 상담자들과 자기대상 전이들을 확립할 수 없었다. 이러한 전이의 실패로 인해 계속해서 언쟁과 싸움이 반복되던 분열된 집단 안에 차츰 보다 기초적인 형태의 '통일성'이 생겨났다.

이 집단은 자체의 과정에서 신화나 의례를 발견하고 개발하고 사용하지 못했다. 상담자들은 구성원들의 경험을 종합하는 수단으로 신화와 우의의 요소를 도입하려고 시도했지만, 이것은 오히려 구성원들을 두렵게 하거나 동요케 하는 불행한 결과를 가져왔고, 무력감이나 열등감과 같은 수치심의 반응을 불러일으켰다.

이 집단의 자기-대상 집단(self-object group)은 구성원들의 정신 속에서 하나의 새로운 구조로서 형성될 수 없었고, 따라서 정서적인 항구성 또는 집단 안정성의 요소로서 사용되지 못했다. 이 집단은 '담겨져 있지 않고' '융합되지 않은' 상태였기 때문에 그것 자체의 경험을 평가할 수 있을 만한 기초를 갖고 있지 않았다.

반영, 자기와 대상에 대한 공감적 내성, 자기대상 관계의 확립이라는 자기심리학적인 태도들(Kohut, 1985)은 집단에 대한 이해에 있어서, 보다 일관성이 있고 덜 적대적이며 궁극적으로는 훨씬 더 이해하기 쉬운 맥락을 제공해주었을지도 모른다.

# 결론

이쯤에서 본 연구에 사용된 도구와 방법에 대해서 마지막으로 정리해보겠다. 먼저, 도구의 사용은 아주 많은 노력과 분석과 엄격함을 요한다. 이 도구를 임상이나 훈련을 목적으로 사용하는 것은 대집단 내에서 나타나는 '행동'들 각각에 대해 내려져야 하는 복잡한 결정들로 인해 제한받는 것 같다. 이것은 단지 비디오테입을 통해서만 사용될 수 있는 문제를 안고 있다. 이 도구는 주제 분석을 토대로 주관적으로 결정된 '구획'을 위해 재조정하여 사용하는 것이 보다 적절할 것이다. 다수의 평가자들을 사용하는 것도 신뢰성을 보장하는 방법일 수 있다. 타당성은 도구의 설명력에 의해서 입증될 것이다. 그러므로 이 도구를 '초점적 갈등 이론'(Stock and Lieberman, 1962)과 조합하는 것이 필요한 것으로 보인다.

둘째로, 이 도구는 대집단 내의 상호작용들에 대한 과정 분석을 제공한다. 질적인 분석의 추가는 내용 분석에 생생함을 더해주며, 집단 안에서 나타나는 자기와 대상의 변화의 원인이 되는 세력들과 역동들을 밝히는 데 도움을 준다. 이러한 초점적 갈등의 분석은 휘틀리(Whiteley, 1975)가 병원 상황에서 수행한 대집단 연구에서 이미 사용했던 것이기도 하다.

담아주는 것과 담기는 것의 관계는 사고, 자기, 대상을 이해하고 대집단 내의 의사소통의 패턴을 이해하는 데 중요하다. 집단에서 상실된 요소들(구세주와 희생양 모두)을 다시 만들어내기 위해 투사적 동일시를 사용하는 것의 중요성은 아무리 강조해도 지나치지 않다. 집단의 경험을 상징적으로 표상화할 수 있는 능력은 의식 속의 요소들을 분리하여 그것들을 경험의 시공간적 틀 속에 위치시킬 수 있는 능력과 관련되어 있다. 대집단 경험의 많은 부분이 응축되고 구체화된 차원을 갖게 되는 것은, 담아주는 것과 담기는 것이 공존하는 융합 상태 때문으로 이해될 수 있다.

마지막으로, 미래의 연구는 '의사소통으로서의 침묵'(Khan, 1963)의 역할을 고려해야 할 것이다. 이 집단에서 발생한 침묵은 요구와 소망과 욕망을 소통하는 수단이었지만, 압제나 통제를 위한 매개물이기도 했다. 전체 집단의 과정들에 대해 더 나은 통찰을 얻어내기 위해서는, 침묵을 점수화하고 침묵 안에서 일어나는 과정들에 대한 고찰들이 포함되어야 하는데, 이를 위해서 이 도구는 보완되어야 할 것이다.

# 부 록

## 집단 분석 도표

집단 분석 좌표 — I

| 심리내적 체계(Ψ) | | (A) 퇴행한 | | (B) 개별화한 | | (C) 성숙한 | |
|---|---|---|---|---|---|---|---|
| 범주 | 노선 | I<br>근원적 | II<br>원시적 | III<br>중간적 | IV<br>오이디푸스기 | V<br>과제 지향 | VI<br>자기-실현 |
| 1. 대상관계와 자기에 대한 포괄적 견해 | 클라인의 자리 | 점착적 동일시 | 편집-분열적 | 우울적 | | | |
| | 자기의 발달 | 전능적인 경계 없는자기 | 과대자기의 반영을 위한 자기대상 | 이상화된 자기 대상 | 응집적 자기와 자아 이상 | 포부와 이상의 성취 | 절정 경험의 획득 |
| 2. 정동/방어 | 지배적 정동 | 멸절 불안 | 박해불안<br>낯선 이 불안<br>시기심 | 분리불안<br>죄책감의 전조,<br>질투 양가감정 | 거세불안<br>죄책감 | 도덕적 불안 | 알려지지 않은 것에 대한 공포 |
| | 일차적 방어들 | 정신증적:<br>현실 부인<br>왜곡<br>융합 | 경계선적:<br>투사적 동일시<br>분열, 이상화<br>평가절하 | 미성숙한<br>환상속의 부인<br>정동의 고립<br>반동형성 | 신경증적<br>억압 | 성숙한<br>자발성<br>유머<br>이타주의 | 창조성<br>승화<br>자아에 봉사하는<br>퇴행 |
| 3. 동일시와 외재화 | 대상의 기능 | 비움<br>안도<br>접촉<br>연합 | 반영<br>공급물의 원천<br>연속성 | 소유물<br>통제<br>위안 | 욕망<br>동일시 | 성취 | 지혜<br>초월<br>존재 |

| | | | | | | | |
|---|---|---|---|---|---|---|---|
| 4. 환상 | 개인의 감재된 내용 | 자궁과 출생 환상<br>공간인식:<br>광장공포증<br>밀실공포증 | 진입하기<br>탐구하기<br>공격하기<br>훔치기<br>양육받기 | 분리하기<br>통제하기<br>만들기<br>배변하기<br>아기 만들기 | 유혹하기<br>원색장면<br>관찰하기<br>남근과<br>질의 상징 | | |
| 5. 인지적 숙달 | 삐아제의 단계 | 감각-운동 1 | 감각-운동2 | 표상적 또는 직관적 사고 | 구체적 작용 | 형식적 작용 | |
| | 비온의 좌표: 종열 | 베타 요소 | 알파 요소 | 꿈/신화 | 개념 | 과학/연역적 체계 | 대수학적 미분법 |
| 6. 경계와 구조 | 컨버그: 심리구조 | 미분화된 자아-원본능 모체 | 자기대상-정동 단위들<br>분열된 자기와 대상의 표상들 | 자아: 내사물과 동일시물을 둘러싸고 조직된 | 삼중구조 원본능, 자아 초자아 | 정체성 | |
| | 구성원의 역할 | 고립된 환상하는 사람 | 과잉의존<br>반(反)의존<br>구원자<br>희생자 만들기<br>희생양 | 비인격적 요소<br>과잉인격적인<br>반역 지도자 | 유혹자<br>메시아적 영웅 | 지도자<br>추종자<br>생각하는 자<br>직관하는 자 | 대 스승<br>신비가<br>창조자/창시자 |

집단 분석 좌표 II

| 심리내적 체계(Ψ) | | (A) 퇴행한 | | (B) 개별화한 | | (C) 성숙한 | |
|---|---|---|---|---|---|---|---|
| 범주 | 노선 | I<br>근원적 | II<br>원시적 | III<br>중간적 | IV<br>오이디푸스기 | V<br>과제 지향 | VI<br>자기-실현 |
| 1. 대상관계와 자기에 대한 포괄적 견해 | 말러의 분리-개별화 단계 | 정상적 자폐<br>자극장벽 | 공생<br>(부화)<br>분화 | 연습<br>(재충전)<br>재접근 | 분리 그리고 대상항상성을 향하여 | | |
| | | 엄마/유아 이중 단일체 | | | | | |
| 2. 정동/방어 | 대인관계적 관심: 슈츠의 집단발달 이론 | | 포함 | 통제 | 애정 | | |
| | 랑스의 의사소통 스타일 | 유형 C: 멀리 있는, 형태 없는, 기만적인, 비의사소통 | 유형 B: 만족, 안아주기와 담아주기의 추구 | | 유형 A: 상징적, 갈등과 욕동 파생물의 마치 인양 표현 | | |
| 3. 동일시와 외재화 | 외재화 또는 동일시 | 비워냄<br>융합 | 투사적 동일시 | 대리물을 불러내기 | 전치 | | |
| | 외재화 되는 내용 | 마음, 사고, 감정과정 | 부분-대상; 자기대상 | 자아와 초자아 기능 | 기억; 부모 또는 형제자매의 원상 | | |

| | | | | | | | | |
|---|---|---|---|---|---|---|---|---|
| 집단 | 4. 환상 | 내적 삶의 자기노출이 갖는 기능 | 각성<br>타자들과 연합하기<br>일차적 유대 | 피드백<br>신뢰 | 경쟁<br>대표하기 | 억압<br>동일시<br>고백 | 경험의 타당화<br>문화의 전수 | 더 높은 수준의 자기와 정체성 표현 |
| | | 자기노출에 대한 갈등과 장애물 | 자아의 용해에<br>대한 공포 | 실현'에 대한 갈등<br>(말=행위) | 수치심 | 죄책감 | 개인의 욕구 대 집단의 욕구 | |
| 분석 | 5. 인지적 성향 | 의사소통의 수단 | 협응적 운동:<br>동시적 동작 | 전언어적 상호<br>투사와 투사적<br>동일시<br>'원정신적 내용' | 중간 공간과<br>중간 대상 | 상징 | 문화적 제도 | |
| 좌표 | | 비온의<br>사고하는 쌍 | 베타 요소:<br>그 자체로서의<br>사물 | 전개념<br>실현=원개념<br>담는 것/담긴 것 | 사고를 위한 기구<br>PS-D<br>(편집분열-우울)<br>선별된 사실 | | | |
| II | 6. 경계와 구조 | 카릴리오/<br>애쉬바흐:<br>구별 척도 | | 1　　2 | 3 | 4 | 5 | |
| | | 역할 모델링<br>기제 | 수동적<br>수용자 | 투사적/내사적<br>동일시<br>'사로잡힘'<br>마술 | 모방과 놀이 | 입문과<br>'성직 수여'<br>의례 | 훈련 | 정체성 |

집단 분석 좌표 III

| 심리내적 체계(Ψ) | | (A) 퇴행한 | | (B) 개별화한 | | (C) 성숙한 | |
|---|---|---|---|---|---|---|---|
| 범주 | 노선 | I<br>근원적 | II<br>원시적 | III<br>중간적 | IV<br>오이디푸스기 | V<br>과제 지향 | VI<br>자기-실현 |
| 1. 대상관계와 자기에 대한 포괄적 견해 | 집단 수준과 영역(풀크스 개념의 적용 | 자체 우주<br>집단적 이미지<br>신체 부분들 | 미세영역<br>원시대상<br>자기 부분들 | 거대영역<br>전체 대상 | 집단 = 가족 | 집단 = 공동체 | |
| | | 신체정신<br>(somatopsyche)<br>(신체)<br>근원적 수준 | 자체정신<br>(autopsyche)<br>(자기)<br>투사적 수준 | 외부정신<br>(allopsyche)<br>(외부세계)<br>전이수준 | | 현 수준 | |
| 2. 정동/방어 | 집단 분위기/<br>기본 과정 | 싸움 | 싸움/도피<br>의존 | (더 높은 수준: 경쟁) | 짝짓기 | 일 | |
| 3. 동일시와 외재화 | 대상으로서의<br>- 집단 | 공허<br>의존 대상<br>(Kaes의 개념) | 젖가슴<br>일차적 동일시의 배경대상<br>허구적 신체<br>지탱해주기(Kaes) | 분리시기의<br>엄마<br>중간 대상 | 부모와<br>형제자매 | 현실적인'<br>(비-전이적)<br>상호의존적인<br>전체 인간 | |
| | 전체로서의-<br>집단에 대한<br>역전이 | 융합<br>파편화,<br>거리두기 | 의존과 공격성에 대한 갈등 | 한계설정과 개별화의 허용에 대한 분리불안 | 친밀성과 성욕 영역의 갈등적 감정 | 집단 과제를 방해하고 싶은 소망 | 자신의 변화, 성장, 그리고 통제 포기에 대한 두려움 |

| | | | | | | | | |
|---|---|---|---|---|---|---|---|---|
| 집단 | 4. 환상 | 집단 신화의 예들 | 우로보르스 에덴 | 스핑크스 바벨탑 나르시서스 창세기 | 요나 피그말리온과 갈라테아 '타락' | 오이디푸스 프로메테우스 메시아 | | |
| | | 집단 주제들 | 망각 | 탄생 유토피아 선 대 악 | 분리 양성애 | 희생과 애도 | | |
| 분석 | 5. 인지적 숙달 | 집단 '진실 가치' | 자폐적 타당화 전능적 사고 진실과 거짓 사이에 차별 | 진실 전염 (진실 = 공유된 생각의 힘) | 환각 (진실 = 위안을 주는 믿음과 경험에 대한 직관 | 권위 (진실 = 전통과 부분적 견해들에의 복종 | 공동의 타당화 (진실 = 논리적인 사실들의 조직화 | 다중 |
| 좌표 III | 6. 경계와 구조 | | | 사회적 위계 | | | | |
| | | 경계상황과 집단 유형 | 우로보릭 일치감: 군중 | 담아주기를 위한 경계의 시작: 갱, 무리 | 한계와 항상성 조절을 위한 경계: 부족의 연결망, 확장된 가족 | 지위와 세대 간의 경계: 핵가족 | 도덕적 질서를 위한 초자아 경계와 성취: 사회 | 창조성과 자유를 위한 인생 프로젝트: 공동체 |
| | | 집단 역할 구조와 유형 | 섞이고 무리 짓는 역할 | 포함 역할 | 역할의 구조화 | 성화된 그리고 가족 역할 | 촉진적인 역할: a) 과제-지향적 b) 유지-지향 | |

# 참고문헌

[참고: 초판 발행연도가 알려진 경우는 그 연도를 괄호 안에 넣음. 본문에 표시된 페이지 수는 가장 최근 판(여러 판이 있을 경우)을 기준으로 하였음.]


Abraham, K. (1909), 'Dreams and myths,' in *Clinical Papers and Essays on Psychoanalysis*, Brunner/Mazel, New York, reprinted 1955.

Abraham, K. (1924), 'A short study of the development of the libido, viewed in the light of mental disorders,' *Selected Papers on Psychoanalysis*, Hogarth Press, London, 1949, 418-501.

Abraham, K. (1927), *Selected Papers on Psychoanalysis*, Hogarth, London.

Agazarian, Y. (1975), Didactic/experiential course in group dynamics, unpublished seminar, Psychoanalytic Studies Institute, Philadelphia, Pennsylvania.

Agazarian, Y. (1983), 'Some advantage of applying multidimensional thinking to the teaching, process, and outcomes of group psychotherapy,' *International Journal of Group Psychotherapy*, 33, 2:243-7.

Agazarian, Y. and Peters, R. (1981), *The Visible and Invisible Group: Two Perspectives on Group Psychotherapy and Group Process*, Routledge & Kegan Paul, London.

Agazarian, Y. and Wheelan, S. (1984), 'Integrating basic assumptions and work group in group psychotherapy,' workshop presented at the April Scientific Meeting of the Delaware Valley Group Psychotherapy Society, Philadelphia, Pennsylvania.

Ahlin, G. (1986), 'Reaching for the group matrix,' unpublished paper presented at Group Analytic Institute (London).

Aichorn, A. (1935), *Wayward Youth*, Viking Press, New York.

Alexander, F. (1925), 'A metapsycholgocal description of the process of cure,' *The Scope of Psychoanalysis, 1921-1961: Selected Papers of Franz Alexander*, Basic Books, New York, 1961, 205-24.

Amacher, P. (1965), 'Freud' s neurological education and its influence on Psychoanalytic theory,' *Psychological Issues*, 4, 4, Monograph 16, International Universities Press, New York.

Angyal, A. (1965), *Neurosis and treatment: A Holistic Theory*, The Viking Press, New York

Anthony, E. J. (1967), 'The generic elements in dyadic and group psychotherapy,' *International Journal of Group Psychotherapy*, 17:57-70.

Anzieu, D. (1980), 'Groupe comme entité,' Introduction to Panel Discussion, International Congress of Group Psychotherapy, Copenhagen, August 1980.

Aponte, Harry (1974), *Demonstration of family therapy, Philadelphia Child Guidance Clinic, Workshop presentation, unpublished.*

Arlow, J.A., 'Ego psychology and the study of mythology,' *Journal of the American Psychoanalytic Association*, 1961, 9:371-93.

Arsenian, J. and Semrad, E. (1967), 'Individual and group manifestations,' in *International Journal of Group Psychotherapy*, 17:82-97.

Asch, S.E., 'Studies of independence and conformity: a minority of one against a unanimous majority,' *Psychological Monographs*, 1956, 70, No. 9(whole no. 416).

Ashbach, C.J. (1986), 'Self/Social Matrix-Ashbach Group Version investigation of object relations in a Tavistock large group,' Unpublished doctoral dissertation, Temple University Phila., Pa.

Ashbach, C. and Schermer, V. (1978), 'Group development - an object relations perspective,' papers presented at the Fourth National Conference on the Teaching of Group Psychology, Philadelphia, February 1978. Published in *Journal of the Melanie Klein Society*, 1,2(December, 1983) 187-90.

Ashbach, C. and Schermer, V. (1979), 'An object relations framework for group psychotherapy,' Section papers, American Group Psychotherapy Association Annual Conference, New York City.

Ashbach, C. and Schermer, V., coleaders (1980), Object relations theory and group: a state of the art round table discussion. Panelists: Yvonne Agazarian, William Fawcett-Hill, Malcolm Pines, Lance Wright. Sixth National

Conference about the Teaching of Group Psychology: Theory and Practice, Philadelphia, Pennsylvania.

Bachelard, G. (1964), *The Poetics of Space*, The Beacon Press, Boston, 1969.

Bales, R.F. (1970), *Personality and Interpersonal Behavior*, New York, Holt.

Bales, R.F. and Strodtbeck, F.L. (1951), 'Phases in group problem solving', *Journal of Abnormal and Social Psychology*, 9, 485-95.

Balint, M. (1959), *Primary Love and Psychoanalytic Technique*, London, Tavistock

Balint, M. (1968), *The Basic Fault*, Brunner-Mazel, New York, 1979.

Bateson, G. (1972), *Steps to an Ecology of Mind*, Ballantine, New York.

Benedict, R. (1934), Patterns of Culture, Houghton Mifflin, Boston.

Bennis, W.G. (1961), 'Defenses against "depressive anxiety" in groups: the case of the absent leader,' *Merrill-Palmer Quarterly*, 7, 3-29.

Bennis, W.G. and Shepard, H.A. (1956), 'A theory of group development,' *Human Relations*, 9:415-37.

Bertalanffy, L. von (1966), 'Generaly Systems theory and psychiatry,' *American Handbook of Psychiatry*, S. Arieti (ed.), Basic Books, New York, 705-17.

Bertalanffy, L. von (1968), *General Systems Theory*, George Braziller, New York.

Bertalanffy, L. von (1969), 'Chance or law,' in Koestler, A. (ed.) *Beyond Reductionism - New Perspectives in the Life Sciences*, Beacon Press, Boston.

Bick, E. (1968), 'The experience of the skin in early object relations,' *International Journal of Psychoanalysis*, 49:484-56

Bion, W.R. (1950), 'The imaginary twin,' *Second Thoughts*, Heinemann, London, 1967.

Bion, W.R. (1959), *Experiences in Groups*, Basic Books, New York, London-Tavistock. Reprinted, New York, Ballantine Books, 1974.

Bion, W.R. (1965), *Transformations*, Heinemann, London.

Bion, W.R. (1967), *Second Thoughts*, Heinemann, London.

Bion, W.R. (1970), *Attention and Interpretation*, Tavistock, London.

Bion, W.R. (1977a), *Seven Servants - Four Works* by W.R. Bion, Jason Aronson, New York.

Bion, W.R. (1977b), T*wo Papers: The Grid and Caesura*, Imago Editora, Rio de Janeiro.

Bird, B. (1972), 'Notes on transference - universal phenomenon and hardest part of analysis,' *Journal of the American Psychoanalytic Association*, 20, 267-301.

Blanck, G. and Blanck, R. (1974), *Ego Psychology: Theory and Practice,* Columbia University Press, New York.

Boden, M.A. (1980), *Jean Piaget*, Penguin Books, Harmondsworth.

Bohr, N. (1958), *Atomic Physics and the Description of Nature*, John Wiley, New York.

Boles, R. (1970), *Personality and Interpersonal Behavior*, Holt, Reinhart and Winston, New York.

Bower, T.G.R. (1977), *A Primer of Infant Development*, W.H. Freeman, San Francisco.

Boyd, R. (1980), Personal communication.

Brazelton, T.B. and Als, H. (1979), 'Four early stages in the development of mother-infant interactions,' *The Psychoanalytic Study of the Child*, 34:349-69.

Brown, L. (1982), 'Borderline personality organization and the transition to the depressive position,' unpublished paper.

Bruner, J. (1968), 'Myth and identity', in Murray, H. (ed.) *Myth and mythmaking*, Beacon Press, Boston.

Campbell, J. (1983), *Historical Atlas of World Mythology*, Harper and Row, San Francisco.

Carrilio, T. (1978), 'Placement of the borderline/narcissistic personality on a continuum of mental health', unpublished doctoral dissertation, Bryn Mawr Cllege, Department of Social Work, Bryn Mawr, Pennsylvania.

Cartwright, D. and Zander, A. (1953), *Group Dynamics*, Harper and Row, New York.

Cassirer, E. (1953) [1946], *Language and Myth*, Dover Publications, New York.

Chein, I. (1946), 'Personality and typology,' in P.L. Harriman (ed.) *Twentieth Century Psychology*.

Chessick, R. (1977), *Intensive Psychotherapy of the Borderline Patient*, Jason Aronson, New York.

Coles, R. (1983), 'A passionate commitment to experience' (book review of Barzun, J., A Stroll with William James, Harper and Row, New York, 1983), *The New York Times Book Review*, May 29.

Colman, A.D. (1975), 'Group consciousness as a developmental phase,' in Colman, A.D. and Bexton, W.H., *Group Relations Reader,* A.K. Rice Institute Series, Washington, 35-42.

Colman, A.D. and Bexton, W.H. (1978), *Group Relations Reader*, A.K. Rice Institute Series, Washington.

Day, M. (1967), 'The natural history of training groups,' *International Journal of Group Psychotherapy*, 17:436-46.

Dell, P.F. (1982), 'Family theory and the epistemology of Humberto Maturana,' in Kaslow, F.W. *The International Book of Family Therapy*, Brunner/Mazel, New York, 1982. Reprinted in Family Therapy Networker, July-August, 1982, 26, 39-41.

de Mare, P.B. (1972), *Perspectives in Group Psychotherapy: A Theoretical Background*, Science House, New York.

de Schill, Stefan (ed.) (1974), *The Challenge for Group Psychotherapy*, International Universities Press, New York.

Devereux, G. (1980), 'Freud, discover of the principle of the complementarity ( a serious inaccuracy of translation in the Standard Edition),' *International Review of Psychoanalysis*, 7:521.

Dunphy, D. (1974) [1968], 'Phases, roles and myths in self-analytic groups,' *Journal of Applied Behavioral Science*, 4:195-225. Reprinted in abridged form in Gibbard, G., Hartmann, J., and Mann, R. *Analysis of Groups*, Jossey-Bass, San Francisco, 1974.

Durkin, H. (1964), *The Group in Depth*, International Universities Press, New York, 1972

Durkin, H. (1974), 'Theoretical foundations of group psychotherapy-I,' in *The Challenge for Group Psychotherapy*, International Universities Press, New York.

Durkin, J. (1980), 'Boundarying: the structure of autonomy in living groups,' Seventh Annual Ludwig von Bertalanffy Memorial Lecture; Society for General Systems Research Annual Convention, San Francisco.

Eliade, M. (1960), *Myths, Dreams and Mysteries*, Harper, New York.

Elbirlik, K. (1983), 'The mourning process in group therapy,' *International Journal of Group Psychotherapy*, 33, 2:215-27

Elmhirst, S. (1980), 'Transitional objects in transition,' *International Journal of Psychoanalysis*, 61:367-73.

Erickson, E.H. (1950), *Childhood and Society*, W.W. Norton, New York.

Erickson, E.H. (1959), 'Identity and the life cycle,' *Psychological Issues*, Monograph I, International Universities Press, New York.

Esterson, A. (1972), *The Leaves of Spring*, Penguin Books, London.

Ezriel, H. (1950), 'A psychoanalytic approach to group treatment,' *British Journal of Medical Psychology*, 23:59-74. Reprinted in Scheidlinger, S (ed.), *Psychoanalytic Group Dynamics: Basic Readings*, International Universities Press, New York, 1980, 109-46.

Ezriel, H. (1952), 'Notes on psychoanalytic group psychotherapy: II,' *Psychiatry*, 15:119-26.

Ezriel, H. (1973), 'Psychoanalytic group therapy' in Wolberg, L.R., and Schwartz, E.K., *Group Therapy*, Intercontinental Medical Book Corporation, New York.

Fairbairn, W.R. (1952), *Psychoanalytic Studies of the Personality*, Routledge & Kegan Paul, London.

Fantz, R. L. (1961), 'The origin of form perception,' *Scientific American*, 204:66-72.

Federn, P. (1926-1952), *Ego psychology and the Psychoses*, Basic Books, New York, 1952.

Fenichel, O. (1945), *The Psychoanalytic Theory of Neurosis*, W.W. Norton & Co., New York.

Ferenczi, S. (1913), 'Stages in the development of a sense of reality,' *Sex in Psychoanalysis*, Dover Publications, New York, 1956.

Ferenczi, S. (1952), *First Contributions to Psychoanalysis*, Hogarth, London.

Ferschtut, G. (1980), Personal communication - VIIth International congress of Group Psychotherapy, copenhagen.

Festinger, L. (1957), *A Theory of Cognitive Dissonance*, Rowe, Peterson, Evanston.

Fornari, F. (1974), *The Psychoanalysis of War*, Anchor Books, New York, 1966.

Foulkes, S.H. (1948), *Introduction to Group-Analytic Psychotherapy*, Maresfield Reprints, London.

Foulkes, S.H. (1964), *Therapeutic Group Analysis*, International Universities Press, New York, 1965.

Foulkes, S.H. and Anthony, E.J. (1957), *Group Psychotherapy: The Psychoanalytic Approach*, Second edition with revisions, Penguin Books, Harmondsworth, 1973.

Fraiberg, S. (1977), *Every Child's Birthright: In Defense of Mothering*, Basic Books, New York.

French, T.M. (1952), *The Integration of Behavior I and II*, University of Chicago Press, Chicago.

Freud, A. (1936), *The Ego and the Mechanisms of Defense*, The writings of Anna Freud, II, International Universities Press, New York, 1974.

Freud, A. (1965) *Normality and Pathology in Childhood*, The writings of Anna Freud: VI, International Universities Press, New York.

Freud, A. & Dann, S. (1951), 'An experiment in group upbringing,' in Freud, A., *Writings*, 4: 163-229, International Universities Press, New York, 1968.

Freud, S. (1900), 'The Interpretation of Dreams,' *Standard Edition*, 5, 339-665.

Freud, S. (1912), 'The dynamics of transference,' *Standard Edition*, 12:97-108. Reprinted in Langs, R., *Classics in Psychoanalytic Technique*, Jason Aronson, 1981, New York, 3-8.

Freud, S. (1913), 'Totem and taboo,' *Standard Edition*, VIII:1-164.

Freud, S. (1914), 'On narcissism: an introduction,' *Standard Edition*, 14:67-104.

Freud, S. (1917), 'Mourning and medlancholia,' *Standard Edition*, 14:237-60.

Freud, S. (1921), 'Group psychology and the analysis of the ego,' *Standard Edition*, 18:67-135.

Freud, S. (1924), 'The dissolution of the Oedipal complex,' *Standard Edition*, 19:172-9.

Freud, S. (1930), 'Civilization and its discontents,' *Standard Edition,* 21:59-149.

Friedemann, A. (1974), 'Theoretical foundations of group psychotherapy-II,' in de Schill, S. (ed.), *The Challenge for Group Psychotherapy*, International Universities Press, New York.

Ganzarain, R. (1977), 'General systems and object-relations theories: their usefulness in group psychotherapy,' *International Journal of Group Psychotherapy*, 27, 4:441-56.

Gedo, J. (1979), *Beyond Interpretation*, International Universities Press, New York.

Gedo, J. and Goldberg, A. (1973), *Models of the Mind*: A Psychoanalytic Theory, The University of Chicago Press, Chicago, 1976.

Gelwick, R. (1977), *The Way of Discovery: An Introduction to the Thought of Michael Polanyi*, Oxford University Press, New York.

Gibbard, G. (1974), 'Individuation, fusion, and role specialization' in Gibbard, G., Hartman, J. and Mann, R. (eds), *Analysis of Groups*, Jossey-Bass, San Francisco, 247-66.

Gibbard, G. and Hartman, J. (1973), 'The significance of utopian fantasies in small groups,' *Behavioral Science*, 18:335-53.

Gibbard, G. and Hartman, J., and Mann, R. (eds) (1974), *Analysis of Groups*, Jossey Bass, San Francisco.

Giovacchini, P. (1967), 'The Fronzen introject,' *International Journal of Psychoanalysis,* 48:61-7.

Giovacchini, P. (1979), *The Treatment of Primitive Mental States*, Jason Aronson, New York.

Glover, E. (1930), 'Grades of ego-differentiation', *The International Journal of Psychoanalysis*, Vol. XI, 1, January.

Glover, E. (1939), *Psychoanalysis*, John Bale Medical Publishing, London.

Glover, E. (1955), *The Techniques of Psychoanalysis*, International Universities Press, New York.

Goffman, E. (1959), *The Presentation of Self in Everyday Life*, Doubleday, New York.

Goffman, E. (1979), *Gender Advertisements*, New York, Harper Colophon.

Gorer, G. (1943), 'Themes in Japanese culture,' *Transactions of the New York Academy of Science*, Series II, 5, 5, 106-24.

Green, a. (1978), 'Potential space in psychoanalysis: the object in the setting,' in Grolnick, S.A. and Barkin, L. (eds) in collaboration with Muensterberger, W., *Between Reality and Fantasy: Transitional Objects and Phenomena*, Jason Aronson, New York, 169-89.

Greenacre, P. (1958), 'Early physical determinants in the developments of the sense of identity,' *Journal of the American Psychoanalytic Association*, 6, 612:27.

Greenson, R. (1971), 'The "real" relationship between the patient and the psychoanalyst,' in Kanzer, M. (ed.), *The Unconscious Today*, International Universities Press, New York, 213-32. Reprinted in Langs, R. (ed.), *Classics in Psychoanalytic Technique*, Jason Aronson, New York, 1981, 87-96.

Grinberg, L., Sor, D., and de Bianchedi, E. (1977), *Introduction to the Work of Bion*, Jason Aronson, New York.

Grolnick, S.A. and Barkin, L. (eds.), in collaboration with Muensterberger, W. (1978), Between Reality and Fantasy: *Transitional Objects and Phenomena*, Jason Aronson, New York.

Grotstein, J.S. (1978a), 'Freud and Klein: Divergencies within a continuum,' Psychotherapy Tape Library, New York.

Grotstein, J.S. (1978b), 'Inner space: its dimension and coordinates,' *International*

*Journal of Psychoanalysis*, 59, Part I, 55-61.

Grotstein, J.S. (1979a), 'Demoniacal possenssion, splitting, and the torment of joy: a psychoanalytic inquiry into the negative relation, unanalyzability, and psychotic states,' *Contemporary Psychoanalysis*, 15,3:407-45.

Grotstein, J.S. (1979b), 'The psychoanalytic concept of the borderline personality organization,' in LeBoit, J. and Capponi, A. (eds), *Advances in the Psychotherapy of the Borderline Patient*, Jason Aronson, New York, 149-83.

Grotstein, J.s. (1979c), 'Who is the dreamer who dreams the dream and who is the dreamer who understands it: a psychoanalytic inquiry into the ultimate nature of being,' *Contemporary Psychoanalysis*, 15:110-69.

Grotstein, J.S. (1980a), 'The significance of Kleinian contributions to psychoanalysis: I. Kleinian instinct theory,' in Langs, R. (ed.) *International Journal of Psychoanalytic Psychotherapy*, 8:375-92.

Grotstein, J.S. (1980b), 'The significance of Kleinian contributions to psychoanalysis: II. Freudian and Klein conceptions of early mental development,' in Langs, R. (ed.), *International Journal of Psychoanalytic Psychotherapy*, 8:393-428.

Grotstein, J.S. (1981a), 'Wilfred R. Bion: the man, the psychoanalyst, the mystic - a perspective on his life and work,' in Grotstein, J.S. (ed.), *Do I Dare Disturb the Universe?* A Memorial to W.R. Bion, Caesura Press, Beverly Hills.

Grotstein, J.S. (1981b), *Splitting and Projective Identification*, Jason Aronson, New York.

Grotstein, J.S. (1982), 'The dual track theorem: Part I: draft for publication.

Grotstein, J.S. (1983), Personal communcation.

Grotstein, J.S. (ed.) (1981), *Do I Dare Disturb the Universe? A Memorial to W. R. Bion*, Caesure Press, Beverly Hills.

Guntrip, H. (1961), *Personality Structure and Human Interaction*, International Universities Press, New York.

Guntrip, H, (1969), *Object Relations and the Self*, International Universities Press, New York.

Guntrip, H. (1971), *Psychoanalytic Theory, therapy, and the Self*, Basic Books, New York.

Haley, J. (1963), *Strategies of Psychotherapy*, Grune and Stratton, New York, 1972.

Haley, J, and Hoffman, L. (1967), *Techniques of Family Therapy*, Basic Books, New York.

Hamilton, E. (1940), *Mythology*, New American Library, New York.

Hannah, S. (1984), 'Countertransference in in-patient group psychotherapy_ implications for technique, ' *International Journal of Group Psychotherapy*, 34, 257-72.

Hare, A.P. (1976), *Handbook of Small Group Research*, The Free Predd, New York.

Hartman, J, and Gibbard, G. (1974), 'Anxiety, boundary evolution, and social change,' in Gibbard, G., Hartman, J., and Mann, R. (eds), *Analysis of Groups*, Jossey-Bass, SanFrancisco, 154-76.

Hartmann, H. (1958), *Ego Psychology and the Problem of Adaptation*, International Universities Press, New York, 1964.

Hausgjerd, S. (1983), 'Toward a thory for milieu treatment of hospitalized and borderline patients,' receibed as a to-te-published manuscript.

Hill, W. F. and Gruner, L. (1973), 'A study of development I open and closed groups,' *Small Group Behavior*, 4:355-81.

Homeir, A. (1983), 'The influence of Ferdinand de Saussure on Claude Levi-Strauss and their cultural context,' un;ublishe paper, University of Pennsylvania, Philadelphia.

Hopper, E. (1984), 'Group analysis: the problem of context,' in *International Journal of Group Psychotherapy*, 34,2:173-200.

Hopper, E. and Weyman, A. (1975), 'A sociological view of large gorups,' in Kreeger, L. (ed.), The Large Group: Dynamics and Therapy, Peacock, Ithaca, Ill.

Horwitz, L. (1983), 'Projective identification in dyads and group' in *International Journal of Psychoanalytic Psychotherapy*, 33,3:259-79.

Hunt, J.McV. (1965), 'Traditional personality theory in the light of recent evicence,' *American Scientist*, 53,1:80-96.

Huxley, A. (1959), *The Doors of Perception*, Penguin, Harmondsworth.

Issacs, S. (1972), *Social Development in Young Children*, Schocken Books, New York.

Jacobson, E. (1964), *The Self and the Object World*, International Universities Press, new York.

Jacobson, E. (1971), *Depression: Comparatiove Studies of Normal, Neurotic, and Psychotic Behavior*, International universities Press, New York.

James, C. (1980a), 'Panel on object relations thory and its application to group analysis and group psychotherapy,' chairman's position paper(unpublished), VII Internationa Congresso fGroup Psychotherapy, Copenhagen.

James, C. (1984), 'Bion's "containing" and Winnicott's "holding" in the context of the group matric,' *International Journal of Group Psychotherapy*, 34,2:201-14.

Jaques, E. (1955), 'Social systems and a dedense against persecutory and depressive anxiety,' in Klein, M., Heimann, P., and Money-Kyrle, R.(eds.), *New Derections in Psychoanalysis*, tavistock, London, 479-98. Reprinted in Gibbard, G., hartman, J.m and Mann, R. Analysis of Groups, Jossey-Bass, San Francisco, 1974, 277-99.

Kaes, R. (1976), 'Analyse intertransferentielle. Function alpha et group conteneur,' *L'Evolution Psychiatrique*, 2:339-47.

Kaes, R. (1982a), Group anaylisis of individual mental structures: a few theoretical consequences concerning the individual and the group,' in Pines, M. and Rafaelson, L., *The Individual and the Group*, Plenum Press, new York and London.

Kaes, R. (1982b), 'Identification multiple, personne conglomerat, moi groupal: aspects de la pensée freucienne sur les group internes,' *Bulletin de psychologie*, 37, #363:113-20.

Kanzer, M. (1979), 'Object relations theory: an introduction,' *Journal of the American Psychoanalytic Association*, 7,2:313-26.

Kauff, P. (1977), 'The ternination process: its relationship to the separation-individuation phase of development,' *Internation Journal of Group PPsychotherapy*, 27,1:3-18.

Kauff, P. (1979), 'Diversity in analytic group psychotherapy: the relationship between theoretical concepts and technique,' *Interantional Jounal of Group Psychotherpy*, 29,1:51-65.

Kauff, P. (1983), Discussion, *International Journal of group Psychotherapy*, 33(2):193-8.

Kernberg, O. (1975), *Borderline Conditions and Pathological Narcissism*, Jason Aronson, New York.

Kernberg, O. (1977a), 'Boundaries and structure I love relations,' *Journal of the American psychoanalytic Association*, 25:81-114.

Kernberg, O. (1977b), 'Large group processes: psychoanalytic understanding and applications,' Psychoanalytic Knowledegl of group Processe, panel, Fall meeting of the american Psychoanalytic Association, New York City, December 1977.

Kernberg, O. (1978), 'Leadership and organizational functioning: organizational regression,' *International Journal of Group Psychotherapy*, 21,1:3-25.

Kernberg, O. (1979), 'The contributions of edith Jacobson- an overview,' *Journal of the American Psychoanalytic Association*, 27,793-819.

____________(1980), *Internal World and Extenal Reality*, Aronson, New York.

____________(1984), The couch at sea: psychoanalytic studies of group and organizational leadership,' *International Journal of Group Psychotherapy*, 34,1:5-23.

Kebel, H. (1978), 'The rationale for the use of grou psychotherapy for borderline patients on a short-term unit,' *International Journal of Group Psychotherapy*, 28,3:339-58.

Kibel, l. and Stein, A. (1981), 'The group-as-a-whole approcah: an appraisal,' *International Journal of Group Psychotherapy*, 31(4):409-27.

Kissen, M. (1980), 'General systems theory: practical and theoretical implications for group intervention,' *Group*, 4,1:29-39.

Klein, M. (1930), 'The importance of symbol formation in the development of the ego,' *Love, Guilt, and Reparation and other Works* 1921-1945, Delta, New York, 1977, 219-32.

__________(1935), 'A contribution to the genesis of manic-depressive stated,' *Love, Guilt, and Reparation and Other Works* 1921-1945, Delta, New york, 1977, 262-89.

__________(1946), 'Notes on some schizoid mechanism,' *Envy and Gratitude and Other Works*: 1946-1963, Delta, New York, 1977, 1-24.

__________(1957), *Envy and Gratitude and Other Works*: 1946-1963, delta, New York, 1977.

__________(1958), 'On the development of mental functioning, *Envy and gratitude and Other Works*: 1946-1963, Delta, New York, 1977, 247-63.

__________(1959), "Our adult world and its roots in infancey,' *Envy and Gratitude and Other Works*: 1946-1963, Delta, New York, 1977, 247-63.

__________(1975), *Love, Guilt, and Reparation and Other Works*: 1921-1945, Delta, New york, 1977.

__________, Heimann, p. and Money-Kyrle(eds)(1955), *New Directions in Psychoanalysis,* Tavistock, London.

Koestler, A.(ed)(1969), Beyond Reductionism: *New Perspectives in the Life Sciences*, Beacon press, Boston.

Kohut, H.(1971), *The Analysis of the Self*, International Universities Press, new York.

__________(1977), *The Restoration of the Self*, International Universities Press, New York.

__________(1985), *Self Psychology and the Humanities*, W.W. Norton & Co., New York.

Kreeger, L. (1975), *The large Group: dynamics and Therapy*, F.E. Peacock, Itasca, Illinois.

Kris, E. (1952), *Psychoanalytic Explorations in Art*, New York, International Universities Press.

Kuhn, T. (1970), The Structure of Scientific Revolutions, second edition, *International Encyclopedia of Universal Science*, 2:2, University of chicago Press, Chicago.

LaBarre, W. (1945), 'Some observations on character structure in the orient: the Japanese,' *Psychiatry*, 8:319-42.

Lacan, J. (1949), 'The mirror stage as formative of the function of the I as revealed in psychoanalytic expericence,' *Ecrits*: A Selecton,m W.W. Norton, 1977, New York, 1-7.

__________(1968), *The Language of the Self*, Delta, New York.

__________(1977), *Ecrits: A Selectoon*, E.W. Norton, New York.

Laing, R.D. (1959), The divided Self, Penguin Books, harmaondsworth, 1971.

__________(1967), *The Politics of Experience*, Ballantine Books, New York.

Langs, R. (1976a), *The Bipersonal Field*, Jason Aronson, New York.

__________(1976b), *The Therapeutic Interaction* - Volume 1: Abstracts of the Psychoanalytic Literature, Jason Aronson, New York.

__________(1976c), *The Therapeutic Interaction*: Volume II: A Critical Overview and synthesis, Jason Aronson, New York.

__________(1978), 'Some communicative properties of the bipersonal field,' *International Journal of Psychoanalytic Psychotherapy*, 7:89-136, Jason Aronson, New York.

_________(ed.)(1980), *International Journal of Psychoanalytic Psychotherapy*, 8.

_____________(1981), *Classics in Psychoanalytic Technique*, Jason Aronson, New York.

Lasch, C. (1978), *The Culture of Narcissism*- American Life in an Age of Diminishing Expectations, W.W. Norton, New York.

Lax, R., Bach, S., and Burland, J.A. (eds),(1980), *Rapprochement: The critical Subphase of Separation-Individuation*, New york, Jason Aronson.

Leaky, R.E. and Lewin, R.(1977), *Origins: The emergence and evolution of our Species and Its possible Future*, E.P. Dutton, New York, 1982.

Levi-Strauss, C. (1979), *Structural Anthropology*, Penguin Books, Harmondsworth.

Lewin, K. (1951), *Field Theory in Social Science*, Harper and Row, New York.

Lichtenberg, J.D. (1981), 'Implications for psychoanalytic theory of research on the neonate,' *International Review of Psychoanalysis*, 8:35-53.

Lichtenstein, H. (1961), 'Identity and sexuality: a study of their interrelationship in man, *Journal of the American Psychoanalytic Association*, 9:179-260.

________________(1977), *The Dilemma of Human Identity*, Jason Aronson, New York.

Lidz, T., Cornelison, A., Fleck,S., and Terry, D. (1957), 'The intrafamilial environment of schizophrenic patients: II marital schism and marital skew', *American journal of Psychiatry*, 114,241-8.

Lidz, T., Fleck, S., and cornelison, A.R. (1965), *Schizophrenia and the Family*, New York, International Universities Press.

Lieberman, M, (1967), 'The implications of total group phenomena analysis for patients and therapists', *International Journal of Group psychotherapy*, 17:71-81.

Loewald, H. (1970), 'Psychoanalytic theory and the psychoanalytic process,' *Psychoanalytic Study of the Child*, 25:45-68.

Loewald, H. (1971), 'On motivation and instinct theory,' *Psychoanalytic Study of the child*, 26:91-127.

Loewald, H. (1979), 'The waning of the Oedipal Complex,' *Journal of the American Psychoanalytic Association*, 27, 751-75.

Loewald, H. (1982), 'The Oedipal Complex', paper presented at winter meeting of the American Psychoanalytic Association Philadelphia.

Lyth, O. (1980), 'Obituary: Wilfred Ruprecht Bion (1897-1979),' *International Journal of Psychoanalysis*, 61:269-73.

McDevitt, J. (1979), 'Internalization and object relations, '*Journal of the American Psychoanalytic Association*, 27,345-60.

Mahler,M. (1968), 'On Human Symbiosis and the Vicissitudes of Individuation, I, *Infantile Psychosis*, International Universities Press, New York.

Mahler, M.(1979), *The Selected Papers of Margaret S. Mahler*, 2 Vol, Jason Aronson, New York.

Mahler, M., Pine, F., and Bergman, A. (1975), *The Psychological Birth of the Human Infant*, Basic Books, New York.

Main, T. (1975), 'Some psychodynamics of large groups,' in Kreeger, L. (ed), *The Large Group: Dynamics ane Therapy*, Peacock, Itasca, Illinois.

Major, R. (1980), 'The voice behind the mirror,' *International Review of Psychoanalysis*, 7:459-68.

Malan, D.H., Bafour, F.G.H., Hood, B.G., and Shooter, A.M.N. (1976), '*Group Psychotherapy: A long-term follow-up study*,' Archives of General Psychiatry, 33:1303-15.

Malinowski, B.(1971[1926]), *Myth in Primitive Psychilogy*, Negro Universities Press, Westport, Conn.

Mann, R., Gibbard, G. and Hartman, J. (1967), *Interpersonal Styles and Group Development*, John Wiley, New York.

Maslow, A.H. (1954), *Toward a Psychology of Being*, Van Nostrand Reinhold, New York.

Masterson, J.F. (1976), *Psychotherapy of the Borderline Adult: A Developmental Approach*, Brunner-Mazel, New York.

Masud-Khan, M.(1974), *Privacy and the Self*, Hogarth Press, London.

Maturana, H.R. (1975), 'The organization of the living: a theory of the living organization,' *International Journal of Man-Machine Studies*, 7:313-32.

Maturana, H.R. (1978), 'Biology of language: the epistemology of reality,' *Psychology and Biology of Language and Thought: Essays in Honor of Eric Lenneberg*, Academic Press, 2:27-63.

Meissner, W.W. (1979),' Internalization and objecr relations,' *Journal of the American Psychoanalytic Association*, 27,2,345-60.

Meissner, W.W. (1980a), 'A note on projective identification,' *Journal of the Americn Psychoanalytic Association, 28,1:43-67.*

Meissner, W.W. (1980b), 'The problem of internalization and structure formation,' *International Journal of Psychoanalysis,* 6:237-48.

Meltzer, D. (1975),' Adhesive identification,' *Contemporary Analysis*, 11:289-310.

Menzies, I. (1967),' A case-study in the functioning of social systems as a defense against anxiety,' in Colman, A.D. and Bexton, W.H. (eds), *Group Relations Reader*, GREX, Sausalito, 1975.

Merleau-Ponty, M. (1964), The Primacy of Perception (Edie, J.M.,ed.), Evanston, Northwestern University Press.

Miller, E.J. and Rice, A.K. (1967), *Systems of Organization*, Tavistock, London. Selections reprinted in Colman, A. and Bexton, W.H. (eds), Group Relations Reader, A.K. Rice Institute Series, Washington, 1975, 43-68.

Money-Kyrle, R.E. (1941), 'The Psychology of Propaganda,' *British Journal of Medical Psychology*, 19 ff.

Money-Kyrle, R. (1950),' Varieties of group formation,' *Psychoanalysis and the Social Sciences*, International Universities Press, New York.

Moreno, J.L. (1953), *Who Shall Survive?*, Beacon House, Beacom, NY.

Moreno, J.L. (1954), 'Interpersonal theory, group psychotherapy, and the functuon of the unconscious,' *Group Psychotherapy*, 7, 191-204.

Napolitani, D. (1980), 'Beyond the individual. The relationship between group and subjectivity in a group analytic perspective,' unpublished paper.

Neumann, E. (1949), *The Origins and History of Consciousness*, Princeton Unversity Press, Princeton, 1973.

Ornstein, P. (1981),' The bipolar self in the psychoanalytic treatment process: clinical-theoretical considerations,' *Journal of the American Psychoanlytic Association,* 29,2:353-75.

Parens, H. (1980), 'An exploration of the relations of instinctual drives and the symbiosis/separation-individuation process,' *Journal of the American Psychoanalytic Association*, 28,1:89-114.

Piaget, J. (1962), *Play, Dreams and Imitation in Childhood*, W.W, Norton, New York.

Pine, F. (1981), 'In the beginning: contributions to a psychoanalytic developmental psychology,' *International Review of Psychoanalysis*, 8:15-33.

Pines, M. (1975), 'Overview' in Kreeger, L. (ed.), *The large Group: Dynamics and Therapy*, F.E. Peacock, Itasea, Illinois.

___________(1980a), 'Group psychotherapy-frame of reference for training,' in DeMoor, W. and Wijngaarder, H. (eds) *Psychotherapy: Research and Training*, Elsevier: North-Holland Biomedical press.

___________(1980b), 'Object relations theory and grou: a state of the art round-table discussion. Panel co-chaired by Ashbach, C. and Schermer, V., Sixth National Conference on the Teaching of group Psychology: theory and Practice, Temple University, Philadelphia, PA.

___________(1982), 'On mirroring in group psychotherapy,' *Group Therapy Monograpy* No.9, New York, Washington Square Institute for Psychotherapy and Mental Health.

___________(1983), 'Psychoanalysis and group analysis,' *International Journal of Group Psychotherapy*, 33,2:155-70.

___________(1984a), Discussion (Symposium: Application of modern British psychoanalytic theory to group psychotherapy), *International Journal of Group Psychotherapy*, 34,2:225-811,27-42.

_____________(1984b), 'Reflections on mirroring,' *International Journal of Group Psychotherapy*, 11,27-42.

Pribram, K. (1969), 'The neurophysiology of remembering' *Scientific American*, 220,1:73.

Rank, O. (1973[1929]), *The Trauma of Birth*, Harper, New York.

Redl, F. (1942), 'Group Emotion and Leadership,' *Psychiatry*, 5:573-96. Reprinted in Scheidlinger, S.(ed) (1980), *Psychoanalytic Group Dynamics-Basic Readings*, International Universities Press, New York, 15-68.

Rice, A.K. (1965), *Learning for Leadership*, Tavistock, London. Selections in Colman, A.D. and Bexton, W.H. (eds), *Group Relationjs Reader*, A.K. Rice Institute Series, Washington, 1975.

Rickman, J. (1951), 'Methodology and research in psychopathology.' *Selected Contributions to Psychoanalysis*, Basic Books, New York, 207-17.

Rieff, P. (1959), *Freud, the Mind of the Moralist*, Anchor Books, New York.

_________(1966), *The Triumph of the Therapeutic*, Harper, New York.

Rioch, M.J. (1970), 'The work of Wilfred Bion on groups,' *Psychiatry*, 33:56-66.

__________(1975), '"All we like sheep-"(Isaiah 53:6): followers and leaders,' in Colman, A.D. and Bexton, W.H. (eds) *Group Relations Reader*, A.K. Rice Institute Series, Washington, 159-78.

Roheim, G. (1934), *The Riddle of the Sphinx.*

__________(1943), *The Origin and Function of Culture*, Doubleday, New York, 1971.

Ruesch, J. and Bateson, G. (1951), *Communication: The Social Matrix of Psychiatry*, W.W. Norton, New York, 1968.

Rycroft, C.A *Critical Dictionary of Psychoanalysis*, Littlefield, Adams, Totowa, 1973.

Sandler, J. and Sandler, A.M. (1978), 'On the development of object relationships and affects,' *International Journal of Psychoanalysis*, 59:285-96.

Saravay, S.M. (1978), 'A psychoanalytic theory of group development,' in *International Journal of Group Psychotherapy*, 28,4:481-507.

Schafer, R. (1972), 'Internalization: process of fantasy ? ,' *Psychoanalytic Study of the Child*, 27:411-36.

Scheidlinger, S. (1952), *Psychoanalysis and Group Behavior: A Study of freudian Group Psychology*, Greenwood Press, Westport, 1971.

__________(1955), 'The concept of identification in group psychotherapy,' *American Journal of Psychotherapy*, 9:661-72.

__________(1964), 'Identification, the sense of belonging and of identity in small groups,' *International Journal of Group Psychotherpy*, 14:291-306.

Scheidlinger, S. (1968), 'The concept of regression in group psychotherapy,' *International Journal of Group Psychotherapy*, 18: 3-20.

Scheidlinger, S. (1971), *Psychoanalysis and Group Behavior*, Greenwood Press, Westport, Conn.

Scheidlinger,S. (1974), 'On the concept of the "mother-group",' *International Journal of Group Psychotherapy*, 24:417-28.

Scheidlinger, S. (ed.) (1980), *Psychoanalytic Group Dynamics: Basic Readings*, International Universities Press, New York.

Schermer, V. (1980a), 'The basic assumption states revisited,' paper presented at Sixth National Conference on the Teaching of Group Psychology: Theory of Practice, Philadelphia.

Schermer, V. (1980b), 'Interactive constructs in psychoanalytic developmental psychology: their relevance to the individual/group linkage,' unpublished paper, VIIth International Congress of Group Psychotherapy, Copenhagen, August, 1980.

Schermer, V. (1985) 'Beyond Bion: the basic assumption states revisited,' in M. Pines (ed.), *Bion and Group Psychotherapy,* London, Routledge & Kegan Paul.

Schutz, W.C. (1958), FIRO: *A Three-Dimensional Theory of International Relations*, Holt, New York.

Searles, H.F. (1979), *Countertransference and Related Subjects*, International Universities Press, New York.

Segal, H. (1957), 'Notes on symbol formation,' *International Journal of Psychoanalysis*, 38.

Segal, H. (1964), *Introduction to the Work of Melanie Klein,* second edition, Basic Books, New York, 1974.

Segal, H. (1981), *Melanie Klein*, Harmondsworth, Penguin Books.

Shapiro, E. (1978), 'Research on family dynamics: clinical implications for the family of the borderline adolescent,' *Adolescent Psychiatry*, 6:360-76

Shapiro, E. (1977), 'Small group regression and mature group functioning,' Psychoanalytic Knowledge of Group Process, panel, Fall meeting of the American Psychoanalytic Association, New York City, December 1977.

Skynner, R. (1984), 'Group analysis and family therapy,' *International Journal of Group Psychotherapy,* 34,2:215-24.

Slap, J. W. and Levin, F.J. (1978), 'On hybrid concepts in psychoanalysis,' *Psychoanalytic Quarterly*, XLVII:499-523.

Slap, J. W. and Saykin, A., 'The schema: basic concept in a nonmetapsychological model of the mind,' *Psychoanalysis and Contemporary Thought*, 6,2:305-25.

Slater, P.E. (1966), Microcosm-Structural, *Psycholagical and Religious Evolution in Groups*, Wiley, New York.

Slavson, S.R. (1979), *Dynamics of Group Psychotherapy*, Jason Aronson, New York.

Spillius, E. (1983), 'Some developments from the work of Melanie Klein, *International Journal of Psychoanalysis*, 64:321-31.

Spitz, R. (1959), *A Genetic Field Theory of Ego Formation: Its Implications for Pathology,* International Universities Press, New York.

Spitz, R. (1965), *The First Year of Life*, International Universities Press, New York.

Spitz, R. A. (1946), 'Anaclitic depression,' *The Psychoanalytic Study of the Child*, 2:313-42.

Stock, D., and Lieberman, M. (1962), 'Methodological issues in the assessment of total group phenomena in group therapy,' International Journal of Group Psychotherapy, 12, 312-325.

Stone, L. (1961), *The Psychoanalytic Situation: An Examination of Its Development and Essential Nature*, International Universities Press, New York.

Stone, W. and Whitman, R. (1977), 'Contributions of the psychology of the self to group process and group psychotherapy, *International Journal of Group Psychotherapy*, 27,3:343-59.

Sullivan, H.S. (1950), 'The illusion of personal identity,' *The Fusion of Psychiatry and Social Science*, Norton, New York, 1971.

Sullivan, H.S. (1953), *The Interpersonal Theory of Psychiatry*, W.W. Norton, New York.

Sutherland, J.D. (1952), 'Notes on psychoanalytic group therapy I: therapy and training,' *Psychiatry* 15:111-17.

Sutherland, J.D. (1980), 'The British object relations theorists: Balint, Winnicott, Fairbairn, Guntrip,' *Journal of the American Psychoanalytic Association*, 28,4:829-59.

Thelen, H., and Whithall, J. (1949), 'The Description of Climate,' *Human Relations,* 2:159-76.

Thompson, W.I. (1981), *The Time Falling Bodies Take to Light*, St Martin' s Press, New York.

Tolpin, m. (1971), 'On the beginning of a cohesive self: an application of the concept of transmuting internalization to the study of the transitional object and signal anxiety,' *Psychoanalytic Study of the Child*, 26:316-52.

Tuckman, B. (1965), 'Developmental sequence in small groups,' *Psychological Bulletin*, 63,6:384-99.

Turquet, P. (1967), 'Leadership: the individual and the group' (chapter based on a lecture given to the Paris Society of Psychosomatic Medicine, in Gibbard, G., Hartman, J., and Mann, R. (eds.), *Analysis of Groups*, Jossey-Bass, San Francisco, 1974.

Turquet, P. (1975), 'Threats to identity in the large group,' in Kreeger, L. (ed.), *The Large Group: Dynamics and Therapy*, F.E.Peacock, Itasca, Illinois.

Varela, F. (1967a), 'On observing natural systems: in conversation with Donna Johnson,' *The Co-Evolution Quarterly*, Summer, 1976, 26-31.

________________(1976b), 'Not one, not two', position paper for the Mind-Body conference, *The Co-Evolution Quarterly*, Fall, 1976, 62-7.

Wallerstein, R. (1981), 'The bipolar self; discussion of alternative perspectives,' *Journal of the American Psychoanalytic Association,* 29,2:377-94.

Wangh, M. (1962), 'The "evocation of a proxy": a psychological maneuver, its use as a defense, its purposes and genesis,' in *The Psychoanalytic Study of the Child*, 17:451-69.

Weinstein, F. and Platt, G.M. (1973), *Psychoanalytic Sociology*, Johns Hopkins University, Baltimore, Md.

Wernicke, C. (1906), *Grundriss der Psychiatrie, Thieme*, Leipzig.

Whitaker, D. and Lieberman, M (1964), *Psychotherapy through the Group Process*, Aldine, Chicago.

Whiteley, J.S. (1975), 'The large group as a medium for socio-therapy', in Kreeger, L.(ed.) *The Large group: Dynamics and Therapy*, F.E. Peacock Publishers, Itanca, Ill.

Wilbur, K. (1983), *Eye to Eye: The Quest for the New Paradigm*, Anchor Press/Doubleday, Garden City.

Williams, M. (1983), 'Underlying pattern in Bion's Memoir of the Future', *International Journal of Psychoanalysis*, 10, Part 1:75-86.

Winnicott, D.W. (1949), 'Hate in the countertransference,' *International Journal of Psychoanalysis*, 30:69-75.

_________________(1952), 'Anxiety Associated with insecurity,' *Through Paediatrics to Psychoanalysis*, Hogarth Press, london, 1978, 99.

_________________(1953), 'Symptom tolerance in paediatrics,' *Through Paediatrics to Psychoanalysis,* Hogarth Press, london, 1978, 109.

_________________(1965), *Maturational Processes and the Facilitation Environment*, International Universities Press, New York.

_________________(1971), *Playing and Reality,* Penguin Books, Harmondswo0rth, 1974.

_________________(1978), *Through Paediatrics to Psychoanalysis*, Hogarth Press, London,

Wolberg, L.R. and Schwartz, E.K. (1973), *Group Therapy*, Intercontinental Medical Book Corporation, New York.

Wolf, A. and Schwartz, E.K. (1962), *Psychoanalysis in Groups*, Grune and Stratton, New York.

Wong, N. (1979), 'Clinical considerations in group treatment of narcissistic disorders,' *International Journal of Group Psychotherapy*, 29:325-45.

__________(1983), 'Fundamental psychoanalytic concepts: past and present understanding of their applicability to group psychotherapy,' *Internation Journal of Group Psychotherapy*, 33,2:171-91.

Wurmser, L. (1978), *The Hidden Dimension*, Jason Aronson, New York.

____________(1983), Personal Communication.

______________(1984), 'Strategies and factors of treatment: Counselling, psychotherapy or psychoanalysis.' Unpublished workshop, Conference on the Treatment of Addictions: A Psychodynamic Understanding of the Process, Philadelphia, Pennsylvania.

Wynne, J., Rychoff, D., day, J.m and Hirsch, S.H. (1958), 'Pseudomutuality in schizophrenia,' *Psychiatry*, 21,205-20.

Yalom, I.D. (1975), *The Theory and Practice of group Psychotherapy*, Basic Books, New York.

Yorke, C. (1971), 'Some suggestions for a critique of Kleinian psychology,' *Psychoanalytic Study of the Child,* 26,129-55.

Zaleznik, A. (1977), 'Psychoanalysis and organization theory,' *Psychoanalytic Knowledge of Group Processes*, panel, Fall meeting of the American Psychoanalytic Association, New York City, December 1977.

Zeeman, E.C. (1976), 'Catastrphe theory,' *Scientific American,* 234,4:65-83.

Zukav, G. (1979), *The Dancing Wu Li Masters*, Bantam Books, New York, 1980.

# 색인

**(ㄴ)**

**(ㄷ)**



**(ㅁ)**

(ㅂ)



(ㅅ)

**(ㅇ)**

**(ㅊ)**



**(ㅋ)**

# OBJECT RELATIONS, THE SELF, AND THE GROUP



# 대상관계 집단치료

발행일 • 2007년 9월 10일
지은이 • 챨스 애쉬바흐와 빅터 셔머
옮긴이 • 이재훈
펴낸이 • 이재훈
펴낸곳 • 한국심리치료연구소
등록 • 제 22-1005호(1996년 5월 13일)
주소 • 서울시 종로구 적선동 156 (광화문플래티넘 918호)
Tel • 730-2537, 2538 Fax • 730-2539
http://www. orips.net E mail: orips@orips.net

값 20,000원

ISBN 89- 87279-71-5 93180

## 한국심리치료연구소 총서

한국심리치료연구소는 한국심리치료 분야의 질적 향상을 위해서 이 분야의 고전 및 최신 서적들을 우리말로 번역 출판하고 있다. 본 연구소는 순수 심리치료 분야와 기독교 신앙과 관련된 심리치료 분야의 책들을 출판하며, 순수 심리치료 분야의 책들은 대상관계이론과 자기심리학을 포함한 현대 정신분석이론들과 융 심리학에 관한 서적이다.

### 순수 심리치료 분야

놀이와 현실
Playing and Reality
by D. W. Winnicott / 이재훈

울타리와 공간
Boundary & Space
by D. Wallbridge
& M. Davis / 이재훈

유아의 심리적 탄생
Psychological Birth
of the Human Infant
by M. Mahler & F. Pine / 이재훈

꿈상징 사전
Dictionary of Dream Symbols
by Eric Ackroyd / 김병준

그림놀이를 통한 어린이 심리치료
Therapeutic Consultation
in Child Psychiatry
by D. W. Winnicott / 이재훈

자기의 분석
The Analysis of the Self
by Heinz Kohut / 이재훈

편집증과 심리치료
Psychotherapy
& the Paranoid Process
by W. W. Meissner / 이재훈

멜라니 클라인
Melanie Klein
by Hanna Segal / 이재훈

정신분석학적 대상관계이론
Object Relations
in Psychoanalytic Theories
by J. Greenberg & S. Mitchell / 이재훈

프로이드 이후
Freud & Beyond
by S. Mitchell & M. Black
/ 이재훈 · 이해리 공역

성숙과정과 촉진적 환경
Maturational Processes
& Facilitating Environment
by D. W. Winnicott / 이재훈

참자기
The Search for the Real Self
by J.F. Masterson / 임혜련

내면세계와 외부현실
Internal World & External Reality
by Otto Kernberg / 이재훈

자폐아동을 위한 심리치료
The Protective Shell in Children and Adult by Frances Tustin / 이재훈외

박탈과 비행
Deprivation & Delinquency
by D. W. Winnicott / 이재훈외

교육, 허무주의, 생존
Education, Nihilism, Survival
by D. Holbrook / 이재훈외

대상관계 개인치료 Ⅰ · Ⅱ
Object Relations Individual Therapy
by Jill Savege Scharff & David E. Scharff / 이재훈 · 김석도 공역

정신분석 용어사전
Psychoanalytic Terms and Concepts
Ed. by Moore and Fine / 이재훈 외

하인즈 코헛과 자기심리학
H. Kohut and the Psychology of the Self
by Allen M. Siegel / 권명수

대상관계 부부치료
Object Relations Couple Therapy
by Jill Savege Scharff & David E. Scharff / 이재훈

대상관계 이론과 임상적 정신분석
Object Relations
& Clinical Psychoanalysis
by Otto Kernberg / 이재훈

성격에 관한 정신분석학적 연구
Psychoanalytic Studies of the Personality by Ronald Fairbairn/이재훈

나의 이성, 나의 감성
My Head and My Heart
by De Gregorio, Jorge / 김미겸

환자에게서 배우기
Learning from the Patient by Patrick J. Casement/김석도

의례의 과정
The Ritual Process
by Victor Turner/ 박근원

대상관계이론과 정신병리학
Object Relations Theories and Psychopathology by Frank Summers /이재훈

정신분석학 주요개념
Psychoanalysis : The Major Concepts, by Moore & Fine/이재훈

대상관계 단기치료
Object Relations Brief Therapy by Michael Stadter/이재훈 • 김도애

임상적 클라인
Clinical Klein by R. D. Hinshelwood/ 이재훈

살아있는 동반자
Live Company by Anne Alvalez /이재훈 • 박영란

대상관계 가족치료
Object Relations Family Therapy by Jill Savege Scharff & David E. Scharff/이재훈

## 앞으로 출간될 책

소아정신의학에서 정신분석학으로
Through Paediatrics to Psychoanalysis by D. W. Winnicott

대상관계 단기부부치료
Short Term Object Relations Couple Therapy by James Donovan

자기의 치료
How Does Analysis Cure? by Heinz Kohut

## 기독교 신앙과 관련된 심리치료 분야

종교와 무의식
Religion & Unconscious
by Ann & Barry Ulanov / 이재훈

희망의 목회상담
Hope in the Pastoral Care
& Counseling
by Andrew Lester / 신현복

살아있는 인간문서
The Living Human Document
by Charles Gerkin / 안석모

인간의 관계경험과 하나님경험
Human Relationship
& the Experience of God
by Michael St. Clair / 이재훈

신데렐라와 그 자매들
Cinderella and Her Sisters
by Ann & Barry Ulanov / 이재훈

현대정신분석학과 종교
Contemporary Psychoanalysis
& Religion
by James Jones / 유영권

살아있는 신의 탄생
The Birth of the Living God
by Ana-Maria Rizzuto / 이재훈

인간의 욕망과 기독교 복음
Les Evangiles au risque
de la Psychanalyse
by Françoise Dolto / 김성민

신학과 목회상담
Theology & Pastoral Counseling
by Debohra Hunsinger
/ 이재훈 · 신현복

성서와 정신
The Bible and the Psyche
by E. Edinger / 이재훈

목회와 성
Ministry and Sexuality
by G. L. Rediger / 유희동

상한 마음의 치유
Healing Wounded Emotions
by M. H. Padovani 외 / 김성민 외

예수님의 마음으로 생활하기
Living From the Heart Jesus Gave You
by James. G. Friesen 외 / 정동섭

신경증의 치료와 기독교 신앙
Ministry and Sexuality
by G.L.Rediger/ 김성민

전환기의 종교와 심리학
Religion and Psychology in Transition
by James Johns/이재훈

영성과 심리치료
Spirituality and Psychotherapy
by Ann Belford Ulanov/ 이재훈

치유의 상상력
The Healing Imagination
by Ann Belford Ulanov/ 이재훈

외상, 심리치료 그리고 목회신학
/ 김정선